여러분의 합격을 응원하

해커스공무원의 특

FREE 공무원 국어 **특강**

해커스공무원(gosi.Hackers.com) 접속 후 로그인 ▶
상단의 [무료강좌] 클릭 ▶ 좌측의 [교재 무료특강] 클릭

필수 어휘암기장 (PDF)

해커스공무원(gosi.Hackers.com) 접속 후 로그인 ▶
상단의 [교재·서점 → 무료 학습 자료] 클릭 ▶
본 교재의 [자료받기] 클릭

합격예측 **온라인 모의고사 응시권 + 해설강의 수강권**

92E35C7ABE975ZXG

해커스공무원(gosi.Hackers.com) 접속 후 로그인 ▶
상단의 [나의 강의실] 클릭 ▶ 좌측의 [쿠폰등록] 클릭 ▶
위 쿠폰번호 입력 후 이용

* 쿠폰 등록 후 7일간 사용 가능(ID당 1회에 한해 등록 가능)

해커스 매일국어 **어플 이용권**

5479IU1EBAQUXEUA

구글 플레이스토어/애플 앱스토어에서 [해커스 매일국어] 검색 ▶
어플 다운로드 ▶ 어플 이용 시 노출되는 쿠폰 입력란 클릭 ▶
쿠폰번호 입력 후 이용

* 쿠폰 등록 후 30일간 사용 가능(ID당 1회에 한해 등록 가능)
* 해당 자료는 [해커스공무원 국어 기본서] 교재 내용으로 제공되는 자료로, 공무원 시험에 도움이 되는 유용한 자료입니다.

해커스공무원 온라인 단과강의 **20% 할인쿠폰**

9CCB56BBA772C32G

해커스공무원(gosi.Hackers.com) 접속 후 로그인 ▶
상단의 [나의 강의실] 클릭 ▶ 좌측의 [쿠폰등록] 클릭 ▶
위 쿠폰번호 입력 후 이용

* 쿠폰 등록 후 7일간 사용 가능(ID당 1회에 한해 등록 가능)

해커스 회독증강 콘텐츠 **5만원 할인쿠폰**

7DE3B9E2B9DF2D3N

해커스공무원(gosi.Hackers.com) 접속 후 로그인 ▶
상단의 [나의 강의실] 클릭 ▶ 좌측의 [쿠폰등록] 클릭 ▶
위 쿠폰번호 입력 후 이용

* 쿠폰 등록 후 7일간 사용 가능(ID당 1회에 한해 등록 가능)
* 특별 할인상품 적용 불가
* 월간 학습지 회독증강 행정학/행정법총론 개별상품은 할인쿠폰 할인대상에서 제외

모바일 자동 채점 + 성적 분석 서비스

교재 내 수록되어 있는 문제의 채점 및 성적 분석 서비스를 제공합니다.

* 세부적인 내용은 해커스공무원(gosi.Hackers.com)에서 확인 가능합니다.

바로 이용하기 ▶

쿠폰 이용 관련 문의 **1588-4055**

단기 합격을 위한

해커스 커리큘럼

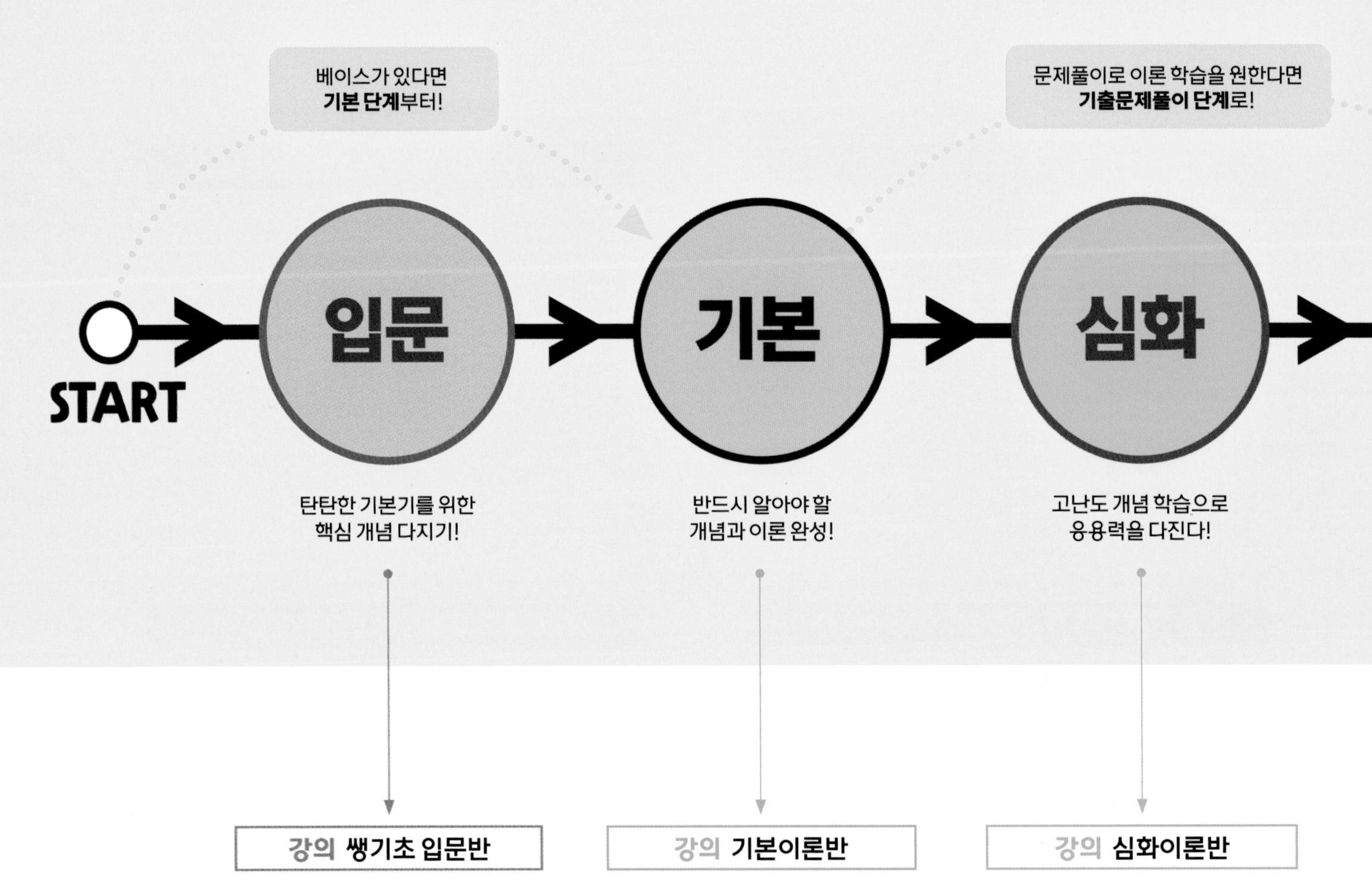

강의 쌩기초 입문반

이해하기 쉬운 개념 설명과 풍부한 연습문제 풀이로 부담 없이 기초를 다질 수 있는 강의

강의 기본이론반

반드시 알아야 할 기본 개념과 문제풀이 전략을 학습하여 핵심 개념 정리를 완성하는 강의

강의 심화이론반

심화이론과 중·상 난이도의 문제를 함께 학습하여 고득점을 위한 발판을 마련하는 강의

단계별 교재 확인 및
수강신청은 여기서!

gosi.Hackers.com

* 커리큘럼은 과목별·선생님별로 상이할 수 있으며, 자세한 내용은 해커스공무원 사이트에서 확인하세요.

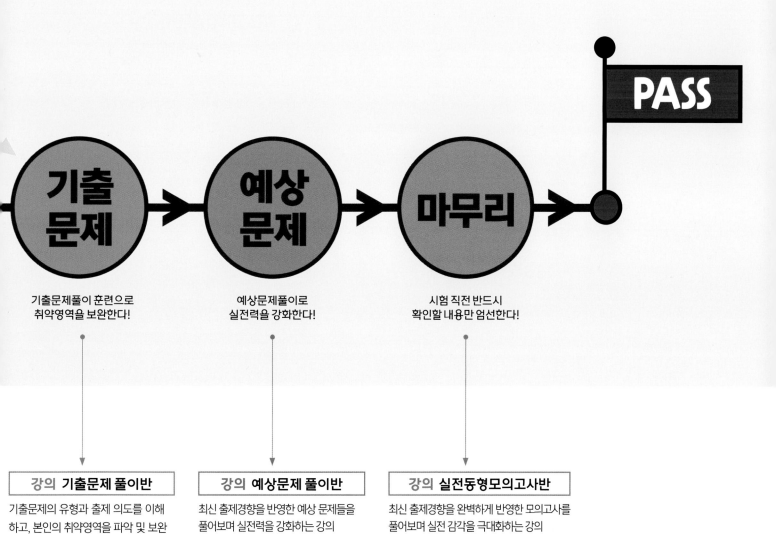

PASS

기출문제
기출문제풀이 훈련으로
취약영역을 보완한다!

예상문제
예상문제풀이로
실전력을 강화한다!

마무리
시험 직전 반드시
확인할 내용만 엄선한다!

강의 기출문제 풀이반
기출문제의 유형과 출제 의도를 이해하고, 본인의 취약영역을 파악 및 보완하는 강의

강의 예상문제 풀이반
최신 출제경향을 반영한 예상 문제들을 풀어보며 실전력을 강화하는 강의

강의 실전동형모의고사반
최신 출제경향을 완벽하게 반영한 모의고사를 풀어보며 실전 감각을 극대화하는 강의

강의 봉투모의고사반
시험 직전에 실제 시험과 동일한 형태의 모의고사를 풀어보며 실전력을 완성하는 강의

나의 목표 달성기

나의 목표 점수

________________ 점

나의 학습 플랜

☐ 막판 2주 학습 플랜

☐ 막판 1주 학습 플랜

* 일 단위의 상세 학습 플랜은 p.10에 있습니다.

각 모의고사를 마친 후 해당 모의고사의 점수를 아래 그래프에 ●로 표시하여 본인의 점수 변화를 직접 확인해 보세요.

	1회	2회	3회	4회	5회	6회	7회	8회	9회	10회	11회	12회	13회	14회	15회	16회
100점																
90점																
80점																
70점																
60점																
50점																
40점																
30점																
20점																
10점																
0점																

해커스공무원
실전동형 모의고사
국어 2

해커스공무원

해커스공무원
gosi.Hackers.com

"공무원 시험 책을 처음 펼쳤던 날을 기억하시나요?"

공무원 시험 준비를 하면서
때로는 커다란 벽에 부딪혀 앞이 캄캄해졌던 때도 있었을 겁니다.
또 때로는 그 벽 앞에 주저앉아 포기하고 싶었던 때도 있었을 겁니다.

하지만, 기억하시나요?
새로운 도전에 대한 떨림과 각오로 책을 처음 펼쳤던 날.

이제 그 도전의 결실을 맺을 순간을 앞두고 있습니다.
합격의 길, 마지막까지 해커스가 함께하겠습니다.

최신 출제 경향을 완벽 반영하여 적중률을 높인 16회분의 모의고사와
교재에 수록된 필수 어휘와 표현 암기를 위한 <필수 어휘암기장>까지

『해커스공무원 실전동형모의고사 국어 2』로 함께하세요.

공무원 시험 합격을 위한 여정,
해커스 공무원시험연구소가 함께합니다!

: 목차

합격으로 이끄는 이 책의 특징과 구성 6
최신 출제 경향과 학습 전략 8
합격을 위한 학습 플랜 10

실전동형모의고사 문제집

01회 | 실전동형모의고사 14
02회 | 실전동형모의고사 22
03회 | 실전동형모의고사 30
04회 | 실전동형모의고사 38
05회 | 실전동형모의고사 46
06회 | 실전동형모의고사 54
07회 | 실전동형모의고사 62
08회 | 실전동형모의고사 70
09회 | 실전동형모의고사 78
10회 | 실전동형모의고사 86
11회 | 실전동형모의고사 94
12회 | 실전동형모의고사 102
13회 | 실전동형모의고사 110
14회 | 실전동형모의고사 118
15회 | 실전동형모의고사 126
16회 | 실전동형모의고사 134

약점 보완 해설집 [책 속의 책]

01회 | 실전동형모의고사 정답·해설 2
02회 | 실전동형모의고사 정답·해설 8
03회 | 실전동형모의고사 정답·해설 14
04회 | 실전동형모의고사 정답·해설 20
05회 | 실전동형모의고사 정답·해설 25
06회 | 실전동형모의고사 정답·해설 30
07회 | 실전동형모의고사 정답·해설 35
08회 | 실전동형모의고사 정답·해설 41
09회 | 실전동형모의고사 정답·해설 47
10회 | 실전동형모의고사 정답·해설 53
11회 | 실전동형모의고사 정답·해설 58
12회 | 실전동형모의고사 정답·해설 63
13회 | 실전동형모의고사 정답·해설 69
14회 | 실전동형모의고사 정답·해설 74
15회 | 실전동형모의고사 정답·해설 79
16회 | 실전동형모의고사 정답·해설 84

OMR 답안지 [부록]

필수 어휘암기장 [PDF]

해커스공무원(gosi.Hackers.com) 접속 후 로그인 ▶ 상단의 [교재·서점 → 무료학습자료] 클릭 ▶ 본 교재의 [자료받기] 클릭하여 이용

합격으로 이끄는 이 책의 특징과 구성

실전을 그대로 보여 주는 동형모의고사 수록!

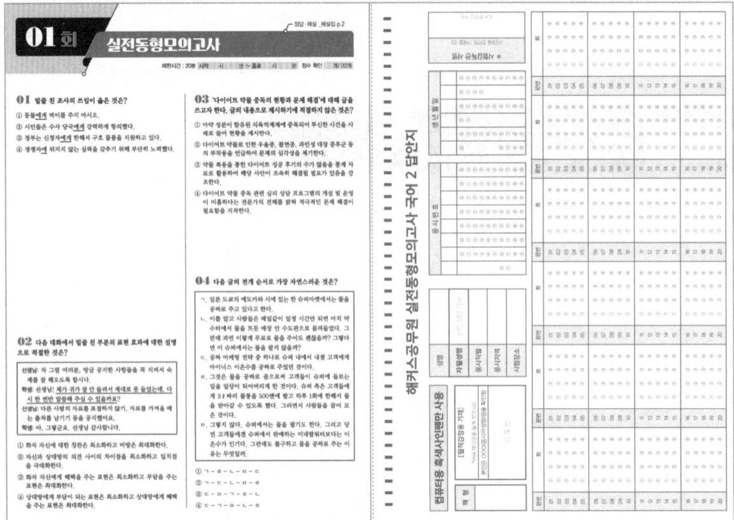

① 공무원 국어 시험 경향을 완벽 반영한 실전동형모의고사 16회분 수록

실제 공무원 국어 시험과 동일한 문제 유형과 영역별 문항 수로 구성된 실전동형모의고사 16회분을 제공하여 실전 감각을 극대화하고 실전 대비를 보다 철저히 할 수 있게 하였습니다.

② 제한시간 제시 및 답안지 제공

모의고사 1회분의 풀이 제한시간(20분)을 제시하고, 제한시간 안에 문제를 풀면서 답안 체크까지 할 수 있도록 OMR 답안지를 제공하였습니다. 이를 통해 시간 안배 연습을 효율적으로 할 수 있습니다.

한 문제를 풀어도 진짜 실력이 되게 해 주는 상세한 해설 제공!

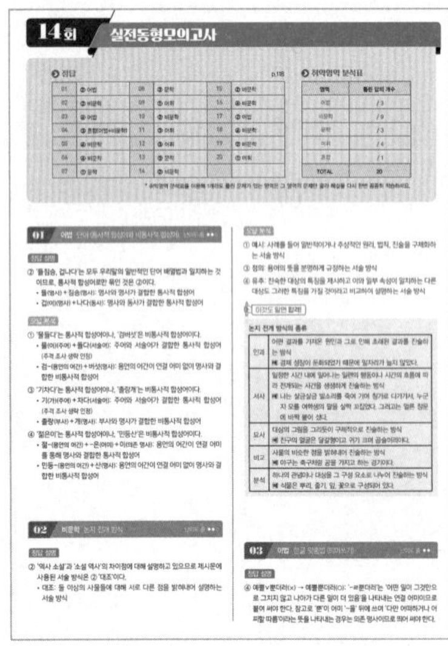

① 정답표 및 취약영역 분석표

모든 문제의 영역이 표시된 정답표를 제공하여, 맞거나 틀린 문제의 영역을 바로 확인할 수 있습니다. 또한 취약영역 분석표를 통해 자신의 약점을 진단하고 취약영역을 집중 보완할 수 있도록 하였습니다.

② 정답 설명·오답 분석

모든 문제에 정확한 정답 설명과 오답 분석을 제공하였습니다.

③ 지문 풀이

고전 문학 작품의 현대어 풀이를 수록하여 학습이 용이하며, 지문에 대한 이해도를 높일 수 있습니다.

④ 이것도 알면 합격!

출제 포인트 및 문제와 관련해 반복 출제될 가능성이 높은 핵심 이론을 정리하여, 만점 달성에 필요한 심화 학습을 할 수 있도록 하였습니다.

어휘 암기까지 확실하게 책임지는 학습 구성!

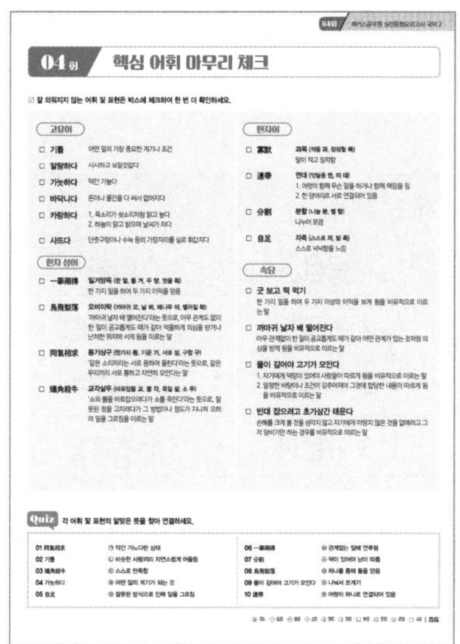

① 핵심 어휘 마무리 체크

매 회 모의고사에 나온 고유어, 한자 성어, 한자어, 속담, 관용구 등을 따로 정리하여 모의고사를 푼 후에 중요한 어휘와 표현을 다시 한 번 복습하며 암기할 수 있도록 하였습니다. 또한 어휘 리스트 하단에 암기 여부를 확인할 수 있는 퀴즈가 함께 제공되므로 시험 전 마무리 학습용으로도 활용할 수 있습니다.

② 온라인 무료 〈필수 어휘암기장〉 제공

해커스공무원 사이트(gosi.Hackers.com)에서 교재에 수록된 필수 어휘를 모은 〈필수 어휘암기장〉 PDF를 무료로 제공합니다. 이를 통해 반드시 알아 두어야 할 어휘와 표현을 편리하게 복습하고 암기할 수 있습니다.

목표 점수 달성을 위한 특별 구성!

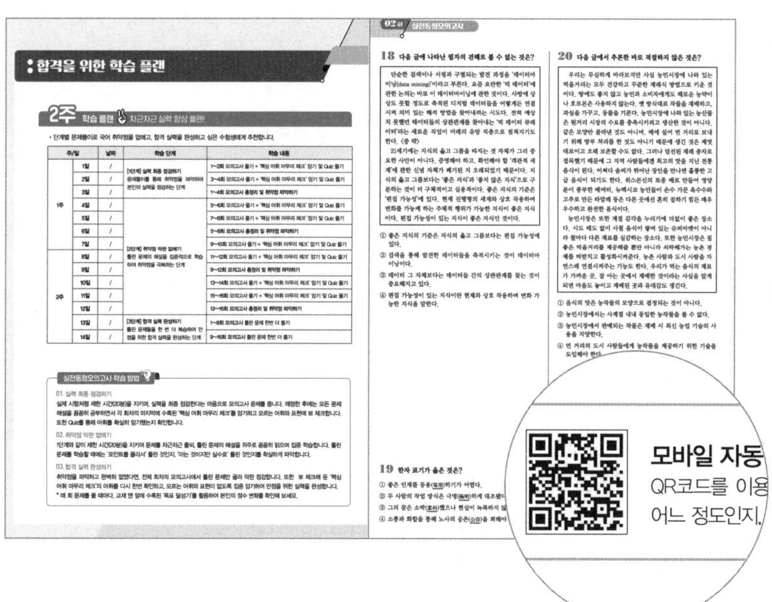

① 학습 플랜

16회분 모의고사를 2주 동안 풀 수 있도록 구성한 막판 2주 학습 플랜과, 시험 직전 단기간에 문제풀이를 끝낼 수 있는 막판 1주 학습 플랜을 제공하였습니다.

② 모바일 자동 채점 + 성적 분석 서비스

모의고사 문제풀이 직후 문제집 각 회차마다 수록된 QR코드를 이용하여 채점 결과를 확인할 수 있으며, 성적 분석 서비스를 통해 나의 취약점과 현재 위치를 점검할 수 있습니다.

최신 출제 경향과 학습 전략

공무원 국어 시험 출제 영역

공무원 국어 시험은 보통 20~25문항으로 구성되며, 크게 4개 영역(어법, 비문학, 문학, 어휘)에서 출제됩니다. 국가직·지방직·서울시·국회직 시험은 평균적으로 어법 영역에서 31%, 비문학 영역에서 38%, 문학 영역에서 28%, 어휘 영역에서 10%가 출제되고 있으며, 법원직은 48% 이상이 문학에서 출제되고 있습니다.

시험 구분	총 문항 수	영역별 출제 문항 수			
		어법	비문학	문학	어휘
국가직 9급	총 20문항	2~4문항	8~12문항	3~6문항	0~4문항
지방직 7/9급	총 20문항	1~6문항	8~11문항	4~5문항	2~4문항
서울시 9급	총 20문항	8~11문항	1~5문항	3~7문항	1~2문항
국회직 8급	총 25문항	8~11문항	7~12문항	2~3문항	1~4문항
국회직 9급	총 20문항	6~7문항	6문항	5~6문항	1~2문항
법원직 9급	총 25문항	3~10문항	5~10문항	8~16문항	0~1문항

영역별 최신 출제 경향 및 학습 전략

1. 어법

최신 출제 경향

- 국가직·지방직·서울시에서 꾸준히 출제되는 영역임
- 이론 문법 중 필수 문법의 출제 비중이 가장 크게 나타남
- 국어 규범 중 어문 규정의 출제 비중이 가장 크게 나타남
- 국어의 특질과 같은 내용을 다루는 언어 일반의 출제 비율이 줄어들고 있는 추세임

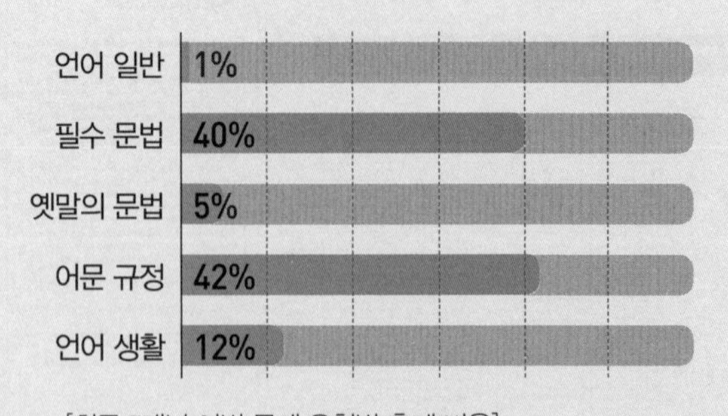

[최근 5개년 어법 문제 유형별 출제 비율]

학습 전략

① 틀린 문제는 반드시 정답 설명과 오답 분석을 통해 문제에서 묻는 포인트와 틀린 이유를 점검합니다.
② 약점 보완 해설집의 '이것도 알면 합격'에 제시된 어법 포인트를 참고하여, 주요 어법 개념을 정리합니다.
③ 복습 시에는 혼동됐던 어법 포인트 위주로 반복 학습하여 취약 부분을 보완합니다.

2. 비문학 · 문학

최신 출제 경향

- 비문학 영역은 점점 출제 비중이 높아지고 있는 추세임
- 비문학 영역에서는 사실적 독해와 추론 및 비판적 독해 모두 상당한 비율로 출제됨
- 사실적 독해 중 세부 내용 파악의 출제 비중이 가장 크게 나타남
- 추론 및 비판적 독해 중 내용 추론의 출제 비중이 가장 크게 나타남
- 문학 영역에서는 운문·산문 문학 작품을 여러 관점으로 감상하고 분석하는 독해 문제의 출제 비중이 가장 크게 나타남

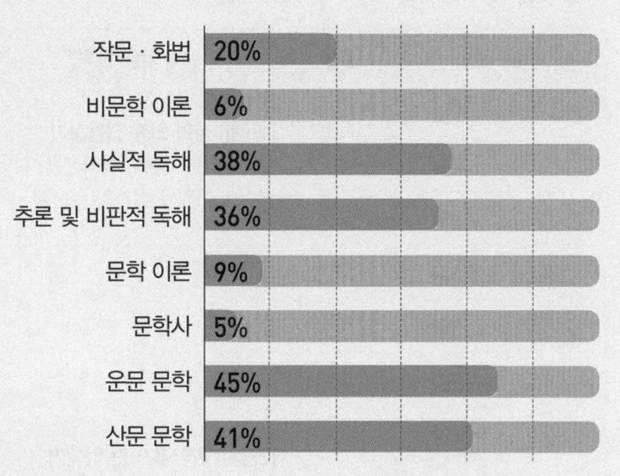

[최근 5개년 비문학 · 문학 문제 유형별 출제 비율]

학습 전략

① 제시문에서 언급된 내용과의 일치 여부를 빠르게 파악하고 이해할 수 있도록 연습합니다.

② 낯선 작품이 출제되어도 당황하지 않도록 다양한 작품의 문제를 많이 풀어 보아야 합니다.

③ 제시문의 길이가 길어지고 있으므로, 회차마다 시작 시각과 종료 시각을 기록하여 문제풀이 시간을 단축하는 연습을 합니다.

3. 어휘

최신 출제 경향

- 한자 성어, 한자어와 고유어가 모두 높은 비율로 출제됨
- 한자 성어의 경우 기출된 어휘가 반복 출제되기도 하며 최근에는 독음 없이 출제되는 추세임
- 한자어와 고유어에서는 한자어의 출제 비중이 높은 편이며 한자어의 표기를 묻거나 한자어의 독음을 묻는 문제가 주로 출제됨

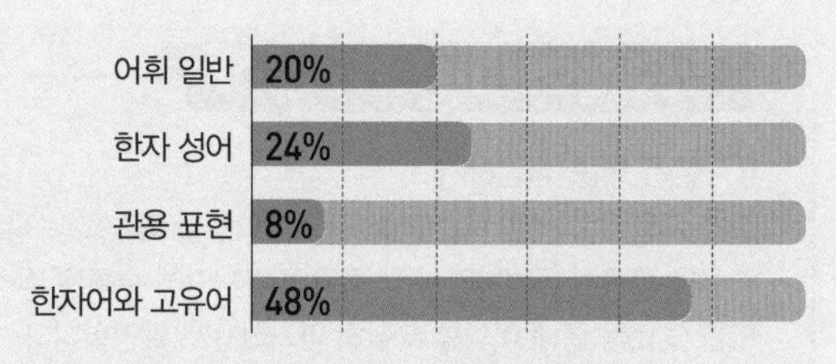

[최근 5개년 어휘 문제 유형별 출제 비율]

학습 전략

① 매 회 모의고사에 수록된 어휘를 정리한 '핵심 어휘 마무리 체크'를 통해 주요 어휘를 완벽하게 암기합니다.

② 해커스공무원 사이트(gosi.Hackers.com)에서 무료로 제공하는 〈필수 어휘암기장〉 PDF를 활용하여 실전동형모의고사에 출제된 어휘를 반복 학습합니다.

합격을 위한 학습 플랜

2주 학습 플랜 차근차근 실력 향상 플랜!

• 단계별 문제풀이로 국어 취약점을 없애고, 합격 실력을 완성하고 싶은 수험생에게 추천합니다.

주/일		날짜	학습 단계	학습 내용
1주	1일	/	[1단계] 실력 최종 점검하기 문제풀이를 통해 취약점을 파악하여 본인의 실력을 점검하는 단계	**1~2회** 모의고사 풀기 + '핵심 어휘 마무리 체크' 암기 및 Quiz 풀기
	2일	/		**3~4회** 모의고사 풀기 + '핵심 어휘 마무리 체크' 암기 및 Quiz 풀기
	3일	/		**1~4회 모의고사 총정리 및 취약점 파악하기**
	4일	/	[2단계] 취약점 막판 없애기 틀린 문제의 해설을 집중적으로 학습하여 취약점을 극복하는 단계	**5~6회** 모의고사 풀기 + '핵심 어휘 마무리 체크' 암기 및 Quiz 풀기
	5일	/		**7~8회** 모의고사 풀기 + '핵심 어휘 마무리 체크' 암기 및 Quiz 풀기
	6일	/		**5~8회 모의고사 총정리 및 취약점 파악하기**
	7일	/		**9~10회** 모의고사 풀기 + '핵심 어휘 마무리 체크' 암기 및 Quiz 풀기
2주	8일	/		**11~12회** 모의고사 풀기 + '핵심 어휘 마무리 체크' 암기 및 Quiz 풀기
	9일	/		**9~12회 모의고사 총정리 및 취약점 파악하기**
	10일	/		**13~14회** 모의고사 풀기 + '핵심 어휘 마무리 체크' 암기 및 Quiz 풀기
	11일	/		**15~16회** 모의고사 풀기 + '핵심 어휘 마무리 체크' 암기 및 Quiz 풀기
	12일	/		**13~16회 모의고사 총정리 및 취약점 파악하기**
	13일	/	[3단계] 합격 실력 완성하기 틀린 문제들을 한 번 더 복습하여 만점을 위한 합격 실력을 완성하는 단계	**1~8회 모의고사** 틀린 문제 한번 더 풀기
	14일	/		**9~16회 모의고사** 틀린 문제 한번 더 풀기

실전동형모의고사 학습 방법

01. 실력 최종 점검하기

실제 시험처럼 제한 시간(20분)을 지키며, 실력을 최종 점검한다는 마음으로 모의고사 문제를 풉니다. 채점한 후에는 모든 문제 해설을 꼼꼼히 공부하면서 각 회차의 마지막에 수록된 '핵심 어휘 마무리 체크'를 암기하고 모르는 어휘와 표현에 ☑ 체크합니다. 또한 Quiz를 통해 어휘를 확실히 암기했는지 확인합니다.

02. 취약점 막판 없애기

1단계와 같이 제한 시간(20분)을 지키며 문제를 차근차근 풀되, 틀린 문제의 해설을 위주로 꼼꼼히 읽으며 집중 학습합니다. 틀린 문제를 학습할 때에는 '포인트를 몰라서' 틀린 것인지, '아는 것이지만 실수로' 틀린 것인지를 확실하게 파악합니다.

03. 합격 실력 완성하기

취약점을 파악하고 완벽히 없앴다면, 전체 회차의 모의고사에서 틀린 문제만 골라 막판 점검합니다. 또한 ☑ 체크해 둔 '핵심 어휘 마무리 체크'의 어휘를 다시 한번 확인하고, 모르는 어휘와 표현이 없도록 집중 암기하여 만점을 위한 실력을 완성합니다.

* 매 회 문제를 풀 때마다, 교재 맨 앞에 수록된 '목표 달성기'를 활용하여 본인의 점수 변화를 확인해 보세요.

1주 학습 플랜 단기 실력 완성 플랜!

• 시험 직전 막판 1주 동안 문제풀이에 집중하여, 실전 감각을 극대화하고 싶은 수험생에게 추천합니다.

주/일		날짜	학습 내용
1주	1일	/	1~4회 모의고사 풀기 ① 모의고사를 풀고 해설을 꼼꼼히 학습하기 ② '핵심 어휘 마무리 체크' 암기 및 Quiz 풀기
	2일	/	5~8회 모의고사 풀기 ① 모의고사를 풀고 해설을 꼼꼼히 학습하기 ② '핵심 어휘 마무리 체크' 암기 및 Quiz 풀기
	3일	/	**1~8회 모의고사 총정리하기**
	4일	/	9~12회 모의고사 풀기 ① 모의고사를 풀고 해설을 꼼꼼히 학습하기 ② '핵심 어휘 마무리 체크' 암기 및 Quiz 풀기
	5일	/	13~16회 모의고사 풀기 ① 모의고사를 풀고 해설을 꼼꼼히 학습하기 ② '핵심 어휘 마무리 체크' 암기 및 Quiz 풀기
	6일	/	**9~16회 모의고사 총정리하기**
	7일	/	**시험 직전 막판 점검하기** ① 1~16회 모의고사 틀린 문제 한번 더 풀기 ② '핵심 어휘 마무리 체크' 집중 암기

실전동형모의고사 학습 방법

01. 각 회차 모의고사를 풀고 '핵심 어휘 마무리 체크' 암기 및 Quiz 풀기

(1) 모의고사를 풀고 해설 학습하기

① 실제 시험처럼 제한 시간(20분)을 지키며 모의고사 문제를 풉니다.

② 채점 후 틀린 문제를 중심으로 해설을 꼼꼼히 학습합니다. 해설을 학습할 때에는 틀린 문제에 나온 포인트를 정리하고 반복해서 암기함으로써 이후에 동일한 포인트의 문제를 틀리지 않도록 합니다. 또한 '이것도 알면 합격!'에서 제공하는 심화 개념까지 완벽히 암기합니다.

(2) '핵심 어휘 마무리 체크' 암기 및 Quiz 풀기

① 매 회 마지막에 수록된 '핵심 어휘 마무리 체크'를 철저하게 암기하고, 잘 외워지지 않는 어휘는 체크하여 반복 암기합니다.

② 암기 후에는 Quiz를 통해 어휘와 표현을 확실히 암기했는지 확인합니다.

02. 모의고사 총정리하기

(1) 틀린 문제를 풀어 보고, 반복해서 틀리는 문제는 해설의 정답 설명, 오답 분석을 다시 한번 꼼꼼히 읽고 모르는 부분이 없을 때까지 확실히 학습합니다.

(2) '핵심 어휘 마무리 체크'에서 체크해 둔 어휘가 완벽하게 암기되었는지 확인합니다.

03. 시험 직전 막판 점검하기

시험 전날에는 전체 회차의 모의고사에서 틀린 문제만 골라 막판 점검합니다. 또한 ☑ 체크해 둔 '핵심 어휘 마무리 체크'의 어휘를 다시 한 번 확인하고, 모르는 어휘와 표현이 없도록 집중 암기하여 만점을 위한 실력을 완성합니다.

* 매 회 문제를 풀 때마다, 교재 맨 앞에 수록된 '목표 달성기'를 활용하여 본인의 점수 변화를 확인해 보세요.

합격으로 이끄는 공무원 국어 학습 전략!

*최근 5개년 국가직 · 지방직 · 서울시 9급 시험 기준

어법

필수 문법을 완벽하게 정리한 후 어문 규정을 학습한다.

어법 영역은 음운, 단어, 문장 등의 필수 문법과 한글 맞춤법, 표준 발음법 등의 어문 규정에서 가장 많은 문제가 출제됩니다. 필수 문법과 어문 규정은 서로 연관되는 부분이 많으므로, 필수 문법을 통해 개념과 용어들을 완벽하게 정리한 후, 어문 규정의 내용을 학습하는 것이 효율적입니다.

비문학 · 문학

다양한 글과 작품을 반복적으로 접해 보아야 한다.

비문학 영역은 독해 문제의 출제 비중이, 문학 영역은 작품을 감상하는 능력을 묻는 문제의 비중이 가장 높습니다. 비문학은 독해 문제를 많이 풀어 보며 빠르고 정확한 독해 능력을 기르는 것이 중요하며, 문학은 다양한 문학 작품을 학습하여 올바르게 감상하고 문제에 적용할 수 있는 능력을 길러야 합니다.

어휘

한자 성어와 한자어를 꾸준히 암기해야 한다.

최근 3개년간 한자 성어와 한자어 문제가 1문제씩 꾸준히 출제되었습니다. 어휘는 출제 범위가 넓고 반복 출제되므로, 매일 꾸준하게 기출 어휘를 외우고, 이후에 예상 어휘를 암기하는 방식으로 어휘량을 점차 늘려 나가야 합니다. 또한 독음 없이 출제되는 경우도 있으므로 한자의 음과 뜻을 모두 완벽하게 암기해야 합니다.

실전동형 모의고사

01회 | 실전동형모의고사
02회 | 실전동형모의고사
03회 | 실전동형모의고사
04회 | 실전동형모의고사
05회 | 실전동형모의고사
06회 | 실전동형모의고사
07회 | 실전동형모의고사
08회 | 실전동형모의고사
09회 | 실전동형모의고사
10회 | 실전동형모의고사
11회 | 실전동형모의고사
12회 | 실전동형모의고사
13회 | 실전동형모의고사
14회 | 실전동형모의고사
15회 | 실전동형모의고사
16회 | 실전동형모의고사

잠깐! 실전동형모의고사 전 확인사항

매 회 실전동형모의고사 풀이 전, 아래 상황을 점검하고 실전처럼 시험에 임하세요.

✓ 휴대전화는 전원을 꺼주세요.
✓ 연필과 지우개를 준비하세요.
✓ 제한시간 20분 내 최대한 많은 문제를 정확하게 풀어보세요.

정답·해설 _해설집 p.2

01회 실전동형모의고사

제한시간 : 20분 시작 시 분 ~ 종료 시 분 점수 확인 개/ 20개

01 밑줄 친 조사의 쓰임이 옳은 것은?

① 동물<u>에게</u> 먹이를 주지 마시오.

② 시민들은 수사 당국<u>에게</u> 강력하게 항의했다.

③ 정부는 신청자<u>에게</u> 한해서 구호 물품을 지원하고 있다.

④ 경쟁자<u>에</u> 뒤지지 않는 실력을 갖추기 위해 부단히 노력했다.

02 다음 대화에서 밑줄 친 부분의 표현 효과에 대한 설명으로 적절한 것은?

> 선생님: 자 그럼 여러분, 방금 공지한 사항들을 꼭 지켜서 숙제를 잘 해오도록 합시다.
> 학생: 선생님! <u>제가 귀가 잘 안 들려서 제대로 못 들었는데, 다시 한 번만 말씀해 주실 수 있을까요?</u>
> 선생님: 다른 사람의 자료를 표절하지 않기, 자료를 가져올 때는 출처를 남기기 등을 공지했어요.
> 학생: 아, 그렇군요. 선생님 감사합니다.

① 화자 자신에 대한 칭찬은 최소화하고 비방은 최대화한다.

② 자신과 상대방의 의견 사이의 차이점을 최소화하고 일치점을 극대화한다.

③ 화자 자신에게 혜택을 주는 표현은 최소화하고 부담을 주는 표현은 최대화한다.

④ 상대방에게 부담이 되는 표현은 최소화하고 상대방에게 혜택을 주는 표현은 최대화한다.

03 '다이어트 약물 중독의 현황과 문제 해결'에 대해 글을 쓰고자 한다. 글의 내용으로 제시하기에 적절하지 않은 것은?

① 마약 성분이 함유된 식욕억제제에 중독되어 투신한 사건을 사례로 들어 현황을 제시한다.

② 다이어트 약물로 인한 우울증, 불면증, 과민성 대장 증후군 등의 부작용을 언급하여 문제의 심각성을 제기한다.

③ 약물 복용을 통한 다이어트 성공 후기의 수가 많음을 통계 자료로 활용하여 해당 사안이 조속히 해결될 필요가 있음을 강조한다.

④ 다이어트 약물 중독 관련 심리 상담 프로그램의 개설 및 운영이 미흡하다는 전문가의 견해를 밝혀 적극적인 문제 해결이 필요함을 지적한다.

04 다음 글의 전개 순서로 가장 자연스러운 것은?

> ㄱ. 일본 도쿄의 에도카와 시에 있는 한 슈퍼마켓에서는 물을 공짜로 주고 있다고 한다.
> ㄴ. 이를 알고 사람들은 매일같이 일정 시간만 되면 마치 약수터에서 물을 뜨듯 매장 안 수도관으로 몰려들었다. 그런데 과연 이렇게 무료로 물을 주어도 괜찮을까? 그렇다면 이 슈퍼에서는 물을 팔지 않을까?
> ㄷ. 공짜 마케팅 전략 중 하나로 슈퍼 내에서 내점 고객에게 마이너스 이온수를 공짜로 주었던 것이다.
> ㄹ. 그것은 물을 공짜로 줌으로써 고객들이 슈퍼에 들르는 일을 일상이 되어버리게 한 것이다. 슈퍼 측은 고객들에게 3ℓ짜리 물통을 500엔에 팔고 하루 1회에 한해서 물을 받아갈 수 있도록 했다. 그러면서 사람들을 끌어 모은 것이다.
> ㅁ. 그렇지 않다. 슈퍼에서는 물을 팔기도 한다. 그리고 당연 고객들에겐 슈퍼에서 판매하는 미네랄워터보다는 이온수가 인기다. 그런데도 불구하고 물을 공짜로 주는 이유는 무엇일까.

① ㄱ－ㄹ－ㄴ－ㅁ－ㄷ

② ㄱ－ㄷ－ㄴ－ㅁ－ㄹ

③ ㄷ－ㅁ－ㄱ－ㄹ－ㄴ

④ ㄷ－ㄱ－ㅁ－ㄴ－ㄹ

05 글쓴이의 견해에 부합하는 표현으로 가장 적절한 것은?

> 상대방을 배려하기 위해 필요한 것은 관용의 마음이다. 상대방은 나하고 생각이 다르고, 느낌이 다르고, 판단이 다를 수 있는데, 이 경우 사람들은 보통 다른 것을 틀렸다고 말하고 싶어 한다. 그런 생각이 얼마나 보편적인지 많은 사람들이 '이것과 그것은 다르다'라는 말과 '이것과 그것은 틀리다'라는 말이 같은 뜻인 것처럼 생각을 하고 있다. 〈중 략〉
>
> 세상의 사람들은 모두 다른 모습을 하고 있고, 살아가는 모습도 다 다르다. 그리고 그 사람들은 다 자기중심적인 성향을 갖고 있다. 그렇기 때문에 말을 하면서 나하고 다른 것을 틀렸다고 말하지 않고, 다른 사람을 배려하고 수용하면서 말하는 것은 진정한 대화를 시작하는 첫걸음이 된다.

① 변기는 어차피 뚜껑을 열고 써야 하는데 왜 항상 닫아 둬야 한다는 거야?

② 변기 뚜껑을 닫지 않는 건 청결하지 못한 생활 습관이야. 세균이 번식하기 쉽거든.

③ 난 변기 뚜껑을 닫아 두는 습관이 있어. 어렵다는 거 알지만 당신이 조금만 신경 써 주면 고맙겠어.

④ 나는 변기 뚜껑을 항상 닫고 나오라는 말 자체가 납득이 되지 않아. 너무 자기중심적인 생각인 것 같아.

06 다음 글의 주장으로 가장 적절한 것은?

> 과학은 분석적 기술(記述)이고 철학은 종합적 해석이다. 과학은 전체를 부분으로, 모호한 것을 확실한 것으로 분해하려고 한다. 과학은 사물의 가치나 이상적 가능성을 탐구하지 않으며, 사물의 전체적인 궁극적 의미를 묻지 않는다. 과학은 사물의 현상과 작용을 밝히는 데 만족하고, 현존하는 사물의 성질과 과정에만 시야를 국한한다. 과학자는 천재의 창조적 진통뿐만 아니라 벼룩의 다리에도 흥미를 느낀다.
>
> 그러나 철학자는 사실의 기술만으로는 만족하지 못한다. 철학자는 사실과 경험의 관계를 확정함으로써 그 의미와 가치를 찾아내려고 한다. 철학자는 사물을 종합적으로 해석한다. 호기심 많은 과학자가 우주라는 거대한 시계를 분해해 놓으면, 철학자는 그 시계를 이전보다 더 훌륭하게 조립하려고 애쓴다. 과정을 관찰하고 수단을 고안해 내는 지식이 과학이라면, 여러 가지 목적을 비판하고 조절하는 지혜가 철학이다. 사실이 목적과 관련되지 않는 경우에는 아무 의미가 없다. 철학이 없는 과학, 지혜가 없는 지식은 우리들을 절망으로부터 구해내지 못한다. 과학은 인간에게 지식을 주지만, 철학은 인간에게 지혜를 제공한다.

① 과학은 사물의 상태를 밝혀 가치를 탐구해야 한다.

② 과학자는 작은 현상에도 관심을 가지는 자세가 필요하다.

③ 철학자는 사실과 경험의 관계를 밝히기보다 사실의 기술에 초점을 두어야 한다.

④ 과학과 철학이 서로 관련되지 않는다면 인간을 좌절로부터 구할 수 없을 것이다.

07 밑줄 친 단어의 형태가 옳지 않은 것은?

① 시간을 <u>거슬러서</u> 너를 만나러 가겠다.

② 그는 여기 <u>머물러서</u> 한참을 고민했다.

③ 김 교수는 인품이 <u>어질러서</u> 많은 사람이 따른다.

④ 그녀에 대한 감정을 얼른 <u>추슬러서</u> 다시 밝은 모습으로 돌아와라.

08 다음에 서술된 회사원 A의 상황을 가장 적절하게 표현한 한자 성어는?

> 회사원 A는 경쟁 회사로부터 회사의 핵심 기술을 유출하는 대가로 파격적인 조건의 이직 제안을 받았다. 하지만 그는 이러한 유혹에도 흔들리지 않고 도리를 지켜 다니던 회사에 남기로 결정했다.

① 見利思義　② 艱難辛苦
③ 事必歸正　④ 犬猿之間

09 다음 글에서 결론적으로 주장하는 바로 가장 적절한 것은?

> 자연과학적 방법을 통해 인간의 정체를 완벽하게 해명할 수 있다고 보는 철학적 입장이 이른바 실증주의적 인간관이다. 대표적인 예를 꼽자면, 『인간 기계』라는 책을 통해 인간을 일종의 기계로 파악했던 라메트리(La Mettrie, 1709~1751)의 '인간기계론(人間機械論)'을 들 수 있다. 라메트리는 인간의 정신은 인체의 기관에 의존하는 것이며 따라서 기계적인 운동으로 설명된다고 보았다. 그에 따르면 모든 정신 작용의 근원인 감각은 물질적인 기능이며, 이것이 뇌에 물질적 작용을 미치게 함으로써 의식의 여러 현상이 발생한다. 이렇게 보면 인간은 시계나 자동차의 친구나 다름없다. 〈중 략〉
> 하지만 이런 인간관은 심각한 결함을 지니고 있다. 물론 자연과학의 방법으로 인간의 면면을 파악할 수 있는 지점이 있겠지만, 그런 성과를 너무 확대하다보니 인간 존재가 지니는 다양성은 짓밟히거나 간과되고 있는 점이다.

① 인간의 감정 또한 기계적인 운동으로 설명할 수 있다.
② 뇌에 물질적 작용이 이루어지면 의식 현상이 나타난다.
③ 인간은 자연과학적 방법으로 설명이 불가능한 초월론적 존재이다.
④ 실증주의는 인간의 존재론적 특성을 인정하지 않는다는 점에서 한계가 있다.

10 ㉠~㉣의 한자 표기로 옳은 것은?

> 우리가 살고 있는 이 시대는 과학 ㉠<u>기술</u> 문명의 시대다. 과학 기술을 언급하지 않고는 인간 사회를 ㉡<u>이해</u>하고 분석하는 것 자체가 불가능할 만큼 과학 기술의 자취는 오늘날 우리 생활세계 곳곳에 모세혈관처럼 널리 뻗어 있으며, 우리의 사고나 의식 속에도 깊이 배어 있다. 과거를 되돌아봐도 인간의 문명사에서 과학 기술만큼 굵은 족적을 남긴 것을 찾기란 그리 쉽지 않다. 미래에 과학 기술이 더 중요해지리라는 것 또한 말할 나위 없다. 그러나 과학 기술이 어떻게 해서 이와 같이 문명사의 ㉢<u>주역</u>이 될 수 있었는지, 그것이 어떤 본질적 특성을 지니고 있고 사회와는 어떤 ㉣<u>관계</u>를 맺고 있기에 그와 같은 힘을 지닐 수 있는지, 정작 우리는 제대로 알지 못한다.

① ㉠ 技術　② ㉡ 異解
③ ㉢ 柱役　④ ㉣ 官係

11 다음 글의 ㉠~㉣에 대한 고쳐쓰기 방안으로 적절하지 않은 것은?

> 현재 우리 사회의 다양한 세대에서 거북목증후군은 흔히 ㉠<u>보여지고</u> 있다. 거북목증후군이란 장시간 본인의 눈높이보다 낮은 모니터 화면을 내려다보게 되어 거북목과 같이 사람의 목이 앞으로 구부러지는 증상이다. 이 병의 가장 큰 ㉡<u>이유로는</u> 모니터를 내려다보는 데 있다고 한다. 처음에는 누구나 바른 자세로 앉아 있지만 점차 시간이 흐를수록 머리를 숙이며 자세도 달라진다. ㉢<u>특히 청소년 시기에 거북목증후군이 시작되는 비율이 점점 증가하고 있어 각별한 주의가 필요하다</u>. 이로 인해 척추에 무리가 오고 목 뒷부분의 인대와 근육이 늘어나 고통을 받는다. 그렇다면 어떻게 거북목증후군을 예방할 수 있을까? 우선 모니터를 자신의 눈높이에 맞게 설치해야 한다. 뿐만 아니라 어깨를 펴고 항상 정면을 보려는 노력도 중요하다. ㉣<u>한편</u> 목을 돌리거나 주무르면서 가벼운 스트레칭을 하는 것도 도움이 된다.

① ㉠은 불필요한 이중 피동 표현이 쓰였으므로 '보이고'로 수정한다.
② ㉡이 포함된 문장의 의미를 고려하여 '원인'으로 수정한다.
③ 글의 문맥상 흐름을 고려하여 ㉢을 여섯 번째 문장 뒤로 옮긴다.
④ 앞 문장과의 자연스럽게 연결하기 위해 ㉣을 '또한'으로 수정한다.

12 다음 글의 내용으로 적절하지 않은 것은?

공동체 생활을 하는 사회성 동물들은 늘 감염성 질환에 노출되어 있고 서열에 따른 사회적 불이익을 겪기도 하지만, 먹이를 찾거나 적으로부터 자신을 보호하는 데에는 결정적으로 유리하다. 혼자 살면 적이 다가오는지 살피면서 먹이를 찾아야 하지만 여럿이 함께 살면 누군가 망을 보는 동안 편안히 먹이를 찾을 수 있다. 망을 보던 동물이 적의 출현을 알리는 경고음을 내면 다른 동물들은 재빨리 몸을 숨긴다. 이때 경고음을 낸 동물은 스스로 자신의 위치를 노출시키는 자기희생, 즉 이타적 행동을 하는 것이다.

미국 중서부 초원에서 굴을 파고 사는 프레리도그(prairie dog)는 좀 독특한 행동을 보인다. 한 마리가 두 발로 꼿꼿이 선 채 짖기 시작하면 다른 동물들도 차례로 벌떡벌떡 일어서며 소리를 지른다. 이 모습은 마치 우리가 축구 경기를 보며 파도타기 응원을 하는 것과 흡사하다. 생물학자들은 그동안 이를 자기 영역을 공표하는 일종의 단체 행동이라고 생각했다. 그러나 캐나다 매니토바 대학교 연구진은 이것이 동료들의 경계 태세를 다잡는 행동이라는 관찰 결과를 발표했다.

연구진은 이 같은 '파도'가 얼마나 오래 지속되었는지, 얼마나 많은 개체가 얼마나 빨리 동참했는지 등을 측정했다. 흥미롭게도 소리의 파도가 길게 이어지고 충분히 많은 개체들이 동참하기 시작하면 처음 시작한 개체들은 안심하고 먹이 활동을 재개한다.

① 동물들의 공동체 생활에는 장점과 단점이 공존한다.
② 적의 출현에 경고음을 낸 개체는 가장 먼저 위치가 노출된다.
③ 프레리도그가 동시에 일어나 소리를 지르는 것은 공동체를 위한 행동이다.
④ 처음에 소리를 지른 프레리도그는 많은 동료들이 소리 지르기에 동참하면 다시 먹이를 먹는다.

13 다음 글에서 의인화하고 있는 사물은?

방의 위인이 밖은 둥글고 안은 모나며, 때에 따라 그에 맞게 변하기를 잘하여 한(漢)나라에서 벼슬하여 홍로경(鴻臚卿)이 되었다. 그때에 오(吳)나라 왕 비(濞)가 교만하고 주제넘어 권세를 부렸는데, 방이 그에게 붙어 많은 이익을 얻었다.

〈중 략〉

방의 성질이 욕심 많고 더러워 염치가 없었는데, 이제 재물과 씀씀이를 도맡게 되니 본전과 이자의 경중을 저울질하기 좋아하였다. 나라를 편하게 하는 것이 반드시 질그릇이나 쇠그릇을 만드는 생산의 기술에만 있는 것이 아니라고 하면서 백성과 더불어 사소한 이익조차 다투었다.

① 술　② 돈
③ 거북　④ 대나무

14 다음 시에 대한 설명으로 적절하지 않은 것은?

푸른 하늘에 닿을 듯이
세월에 불타고 우뚝 남아 서서
차라리 봄도 꽃 피진 말아라.

낡은 거미집 휘두르고
끝없는 꿈길에 혼자 설레이는
마음은 아예 뉘우침 아니라.

검은 그림자 쓸쓸하면
마침내 호수 속 깊이 거꾸러져
차마 바람도 흔들진 못해라.

– 이육사, '교목'

① 부정적인 현실에 저항하려는 화자의 태도가 나타나 있다.
② '차라리, 차마' 등의 부사어를 사용하여 암울한 현실 상황을 강조하고 있다.
③ 제재인 동시에 제목인 '교목'은 화자의 내면과 동일시되는 객관적 상관물이다.
④ 부정 종결 어미를 통해 화자의 굳은 의지를 나타내는 동시에 리듬감을 형성하고 있다.

15 밑줄 친 말의 쓰임이 옳지 않은 것은?

① 장롱 속을 뒤져 겨우 그 옷을 찾았다.
② 그녀는 임신을 하여 홑몸이 아니게 되었다.
③ 마을 고샅으로 접어드는 길에서 벗을 기다렸다.
④ 삼 년을 흥청망청했더니 집안이 결딴나 버렸다.

16 다음 글의 설명 방식으로 적절하지 않은 것은?

신경심장성 실신이라고 불리는 미주신경성 실신은 혈관이 확장되고 심장 박동 수가 저하되면서 발생한 저혈압과 뇌 혈류 감소로 인해 일시적으로 의식을 잃는 현상을 의미한다. 미주신경성 실신은 실신 중 가장 흔한 유형이며 극심한 육체적 스트레스나 감정적 긴장이 근본적인 원인으로 꼽힌다. 직접적인 사례로는 피를 보는 것, 고열에 장기간 노출되는 것, 대소변을 과도하게 참는 것, 정맥 채혈을 하거나 정맥 주사를 맞는 것 등이 가장 흔하며, 이러한 자극이 발생하면 심장 박동 수와 혈압을 조절하는 신경계에 비정상적인 반응이 일어나 실신하게 된다.

① 미주신경성 실신의 정의를 제시하고 있다.

② 미주신경성 실신의 직접적인 원인을 밝히고 있다.

③ 미주신경성 실신이 일어나는 과정을 묘사하고 있다.

④ 미주신경성 실신을 유발하는 구체적인 예시들을 나열하고 있다.

17 다음 글에서 추론한 내용으로 적절하지 않은 것은?

뇌파는 약 140억 개의 뇌 세포에서 나오는 전기적인 변화를 두피로부터 기록한 것이다. 독일의 생리학자인 한스 베르거가 인간의 뇌파를 처음으로 기록하였다. 이 뇌파를 통해서 뇌에 대한 것을 파악해 볼 수 있게 되었다.

뇌의 일상적 활동과 흥분, 수면, 생리적 변화 등을 파악해 보기도 하고, 병리진단에 유용하다는 것이 차츰 알려 지면서, 뇌종양, 뇌혈관성, 뇌 대사 등, 환자의 진찰 보조 자료로 활용되고, 뇌 상태의 감시, 뇌사의 판정에 사용되기 시작했다.

뇌사 판정 기준은 깊은 혼수상태로 강한 통증이나 자극에도 반응이 없고, 동공이 열려 있어서 빛에 반응하지 못하며, 자발 호흡 정지, 급격한 혈압 강화, 그에 따른 저혈압 뇌파의 평탄화 등이다. 뇌의 기능은 죽어 있지만, 인공호흡 장치에 의해서 심장이 아직 뛰고 있는 상태 하에서 판정하는 기준이다.

이러한 뇌사에 대한 연구가 지속되고 있지만 매우 어렵다. 뇌를 완전히 바꾸는 이식수술도 현재로서는 불가능하다. 마음의 질병은 모든 뇌의 작용이 완전하지 않기 때문에 생긴다. 따라서 뇌신경세포가 감소하면 먼저 건망증이 생긴다.

뇌의 노화가 진행되면 오래된 것은 기억하나 새로운 기억은 유지되지 않는다. 그래서 금방 한 일도 모르게 된다. 치매가 심한 노인일수록 뇌가 많이 쭈그러들어 있다. 건강하게 기억을 유지하기 위해서는 항상 일정한 수의 건강한 신경세포가 필요하다.

90년대에 와서 기능적 자기공명 화상장치와 뇌 자계 등이 사용되어, 뇌 활동을 바깥에서 측정하는 방법이 생기고 진보되었다. 현재는 분자 수준에서의 뇌 세포와 유전자 구조분석의 발달로 뇌 세포의 분화, 증식, 노화, 죽음에 대한 연구가 계속되고 있다.

① 건망증의 원인은 신경세포 수의 감소에 있다.

② 오래된 것을 기억하지 못한다면 뇌의 노화가 시작된 것이다.

③ 뇌의 작용이 완전하게 이루어지지 않을 경우 정신 질환이 생기기 쉽다.

④ 강한 자극이나 빛에 반응하지 못하고 자발적인 호흡이 어려운 경우 뇌사로 판정할 수 있다.

18 다음 글을 통해 추론할 수 없는 것은?

우울증에 쉽게 빠지는 사람들은 자신과 타인(세상), 그리고 미래를 부정적으로 왜곡시켜 해석하는 경향이 있다.

우선 자기 자신을 결점이 많고, 부적절하며, 무가치하게 평가한다. 불쾌한 경험을 하면 그것은 자신의 문제 때문이라고 생각하며 자신을 평가절하하고 스스로를 비난한다.

뿐만 아니라 주변 사람이나 세상을 자신의 소망을 이루는 것을 방해하는 장애물로 생각하는 경향이 있다. 시련을 통해 성장할 수 있다고 생각하기보다는 자기가 처한 여건들은 자기를 괴롭히기 위해 존재하는 것처럼 생각한다.

또한 자신이 처한 어려움이나 고통이 현재로 그치지 않고, 먼 훗날까지 영속적으로 지속될 것으로 믿는다. 실수를 하면 다른 사람들이 두고두고 기억할 것 같고, 거절을 당한 다음에는 앞으로도 계속 실패할 것 같아 포기한다. 〈중 략〉

우울한 사람들은 뒷받침할 만한 증거가 없거나 상반된 증거가 있음에도 불구하고 부정적으로 해석하는 경향이 있는데 이를 임의적 추론(arbitrary inference)이라고 한다. 예컨대, 증거도 없는 상황에서 누가 웃으면 비웃는다고 판단하거나 남들이 자기를 무시하거나 멸시한다고 생각한다.

① 우울감이 있는 사람들은 시련을 목표 달성의 방해물로 여기는 특성이 있다.

② 우울감이 있는 사람들은 세상을 사실과 다르게 해석하고 판단하는 경향이 있다.

③ 우울감이 있는 사람들은 증거를 통해 미래에 대한 부정적 판단을 내리는 경향이 있다.

④ 우울감이 있는 사람들은 자존감이 낮으며 스스로를 책망하는 모습을 보이는 특성이 있다.

19 '문학'에 대한 견해 중에서 필자의 견해와 부합하는 것은?

예술은 설명하기 어려운, 실로 다양한 여러 가지 기능을 지니지만 그것은 대체로 미적 기능과 사회적 기능 두 가지로 구분된다.

미적 기능이란 쾌락적 기능이라고 할 수 있는 것으로서 예술이 주는 감동적 자극을 의미하며, 사회적 기능이란 교시적(敎示的) 기능이라고 할 수 있는 것으로서 예술이 주는 정치적, 교육적, 도덕적인 여러 종류의 광범한 사회적 영향을 의미한다. 〈중 략〉

이러한 여러 가지 기능은 물론 예술 자체의 본원적(本源的)인 기능인 미적 기능과 결부되어 있었기 때문에 그러한 여러 종류의 사회적 기능 그 자체가 예술의 전적인 기능이거나 또는 그것이 예술의 목적이었다고는 말할 수 없을 것이다. 만일 그러한 여러 종류의 사회적 기능을 예술의 전적인 기능이라고 본다면, 예술은 정치나 도덕 또는 그 밖의 여러 가지의 문화적 사상(事象)과 구별되지 못할 것이다. 여러 가지 형태의 사회적 기능에도 불구하고 예술을 정치나 도덕과 같은 다른 문화적 사상과 구별하는 것은 예술의 사회적 기능은 예술의 미적 기능과 항상 결부되어 있는 까닭이다. 이 때문에 예술의 사회적 기능은 그 결과나 영향에 있어 예술 이외의 정치적, 도덕적, 그 밖의 여러 가지 종류의 사회적 사상(事象)과는 달리 이해되어야 할 것이다.

① '문학'은 독자에게 감동과 교훈을 줄 수 있어야 한다.

② '문학'은 도덕적, 윤리적 교화 수단으로서 기능해야 한다.

③ '문학'은 작품에 사용된 수사법을 파악하며 감상해야 한다.

④ '문학'은 개연성 있는 서술을 통해 독자의 몰입을 유도해야 한다.

20 밑줄 친 부분에서 행위의 주체가 같은 것으로만 묶은 것은?

> 옛날에 환인(桓因) — 제석(帝釋)을 이른다. — 의 서자(庶子) 환웅(桓雄)이 항상 천하(天下)에 뜻을 두고 세상을 몹시 바랐다. 아버지가 아들의 뜻을 알고, 삼위태백(三危太伯)을 내려다 보니, 인간 세계를 널리 이롭게 할 만했다. 이에 ㉠ 천부인(天符印) 세 개를 주어 인간의 세계를 다스리게 했다.
>
> 환웅은 무리 3천 명을 거느리고 태백산(太白山) — 지금의 묘향산 — 꼭대기의 ㉡ 신단수(神壇樹) 아래로 내려왔다. 이곳을 신시(神市)라 불렀다. 이분을 환웅 천왕(桓雄天王)이라 한다. 그는 풍백(風伯)·우사(雨師)·운사(雲師)를 거느리고, 곡식·수명·질병·형벌·선악 등을 주관하고, ㉢ 모든 인간의 삼백예순여 가지 일을 주관하여 인간 세계를 다스리고 교화(教化)했다.
>
> 이때, 곰 한 마리와 범 한 마리가 같은 굴에서 살고 있었는데, 그들은 항상 환웅에게 사람이 되기를 빌었다. 그러자 환웅이 신령한 쑥 한 심지와 마늘 스무 개를 주면서 말했다.
>
> "너희들이 이것을 먹고 백 일 동안 ㉣ 햇빛을 보지 않으면 곧 사람이 될 것이다."
>
> 곰과 범이 이것을 받아서 먹고 조심한 지 삼칠일(21일) 만에 곰은 여자의 몸이 되었으나, 범은 조심을 잘못해서 사람이 되지 못했다. 웅녀(熊女)는 혼인할 상대가 없었으므로 항상 단수(壇樹) 밑에서 ㉤ 아이 배기를 축원했다. 환웅이 이에 임시로 변하여 그녀와 혼인했더니 이내 잉태해서 아들을 낳았다. 이름을 단군왕검(檀君王儉)이라 하였다. 〈중 략〉
>
> 주(周)나라 호왕(虎王)이 즉위한 기묘년(己卯年)에 기자(箕子)를 조선에 봉하니, 단군은 장당경(藏唐京)으로 옮겼다가 뒤에 돌아와서 아사달(阿斯達)에 숨어서 ㉥ 산신(山神)이 되니, 나이는 1천9백8세였다고 한다.

① ㉠, ㉣　　② ㉡, ㉢
③ ㉢, ㉥　　④ ㉣, ㉤

정답·해설 _해설집 p.2

01회 핵심 어휘 마무리 체크

☑ 잘 외워지지 않는 어휘 및 표현은 박스에 체크하여 한 번 더 확인하세요.

고유어

□ **고샅** 시골 마을의 좁은 골목길 또는 골목 사이

□ **결딴나다** 어떤 일이나 물건 등이 아주 망가져서 도무지 손 쓸 수 없는 상태가 되다

한자 성어

□ **見利思義** **견리사의 (볼 견, 이로울 리, 생각 사, 옳을 의)**
눈앞의 이익을 보면 의리를 먼저 생각함

□ **艱難辛苦** **간난신고 (어려울 간, 어려울 난, 매울 신, 쓸 고)**
몹시 힘들고 어려우며 고생스러움

□ **犬猿之間** **견원지간 (개 견, 원숭이 원, 갈 지, 사이 간)**
'개와 원숭이의 사이'라는 뜻으로, 사이가 매우 나쁜 두 관계를 비유적으로 이르는 말

□ **事必歸正** **사필귀정 (일 사, 반드시 필, 돌아갈 귀, 바를 정)**
모든 일은 반드시 바른길로 돌아감

한자어

□ **技術** **기술 (재주 기, 재주 술)**
1. 과학 이론을 실제로 적용하여 사물을 인간 생활에 유용하도록 가공하는 수단
2. 사물을 잘 다룰 수 있는 방법이나 능력

□ **缺陷** **결함 (어지러질 결, 빠질 함)**
부족하거나 완전하지 못하여 흠이 되는 부분

□ **敎化** **교화 (가르칠 교, 될 화)**
가르치고 이끌어서 좋은 방향으로 나아가게 함

□ **關係** **관계 (관계할 관, 맬 계)**
둘 이상의 사람, 사물, 현상 등이 서로 관련을 맺거나 관련이 있음. 또는 그런 관련

□ **寬容** **관용 (너그러울 관, 얼굴 용)**
남의 잘못 등을 너그럽게 받아들이거나 용서함. 또는 그런 용서

□ **模糊** **모호 (본뜰 모, 풀칠할 호)**
말이나 태도가 흐리터분하여 분명하지 않음

□ **蔑視** **멸시 (업신여길 멸, 볼 시)**
업신여기거나 하찮게 여겨 깔봄

□ **理解** **이해 (다스릴 이, 풀 해)**
1. 사리를 분별하여 해석함
2. 깨달아 앎. 또는 잘 알아서 받아들임
3. 남의 사정을 잘 헤아려 너그러이 받아들임

□ **廉恥** **염치 (청렴할 염, 부끄러울 치)**
체면을 차릴 줄 알며 부끄러움을 아는 마음

□ **豫測** **예측 (미리 예, 헤아릴 측)**
미리 헤아려 짐작함

□ **歪曲** **왜곡 (기울 왜, 굽을 곡)**
사실과 다르게 해석하거나 그릇되게 함

□ **主役** **주역 (임금 주, 부릴 역)**
1. 주된 역할. 또는 주된 역할을 하는 사람
2. 연극이나 영화에서, 주연하는 배역. 또는 그 배우

□ **祝願** **축원 (빌 축, 원할 원)**
1. 희망하는 대로 이루어지기를 마음속으로 원함
2. 신적 존재에게 자기의 뜻을 아뢰고 그것이 이루어지기를 비는 일

Quiz 각 어휘 및 표현의 알맞은 뜻을 찾아 연결하세요.

01 敎化	㉠ 이익보다 의리를 중시 여김
02 고샅	㉡ 둘 사이의 관계가 매우 나쁨
03 결딴나다	㉢ 시골 동네의 비좁은 샛길
04 犬猿之間	㉣ 좋은 방향으로 이끌어 나감
05 見利思義	㉤ 일이나 물건이 요절나 손 쓸 수 없는 지경
06 事必歸正	㉥ 매우 고생스럽고 어려워 힘이 듦
07 艱難辛苦	㉦ 어떤 대상을 알고 수용함
08 技術	㉧ 과학 이론을 가공해 인간을 이롭게 하는 것
09 理解	㉨ 부족하거나 불완전하여 흠이 되는 부분
10 缺陷	㉩ 모든 일은 반드시 옳은 방향으로 흘러감

정답 | 01 ㉣ 02 ㉢ 03 ㉤ 04 ㉡ 05 ㉠ 06 ㉩ 07 ㉥ 08 ㉧ 09 ㉦ 10 ㉨

정답·해설 _해설집 p.8

02회 실전동형모의고사

제한시간 : 20분 시작 시 분 ~ 종료 시 분 점수 확인 개/ 20개

01 글의 통일성을 고려할 때, 삭제하는 것이 바람직한 문장은?

> 21세기 들어 사람들이 뉴스를 소비하는 행태가 많이 달라졌다. ㉠기존에는 뉴스를 접하려면 신문, 텔레비전, 라디오 등 전통적 미디어에 의존했다. 뉴스 소비자는 이들 미디어에서 제공하는 범주의 뉴스를 인식했다.
> 최근 뉴스 소비 시장은 큰 변화를 맞고 있다. ㉡스마트폰을 대표로 한 디지털 기기의 등장이 변혁의 핵심이다. 디지털 기기는 뉴스 생산과 유통 구조를 파괴하며 새롭게 뉴스 생태계를 구축하고 있다. ㉢인터넷 접속이 유용해짐에 따라 검증되지 않은 정보가 확산된다는 문제도 지속적으로 제기되고 있다. ㉣즉, 전통적 미디어들이 전하는 일방적이고 선형적인 뉴스가 아닌, 소비자 스스로 생산, 유통, 소비에 간여하는 다방향·다원적인 뉴스 생태계라는 새로운 역학 관계를 만들고 있다.

① ㉠ ② ㉡
③ ㉢ ④ ㉣

02 다음 글의 글쓰기 방식에 대한 설명으로 적절한 것은?

> 암소는 송아지뿐만 아니라 사람에게도 자신의 젖으로 영양분을 공급한다. 생명을 주고 아이들을 보호하는 암소는 양육과 모성적 헌신의 전형이다. 황소의 에너지가 대담하고 남성적인 반면, 암소의 에너지는 부드럽고 여성적이다. 황소는 태양을, 암소는 달을 상징한다. 그리고 황소와 암소는 모두 비옥과 풍요, 남성에너지와 여성에너지의 균형을 나타낸다.
> 암소와 달은 몇 가지 관련성을 가진다. 그러나 암소는 대지와도 관련이 있어서 달의 리듬과 대지가 주는 안정성 사이에서 균형을 잡는다.

① 서로 다른 두 가지 대상을 대조하여 설명하고 있다.
② 시대적 변천 과정에 따라 중심 소재를 설명하고 있다.
③ 호기심을 가질만한 내용에 대해 질문하고 답하는 형식으로 설명하고 있다.
④ 전문 용어에 대한 독자들의 이해를 돕기 위해 관련 사례를 들어 설명하고 있다.

03 밑줄 친 부분이 어법에 맞는 것은?

① 농사일은 일 년 내내 바쁘다.
② 그가 지각하는 것은 예사일이다.
③ 우리는 퇴근 후에 대포집으로 향했다.
④ 머릿말에는 작가의 의도가 담겨 있다.

04 (가)의 관점에서 (나)를 감상할 때 가장 적절한 것은?

> (가) 표현론적 관점은 작품과 작가의 관계를 중심으로 감상하는 것으로, 문학을 작가의 체험과 사상이 반영된 것으로 바라본다.
>
> (나) 고향에 고향에 돌아와도
> 그리던 고향은 아니러뇨.
>
> 산꿩이 알을 품고
> 뻐꾸기 제철에 울건만,
>
> 마음은 제 고향 지니지 않고
> 머언 항구로 떠도는 구름.
>
> 오늘도 뫼 끝에 홀로 오르니
> 흰 점 꽃이 인정스레 웃고,
>
> 어린 시절에 불던 풀피리 소리 아니 나고
> 메마른 입술에 쓰디쓰다.
>
> 고향에 고향에 돌아와도
> 그리던 하늘만이 높푸르구나.
>
> – 정지용, '고향'

① 영탄적 어조를 사용하여 화자의 정서를 드러내고 있군.
② 각 연을 2행으로 구성하여 형태적 안정감을 부여하고 있군.
③ 과거와는 다른 모습의 고향을 보고 느낀 작가의 상실감이 느껴지는군.
④ 처음과 마지막 부분을 유사한 구조로 반복하여 주제를 강조하고 있군.

05 다음 글에 대한 이해로 가장 적절한 것은?

> 독서, 그것은 궁극적으로 자기가 갇혀 있는 문맥, 우리 시대가 갇혀 있는 문맥을 깨트리고, 드넓은 세계로 나아가는 자유의 여정이기도 합니다. 우리에게 필요한 것은 이 여정에서 길어 올려야 하는 우리들 자신에 대한 애정입니다. "더 좋은 것은 없습니다." 더 좋은 책, 더 좋은 왕도(王道)는 없습니다. 한 마리 작은 새가 하늘을 날아오르는 것이 그렇습니다. 어미 새의 체온과 바람과 물 그리고 수많은 밤들이 차곡차곡 누적되어 어느 날 아침 문득 빛나는 비상으로 날아오릅니다. 고뇌와 방황으로 얼룩진 역경의 어느 무심한 중도 막에 그 때까지 쌓아온 회한과 눈물이 어느 순간 빛나는 꽃으로 피어오릅니다. 독서도 인생과 크게 다르지 않습니다. 그것이 어떤 책이든 상관없습니다. 그것이 고뇌와 성찰의 작은 공간인 한 언젠가는 빛나는 각성(覺醒)으로 꽃피어나기 마련입니다. 언약(言約)은 강물처럼 흐르고 만남은 꽃처럼 피어날 것입니다.

① 독서는 사고를 확장(擴張)시켜주는 하나의 과정이다.

② 독서를 통한 간접 경험으로 인생의 목표를 정립(定立)해야 한다.

③ 꽃처럼 피어나는 인생을 이루기 위해서는 고난(苦難)이 필요하다.

④ 자기 자신에 대한 사랑만이 좋은 책을 발견(發見)할 수 있게 한다.

06 다음 중 고친 문장이 적절하지 않은 것은?

① 비극적인 이 일은 나로서 시작되었다.
→ 비극적인 이 일은 나로써 시작되었다.

② 그녀가 그런 행동을 했다는 것이 믿겨지지 않는다.
→ 그녀가 그런 행동을 했다는 것이 믿기지 않는다.

③ 스스로 목표 의식과 사기를 높여 반드시 합격할 것이다.
→ 스스로 목표 의식을 가지고 사기를 높여 반드시 합격할 것이다.

④ 웃는 모습이 예쁜 정흠이의 동생은 이성에게 인기가 많다.
→ 웃는 모습이 예쁜, 정흠이의 동생은 이성에게 인기가 많다.

07 (가)~(라)에 대한 설명으로 적절하지 않은 것은?

> (가) 늘그니ᄂᆞᆫ 부모(父母)ᄀᆞᆮ고 얼우ᄂᆞᆫ 형(兄)ᄀᆞᄐᆞ니,
> ᄀᆞᄐᆞᆫᄃᆡ 불공(不恭)ᄒᆞ면 어ᄃᆡ가 다ᄅᆞᆯ고.
> 날료셔 ᄆᆞ디어시ᄃᆞᆫ 절ᄒᆞ고야 마로리이다.
> (나) 강호(江湖)애 노쟈ᄒᆞ니 성주(聖主)를 ᄇᆞ리례고
> 성주(聖主)를 셤기쟈ᄒᆞ니 소락(所樂)애 어긔예라.
> 호온자 기로(岐路)애 셔셔 갈 ᄃᆡ 몰라 ᄒᆞ노라.
> (다) 어져 내 일이야 그릴 줄을 모로던가.
> 이시라 하더면 가랴마는 제 구태여
> 보내고 그리ᄂᆞᆫ 정(情)은 나도 몰라 하노라.
> (라) 뉘라셔 가마귀를 검고 흉(凶)타 ᄒᆞ돗던고.
> 반포 보은(反哺報恩)이 긔 아니 아름다온가.
> ᄉᆞᄅᆞᆷ이 져 ᄉᆡ만 못ᄒᆞ믈 못ᄂᆡ 슬허ᄒᆞ노라.

① (가): 설의적 표현과 대화 형식을 통해 장유유서를 강조하고 있다.

② (나): 대유법을 사용하여 화자가 머물고자 하는 공간을 드러내고 있다.

③ (다): 영탄법을 사용하여 화자의 안타까운 심정을 나타내고 있다.

④ (라): 인간과 자연물의 대비를 통해 주제 의식을 강조하고 있다.

08 밑줄 친 부분이 바르게 쓰이지 않은 것은?

① 날씨가 쌀쌀해졌으니 <u>웃옷</u>을 걸쳐 입어라.

② 그는 아이의 물음에 웃음으로 <u>갈음</u>했다.

③ 아이들의 <u>뒤치다꺼리</u>를 하느라 하루가 다 갔다.

④ 노력할 생각은 않고 <u>허구헌</u> 날 신세 한탄만 한다.

09 다음에 제시된 단어의 의미에 맞게 쓴 문장으로 적절하지 않은 것은?

단어	의미	문장
죽다	생명이 없어지거나 끊어지다.	㉠
	움직이던 물체가 멈추어 제 기능을 하지 못하다.	㉡
	본래 가지고 있던 색깔이나 특징 등이 변하여 드러나지 않다.	㉢
	마음이나 의식 속에 남아 있지 못하고 잊히다.	㉣

① ㉠: 흑사병으로 많은 이들이 죽어 나갔다.
② ㉡: 장기를 두다가 한눈파는 사이에 내 마가 죽었다.
③ ㉢: 조미료를 너무 많이 치면 재료 본연의 맛이 죽는다.
④ ㉣: 그날의 기억은 오래 전에 죽었다.

10 다음 글의 제목으로 가장 적절한 것은?

갈릴레오가 망원경을 통해 본 하늘은 놀랄 만한 것이었다. 그는 곧 관측 사실을 바탕으로 코페르니쿠스 우주론의 적합성을 선전하여 일약 스타로 부상했다. 우선 갈릴레오는 별들의 크기가 육안으로 보는 것보다 훨씬 작다는 것을 알았다. 그것은 별이 지구로부터 멀리 떨어져 있음을 의미하는 것으로서 '무한우주'의 관념을 뒷받침했다.

또한 그는 달의 표면이 거의 지구의 표면과 같이 울퉁불퉁한 것을 보았는데, 그것은 달이 천상계와 지상계를 구분하는 기준이 된다는 이전의 생각과 대비되는 것이었다. 더구나 태양에도 흑점이 있으며 그것이 불규칙하게 운동한다는 관측은 천상계가 완전하고 불변하다는 기존의 관념을 깨뜨리는 데 기여했다. 그리고 목성에도 네 개의 위성이 있다는 그의 관측은 행성인 지구가 달을 가진다는 코페르니쿠스의 우주론을 쉽게 받아들이게 했다.

① 갈릴레오가 발견한 우주의 진실
② 무한우주를 발견한 갈릴레오의 위대함
③ 달이 천상계와 지상계를 구분하는 방법
④ 코페르니쿠스와 갈릴레오의 상이한 우주론

11 기자의 말하기 방식에 대한 설명으로 적절하지 않은 것은?

기자: 안녕하세요. 오늘은 『다문화주의의 전망과 미래 사회』를 저술하신 김철수 교수님을 모시고, 이야기를 나눠 보도록 하겠습니다. 교수님, 다문화주의가 뭐죠?
교수: 네, 오늘날엔 한 사회 내부에 여러 문화가 공존하는 현상이 일반적이죠. 여러 문화의 공존을 인정하고 그것의 긍정적인 측면을 적극적으로 평가하려는 이론을 말합니다.
기자: 그러면 다문화주의가 지향하는 바는 무엇입니까?
교수: 한마디로 말씀드리기 어렵지만, 대체로 문화 차이에 따른 사회적·정치적·경제적 갈등을 해소하는 데 목적이 있습니다.
기자: 말씀을 들어보니 다문화주의는 이론에 그치지 않고, 국가가 정책을 수립하는 데 적극적으로 영향을 끼치기도 하겠네요.
교수: 네, 많은 국가들이 다문화주의를 수용하여 국가 정책을 강구합니다. 하지만 그 실현이 쉬운 것은 아닙니다. 사회 구성원들이 자신의 국가를 단일 민족 국가나 단일 이념 국가라고 여기는 경우엔 다문화주의가 단일성을 훼손한다고 여기는 경향이 있죠. 이러한 반감은 사회적 갈등으로 표출되기도 합니다. 사실 소수 문화가 나름대로의 가치와 의의를 가진다는 것을 부정하는 사람은 없습니다. 그러나 소수 문화를 정책적으로 배려하자는 데에는 사회 구성원 간에 의견이 저마다 다릅니다.
기자: 그런 가운데에도 우리 시대에 다문화주의가 필요하다면, 그 이유는 뭘까요?
교수: 소수 문화를 존중하는 정책은, 이주민이나 이주 노동자 등 소수자들의 문화를 발전시켜서 다양한 문화가 공존하는 사회를 만들 수 있도록 도와줄 겁니다. 그렇게 되어야 사회 구성원 간의 갈등이나 분열도 완화될 수 있고, 사회도 발전하겠지요.
기자: 그러면 이 시점에서 다문화주의를 정책으로 마련해 나가는 데에 무엇이 가장 중요하다고 생각하십니까?

① 상대방이 설명한 내용에 대해 이해한 바를 정리한다.
② 상대방의 설명을 듣고 질문하여 추가적인 의견을 요구한다.
③ 상대방에게 화제에 대한 의미를 물으며 인터뷰를 시작한다.
④ 상대방의 주장은 현실성이 결여되었음을 지적하며 반문한다.

12 제시된 작품에 대한 이해로 가장 적절하지 않은 것은?

춘풍이 이십 바리 돈을 여기저기 벌이고 장사에서 남긴 듯이 의기양양하니, 춘풍 아내 거동 보소. 주찬을 소담히 차려 놓고,

"자시오."

하니, 저 잡놈 거동 보소. 없던 교태(嬌態) 지어내어 제 아내 꾸짖으되,

"안주도 좋지 않고 술 맛도 무미하다. 평양서는 좋은 안주로 매일 취하여 입맛이 높았으니, 평양으로 다시 가고 싶다. 아무래도 못 있겠다."

젓가락을 그릇에 던져 박고 고기도 씹어 뱉어 버리며 하는 말이,

"평양 일색 추월이와 좋은 안주 호강으로 지냈더니 집에 오니 온갖 것이 다 어설프다. 호조 돈이나 갚고 다시 평양으로 내려가서, 작은집과 한가지로 음식을 먹으리라."

그 거동은 차마 못 볼러라. 춘풍 아내 거동 보소. 춘풍을 속이려고 상을 물려 놓고 황혼 때에 밖에 나가 비장 차림 다시 하고, 대문 안에 들어서서 기침하고,

"춘풍아 왔느냐?"

춘풍이 자세히 보니 평양서 돈 찾아 주었던 비장이라, 춘풍이 깜짝 놀라 버선발로 뛰어 내달아 엎드려 말하기를,

"소인이 오늘 왔으나 날이 저물어 내일 댁에 문안코자 하였는데, 나으리 먼저 행차 하옵시니 황공하여이다."

"내 마침 이리 지나가다가 너 왔단 말을 듣고 네 집에 잠깐 들렀노라."

방 안에 들어가니, 춘풍이 아무리 제 안방인들 어찌 들어올까? 문밖에 섰노라니,

"춘풍아, 들어와서 게 앉거라."

"나으리 좌정하신 데를 감히 들어가오리까?"

"잔말 말고 들어오라."

춘풍이 마지못하여 들어오니, 비장이 말하되,

"그때 추월에게 돈은 받았느냐?"

"나으리 덕택에 즉시 받았나이다. 못 받을 돈 오천 냥을 하루아침에 다 받았사오니, 그 은혜가 태산 같사이다."

"그때 맞던 매가 아프더냐?"

"소인에게 그런 매는 상(賞)이로소이다. 어찌 아프다 하리이까?"

"네 집에 술이 있느냐?"

춘풍이 일어서서 주안을 들이거늘 비장이 꾸짖어 말하되,

"네 계집은 어디 가고 네가 일을 하느냐? 네 계집 불러 술 준비 못 시킬까?"

춘풍이 황급하여 아무리 찾은들 있을쏘냐. 들며나며 찾아도 무가내라 제 손수 거행하니 한두 잔 먹은 후 비장이 하는 말이,

"네 평양에서 추월의 집 사환할 제, 모습도 참혹하고 걸인 중 상거지라, 추월의 하인 되어 봉두난발 헌 누더기 어떻더냐?"

– 작자 미상, '이춘풍전'

① 비장은 춘풍으로 하여금 과거를 반성하게 하려 한다.

② 춘풍은 자신을 둘러싼 상황에 대해 일부러 모른 척하고 있다.

③ 춘풍의 뻔뻔한 행동에 대한 서술자의 견해를 직접적으로 보여준다.

④ 아내를 대하는 춘풍의 태도에서 당시 허위에 찬 남성의 모습이 드러난다.

13 다음 괄호 속에 들어갈 말로 가장 적절한 것은?

우리나라 고전 소설에는 '착한 사람은 복을 받고 나쁜 사람은 벌을 받는다'라는 내용이 많다. 예를 들어 〈흥부전〉의 '흥부'는 제때 끼니를 못 챙길 정도로 三旬九食의 형편인데다가 (　　　)한 곳에서 산다. 하지만 순하고 착한 성격으로 다친 제비의 다리를 고쳐 주고 복을 받는다.

① 黍離之歎

② 安貧樂道

③ 上漏下濕

④ 我田引水

14 다음 글에서 '북'에 대한 이해로 적절하지 않은 것은?

일찍 점심을 먹고, 여느 날의 걸음걸이로 집을 나선 민 노인은, 나이에 어울리지 않는 설렘으로 흔들렸다. 아직 눈치를 채지 못한 아들 내외에 대한 심리적 부담보다는 자기가 맡은 일 때문이었다. 수십 명의 아이들이 어우러져 돌아가는 춤판에 영감쟁이 하나가 낀다는 사실이 새삼스럽게 어색하기도 하고, 모처럼의 북가락이 그런 모양으로밖에는 선보일 수 없다는 데 대한 엷은 적막감도 씻어 내기 힘들었다. 그러나 젊은 훈김들이 뿜어내는 학교 마당에 서자, 그런 머뭇거림은 가당찮은 것으로 치부되었다. 시간이 되어 옷을 갈아입고 아이들 속에 섞여 원진(圓陣)을 이루고 있는 구경꾼들을 대하자, 그런 생각들은 어디론지 녹아내렸다. 그 구경꾼들의 눈이 자기에게 쏠리는 것도 자신이 거쳐 온 어느 날의 한 대목으로 치면 그만이었다. 노장(老長)이 나오고 취발이가 등장하는가 하면, 목중들이 춤을 추며 걸쭉한 음담패설 등을 쏟아 놓을 때마다, 관중들은 까르르까르르 웃었다. 민 노인의 북은 요긴한 대목에서 둥둥 울렸다. 째지는 소리를 내는 꽹과리며 장구에 파묻혀 제값을 하지는 못해도, 민 노인에게는 전혀 괘념할 일이 아니었다. 그전에도 그랬던 것처럼, 공연 전에 마신 술 기운도 가세하여, 탈바가지들의 손끝과 발목에 한 치의 오차도 없이 그의 북소리는 턱턱 꽂혔다. 그새 입에서는 얼씨구! 소리도 적시에 흘러나왔다. 아무 생각도 없었다. 가락과 소리와, 그것을 전체적으로 휩싸는 달착지근한 장단에 자신을 내맡기고만 있었다.

– 최일남, '흐르는 북'

① 민 노인의 심리를 변화하게 만든다.

② 정체된 민 노인의 삶에 새로운 활기를 불어넣어 준다.

③ 전통 세대와 신세대가 화합할 수 있는 계기로 작용한다.

④ 흥겨운 분위기를 이끌며 민 노인과 아들 내외 간의 갈등을 해소시킨다.

15 다음 글의 논증 구조를 잘못 파악한 것은?

㉠영국 계몽주의의 특징은 이신론(理神論)과 자유주의다. ㉡이신론이란 신을 최초의 궁극적 원인으로 인정하면서도, 현재의 운행에 대해서는 신의 개입을 부정하는 입장을 말한다. 여기에서는 신을 그저 기계적인 것이라고만 생각한다. ㉢이러한 신에게는 기적이나 계시처럼 초자연적인 것을 행할 자유가 없다. 오직 자연적인 것만 허용될 뿐이다. 그러므로 진정한 종교는 이성 안에만 있다. ㉣기독교가 말하는 초자연적인 것들도 실은 상징적으로 이해되어야 하며, 《성경》이란 우리에게 이성적인 종교를 한 번 더 알려주는 것일 뿐이다.

영국 계몽주의의 두 번째 특징은 자유주의다. ㉤한 사람 한 사람의 양도할 수 없는 자연권을 주장한 로크의 이론과 국가 권력의 분립과 개성의 자유로운 발달을 주장한 로크의 교육 사상은 영국에서 개인주의적인 자유주의가 싹트는 데 결정적 역할을 했다. 이러한 그의 계몽주의적 자유 사상과 인권설은 유럽과 미국은 물론, 현대의 거의 모든 헌법, 특히 기본법의 뿌리가 되어 있다.

① ㉠은 글의 핵심 화제이다.

② ㉡은 ㉢의 전제 조건이 된다.

③ ㉡과 ㉤은 병렬 구조로 제시되어 있다.

④ ㉣은 ㉢에 대한 부연 설명이다.

16 다음 글에 대한 이해로 적절하지 않은 것은?

파이프 그림 아래 '이것은 파이프가 아니다'라고 쓰여 있다. 초현실적인 환상의 세계를 그리는 르네 마그리트의 그림이다. 그는 현대미술 역사에서 가장 심오한 수수께끼를 던진 화가지만, 미술가라는 타이틀보다 생각하는 사람이기를 고집한다. 전통적인 경계를 뛰어 넘으려는 시도를 하며, 실재하지 않는 현실을 묘사한다. 르네 마그리트는 상상속의 장면과 생각 깊은 곳에 묻혀있는 것을 꺼내어 화폭에 옮긴다.

'그는 우리에게 지금까지 현실이라고 생각해 왔던 것을 넘어서도록 강요한다. 비트겐슈타인이 이미 지적하였듯이 언어란 현실의 그림이 아니라 많은 용도를 지닌 도구이기 때문에 재현의 방법은 관습의 문제'라는 것이다. 그림에서처럼 파이프가 아닌 다른 이름으로 불려 질 수 있다는 것이다. 우리가 아기 이름을 지을 때 똑같은 아기를 영희라고 지을 수도 있고 순이라고 지을 수도 있는 것과 같이, 이 작품의 제목도 '이것은 파이프가 아니다'라고 지어진 것이다.

① 르네 마그리트는 미술가라는 명성을 우선시하지 않았다.

② 르네 마그리트는 한계에 갇히지 않고자 노력한 초현실주의 화가이다.

③ 르네 마그리트는 상상 속에 있는 자신의 깊은 생각을 그림으로 표현했다.

④ 르네 마그리트는 언어를 통해 재현한 현실은 관습에 따라 다르다고 생각했다.

17 다음 글에서 알 수 없는 것은?

태평양에서 발생하는 태풍은 적도 부근에서 남반구로부터 불어오는 고온다습하고 불안정한 남동풍과 북반구로부터 불어오는 북동풍이 만나면서 만들어지는 것으로 알려져 있다. 지구의 자전 때문에 시계 반대 방향으로 회전하는 강력한 회오리바람이 바로 태풍이다. 수온이 27도 이상으로 높은 바다에서 증발하는 수증기에 의해 만들어지는 비구름은 태풍을 더욱 무시무시하게 만들어 버린다. 초속 17미터 이상의 강한 바람과 많은 양의 비를 동반하는 태풍은 최대 풍속이나, 강풍이 부는 범위에 따라 분류된다.

인간에게는 엄청난 피해를 주는 태풍은 지구 상태계의 입장에서 볼 때 없어서는 안 되는 아주 중요한 자연 현상이다. 태풍은 적도 지방에 집중적으로 쏟아지는 태양 에너지를 지구 전체로 확산시키는 역할을 한다. 보통은 지표면으로부터 10킬로미터까지의 대류권에서 나타나는 거대한 대류 현상이 그런 역할을 담당하지만, 여름철에 적도 지방에서 이글거리는 태양열을 효과적으로 확산시키기에는 역부족인 경우가 있다. 태풍은 그런 경우에 지구의 열적 균형을 되찾기 위해 작동하는 지극히 자연적인 현상이다.

태풍은 생태계에 막대한 피해를 주지만 긍정적인 영향도 미친다. 약육강식과 적자생존으로 유지되는 생태계의 균형은 언제나 불안정하다. 지역적인 이유로 어떤 생물종이 지나치게 번성하게 되면 생태계의 균형이 깨지면서 심각한 문제가 발생한다. 호수나 강 또는 육지에 인접한 연안 바다에 유입되는 유기물이 늘어나면서 생기는 적조도 그러한 현상의 결과다. 엄청난 바람과 폭우를 동반한 태풍은 지역적으로 깨진 생태계의 균형을 복원시켜주는 역할을 한다.

① 태풍은 적도에 편중된 태양열을 분산시킨다.

② 태풍은 바람의 범위와 강우량에 따라 나뉜다.

③ 태풍은 특정 생물종이 과도하게 번식하는 상황을 개선한다.

④ 태풍은 지구의 적도 이북과 이남에서 불어오는 바람에 의해 발생한다.

18 다음 글에 나타난 필자의 견해로 볼 수 없는 것은?

단순한 검색이나 서핑과 구별되는 발견 과정을 '데이터마이닝(data mining)'이라고 부른다. 요즘 요란한 '빅 데이터'에 관한 논의는 바로 이 데이터마이닝에 관한 것이다. 사방에 상상도 못할 정도로 축적된 디지털 데이터들을 어떻게든 연결시켜 의미 있는 해석 방법을 찾아내려는 시도다. 전혀 예상치 못했던 데이터들의 상관관계를 찾아내는 '빅 데이터 큐레이터'라는 새로운 직업이 미래의 유망 직종으로 점쳐지기도 한다. 〈중 략〉

21세기에는 지식의 옳고 그름을 따지는 것 자체가 그리 중요한 사안이 아니다. 증명해야 하고, 확인해야 할 '객관적 세계'에 관한 신념 자체가 폐기된 지 오래되었기 때문이다. 지식의 옳고 그름보다는 '좋은 지식'과 '좋지 않은 지식'으로 구분하는 것이 더 구체적이고 실용적이다. 좋은 지식의 기준은 '편집 가능성'에 있다. 현재 진행형의 세계와 상호 작용하며 변화를 가능케 하는 주체적 행위가 가능한 지식이 좋은 지식이다. 편집 가능성이 있는 지식이 좋은 지식인 것이다.

① 좋은 지식의 기준은 지식의 옳고 그름보다는 편집 가능성에 있다.
② 검색을 통해 발견한 데이터들을 축적시키는 것이 데이터마이닝이다.
③ 데이터 그 자체보다는 데이터들 간의 상관관계를 찾는 것이 중요해지고 있다.
④ 편집 가능성이 있는 지식이란 현재와 상호 작용하며 변화 가능한 지식을 말한다.

19 한자 표기가 옳은 것은?

① 좋은 인재를 등용(等用)하기가 어렵다.
② 두 사람의 작업 방식은 극명(極明)하게 대조됐다.
③ 그의 꿈은 소박(素朴)했으나 현실이 녹록하지 않았다.
④ 소통과 화합을 통해 노사의 공존(公存)을 꾀해야 한다.

20 다음 글에서 추론한 바로 적절하지 않은 것은?

우리는 무심하게 바라보지만 사실 농민시장에 나와 있는 먹을거리는 모두 건강하고 꾸준한 재래식 방법으로 키운 것이다. 땅에도 좋지 않고 농민과 소비자에게도 해로운 농약이나 호르몬은 사용하지 않는다. 옛 방식대로 작물을 재배하고, 과실을 가꾸고, 동물을 기른다. 농민시장에 나와 있는 농산물은 원거리 시장의 수요를 충족시키려고 생산한 것이 아니다. 같은 모양만 골라낸 것도 아니며, 배에 실어 먼 거리로 보내기 위해 방부 처리를 한 것도 아니기 때문에 생긴 것은 제멋대로이고 오래 보존할 수도 없다. 그러나 엄선된 재래 종자로 접목했기 때문에 그 지역 사람들에겐 최고의 맛을 지닌 전통 음식이 된다. 어쩌다 솜씨가 뛰어난 장인을 만나면 훌륭한 고급 음식이 되기도 한다. 위스콘신의 토종 배로 만들어 영양분이 풍부한 배버터, 뉴멕시코 농민들이 손수 가꾼 옥수수와 고추로 만든 타말레 등은 다른 곳에선 흔히 접하기 힘든 매우 우수하고 완전한 음식이다.

농민시장은 또한 계절 감각을 누리기에 더없이 좋은 장소다. 시도 때도 없이 사철 음식이 쌓여 있는 슈퍼마켓이 아니라 철마다 다른 재료를 실감하는 장소다. 또한 농민시장은 질 좋은 먹을거리를 제공해줄 뿐만 아니라 쇠락해가는 농촌 경제를 떠받치고 활성화시켜준다. 농촌 사람과 도시 사람을 자연스레 연결시켜주는 기능도 한다. 우리가 먹는 음식의 재료가 가까운 곳, 잘 아는 곳에서 재배한 것이라는 사실을 알게 되면 마음도 놓이고 재배된 곳과 유대감도 생긴다.

① 음식의 맛은 농작물의 모양으로 결정되는 것이 아니다.
② 농민시장에서는 사계절 내내 동일한 농작물을 볼 수 없다.
③ 농민시장에서 판매되는 작물은 재배 시 최신 농업 기술의 사용을 지양한다.
④ 먼 거리의 도시 사람들에게 농작물을 제공하기 위한 기술을 도입해야 한다.

정답·해설 _해설집 p.8

02회 핵심 어휘 마무리 체크

☑ 잘 외워지지 않는 어휘 및 표현은 박스에 체크하여 한 번 더 확인하세요.

고유어

- □ **갈음** 다른 것으로 바꾸어 대신함
- □ **소담히** 1. 생김새가 탐스럽게
  2. 음식이 풍족하여 먹음직하게
- □ **버선발** 버선만 신고 신을 신지 않은 발
- □ **달착지근** 약간 달콤한 맛이 있음
- □ **뒤치다꺼리** 1. 뒤에서 일을 보살펴서 도와주는 일
  2. 일이 끝난 뒤에 뒤끝을 정리하는 일

한자 성어

- □ **黍離之歎** **서리지탄 (기장 서, 떠날 리, 갈지, 탄식할 탄)**
  '나라가 멸망하여 옛 궁궐 터에는 기장만이 무성한 것을 탄식한다'라는 뜻으로, 세상의 영고성쇠가 무상함을 탄식하며 이르는 말
- □ **安貧樂道** **안빈낙도 (편안 안, 가난할 빈, 즐길 낙, 길 도)**
  가난한 생활을 하면서도 편안한 마음으로 도를 즐겨 지킴
- □ **上漏下濕** **상루하습 (윗 상, 샐 루, 아래 하, 젖을 습)**
  '위에서는 비가 새고 아래에서는 습기가 오른다'라는 뜻으로, 매우 가난한 집을 비유적으로 이르는 말
- □ **我田引水** **아전인수 (나 아, 밭 전, 끌 인, 물 수)**
  '자기 논에 물 대기'라는 뜻으로, 자기에게만 이롭게 되도록 생각하거나 행동함을 이르는 말

한자어

- □ **均衡** **균형 (고를 균, 저울대 형)**
  어느 한쪽으로 기울거나 치우치지 않고 고른 상태
- □ **彷徨** **방황 (헤맬 방, 헤맬 황)**
  1. 이리저리 헤매어 돌아다님
  2. 분명한 방향이나 목표를 정하지 못하고 갈팡질팡함
- □ **覺醒** **각성 (깨달을 각, 깰 성)**
  1. 깨어 정신을 차림
  2. 깨달아 앎
  3. 정신을 차리고 주의 깊게 살피어 경계하는 태도
- □ **共存** **공존 (한가지 공, 있을 존)**
  1. 두 가지 이상의 사물이나 현상이 함께 존재함
  2. 서로 도와서 함께 존재함
- □ **講究** **강구 (외울 강, 연구할 구)**
  좋은 대책과 방법을 궁리하여 찾아내거나 좋은 대책을 세움
- □ **單一性** **단일성 (홑 단, 한 일, 성품 성)**
  단일한 성질
- □ **觀念** **관념 (볼 관, 생각 념)**
  1. 어떤 일에 대한 견해나 생각
  2. 현실에 의하지 않는 추상적이고 공상적인 생각
- □ **圓陣** **원진 (둥글 원, 진 칠 진)**
  둥글게 진을 침. 또는 그런 진
- □ **實在** **실재 (열매 실, 있을 재)**
  실제로 존재함
- □ **蒐集** **수집 (모을 수, 모을 집)**
  취미나 연구를 위하여 여러 가지 물건이나 재료를 찾아 모음. 또는 그 물건이나 재료

Quiz 각 어휘 및 표현의 알맞은 뜻을 찾아 연결하세요.

01 소담히	㉠ 음식이 보기에 먹음직한 데가 있음	06 黍離之歎	㉥ 인생의 번성과 쇠락이 덧없음
02 달착지근	㉡ 뒷일을 처리해 줌	07 我田引水	㉦ 단 하나의 성질
03 뒤치다꺼리	㉢ 음식의 맛이 달콤함	08 單一性	㉧ 목표가 없이 이리저리 헤맴
04 蒐集	㉣ 방법을 모색함	09 共存	㉨ 두 현상이 같이 존재함
05 講究	㉤ 취미를 위해 필요한 여러 재료를 모음	10 彷徨	㉩ 본인에게만 이익이 되게 행동함

정답 | 01 ㉠ 02 ㉢ 03 ㉡ 04 ㉤ 05 ㉣ 06 ㉥ 07 ㉩ 08 ㉦ 09 ㉨ 10 ㉧

정답·해설 _해설집 p.14

03회 실전동형모의고사

제한시간 : 20분 시작 시 분 ~ 종료 시 분 점수 확인 개/ 20개

01 다음 진행자 'A'의 대화 진행 전략으로 적절하지 않은 것은?

A: 오늘은 PD를 준비하시는 분들께 도움이 되는 정보를 전해 드리고자 방송국에서 근무하고 계신 김명수 PD님을 모시고 대화 나눠 보도록 하겠습니다. PD님, 안녕하세요?
B: 네, 안녕하세요.
A: PD라고 하면 흔히 TV 프로그램을 만드는 사람이라고 알고 있는데요. PD가 하는 일에 대해 자세하게 설명해 주실 수 있을까요?
B: 네, PD는 방송 프로그램의 기획자로서 흔히 아시는 연출과 영상 편집뿐만 아니라 프로그램 선정과 편성, 인력 및 예산 관리 등 프로그램을 제작하는 모든 과정에 관여하는 사람들을 총칭하는 말입니다. 예능, 드라마, 뉴스 등 프로그램의 성격마다 업무의 내용에 차이가 있고, 소속 부서에 따라 하는 일이 상이하기 때문에 PD의 업무를 하나로 특정 짓기는 어려운 것 같습니다.
A: 네, 담당 프로그램과 소속 부서에 따라 하는 업무가 다양하다는 말씀이시군요. 그렇다면 PD라는 직업의 장단점은 무엇이 있을까요?
B: 우선 제가 만들어 낸 결과물을 시청자에게 선보일 수 있다는 것이 최대 장점이라고 생각합니다. 또 상상만 하던 내용을 영상으로 구현해 냈을 때의 성취감은 더할 나위 없이 짜릿하지요. 다만 체력적으로 힘들 일이 많다는 것이 제일 큰 단점인 것 같습니다.
A: 체력적으로 힘들다는 것은 어떤 뜻일까요?
B: 촬영부터 편집까지 해야 할 일이 많다 보니 현장과 사무실 등 여기저기 바쁘게 돌아다니기 일쑤입니다. 밤샘 작업도 잦고요.
A: 그렇다면 건강관리도 중요하겠군요. 마지막 질문으로, PD가 되기 위해 필요한 역량으로는 무엇이 있을까요?
B: 좋은 PD가 되기 위해서는 사회 전반에 대한 관심과 자신만의 확실한 취향이 필요하다고 생각합니다.
A: 네, 오늘은 김명수 PD님 모시고 말씀 나눠 보았습니다. 구체적으로 설명해 주셔서 PD를 준비하시는 분들뿐만 아니라 저에게도 아주 의미 있는 시간이었던 것 같습니다. 감사합니다.

① 대화의 목적을 밝힌 후 대화를 시작하고 있다.
② 개인적 경험을 토대로 궁금했던 점을 물어보고 있다.
③ 질문을 통해 상대방의 구체적인 진술을 유도하고 있다.
④ 대화에 대한 소감을 드러내며 대화를 마무리 짓고 있다.

02 ㉠~㉣에 들어갈 말로 적절하지 않은 것은?

제목: 회사 구내식당 이용자 만족도 제고 방안
Ⅰ. 구내식당 이용자 불만 현황
 1. 음식의 맛과 신선도 미흡
 2. [㉠]
Ⅱ. [㉡]
 1. 식자재 가격 인상으로 인한 값싼 식재료 사용
 2. 인력 부족으로 인한 노후 시설 관리의 어려움
Ⅲ. 구내식당 이용자 만족도 제고 방안
 1. [㉢]
 2.전문 청소 및 방역 업체 계약
Ⅳ. 향후 기대 효과 및 추가 논의 사항
 1. 구내식당 이용자의 불만 감소
 2. [㉣]

① ㉠: 식당 위생 및 시설 불량
② ㉡: 구내식당 이용자 불만 발생의 원인
③ ㉢: 식자재 관리 및 조리 전문 인력의 부재
④ ㉣: 식당 운영에 필요한 예산 확보 방안

03 밑줄 친 부분이 어법상 맞는 것은?

① 방으로 들어와서 혼자 분을 삭혔다.
② 푹 졸인 찌개 냄새가 집안 가득 퍼졌다.
③ 마침내 도로 위로 자욱했던 안개가 거쳤다.
④ 전쟁에서 패한 후 승전국에게 매년 조공을 받치게 되었다.

04 다음 소설에 대한 감상으로 적절하지 않은 것은?

어느 날은 서대문 밖의 숙부님을 면회하고 돌아오는 길 광화문통을 지나 오려니까,

"아, 이건 노상 해후로구랴!" / 하는 소리가 났다. 고개를 들어 보니, 연록색 인조견 조끼에 검은 유리 안경을 쓴 황 진사가 빨아 말린 두루마기를 왼쪽 팔에 걸고, 해묵은 누렁 맥고모는 뒤통수에 잦혀 쓰고, 그 벗겨진 앞이마를 햇살에 번쩍거리며 총독부 쪽에서 걸어오고 있는 것이다.

"네, 일재 선생 오래간만이올시다." / 하고 내가 인사를 한즉,

"댁에서들 모두 태평하시구, 완장 선생께도 소식 자주 듣고…… 아 이건 참 노상 해후로구랴!"

또 한번 감탄하고 나더니,

"이리 잠깐 오, 날 좀 보." / 하고, 그는 나를 한쪽 구석에 불러 놓고 지극히 중대한 사실을 발견했노라고 한다. 나는 사정이 전과 다른 형편에 있던 터이라 혹시나 이런 데서 무슨 숙부에 대한 자세한 내용이나 알게 되나 하여 두근거리는 가슴을 누르며 긴장한 낯으로 그를 쳐다보고 있는 것인데, 그는,

"아, 내 조상께서도 모르고 지낸 윗대 조상을 근일에 와서 상고했구랴." / 이런 엉뚱한 소리를 하였다. 나는 너무 어이가 없어 어리둥절해 있노라니,

"왜 그루, 어디 편찮우?" / 한다. 괜찮으니 얼른 마저 이야기하라고 하니,

"아, 이런 수가…… 온, 내 조상이 대체 신라 적 화랑이구랴!" / 하고 혼자 감개해서 못 견디는 모양이었다. 〈중 략〉

황 진사를 광화문통에서 만난 뒤, 두 달이 지난 어느 날 나는 숙모님을 모시고 병원에 갔다가 총독부 앞에서 전차를 내려 필운동으로 들어가노라니 모르핀 중독 환자 치료소 옆에서 자칫하면 모르고 지나칠 뻔하다가 그를 보게 되었다.

머리가 더부룩한 거지 아이 몇 놈과 아편 중독자 몇과 그 밖에 중풍쟁이, 앉은뱅이, 수족 병신 들이 몇 둘러싼 가운데에 한 두어 뼘 길이쯤 되는 무슨 과자 상자 같은 것을 거꾸로 엎어 놓고 그 위에 삐쩍 마른 두꺼비 한 마리와 그 옆의 똥그란 양철통에 흙빛 연고 약을 넣어 두고 약 쓰는 법을 설명하는 위인이 있다.

– 김동리, '화랑의 후예'

① 황 진사를 바라보는 '나'의 시선은 이중적이다.

② 서술자가 인물에 대해 직접 평가하며 주제 의식을 내비치고 있다.

③ 황 진사의 옷차림은 전통과 근대가 혼재된 당시 사회를 보여준다.

④ '황 진사'는 현실을 파악하지 못하고 자신의 가문만 중시하는 시대착오적인 인물이다.

05 다음을 모두 만족시키는 표어로 적절한 것은?

- '인사의 중요성'을 강조한다.
- 설의의 표현 방식을 활용한다.
- 행위의 긍정적 효과를 비유적으로 표현한다.

① 매일 아침 밝은 인사 / 우호적인 관계의 시작입니다.

② 똑 부러지게 일 잘하는 당신 / 인간관계도 자신 있으십니까?

③ 동료의 꽃 같은 미소 / 당신의 인사에서 피어나는 것은 아닐까요?

④ 햇살 같은 인사를 요구하는 당신 / 그 인사 바랄 자격 있으십니까?

06 다음 글에서 추론한 내용으로 가장 적절한 것은?

사회 후생의 관점에서 볼 때 독점 기업은 많은 부정적 측면을 지니고 있다. 그중 하나는 독점 기업이 선택하는 생산량이 사회적으로 적절한 수준에 못 미치게 된다는 사실이다. 시장에 공급되는 상품의 양이 많아지면 가격은 떨어지게 마련이고, 이로 인해 이윤이 줄어드는 결과가 생길 수 있다. 그러므로 이윤 극대화를 추구하는 독점 기업은 생산량을 적당히 줄여 높은 가격을 받고 판매하는 전략을 사용하게 된다. 이에 따라 똑같은 조건하에 있는 시장이라도 독점화되어 있는 경우에는 완전 경쟁이 이루어지는 경우에 비해 상품 생산량이 더 낮은 수준에 머물게 된다.

완전 경쟁 시장은 효율적인 자원 분배를 가져다 준다는 점에서 이상적인 경쟁 형태라고 말할 수 있다. 이는 사회 후생의 관점에서 볼 때, 생산 수준은 완전 경쟁이 실현된 상태가 가장 바람직한 결과를 낳는다는 것을 말한다. 반면, 독점화되어 있는 시장에서는 생산량이 사회적으로 최적인 수준에 미치지 못하는 결과가 나타난다. 독점 기업이 이윤을 더 크게 만들기 위해 상품 생산량을 스스로 줄이기 때문이다. 상품 생산량이 최적에 이를 때 사회 후생이 가장 커질 수 있다면, 독점 체제하의 사회 후생은 이보다 더 작을 것이 분명하다. 이와 같이 상품 생산량이 최적 수준에 미치지 못해 사회 후생이 줄어드는 것을 독점이 가져다주는 사회적 손실의 첫 번째 것으로 꼽을 수 있다.

① 독과점 체제는 물가 상승률에 영향을 미칠 수 있다.

② 완전 경쟁 시장에서는 공급과 수요가 적정 수준에서 유지된다.

③ 시장에 진입하는 신제품이 많아질수록 소비자의 효용은 줄어든다.

④ 독점 기업은 이윤을 극대화하기 위해 생산량을 최적 수준으로 유지한다.

07 다음 글의 내용으로 적절하지 않은 것은?

지도자가 인정이 많다고 해서 나무랄 일은 아니다. 하지만 그것이 사사로운 정일 경우는 공적인 일을 크게 그르치기 십상이다. 인정도 공사분별이 전제되어야 한다. 지금 우리 사회가 그 뿌리부터 흔들리고 있는 가장 큰 원인도 바로 공사분별의 자세와 정신이 무너졌기 때문이다. 리더의 판단이 공사분별의 기준이 될 수 없다. 리더의 판단과 언행이 진정 백성들의 마음을 헤아린 끝에 나온 것인지가 중요하다. 즉 공사분별은 민심을 헤아리느냐 그렇지 못하냐에 의해 좌우될 뿐이다.

요 임금은 살아생전에 공정함에 입각하여 자신의 혈육이 아닌 덕과 능력이 뛰어난 순에게 자리를 넘겼다. 능력도 덕도 자질도 검증하지 않은 채 오로지 나와 가깝다는 이유만으로 그들을 중요한 자리에 앉히고 물려주는 사리사욕이 우리 사회를 망치고 있다.

① 지도자의 판단은 공사분별의 기준이 될 수 없다.

② 인정이 많은 지도자는 사리사욕으로 일을 그르치는 경우가 많다.

③ 지도자가 공사를 분별하지 못하면 사회의 근간이 흔들릴 수 있다.

④ 사람을 적재적소에 배치하기 위해서는 능력과 자질을 우선적으로 고려해야 한다.

08 다음 글에 대한 이해로 적절하지 않은 것은?

등자가 언제 어디서 처음 만들어졌는지는 분명하지 않다. 등자에 관한 가장 오래된 기록은 인도의 여러 지역에서 발견되었는데, 이를 통해 기원전 2세기에는 기수의 발가락이 들어가는 일종의 고리가 사용되었다는 점이 밝혀졌다. 이보다 더욱 발전된 형태의 등자는 우리나라와 중국에서 등장했다. 우리나라에서는 3세기경부터 등자를 사용한 것으로 추정되며, 고구려 전기의 수도인 국내성 근교에서 4세기 초의 작품으로 평가되는 금동제 등자가 출토된 바 있다. 중국의 경우에는 4세기 초에 허난성(하남성)에서 사용된 등자와 6세기 초에 후난성(호남성)에서 사용된 등자가 유명하다. 그 후 등자는 아랍을 거쳐 유럽에도 전래되었고, 유럽의 경우에는 7~8세기에 등자가 처음 도입된 것으로 알려져 있다.

① 7세기부터 다양한 재료를 이용한 등자가 제작되었다.

② 등자는 8세기 이전에 아랍을 거쳐 유럽에 전래되었다.

③ 등자 사용에 대한 현존하는 최고(最古)의 기록은 인도에서 발견됐다.

④ 4세기경 우리나라와 중국에서는 등자를 사용하고 있었던 것으로 추정된다.

09 〈보기〉에 공통적으로 적용되는 표준어 규정으로 가장 옳은 것은?

보기

살쾡이, 나팔꽃, 털어먹다

① 거센소리를 가진 형태를 표준어로 삼는다.

② 의미를 구별함이 없이, 한 가지 형태만을 표준어로 삼는다.

③ 어원에서 멀어진 형태로 굳어져서 널리 쓰이는 것은, 그것을 표준어로 삼는다.

④ 양성 모음이 음성 모음으로 바뀌어 굳어진 단어는 음성 모음 형태를 표준어로 삼는다.

10 〈보기〉의 주된 설명 방식이 사용된 것으로 가장 옳은 것은?

> 보기
>
> 바이올린은 음계를 달리 하기 위해 손가락을 움직인다. 한데 거문고나 가야금에서 손가락이 움직이는 것은 소리를 누르거나 멎게 할 '안(按)'이라 하고 소리 나는 것을 방해할 '애(礙)'라 했다. 음은 소리를 내게 하는 것보다 나지 않게 하는 것이 한결 중요하기 때문일 것이다. 금(琴)에 숙달되는 데는 소리가 나지 않는 그 '사이'를 잡고 못 잡고가 고비가 된다 함도 바로 이 때문이다. 금의 명승들에게 들은 바로는 한결같이 거문고나 가야금은 한옥의 온돌방에서 타야만 제 소리가 난다고 한다.

① 표음 문자는 음절 전체를 하나의 글자로 나타낸 음절 문자와, 더 나아가 자음과 모음 각각을 글자로 나타낸 음운 문자로 나뉜다. 우리에게 익숙한 문자 중에서 음절 문자에는 일본의 가나가, 음운 문자에는 영어 알파벳이 있다.

② 희곡과 시나리오는 자아와 세계의 갈등을 다룬다. 그러나 희곡은 무대 위에서 상연되는 것을 전제로 하므로 시공간에 제약이 있는 반면, 시나리오는 장면 전환이 자유로워 과거와 미래, 먼 거리의 장면을 동시에 제시할 수 있다.

③ 시장 이자율은 저축과 대출을 통한 자본의 공급과 수요에 의해 결정되는 값이다. 저축을 하는 사람들은 원금을 시장 이자율에 의해 미래에 더 큰 금액으로 불릴 수 있고, 대출을 받는 사람들은 시장 이자율만큼 대출금에 대한 비용을 지불한다.

④ 인간의 생각이 말보다 범위가 넓고 큰 것이라고 하여도 그것을 가능한 한 말로 바꾸어 놓지 않으면 그 생각의 위대함이나 오묘함이 다른 사람에게 전달되지 않기 때문에 생각이 형님이요, 말이 동생이라고 할지라도 생각은 동생의 신세를 지지 않을 수가 없게 되어 있다.

11 괄호 안에 들어갈 말로 가장 적절한 것은?

> 사회 복지 정책은 기본적으로 평등 가치의 구현을 목표로 하고 있는데 이 목표를 추구하는 과정에서 (   ) 사람들은 기본적으로 서로 다른 능력, 재능, 노력 등을 갖고 있기 때문에 부, 소득, 지위 등의 자원 소유에서도 차이가 존재한다. 따라서 이 차이를 강제적으로 평등하게 만들기 위해서는 필연적으로 어떤 사람의 자원을 빼앗아 다른 사람에게 주어야 하는데 이때 특정 사람들의 소극적 자유가 제한될 수 있는 것이다. 반면에 사람들의 자유는 스스로 인생을 통제할 능력이 커질수록 많아질 수 있다.

① 강자를 위한 약자의 희생이 강요될 수 있다.

② 어떤 사람의 자유가 필연적으로 제한될 수 있다.

③ 특정 개인의 자유를 침해하지 않도록 주의해야 한다.

④ 공정한 기준을 바탕으로 수혜 대상자를 선정해야 한다.

12 다음 글의 특징으로 적절하지 않은 것은?

> 옥난간(玉欄干) 긴긴 날의 보아도 다 못 보아, 사창(紗窓)을 반개(半開)ᄒᆞ고 차환(叉鬟)을 불너ᄂᆡ여, 다 퓐 ᄭᅩᆺ을 ᄏᆡ여다가 수상자(繡箱子)에 다마노코, 여공(女工)을 긋친 후의 중당(中堂)에 밤이 깁고, 납촉(蠟燭)이 발갓을 제, 나옴나옴 고초 안ᄌᆞ, 흰 구슬을 가ᄅᆞ마아 빙옥(氷玉) ᄀᆞᄐᆞᆫ 손 가온ᄃᆡ 난만(爛漫)이 개여ᄂᆡ여, 파사국(波斯國) 저 제후(諸侯)의 홍산궁(紅珊宮)을 혀쳣ᄂᆞᆫ ᄃᆞᆺ, 심궁 풍류(深宮風流) 절고의 홍수궁(紅守宮)을 마아ᄂᆞᆫ ᄃᆞᆺ, 섬섬(纖纖)한 십지상(十指上)에 수실로 가마ᄂᆡ니, 조희 우희 불근 물이 미미(微微)히 숨의ᄂᆞᆫ 양, 가인(佳人)의 야ᄐᆞᆫ ᄲᅡᆷ의 홍로(紅爐)를 씨쳣ᄂᆞᆫ ᄃᆞᆺ, 단단히 봉ᄒᆞᆫ 모양 춘라옥자(春羅玉字) 일봉서(一封書)를 왕모(王母)에게 부쳣ᄂᆞᆫ ᄃᆞᆺ.
>
> 춘면(春眠)을 늣초 ᄭᆡ여 차례로 푸러 노코, 옥경대(玉鏡臺)를 ᄃᆡᄒᆞ여서 팔자미(八字眉)를 그리랴니, 난데업ᄂᆞᆫ 불근 ᄭᅩᆺ이 가지에 부텃ᄂᆞᆫ ᄃᆞᆺ 손ᄋᆞ로 우희랴니 분분(紛紛)이 흣터지고, 입으로 불랴 ᄒᆞ니 셧ᄭᅵᆫ 안개 가리왓다. 여반(女伴)ᄋᆞᆯ 셔로 불너 낭랑(朗朗)이 자랑ᄒᆞ고, ᄭᅩᆺ 압희 나아가서 두 빗ᄎᆞᆯ 비교(比較)ᄒᆞ니, 쪽닙희 푸른 물이 쪽의여서 푸르단 말이 아니 오ᄅᆞᆯ 손가.
>
> – 작자 미상, '봉선화가(鳳仙花歌)'

① 손톱에 봉선화를 물들이는 과정을 표현하고 있다.

② 고사를 인용하여 봉선화의 아름다움을 예찬하고 있다.

③ 설의적 표현을 통해 봉선화 색의 아름다움을 강조하고 있다.

④ 비유적 표현을 사용하여 봉선화를 물들이는 모습을 그려내고 있다.

13 다음 글에서 '옹고집'의 태도로 가장 적절한 것은?

> 며늘아기 명주 낳고 딸아기 수를 놓며 곰배팔이 삿 꾀이고 앉은뱅이 방아 찧고 팔십 당년(八十當年) 늙은 모친 병들어 누웠는데, 닭 한 마리 약 한 첩도 봉양(奉養)은 아니하고 조반석죽(朝飯夕粥) 대접하니, 냉돌방에 홀로 누워 섧게 울며 하는 말이,
> "너를 낳아 길러낼 제 애지중지(愛之重之) 나의 마음 보배같이 사랑하여 어루만져 하는 말이 '은자동아 금자동아 무하자태(無瑕姿態) 백옥동(白玉童)아. 천지 만물 일월동(日月童)아, 아국 사랑 간간동아. 하늘같이 어질거라. 땅같이 너르거라. 금을 준들 너를 사랴. 천상 인간 무가보(無價寶)는 너 하나뿐이로다.' 이같이 사랑하여 너 하나를 길렀더니 천지간에 이런 공을 모르느냐. 옛날 왕상(王祥)이는 얼음 속에 잉어 낚아 부모 봉양하였으니 그렇지는 못하여도 불효는 하지 마라."
> 불측한 고집이 놈이 대답하되,
> "진시황(秦始皇) 같은 이도 만리장성 쌓아 두고 아방궁 높이 지어 삼천 궁녀 시위(侍衛)하여 천 년이나 살잤더니, 이산(離山)에 일분총(一墳塚)을 못 면하여 죽어 있고 백전백승(百戰百勝) 초패왕(楚霸王)도 오강(烏江)에 죽어 있고 안연(顔淵) 같은 현학사(賢學士)도 삼십에 조사커늘 오래 살아 무엇하리. 옛글에 하였으되, '인간칠십고래희(人間七十古來稀)'라 하였으니, 팔십 당년 우리 모친 오래 살아 쓸데없네. 수즉다욕(壽則多辱) 우리 모친 뉘라서 단명하리. 도척(盜跖)이 같은 몹쓸 놈도 천추(千秋)에 유명커든 무슨 시비 말할 손가."
>
> – 작자 미상, '옹고집전'

① 厚顔無恥
② 面從腹背
③ 指鹿爲馬
④ 得隴望蜀

14 밑줄 친 부분의 문장 성분이 나머지 셋과 다른 하나는?

① 이 <u>물건이</u> 아니라 저것이다.
② 오랜만에 친구를 보니 <u>반가움이</u> 크다.
③ 내가 아는 은빈이는 <u>마음이</u> 바다 같다.
④ 서점에는 그동안 못 보던 <u>책들이</u> 많았다.

15 유사한 의미로 사용할 수 있는 한자 성어가 연결된 것으로 가장 옳은 것은?

① 구여현하(口如懸河) – 구상유취(口尙乳臭)
② 면종복배(面從腹背) – 면장우피(面張牛皮)
③ 농와지경(弄瓦之慶) – 농장지경(弄璋之慶)
④ 염화미소(拈華微笑) – 염화시중(拈花示衆)

16 <보기>에서 설명한 시의 표현 방법이 적용된 시구로 가장 옳은 것은?

> 보기
> 단조로운 표현에서 벗어나 표현의 효과를 높이기 위한 표현 방법 중 하나로, 한 문맥 안에서 함께 사용될 수 없는 말들을 결합하여 시인의 의도를 전달하는 방식이 있다. 즉, 표면상으로는 모순된 표현이지만 그 속에 진실된 뜻을 담고 있는 표현 방법을 말한다.

① 먼 훗날 당신이 찾으시면 / 그때에 내 말이 "잊었노라"
– 김소월, '먼 후일'

② 아아, 님은 갔지마는 나는 님을 보내지 아니하였습니다.
– 한용운, '님의 침묵'

③ 딴은, 밤을 새워 우는 벌레는 / 부끄러운 이름을 슬퍼하는 까닭입니다.
– 윤동주, '별 헤는 밤'

④ 오늘, 북창을 열어 / 장거릴 등지고 산을 향하여 앉은 뜻은 / 사람은 맨날 변해 쌓지만 / 태고로부터 푸르러 온 산이 아니냐.
– 김관식, '거산호 Ⅱ'

17 〈보기〉의 ㉠에 들어갈 접속 부사로 가장 옳은 것은?

보기

유럽 문명을 가장 성공적으로 흡수한 나라인 일본이 맨 먼저 유럽 세력에 맞선 것은 이상하지 않다. 1904년 일본이 러시아에 싸움을 걸었을 때, 일본의 승리를 예측한 사람들은 드물었다. 유럽의 위세가 하늘을 찌르던 그때, 아시아의 소국이 유럽의 대국에 이기는 것을 상상하긴 힘들었다. (㉠) 일본의 승리는 유럽의 압제에 시달리던 사람들에게 큰 충격과 용기를 주었다. 영국문필가 에드워드 다이시의 말대로, "토착인 군대들은, 아무리 용감하더라도, 유럽 군대들에게 패배하게 마련이라는 확신이 뿌리째 흔들렸고," 유럽 세력의 핍박을 받던 아시아와 아프리카의 나라들에서 독립 운동이 치열하게 일어났다.

그러나 일본의 승리가 아시아에 독립과 번영을 불러오리라는 기대는 헛된 것이었다. 일본은 이미 조선을 강점하고서 식민 지배 체제를 굳히고 있었다. 그뒤로 반세기 동안 일본은 유럽의 제국주의에 깊이 물든 사회가 얼마나 큰 재앙인지 처절하게 보여주었다. (㉠) 전쟁사가 존 풀러가 "1453년의 콘스탄티노플 함락과 함께 역사상 몇 안 되는 정말로 큰 사건들 가운데 하나"라고 평한 '여순 함락'의 뜻이 거의 잊혀진 것은 당연했다.

– 복거일, '국제어 시대의 민족어'

① 하지만
② 그래서
③ 그리고
④ 따라서

18 ㉠~㉣에 대한 설명으로 적절하지 않은 것은?

낚대를 떨쳐 드니 사면에 잠든 白鷗
㉠ 내 낚대 그림자에 저 잡을 날만 여겨
다 놀라 날겠구나 백구야 날지 마라
㉡ 聖上이 버리시니 너를 좇아 예 왔노라
네 본디 靈物이라 내 마음 모르는가
〈중 략〉
그래도 못 믿거든 너 가진 긴 부리로
㉢ 내 가슴 쪼아 헤쳐 胸中의 붉은 마음
快히 내어 볼 양이면 네가 응당 알 리로다
功名도 다 던지고 聖恩을 갚으려니
갚을 법도 있거니와 이 사이 일없으니
聖世에 閑民되어 너를 좇아 다니려니
㉣ 날 보고 가지 마라 네 벗 되오리라

– 안조환, '만언사(萬言詞)'

① ㉠: 유배 생활에서 해방되길 바라는 화자의 기대감을 볼 수 있다.
② ㉡: 유배를 오게 된 화자의 처지가 드러난다.
③ ㉢: 임금에 대한 충성심을 드러내는 화자의 태도를 볼 수 있다.
④ ㉣: 화자의 자연 친화적 의식이 드러난다.

19 글의 통일성을 고려할 때 (가)에 들어갈 말로 가장 적절한 것은?

성격에 대해서는 유전이냐, 환경에 의해서 형성되느냐를 놓고 학자들마다 의견이 분분하다. 최근 연구 결과에 의하면 성격은 유전되며 환경의 영향도 받는다고 인정하는 분위기다. 각각이 차지하는 퍼센트는 학자들마다 차이가 있어서 좀 더 세밀한 연구가 필요해 보인다.

그렇다면 인간의 지능은 유전될까?

이 역시 유전과 환경의 영향을 놓고 어느 정도까지 유전이 되느냐에 대해서 의견이 분분하다.

아동학자들이 주장하는 대로 어렸을 때는 성장 환경이 지능에 미치는 영향이 크다. 그러나 유전적 요소 또한 무시할 수 없다. 일란성 쌍둥이를 대상으로 한 연구 결과를 보면 어렸을 때는 환경적 요인에 의해서 영향을 받았다 하더라도, 나이를 먹어갈수록 서로 닮아가면서 동일한 취미와 습관을 갖는다. 입양아를 대상으로 한 연구 결과 역시 이와 유사해서 어렸을 때는 환경에 따라 달라지지만 나이를 먹어가면서 양부모가 아닌 친부모의 지능을 닮아간다. 이런 점으로 미루어 볼 때 (가)

① 인간의 지능은 유전보다 환경에 의해 영향을 많이 받는다는 사실을 알 수 있다.

② 인간의 지능 형성에 영향을 미치는 요소는 아직 밝혀지지 않았음을 알 수 있다.

③ 인간의 지능은 성장 환경에 따라 달라지기도 하지만 상당 부분 유전됨을 알 수 있다.

④ 인간의 지능은 성격과 마찬가지로 유전과 환경이 비슷하게 영향을 미침을 알 수 있다.

20 다음 글에 근거한 판단으로 적절한 것만을 〈보기〉에서 모두 고르면?

어떤 추론의 전제가 참일 때 결론이 거짓일 가능성이 없으면 그 추론은 '타당하다'고 말한다. "서울은 강원도에 있다. 따라서 당신이 서울에 가면 강원도에 간 것이다."(추론1)라는 추론은, 전제가 참이라고 할 때 결론이 거짓이 되는 경우는 전혀 생각할 수 없으므로 타당하다. 반면에 "비가 오면 길이 젖는다. 길이 젖어 있다. 따라서 비가 왔다."(추론2)라는 추론은 전제들이 참이라고 해도 결론이 반드시 참이 되지는 않으므로 타당하지 않은 추론이다. '추론1'의 전제는 실제에서는 물론 거짓이다. 그러나 혹시 행정 구역이 개편되어 서울이 강원도에 속하게 되었다고 가정하면, '추론1'의 결론은 참일 수밖에 없다. 반면에 '추론2'는 결론이 실제로 참일 수는 있지만 반드시 참이 되는 것은 아니다. 다른 이유로 길이 젖는 경우를 얼마든지 상상할 수 있기 때문이다. '추론2'와 같은 추론은 비록 타당하지 않지만 결론이 참일 가능성이 꽤 높다. 그런 추론은 '개연성이 높다'고 말한다. 결론이 참일 가능성이 낮은 추론은 개연성이 낮을 것이다. 한편 추론이 타당하면서 전제가 모두 실제로 참이기까지 하면 그 추론은 '건전하다'고 정의한다.

보기

ㄱ. "비가 오기 전에는 새가 낮게 난다. 따라서 새가 낮게 날면 비가 온다."라는 추론은 전제가 참이라고 가정했을 때 타당한 추론이다.

ㄴ. "모든 돌고래는 알을 낳아 번식한다. 따라서 돌고래는 알에서 태어난다."라는 추론은 전제가 참이라고 가정했을 때 결론이 반드시 참이기 때문에 건전한 추론이라고 정의할 수 있다.

ㄷ. "커피를 마시면 잠을 잘 이루지 못한다. 따라서 잠이 오지 않는다면 커피를 마셨기 때문이다."라는 추론은 전제가 참이라고 가정했을 때 결론이 거짓일 확률은 있지만 개연성이 높다고 말할 수 있다.

① ㄱ, ㄴ ② ㄴ
③ ㄴ, ㄷ ④ ㄷ

정답·해설 _해설집 p.14

03회 핵심 어휘 마무리 체크

☑ 잘 외워지지 않는 어휘 및 표현은 박스에 체크하여 한 번 더 확인하세요.

고유어

- ☐ **해묵다** 어떤 물건이 해를 넘겨 오랫동안 남아 있다.
- ☐ **더부룩하다** 수염이나 머리털 등이 좀 길고 촘촘하게 많이 나서 어지럽다.
- ☐ **어리둥절** 무슨 영문인지 잘 몰라서 얼떨떨함
- ☐ **삐쩍** 볼품없이 매우 마른 모양

한자 성어

- ☐ **拈華微笑** **염화미소 (집을 염, 빛날 화, 작을 미, 웃음 소)**
  말로 통하지 않고 마음에서 마음으로 전하는 일
- ☐ **拈華示衆** **염화시중 (집을 염, 빛날 화, 보일 시, 무리 중)**
  말로 통하지 않고 마음에서 마음으로 전하는 일
- ☐ **口如懸河** **구여현하 (입 구, 같을 여, 달 현, 물 하)**
  '입이 급히 흐르는 물과 같다'라는 뜻으로, 거침없이 말을 잘하는 것
- ☐ **口尙乳臭** **구상유취 (입 구, 오히려 상, 젖 유, 냄새 취)**
  '입에서 아직 젖내가 난다'라는 뜻으로, 말이나 행동이 유치함을 이르는 말
- ☐ **面從腹背** **면종복배 (낯 면, 좇을 종, 배 복, 등 배)**
  겉으로는 복종하는 체하면서 내심으로는 배반함
- ☐ **面張牛皮** **면장우피 (낯 면, 베풀 장, 소 우, 가죽 피)**
  '얼굴에 쇠가죽을 발랐다'라는 뜻으로, 몹시 뻔뻔스러움을 비유적으로 이르는 말
- ☐ **私利私慾** **사리사욕 (사사 사, 이로울 리, 사사 사, 욕심 욕)**
  사사로운 이익과 욕심

한자어

- ☐ **改編** **개편 (고칠 개, 엮을 편)**
  1. 책이나 과정 등을 고쳐 다시 엮음
  2. 조직 등을 고쳐 편성함
- ☐ **山影** **산영 (메 산, 그림자 영)**
  산의 그림자
- ☐ **邂逅** **해후 (만날 해, 만날 후)**
  오랫동안 헤어졌다가 뜻밖에 다시 만남
- ☐ **感慨** **감개 (느낄 감, 슬퍼할 개)**
  어떤 감동이나 느낌이 마음 깊은 곳에서 배어 나옴. 또는 그 감동이나 느낌
- ☐ **前提** **전제 (앞 전, 끌 제)**
  어떠한 사물이나 현상을 이루기 위하여 먼저 내세우는 것
- ☐ **文明** **문명 (글월 문, 밝을 명)**
  인류가 이룩한 물질적, 기술적, 사회 구조적인 발전
- ☐ **繁榮** **번영 (번성할 번, 영화 영)**
  번성하고 영화롭게 됨
- ☐ **矛盾** **모순 (창 모, 방패 순)**
  어떤 사실의 앞뒤, 또는 두 사실이 이치상 어긋나서 서로 맞지 않음을 이르는 말
- ☐ **立脚** **입각 (설 입, 다리 각)**
  어떤 사실이나 주장 등에 근거를 두어 그 입장에 섬

Quiz 각 어휘 및 표현의 알맞은 뜻을 찾아 연결하세요.

01 삐쩍	㉠ 말과 행동이 미숙함	**06** 立脚	㉥ 마음속에서 감동을 느낌
02 어리둥절	㉡ 초라하게 마른 모양	**07** 前提	㉦ 어떤 현상이 일어나기 전에 내세우는 조건
03 해묵다	㉢ 어떤 물건이 오랜 시간 남아 있음	**08** 感慨	㉧ 근거를 통해 입장을 내세움
04 面從腹背	㉣ 일의 형편을 몰라 정신이 흐리고 당황함	**09** 改編	㉨ 조직의 구성을 새롭게 함
05 口尙乳臭	㉤ 겉으로는 따르지만 속으로는 배반함	**10** 矛盾	㉩ 어떤 일의 앞뒤가 맞지 않음

정답 | 01 ㉡ 02 ㉣ 03 ㉢ 04 ㉤ 05 ㉠ 06 ㉧ 07 ㉦ 08 ㉥ 09 ㉨ 10 ㉩

정답·해설 _해설집 p.20

04회 실전동형모의고사

제한시간 : 20분 시작 시 분 ~ 종료 시 분 점수 확인 개/ 20개

01 밑줄 친 부분의 문장 성분이 다른 하나는?

① 체력이 약해도 생각만은 이십 대이다.

② 내 동생은 해설도 읽지 않고 공부한다.

③ 그의 식성까지 좋아해야 할 이유는 없었다.

④ 집에 가보니 언니가 다 먹다만 빵만 있었다.

02 고유어에 대한 풀이 중 가장 옳지 않은 것은?

① 가늣하다: 약간 가늘다.

② 바닥나다: 돈이나 물건을 다 써서 없어지다.

③ 카랑하다: 하늘이 우중충한 가운데 날씨가 푹하다.

④ 사뜨다: 단춧구멍이나 수눅 등의 가장자리를 실로 휘갑치다.

03 ㉠~㉧을 고쳐 쓰기 위한 방안으로 적절하지 않은 것은?

> 선배님, 추운 날씨에 몸 건강히 잘 지내고 계신지요? 늦었지만 선배님께 ㉠지난 봄에 열린 '문학의 밤' 때의 일을 정중히 사과 ㉡드릴려고 편지를 씁니다. 당시 제 ㉢알량하지 못한 자존심 때문에 ㉣선배님이 후배들 앞에서 하신 저의 대학교 1학년 시절 이야기를 가볍게 넘기지 못하고 실례를 범했습니다. ㉤진즉에 연락을 드렸어야 했는데 죄송합니다. 제 편지가 선배님의 마음을 누그러뜨릴 수 ㉥있을른지 모르겠으나, ㉦이런 솔직한 마음을 전달합니다. 조만간 연락이 ㉧닿는대로 찾아뵙겠습니다. 다시 한번 죄송한 마음 전하며 이만 줄이겠습니다. 안녕히 계세요.

① ㉠은 한 단어이므로 붙여 쓰고, ㉧은 한 단어가 아니므로 띄어 쓴다.

② 문맥상 의미를 고려하여 ㉢은 '알량한'으로, ㉦은 '최대한'으로 수정한다.

③ 맞춤법을 고려하여 ㉡은 '드리려고'로, 높임법을 고려하여 ㉣은 '선배님께서'로 수정한다.

④ ㉤과 ㉥은 표준어 사정 원칙과 한글 맞춤법에 따라 각각 '진작에'와 '있을런지'로 수정한다.

04 서로 의미가 유사한 속담과 한자 성어를 짝지은 것이다. 관련이 없는 것끼리 묶은 것은?

① 굿 보고 떡 먹기 – 一擧兩得

② 까마귀 날자 배 떨어진다 – 烏飛梨落

③ 물이 깊어야 고기가 모인다 – 同氣相求

④ 빈대 잡으려고 초가삼간 태운다 – 矯角殺牛

05 올바른 우리말 표현으로 가장 적절한 것은?

① (출근하는 직장 동료에게) 좋은 아침!
② (방송에서) 박보검 씨를 모시겠습니다.
③ (자신을 직접 소개하면서) 옥천 전가(哥)입니다.
④ (편지 봉투에서) 수신처: 해커스 공무원 학원 좌하

06 다음 글의 내용과 가장 가까운 것은?

> 학교와 집단주의의 관련성에서 집단주의 문화권에서는 함부로 자기 의견을 말할 수가 없고 자기 의견이 그 집단을 대표하는 것인지 아닌지에 대해 모르기 때문에 어떤 자리이든 혼자 마구 나설 수 없게 된다. 따라서 수업 방식에 있어서도 학생들에게 질문을 하게 되면 대답이 없다든가 여간해서 질문을 하지 않는 태도를 보이는 등 학생들이 수동적인 모습을 보이게 된다. 이 점에 대해서는 정말 타당한 해석이라고 생각한다. 그 이전까지는 우리의 수업 방식이 그저 과묵한 것을 높이 평가하거나 말을 주저리주저리 늘어놓는 것을 좋아하지 않기 때문이라고 생각하여 발생된 것이라고 생각했는데 그것이 우리의 집단주의 문화와 연결되어 있다는 것은 놀라운 발견이라고 생각한다.

① 인간은 선천적인 능력보다 후천적으로 습득한 능력에 더 의존할 수밖에 없다.
② 결혼 후 직장을 그만 둔 여성들이 재취업을 하지 못하는 이유는 사회 구조에 있다.
③ 요즘은 부모나 어른의 의견만큼 아이들의 의견에도 귀를 기울이는 사회 분위기가 조성되었다.
④ 현대 직장인들은 개인의 노력을 통해 얻는 성취감보다는 여가 시간의 확보를 통한 만족감을 원한다.

07 다음 시조에 대한 설명으로 적절하지 않은 것은?

> 이화(梨花)에 월백(月白)ᄒᆞ고 은한(銀漢)이 삼경(三更)인 제
> 일지 춘심(一枝春心)을 자규(子規)ㅣ야 아랴마ᄂᆞᆫ
> 다정(多情)도 병(病)인 양ᄒᆞ여 ᄌᆞᆷ 못 드러 ᄒᆞ노라

① 자연물을 통해 시간적 배경을 드러내고 있다.
② 화자는 자연의 모습을 피상적으로 묘사하고 있다.
③ 의인화를 통해 작품의 애상적 분위기를 그리고 있다.
④ 청각적 이미지를 사용하여 화자의 한스러움을 형상화하고 있다.

08 다음 글에 대한 이해로 적절한 것은?

> 장승은 사람 모양을 한 인형과도 같은 것이다. 나무로 다듬어서 만들기도 하고, 바위를 깎아서 만들기도 했다. 그러니까 어떤 장승은 석상(石像)이고, 어떤 장승은 목상(木像)이었던 것인데, 쉬운 말로는 '돌 장승'이나 '나무 장승'이라 부르기도 했다.
>
> 장승은 대개 남녀가 한 쌍을 이루고 있었는데, 그 머리며 얼굴 모양은 사람과 같았지만, 좀 무섭고 괴이쩍게 보인 것이 그 특색이었다. 한데 얼굴 아래 몸통에는 문자가 새겨져 있었다. 남장승에는 '천하대장군(天下大將軍)', 여장승에는 '지하여장군(地下女將軍)'. 이것은 그들이 맡은 요긴한 구실에 대해 일러준다. 하늘 아래 지상 세계에서 대장군으로서 사람들을 지켜주는 것이 천하대장군의 소임이며, 땅 아래 세계를 다스리는 여장군이 지하여장군의 본바탕이었던 것이다. 땅 아래 세계는 죽음과 관련되어 있었을 텐데, 물론 그것이 전부는 아닐 것이다. 땅 밑은 온갖 푸나무들의 생명의 기틀이며, 또한 농사를 짓는 터전이기도 한 것이다. 그러기에 지하여장군은 지상의 온갖 생명력과 농사를 관장하는 힘, 그 자체이기도 했던 것이다.

① 장승의 주재료는 지역마다 차이가 있다.
② 장승의 얼굴과 몸통의 모양은 사람과 유사하다.
③ 천하대장군과 지하여장군이 관리하는 영역은 겹치지 않는다.
④ 땅 아래 세계를 다스리는 장승은 지상과 관련된 일도 관장한다.

09 다음 글의 전개 순서로 가장 자연스러운 것은?

(가) 이렇게 훌륭한 인재를 발굴하여 채용하는 것만큼이나 적재적소(適材適所)의 인사에도 노력을 기울여야 한다. 인재가 능력을 십분 발휘할 수 있는 환경을 마련하기 위해서이다. 조직의 니즈와 인재의 강점을 고려하여 최적의 업무에 배치하고, 설령 실패하더라도 조직에서 도태시키기보다는 업무의 재배치를 통해 재도전의 기회를 부여하여 개개인의 잠재력을 발휘할 수 있도록 해야 한다.
(나) 최근에는 국경이나 업종의 경계를 뛰어넘어 인재를 확보하는 것이 중요해지고 있다. 세계 각국의 다양한 인재를 영입하는 것은 기업의 인적 자원 확보 차원뿐만 아니라 기업이 직면한 문제를 다방면에서 검토해 볼 수 있다는 점에서 유용하기 때문이다. 또한, 가지고 있는 능력과 지식이 서로 다른 인재들을 한 조직에 수용할 때 발생하는 시너지 효과와 조직의 활력도 기대할 수 있다.
(다) 안정적인 환경이 뒷받침되었던 과거와 달리 오늘날에는 기업 경영 환경의 불확실성과 복잡성이 고조되고 있다. 기업 간의 기술 격차가 줄어들고 글로벌 경쟁 구도가 심화되면서 절대적인 경쟁 우위는 이미 옛말이 되어버렸다. 앞선 성공 사례를 답습하거나 타성에 빠진 기업은 도태되었고, 시장의 변화를 기민하게 감지하고 지속적인 변화를 추구하는 것이 기업의 핵심 경영 전략으로 자리 잡게 되었다.
(라) 이에 따라 기업들은 더욱 열정적으로 기업의 미래를 이끌어갈 인재를 찾고 있다. 과거에는 기업들이 인력의 단기적 활용에만 치중하여 주어진 과업만을 성실히 수행할 수 있는 인력 군집을 운용했다면, 오늘날에는 도전을 두려워하지 않으며 기업의 미래를 예측하는 통찰력을 바탕으로 조직의 혁신을 주도하고, 기업의 지속적인 발전에 기여할 인재를 필요로 하고 있다.

① (가) - (나) - (라) - (다)
② (가) - (라) - (나) - (다)
③ (다) - (가) - (라) - (나)
④ (다) - (라) - (나) - (가)

10 〈보기〉의 밑줄 친 어휘들 가운데 문맥적 의미가 다른 하나는?

보기
진정한 연민은 대부분 연대로 나아간다. 연대는 고통의 원인을 없애기 위해 함께 행동하는 것이다. 연대는 멀리하면서 감성적 연민만 외치는 사람들은 은연중에 자신과 고통 받는 사람들이 뒤섞이지 않도록 두 집단을 분할하는 벽을 쌓는다. 이 벽은 자신의 불행을 막으려는 방화벽이면서, 고통 받는 타인들의 진입을 차단하는 성벽이다. '입구 없는 성'에 출구도 없듯, 이들은 성 바깥의 위험 지대로 나가지 않는다. 이처럼 안전지대인 성 안에서 가진 것의 일부를 성벽 너머로 던져 주며 자족하는 동정도 가치 있는 연민이다. 그러나 진정한 연민은 벽을 무너뜨리며 연대하는 것이다.

① 행동　② 동정
③ 방화벽　④ 안전지대

11 〈보기〉의 밑줄 친 시어를 현대어로 옮길 때 가장 적절하지 않은 것은?

보기
노주인(老主人)의 장벽(腸壁)에
무시(無時)로 인동(忍冬) 삼긴 물이 ㉠ 나린다.

자작나무 덩그럭 불이
도로 피어 붉고,

구석에 그늘 지어
무가 순 돋아 파릇하고,

흙냄새 훈훈히 김도 ㉡ 사리다가
바깥 풍설(風雪) 소리에 ㉢ 잠착하다.

산중(山中)에 책력(册曆)도 없이
삼동(三冬)이 ㉣ 하이얗다.

① ㉠: 내린다
② ㉡: 서리다가
③ ㉢: 침착해지다
④ ㉣: 하얗다

12 ㉠~㉣의 한자 병기가 옳지 않은 것은?

선수들은 악조건을 이겨내며 대회를 준비했지만 점수 ㉠ 격차(隔差)를 좁히지 못하고 ㉡ 참패(斬敗)를 당하고 말았다. 우리는 그들에게 ㉢ 책임(責任)을 묻기보다는 그 ㉣ 투지(鬪志)를 기억해야 할 것이다.

① ㉠ ② ㉡
③ ㉢ ④ ㉣

13 다음 글에서 <보기>가 들어가기에 가장 적절한 곳은?

보기
부르주아들은 표준어의 확산과 국어의 확립을 국가의 통일성을 유지하는 길이라 믿었다.

다양한 방언으로 이루어져 있던 모국어를 통일하는 것은 근대 민족국가의 공통된 과제였다. (㉠) 중앙집권적 공화정을 지향하던 근대 민족국가로서는 지역에 따라 혹은 계층에 따라 나뉜 말을 통일할 필요가 있었고, 말의 통일은 표준어를 정해 국어를 확립하는 방향으로 진행되었다. (㉡) 표준어에 일관된 형태와 의미를 부여한 사전은 말하기와 글쓰기의 전범이 됨으로써 국어를 확립하는 데 기여했다.
왕실과 귀족의 언어는 우아한 언어의 전형이었지만, 전 국민의 언어, 즉 국어로 채택될 수는 없었다. (㉢) 따라서 근대 국가들은 파리나 런던 같은 수도를 중심으로 통용되는 언어를 표준어의 전형으로 삼았는데, 수도의 언어는 곧 도시를 중심으로 정치 · 경제 · 문화적 영향력을 급속히 확대하던 부르주아의 말이었다. (㉣) 이러한 믿음을 가진 부르주아들이 사전 편찬 사업의 가장 든든한 후원자가 되었다.

① ㉠ ② ㉡
③ ㉢ ④ ㉣

14 다음 글의 내용과 일치하는 것은?

첫인상이 중요하다 보니 사람들은 성형 수술 받기를 마다하지 않는다. 다이어트에도 결사적이다. 첫인상을 좌우하는 것은 아무래도 겉모습일 것이라 생각하기 때문이다. 하지만 이것은 오해이다.
최근의 연구에 따르면 첫인상의 형성에서 겉모습보다는 오히려 목소리라든지 말투, 대화 내용 등의 청각적 요인이 보다 큰 영향을 미치고 있었다. 뛰어난 미인이라도 목소리나 말투에 문제가 있으면 상대방에게 좋은 인상을 주지 못했다. 반면 겉모습이 좀 떨어지는 사람이라도 목소리가 좋고 대화의 내용이나 대화 방식이 뛰어날 경우에는 오히려 좋은 인상을 주고 있었다.
사람들은 자신감에 차 있는 사람을 보면 호감을 느끼는 경향이 있다. 우리가 상대방이 자신감에 차 있느냐의 여부를 판단하는 것은 겉모습이 아니라 음성과 말투이다. 겉모습이 아무리 멋있더라도 음성에 자신이 없고 말하는 스타일이 어눌하면 우리는 그 사람으로부터 자신감을 느끼지 못한다. 겉모습이 조금 떨어지더라도 당당한 모습으로 자신 있게 말하는 사람을 보면 우리는 호감을 느끼고 또 우리 역시 괜시리 자신감에 차게 된다. 자신감도 전염되는 것이다.

① 첫인상을 결정짓는 핵심적인 요소는 외모이다.
② 한번 형성된 첫인상은 쉽게 바뀌지 않는 경향이 있다.
③ 사람의 인상을 판단하는 데 있어 청각적 요인의 영향은 미미하다.
④ 자신감 있는 말투는 외양의 단점을 상쇄할 수 있을 만큼 중요하다.

15 〈보기〉의 괄호 안에 들어갈 가장 알맞은 말을 차례로 나열한 것은?

보기

결혼식장 같은 데서 가끔 만나는 너우네 아저씨는 성표를 대동할 적도 있었고 혼자일 적도 있었다. 물론 앞뒤에 자물쇠를 주렁주렁 달고 다니던 왕년의 행상 티는 조금도 나지 않았다. 그러나 내 눈엔 언제나 그가 자물쇠를 (㉠)처럼 달고 다니는 것처럼 보였다.

제 자식을 모질게 뿌리치고 장조카를 데리고 나와 성공시키기 위해 온갖 고생 다 했다는 걸로 자신을 빛내려 들었기 때문이다. 나는 그가 자물쇠 행상일 적에 매일 밤 그것을 닦아 훈장처럼 빛냈듯이, 요새도 매일 밤 자신의 내력을 번쩍번쩍 빛나게 닦고 있다고 생각했다. 그는 그 특이한 내력으로 어디서나 빛났다. 동향 사람들 중에서도 특히 나잇살이나 먹은 이들은 그의 자랑을 끝까지 들어 주고 아낌없이 그를 칭송하고 존경하는 걸로 자신의 (㉡)까지 은폐하려 드는 것 같았다.

	㉠	㉡
①	빚	나이
②	훈장	도덕적인 결함
③	장조카	행상이라는 직업
④	성공의 열쇠	월남했다는 증거

16 밑줄 친 부분을 잘못 고친 것은?

최근 심각한 미세먼지 발생으로 인하여 정부에서 다양한 미세먼지 행동 요령을 제시하고 있습니다. 우리 회사 또한 사원들의 건강을 위해 '사내 미세먼지 행동 요령'을 정하고 미세먼지 <u>발생시에</u> 행동 요령을 적용하고자 합니다.

<u>팀 별로</u> 미세먼지 행동 요령 후보들을 제안하고, 투표에 <u>붙여</u> 취합된 결과를 바탕으로 사내 미세먼지 행동 요령을 결정할 예정입니다. <u>팀장및</u> 팀원들은 제안된 후보들을 잘 읽어 보시고, 회사 홈페이지에 업로드 되어 있는 '사내 미세먼지 행동 요령 투표' 글에 투표 부탁드립니다.

① 발생시에 → 발생 시에

② 팀 별로 → 팀별로

③ 붙여 → 붙혀

④ 팀장및 → 팀장 및

17 〈보기〉의 밑줄 친 부분과 가장 가까운 내용을 담은 시조는?

보기

세월이 흐르는 물과 같아서 어버이를 섬기기를 오래 할 수 없다. 그러므로 <u>자식 된 자는 모름지기 정성을 다하고 힘을 다하여, 미치지 못할까 염려하듯 함이 옳다</u>. 옛 사람의 시에 이르기를, "옛날 사람은 하루의 봉양을 삼공(三公)의 직책으로도 바꾸지 않았다." 하였으니, 이른바 날을 아낀다는 것이 이와 같다.

① 뫼흔 길고 길고 물은 멀고 멀고.
어버이 그린 뜻은 많고 많고 하고 하고.
어디서 외기러기는 울고 울고 가느니.

② 내 셩이 게으르더니 하늘히 아ᄅᆞ실샤
인간 만ᄉᆞ(人間萬事)를 ᄒᆞᆫ 일도 아니 맛뎌
다만당 ᄃᆞ토리 업슨 강산(江山)을 딕히라 ᄒᆞ시도다.

③ 왕상의 리어(鯉魚)잡고 맹종의 죽적(竹筍) 꺽거
검던 멀리 희도록 노래자(老萊子)의 오ᄉᆞᆯ 입고
일생(一生)에 양지성효(養志誠孝)를 증자ᄀᆞᆺ치 ᄒᆞ리이다.

④ 장안(長安)을 도라보니 북궐(北闕)이 천 리(千里)로다.
어주(魚舟)에 누어신ᄃᆞᆯ 니즌 스치 이시랴.
두어라 내 시름 아니라 제세현(濟世賢)이 업스랴.

18 다음 글에 대한 설명으로 가장 적절한 것은?

> 선택의 기초는 의외로 단순하다. 모든 선택에는 편익과 비용이 발생하는데 이중 어느 게 큰지를 비교하면 된다. 편익은 선택으로부터 얻을 수 있는 금전적 이득이나 정신적 만족을 말한다. 잠을 덜 자고 공부를 많이 하면 좋은 성적을 얻을 수 있고, 옷을 사면 기분이 좋아지고, 여가를 즐기면 생산성이 높아지는 편익이 생긴다. 그런데 선택에 편익만 따르는 건 아니다. 반드시 비용이 발생한다. 만약 비용이 없다면 모두를 선택하는 게 최상일 것이다. '밑져야 본전'이므로.
>
> 선택의 기본 원리는 매우 단순 명료하다. 편익이 비용보다 크면 선택하고, 비용이 편익보다 크면 선택하지 않는다. 한마디로 선택의 득과 실을 따지라는 것이다. 경제학자들은 이러한 선택 방법을 '비용-편익 분석'이라고 부른다.
>
> 이 원리가 어렵다고 생각하는가? 하지만 여러분이 지금까지 했던 수많은 선택들은 대부분 암묵적으로 이 원리에 따랐을 것이다. 모든 사람들의 본능 속에는 경제 원리가 작동하고 있다. 아니, 경제 원리라는 것 자체가 보통 사람들의 본능을 정리한 것에 불과하다.

① 사례를 들어 현상에 대한 다양한 관점을 소개하고 있다.
② 기존의 이론을 반박하는 방식으로 논지를 전개하고 있다.
③ 자문자답의 형식을 통해 독자에게 정보를 전달하고 있다.
④ 글쓴이의 개인적인 경험을 통해 얻은 깨달음을 언급하고 있다.

19 다음 글쓴이의 입장에 가장 부합하는 것은?

> 1990년대 이후 지금까지 약 20년 남짓한 세월 사이에 우리 사회를 휘어잡은 것은 '새로운 시대'라는 이데올로기다. 새로운 시대라는 표현 자체는 이데올로기라 말하기 어렵다. 그것이 이데올로기가 되는 것은 "자, 지금은 모든 것이 바뀐 시대다, 기술도 바뀌고 산업도 바뀐 시대다, 따라서 이 시대에는 인간도, 가치도, 교육도 바뀌어야 한다"는 요구가 마치 거역할 수 없는 신의 명령처럼 사람들을 사로잡을 때다. 물론 지금은 과거에 볼 수 없었던 새로운 기술, 산업, 직종 들이 다수 등장했다는 점에서 새로운 시대임에 틀림없다. 그러나 '새로운 시대'를 말할 때마다 우리가 깊이 유념해야 할 것이 있다. 변화의 시대에도 변하지 않는 것, 변할 수 없는 것이 있다는 사실이 그것이다. 변화에 민감하고 변화의 중요성을 강조하는 사람들일수록 '변하지 않는 것'에 대한 통찰과 감각이 필요하다. 변하지 않는 것에 대한 감각을 지닌 사람만이 변화를 말할 자격이 있다.
>
> 교육에서 그 '변하지 않는 것'은 무엇일까. 교육에 종사하는 자는 '생각하는 능력'이 치명적으로 약화된 인간을 길러내는 교육에 동조할 수 없다. '판단력'의 현저한 결손을 가진 인간을 길러내는 데 동조할 수 없다. '집중력'이 휘발해 버린 인간을 길러내는 데 동조할 수 없다. '교감의 능력과 공감의 상상력'이 동결된 인장을 길러내는 데 동조할 수 없다. 사고력, 판단력, 집중력, 상상력, 이 네 가지는 시대 변화에 관계없이 교육이 성장 세대에게 반드시 길러주고 함양해야 하는, 이른바 '교육받은 인간'의 기본 능력이다.

① 변화의 중요성이 커질수록 불변하는 것들에 대한 깨달음이 필요하다.
② 사회의 전반적인 변화를 이데올로기로서 수용하는 자세를 가져야 한다.
③ 시대마다 다르게 요구되는 교육받은 인간의 기본 능력을 발전시켜야 한다.
④ 사고력, 판단력, 집중력, 상상력을 전수할 수 있는 교육 종사자의 육성이 시급하다.

20 밑줄 친 부분과 가장 유사한 속성을 지닌 독자의 태도는?

> 문학 교육이 하는 일의 하나는 적정한 향수 능력과 감식력의 배양이다. 그리고 그것은 궁극적으로는 주체적으로 취사선택할 수 있으며 또 필요에 따라서는 스스로의 취사선택에 대해서 설명할 수 있는 능력의 개발이기도 하다.
>
> 우리 문학 교육의 실패는 주체적 판단능력을 가진 <u>주체적 독자</u>의 부재에서 현저하게 드러난다. 특히 시의 경우 좋아하는 작품, 그 가운데서 가장 당기는 대목을 들게 하면 판단 주체의 참모습은 드러나게 마련이다. 대개의 경우 널리 인용되거나 영향력 있는 비평가가 지목한 작품을 드는 것이 보통이다. 정답과 오답을 사선지 선택형으로 훈련받은 사람들의 서글픈 생태이겠지만 〈정답〉이 무엇일까를 궁리하는 흔적은 많아도 순박하게 자기 감수성의 동향을 술회하는 경우는 드물다.

① 교과서에 수록된 횟수를 기준으로 작품을 감상하는 태도

② 서점의 베스트셀러를 기준으로 상위권에 올라간 작품집을 감상하는 태도

③ 학계의 저명한 문학 교수의 서평이 들어간 작품을 선정하여 감상하는 태도

④ 감동을 준 작품의 작가를 확인하여 그 작가의 다른 작품집을 골라 감상하는 태도

정답·해설 _해설집 p.20

모바일 자동 채점 + 성적 분석 서비스 바로 가기
QR코드를 이용해 모바일로 간편하게 채점하고 나의 실력이 어느 정도인지, 취약 부분이 어디인지 바로 파악해 보세요!

04회 핵심 어휘 마무리 체크

☑ 잘 외워지지 않는 어휘 및 표현은 박스에 체크하여 한 번 더 확인하세요.

고유어

□ **기틀** 어떤 일의 가장 중요한 계기나 조건

□ **알량하다** 시시하고 보잘것없다

□ **가늣하다** 약간 가늘다

□ **바닥나다** 돈이나 물건을 다 써서 없어지다

□ **카랑하다** 1. 목소리가 쇳소리처럼 맑고 높다
2. 하늘이 맑고 밝으며 날씨가 차다

□ **사뜨다** 단춧구멍이나 수눅 등의 가장자리를 실로 휘갑치다

한자 성어

□ **一擧兩得** **일거양득 (한 일, 들 거, 두 양, 얻을 득)**
한 가지 일을 하여 두 가지 이익을 얻음

□ **烏飛梨落** **오비이락 (까마귀 오, 날 비, 배나무 이, 떨어질 락)**
'까마귀 날자 배 떨어진다'라는 뜻으로, 아무 관계도 없이 한 일이 공교롭게도 때가 같아 억울하게 의심을 받거나 난처한 위치에 서게 됨을 이르는 말

□ **同氣相求** **동기상구 (한가지 동, 기운 기, 서로 상, 구할 구)**
'같은 소리끼리는 서로 응하여 울린다'라는 뜻으로, 같은 무리끼리 서로 통하고 자연히 모인다는 말

□ **矯角殺牛** **교각살우 (바로잡을 교, 뿔 각, 죽일 살, 소 우)**
'소의 뿔을 바로잡으려다가 소를 죽인다'라는 뜻으로, 잘못된 점을 고치려다가 그 방법이나 정도가 지나쳐 오히려 일을 그르침을 이르는 말

한자어

□ **寡默** **과묵 (적을 과, 잠잠할 묵)**
말이 적고 침착함

□ **連帶** **연대 (잇닿을 연, 띠 대)**
1. 여럿이 함께 무슨 일을 하거나 함께 책임을 짐
2. 한 덩어리로 서로 연결되어 있음

□ **分割** **분할 (나눌 분, 벨 할)**
나누어 쪼갬

□ **自足** **자족 (스스로 자, 발 족)**
스스로 넉넉함을 느낌

속담

□ **굿 보고 떡 먹기**
한 가지 일을 하여 두 가지 이상의 이익을 보게 됨을 비유적으로 이르는 말

□ **까마귀 날자 배 떨어진다**
아무 관계없이 한 일이 공교롭게도 때가 같아 어떤 관계가 있는 것처럼 의심을 받게 됨을 비유적으로 이르는 말

□ **물이 깊어야 고기가 모인다**
1. 자기에게 덕망이 있어야 사람들이 따르게 됨을 비유적으로 이르는 말
2. 일정한 바탕이나 조건이 갖추어져야 그것에 합당한 내용이 따르게 됨을 비유적으로 이르는 말

□ **빈대 잡으려고 초가삼간 태운다**
손해를 크게 볼 것을 생각지 않고 자기에게 마땅치 않은 것을 없애려고 그저 덤비기만 하는 경우를 비유적으로 이르는 말

Quiz 각 어휘 및 표현의 알맞은 뜻을 찾아 연결하세요.

01 同氣相求	㉠ 약간 가느다란 상태	**06** 一擧兩得	㉥ 관계없는 일에 연루됨
02 기틀	㉡ 비슷한 사람끼리 자연스럽게 어울림	**07** 分割	㉦ 덕이 있어야 남이 따름
03 矯角殺牛	㉢ 스스로 만족함	**08** 烏飛梨落	㉧ 하나를 통해 둘을 얻음
04 가늣하다	㉣ 어떤 일의 계기가 되는 것	**09** 물이 깊어야 고기가 모인다	㉨ 나눠서 쪼개기
05 自足	㉤ 잘못된 방식으로 인해 일을 그르침	**10** 連帶	㉩ 여럿이 하나로 연결되어 있음

정답 | 01 ㉡ 02 ㉣ 03 ㉤ 04 ㉠ 05 ㉢ 06 ㉧ 07 ㉨ 08 ㉥ 09 ㉦ 10 ㉩

정답·해설 _해설집 p.25

05회 실전동형모의고사

제한시간 : 20분 시작 시 분 ~ 종료 시 분 점수 확인 개/ 20개

01 다음 글에 대한 설명으로 적절하지 않은 것은?

> 건축에서는 영국을 중심으로 한 뉴 부르털리즘(신야수주의, New Brutalism)이 비정형 경향의 출발점이 되었다. 이 운동은 비정형 경향에만 집중된 것은 아니었다. 반미학 예술 운동, 모더니즘의 재해석, 일상성의 가치, 도시 환경 요소, 재료의 표면 질감 등 형태와 재료에 대한 고민을 포함한 더 광범위한 건축적·문명적 주제를 가지고 제2차 세계대전 이후 현대 건축이 나아갈 방향과 현대 문명의 의미 등에 대해 폭넓은 탐색을 했다. 그 중 형태에 대한 고민은 반미학 예술 운동으로 집중되었다. 이 경향은 육면체와 고급 건물 중심의 정통 모더니즘을 거부하며 그 대안으로 자유 형태와 임시 가설물을 추구했다.
>
> 그중 육면체는 아르 앵포르멜과 임시 가설물은 아르브뤼와 각각 기본적 예술관을 공유했다. 정통 모더니즘을 재료 사용과 표면 처리의 관점에서 보면 골조와 마감을 분리하여 이중 표피로 처리하는 것이 표준 기법인데, 뉴 부르털리즘은 골조를 노출시켜 골조의 재료가 그대로 마감재가 되게 함으로써 이를 거부했다. 아르 앵포르멜에서 형태 대신 재료를 1차 매개로 삼은 것에 대응될 수 있는 경향이다. 실제로 '브루털리즘'이란 명칭은 뒤뷔페의 아르브뤼와 르 코르뷔지에의 노출 콘크리트(bèton brut)에서 기인했다.

① 건축 기법을 대조하여 다른 대상과의 차이를 나타내고 있다.
② 용어의 기원을 설명하여 대상의 건축적 특성을 표현하고 있다.
③ 구체적인 요소를 나열하여 대상의 건축사적 의의를 드러내고 있다.
④ 건축 사조의 흐름에 따라 대상을 정의하여 독자의 이해를 돕고 있다.

02 음운 변동에 대한 설명으로 옳은 것은?

① 낚다[낙따]: 탈락, 첨가 현상이 있다.
② 앓는[알른]: 축약, 대치 현상이 있다.
③ 섞자[석짜]: 대치, 탈락 현상이 있다.
④ 밭일[반닐]: 대치, 첨가 현상이 있다.

03 다음은 '아동 실종 사건 해결의 어려움과 해결을 위한 방안'이라는 주제로 글을 쓰기 위한 개요이다. 수정·보완하기 위한 방안으로 적절하지 않은 것은?

> Ⅰ. **서론:** 아동 실종 신고 현황 및 실종 아동 찾기의 어려움
> Ⅱ. **본론:**
> 1. 아동 실종 사건이 해결되기 어려운 이유 ············ ㉠
> 가. 부모에게 의존적인 아동의 태도 ·················· ㉡
> 나. 아동 실종 사건에 대한 관계 법령의 미비
> 다. 일부 아동 보호 시설의 비협조적 태도
> 2. 아동 실종 사건의 신속한 해결을 위한 방안
> 가. 아동 실종 사건에 대한 관계 법령의 재정비
> 나. (   ) ···························· ㉢
> 다. 실종 아동 관련 홍보 및 교육을 통한 국민 관심 제고 ·· ㉣
>
> Ⅲ. **결론:** 아동 실종 사건을 빠르게 해결할 수 있는 제도의 정비 및 인식의 제고 촉구

① ㉠의 하위 항목으로 '실종 아동 찾기에 대한 관심 부족'을 추가한다.
② ㉡은 'Ⅱ－1'과 관련된 내용이 아니므로 삭제한다.
③ ㉢은 'Ⅱ－1'과의 관련성을 고려하여 '아동 보호 시설에 대한 국가의 지원 확대'라는 내용을 넣는다.
④ ㉣에서 실종 아동 문제는 누구에게나 일어날 수 있는 일임을 부각하여 국민들의 관심을 제고해야 함을 밝힌다.

04 밑줄 친 말에서 가리키는 사람이 다른 것은?

군수는 양반이 환곡을 모두 갚은 것을 놀랍게 생각했다. 군수가 몸소 찾아가서 양반을 위로하고 또 환자를 갚게 된 사정을 물어보려고 했다. 〈중 략〉 양반은 더욱 황공해서 머리를 땅에 조아리고 엎드려 아뢴다.

"황송하오이다. ㉠ 소인이 감히 욕됨을 자청하는 것이 아니오라, 이미 제 양반을 팔아서 환곡을 갚았습지요. 동리의 부자 사람이 양반이올습니다. 소인이 이제 다시 어떻게 전의 양반을 모칭(冒稱)해서 양반 행세를 하겠습니까?"

군수는 감탄해서 말했다.

"군자로구나 부자여! 양반이로구나 ㉡ 부자여! 부자이면서도 인색하지 않으니 의로운 일이요, 남의 어려움을 도와주니 어진 일이요, 비천한 것을 싫어하고 존귀한 것을 사모하니 지혜로운 일이다. 이야말로 진짜 ㉢ 양반이로구나. 그러나 사사로 팔고 사고서 증서로 해 두지 않으면 송사(訟事)의 꼬투리가 될 수 있다. 내가 ㉣ 너와 약속을 해서 군민(郡民)으로 증인을 삼고 증서를 만들어 미덥게 하되 본관이 마땅히 거기에 서명할 것이다."

– 박지원, '양반전'

① ㉠ ② ㉡

③ ㉢ ④ ㉣

05 다음 문장과 관련된 속담으로 가장 적절한 것은?

늦잠을 자더라도 잠옷 차림으로 나갈 수는 없는 노릇이다.

① 못 먹는 감 찔러나 본다.

② 송충이가 갈잎을 먹으면 죽는다.

③ 하루 죽을 줄은 모르고 열흘 살 줄만 안다.

④ 아무리 바빠도 바늘허리 매어 쓰지는 못한다.

06 다음 글에 대한 이해로 가장 적절하지 않은 것은?

과학이 가치 중립적이라는 말은 크게 보아서 다음 두 가지의 의미를 지니고 있다. 첫째는, 자연 현상을 기술하는 데에 있어서 얻게 되는 과학의 법칙이나 이론으로부터 개인적 취향(趣向)이나 가치관에 따라 결론을 취사선택할 수 없다는 점이고, 둘째는, 과학으로부터 얻은 결론, 즉 과학 지식이 그 자체로서 가치에 관한 판단이나 결정을 내리지 못한다는 점이다.

사람에 따라서는 이 중에서 첫째는 수긍하면서 둘째에 대해서 반론(反論)을 제기하기도 한다. 예를 들어, 그들은 인간의 질병 중에서 어떤 것이 유전한다는 유전학의 지식이 유전성 질병이 있는 사람은 아기를 낳지 못하게 해야 한다는 결론을 내린다고 생각한다. 즉, 과학적 지식이 인간의 문제에 관하여 결정을 내려 준다고 생각한다. 그러나 더 주의 깊게 살펴보면 이것이 착각이라는 것은 분명하다. 앞의 유전학적 지식이 말해 주는 것은 단순히 어떤 질병이 유전한다는 것일 뿐, 그런 질병을 가진 사람이 아기를 낳지 않는 것이 옳은가, 역시 같은 질병을 가진 아기라도 낳아서 가정 생활을 하는 것이 좋은가에 대한 결정은 내려 주지 않는다. 이 결정은 전적으로 인간이, 즉 그런 질병을 가진 사람 자신 혹은 사회가 내리는 것이지 과학이 내리는 것은 아니다.

이를 더 잘 보여 주는 예로서, 통증이 심한 불치 환자의 경우를 들 수 있다. 이 환자에게 진통제를 다량 주사하면 통증을 느끼지 않으면서 죽게 될 것이라는 것은 과학적 지식이다. 그러나 이 과학적 지식이 곧 안락사(安樂死)의 결론을 내려 주지는 않는다. 또, 다른 과학 지식은 다른 치료법을 사용하면 통증은 더욱 심해지지만 환자의 생명은 연장될 수 있음을 보여 줄 수 있고, 이때 이 두 방법 중에서 어느 것을 택하는 것이 옳으냐에 대해서 앞의 두 과학 지식은 아무 결론도 내려 주지 못한다. 생명의 연장과 고통의 제거, 이 둘 중에서 어느 것이 더 중요한 것인가는 결국 사람이(이 경우에는 의사가) 내린 결정이다.

따라서, 과학이 가치 중립적이라는 명제를 과학 지식이 인간의 가치에 무관하다고 하거나, 혹은 인간의 가치에 반(反)하는 방향으로 인간을 몰고 있다는 식으로 확대 해석하는 사람들의 잘못은 뚜렷해진 셈이다. 유전학 및 진화론이 히틀러의 유대인 학살을 낳게 했다거나, 상대성 이론과 원자 물리학이 원자탄의 투하를 가져왔다고 믿는 것은 이러한 오류(誤謬)의 전형적인 예이다.

① 과학 이론은 단순히 사실에 대해 설명할 뿐이다.

② 원자 물리학이 원폭 투하에 대한 결정을 내려줄 수 없다.

③ 과학이 결론을 취사선택할 수 없다는 사실에 대해 반론이 제기되고 있다.

④ 의사가 안락사의 여부를 결정하는 것은 과학이 가치 중립적이기 때문이다.

07 ㉠~㉣의 상황에 어울리는 한자 성어로 가장 적절한 것은?

> ㉠선비들이 젊었을 적에는 학문에 뜻을 두고 밤이나 낮이나 열심히 책을 읽고 쉬지 않고 글을 짓는다. 그렇게 닦은 재주를 가지고 과거 시험에 응시하여 솜씨를 겨루는데, ㉡시험에 한 번 떨어지면 실망을 하고 두 번 떨어지면 번민하고 세 번 떨어지면 망연자실해하면서 이렇게 말한다.
>
> "㉢공명(功名)을 이루는 것은 분수가 있는 것이어서 학문을 한다고 이룰 수 있는 게 아니며, 부귀를 누리는 것도 천명이 있는 것이어서 학문을 해서 이룰 수 있는 것이 아니다."
>
> 그러고는, 자신이 하던 학문을 팽개쳐 버리고 지금까지 해 놓았던 공부도 모두 포기한다. 어떤 사람은 절반쯤 학문이 이루어졌는데도 내던져 버리고 ㉣어떤 사람은 성공의 문턱까지 갔다가 주저앉아 버린다. 마치 아홉 길 높은 산을 쌓는데, 한 삼태기의 흙이 모자라 산을 완성하지 못하는 것과 같다.

① ㉠: 切磋琢磨
② ㉡: 心心相印
③ ㉢: 空理空論
④ ㉣: 馬耳東風

08 다음 글의 연결 순서로 가장 자연스러운 것은?

> (가) 한편 공공 부조는 도덕적 해이를 야기할 수 있다. 무상으로 부조가 이루어지므로, 젊은 시절에는 소득을 모두 써 버리고 노년에는 공공 부조에 의존하려는 경향이 생길 수 있기 때문이다. 이와 같은 부작용에 대응하기 위해 공적 연금 제도는 소득이 있는 국민들을 강제 가입시켜 보험료를 징수한 뒤, 적립된 연금 기금을 국가의 책임으로 운용하다가, 가입자가 은퇴한 후 연금으로 지급하는 방식을 취하고 있다.
>
> (나) 그것은 사적 연금이나 공공 부조가 낳는 부작용 때문이다. 사적 연금에는 역선택 현상이 발생한다. 안정된 노후 생활을 기대하기 어려운 사람들이 주로 가입하고 그렇지 않은 사람들은 피하므로, 납입되는 보험료 총액에 비해 지급해야 할 연금 총액이 자꾸 커지는 것이다. 이렇게 되면 보험 회사는 계속 보험료를 인상하지 않는 한 사적 연금을 유지할 수 없다.
>
> (다) 우리나라에서 공적 연금 제도를 운영하는 과정에는 사회적 연대를 중시하는 입장과 경제적 성과를 중시하는 입장이 부딪치고 있다. 구체적으로 전자는 이 제도를 계층 간, 세대 간 소득 재분배의 수단으로 이용해야 한다고 주장한다. 소득이 적어 보험료를 적게 낸 사람에게 보험료를 많이 낸 사람과 비슷한 연금을 지급하고, 자녀 세대의 보험료로 부모 세대의 연금을 충당하는 것은 그러한 관점에서 이해될 수 있다. 하지만 후자는 이처럼 사회 구성원 일부에게 희생을 강요하는 소득 재분배는 물가 상승을 반영하여 연금의 실질 가치를 보장할 수 있을 때만 허용되어야 한다고 비판한다. 사회 내의 소득 격차가 커질수록, 자녀 세대의 보험료 부담이 커질수록, 이 비판은 더욱 강해질 수밖에 없다.
>
> (라) 연금 제도의 목적은 나이가 많아 경제 활동을 못하게 되었을 때 일정 소득을 보장하여 경제적 안정을 도모하는 것이다. 이를 위해서는 보험 회사의 사적 연금이나 국가가 세금으로 운영하는 공공 부조를 활용할 수 있다. 그럼에도 국가가 이 제도들과 함께 공적 연금 제도를 실시하는 까닭은 무엇일까?

① (가) - (다) - (라) - (나)
② (다) - (가) - (라) - (나)
③ (라) - (나) - (가) - (다)
④ (라) - (다) - (나) - (가)

09 다음 시에 대한 감상으로 적절하지 않은 것은?

까마득한 날에
하늘이 처음 열리고
어데 닭 우는 소리 들렸으랴.

모든 산맥들이
바다를 연모(戀慕)해 휘달릴 때도
차마 이곳을 범하던 못하였으리라.

끊임없는 광음(光陰)을
부지런한 계절이 피어선 지고
큰 강물이 비로소 길을 열었다.

지금 눈 내리고
매화 향기 홀로 아득하니
내 여기 가난한 노래의 씨를 뿌려라.

다시 천고(千古)의 뒤에
백마 타고 오는 초인이 있어
이 광야에서 목놓아 부르게 하리라.

– 이육사, '광야'

① 시간의 흐름에 따라 시상이 전개된다.

② 의인화를 통해 대상의 성스러움을 표현한다.

③ 화자의 의지를 명령형 어조로 드러내고 있다.

④ '가난한 노래의 씨'는 화자가 처한 부정적 현실을 나타낸다.

10 다음 대화에서 '한울'의 의사소통 방식으로 가장 적절한 것은?

현하: 한울아, 혹시 모레 오후에 시간 괜찮아?
한울: 그날 특별한 일은 없는데, 왜? 무슨 일 있어?
현하: 응, 내가 환경부장이라 그날 교내 화단 정리를 하기로 했는데, 멀리 사는 친척 분들이 갑자기 집에 오시기로 했거든. 수업 마치자마자 바로 집에 가봐야 할 것 같아서…….
한울: 집안일이 생겼으면 가보는 게 당연하지. 갑자기 일정이 생겨서 많이 당황했겠다.
현하: 맞아. 그래서 혹시 현하 너만 괜찮다면, 금요일에 나 대신 화단 정리를 좀 해 줄 수 있을까? 필요한 도구는 창고에 있으니, 다른 부원들과 함께 작업하면 돼.
한울: 그래, 크게 어려운 일이 아닌 것 같으니 내가 대신 할게.
현하: 정말 고마워. 답례의 의미로 다음번에 내가 밥 한 끼 살게.

① 자신의 경험을 바탕으로 상대방에게 조언을 하고 있다.

② 대화 내용에 관심을 표하며 상대방의 입장에 공감하고 있다.

③ 상대방의 상황을 추론함으로써 발화 의도를 미리 파악하고 있다.

④ 상대방의 말을 요약하며 문제 상황에 대한 해결책을 찾도록 돕고 있다.

11 〈보기〉의 비판 대상으로 가장 옳지 않은 것은?

보기

루카치가 물신화 현상의 이면을 볼 수 있다고 말하는 노동자의 영혼이라는 것은 과연 무엇일까? 자본주의 사회에 만연한 상품화에 오염되지 않고 남아있는 영혼이 과연 있기나 한가? 자본주의의 물신화에 포획된 노동자가 어떻게 자신의 예속 상태를 의식하게 되는가? 루카치에 의하면 그런 인식은 '신성한' 노동의 힘에서 나온다. 영혼이 무엇인가를 만들어내는 힘이라면 폴 발레리의 시구처럼 '영혼의 영혼은 노동'이 된다. 루카치에게 노동은 인간을 동물과 구분시켜주는 특질이다. 노동이 인간 영혼의 구체적 표현이라고 한다면 인간 자체를 상품으로 만드는 사회에서 영혼은 필연적으로 왜곡될 수밖에 없다. 그와 같은 영혼의 왜곡과 노예 상태에 인간은 반드시 저항할 것이고 루카치는 그런 저항에서 혁명의 가능성과 노동자의 인간적 품위를 보았다.

① 노예 상태

② 물신화 현상

③ 인간의 노동

④ 상품화된 사회

12 ㉠~㉣의 한자 표기로 옳은 것은?

> 문 밖에 서서 그는 다시 마음을 다잡았다. 이 방법이 최선일까에 대해 여러 번 ㉠고민해 보았지만, 항상 같은 결론만이 ㉡도출될 따름이었다. 그는 이 계획이 가장 가능성 있는 길이라고 ㉢간주하였다. 결론을 내린 이상, 여타의 상념은 방해가 될 뿐이다. 망설임 없이 이 문을 여는 것만이 ㉣지향 없이 헤매는 삶을 끝낼 수 있는 유일한 방법이라고, 그는 다시 한번 자신을 타일렀다.

① ㉠ 苦悶 ② ㉡ 挑出
③ ㉢ 看週 ④ ㉣ 志向

13 다음 글에 대한 반응으로 가장 적절한 것은?

> 기원 전후 남만주와 한반도에 거주한 우리 민족은 풍요를 기원하는 농경 의식과 종교적인 제천 의식에서 가무희를 연행했다. 부여의 영고(迎鼓), 고구려의 동맹(東盟), 예(濊)의 무천(舞天)은 제천 의식이었다. 마한에는 5월에 씨를 뿌리고 난 후와 10월에 농사를 끝내고 신에게 제사 지내는 농경 의식이 있었다.
>
> 이런 의식에 가무와 연희의 흔적이 보인다. 제천 의식은 소위 나라굿으로 국중대회(國中大會)라고도 했는데, 이는 사람들이 크게 모였다는 뜻이다. 나라 안 사람들이 모두 모이는 국중대회 때 각지에서 올라온 사람들이 다양한 연희를 공연했을 것이다. 국중대회는 농사가 잘되게 해달라고 굿을 하면서 노래 부르고 춤을 춘 행사이면서, 국가 단합을 위한 정치적인 기능도 수행한 것으로 보인다.

① 국중대회에서는 풍요를 기원하는 굿도 행해졌겠군.
② 농경 의식은 일 년에 한 번 치러지는 연례행사였겠군.
③ 제천 의식은 종교적인 기능만을 수행하는 행사였겠군.
④ 제천 의식은 나라별로 명칭이 달랐지만 비슷한 시기에 행해졌겠군.

14 〈보기〉에 나타난 작품 감상의 관점으로 가장 옳은 것은?

> 보기
>
> 얼마 전 친구가 건넨 시집을 통해 김영랑의 「모란이 피기까지는」을 읽었어. 이 시를 읽으니 시청에서의 근무를 꿈꾸며 짧으면 짧고 또 길면 긴 수험 기간을 보낸 지난날이 떠오르더라. 이 시에서 '모란이 피기까지는, 나는 아직 나의 봄을 기다리고 있을 테요.'라는 구절을 보아도 '모란'은 소망이 이루어지는 시점인 '봄'이 오길 계속 기다리잖아. 이 구절을 읽을 때면 마음속으로 '나도 봄이 왔음 좋겠어.'라고 말하며 합격할 때까지 기다림의 시간을 보냈던 경험이 있어 더 동질감을 느꼈던 것 같아. 특히 이 구절은 두 번이나 반복되어 그런지 나도 모르게 감정 이입을 했었나봐. 아마도 이 시는 1930년대 당시의 독자들의 마음만을 뭉클하게 한 것이 아니라 오늘날 소망이 실현되기를 바라는 많은 친구들에게도 큰 감동을 주고 있을 거라 생각해.

① 생산론적 관점 ② 절대론적 관점
③ 수용론적 관점 ④ 반영론적 관점

15 밑줄 친 단어의 품사가 다른 하나는?

① 기존에 없던 새로운 기술로 인정받았다.
② 밝은 불빛 아래 있으니 사진이 잘 나온다.
③ 모든 국민이 평등한 나라를 만들어야 한다.
④ 우리는 얼굴은 비슷해도 성격은 다른 형제이다.

16 다음 글의 제목으로 가장 적절한 것은?

'경주 최 부자'로 익숙한 경주 교동 최 씨 일가는 약 300년의 시간 동안 12대의 부를 이어온 집안이다. 12대에 걸쳐 당대 최고의 부자였다는 점도 주목할 만하지만, 무엇보다도 최 부잣집의 가르침으로 불린 여섯 가지 교훈이 눈길을 끈다. 예컨대 주변 100리 안에 굶어 죽는 사람이 없도록 한다는 원칙, 1년 쌀 생산량인 약 3천 석 중 3분의 1만 사용하고 나머지는 다른 사람들을 돕는 데 사용해야 한다는 원칙 등이 있다. 당시 기득권층이었던 최 부잣집의 구성원들은 솔선수범하여 어려운 사람들에게 선행을 베푸는 것을 당연하게 생각했으며, 사회적인 책임도 엄격하게 지켰다. 일명 '노블레스 오블리주(Noblesse oblige)'를 실현한 것이다.

노블레스 오블리주는 높은 사회적 지위를 가진 사람들에게 요구되는 도덕적 의무를 뜻하는 프랑스어로 '명예만큼 의무를 다해야 한다'는 의미를 담고 있다. 이는 초기 로마 시대의 왕과 귀족들이 보여 준 도덕의식에서 유래하였다. 로마 사회에서 고위층은 봉사나 기부, 헌납 등을 해야 한다는 생각이 확고하였고, 그들의 행위는 의무이면서 명예로 인식되었기 때문에 자발적이면서도 경쟁적으로 이루어졌다. 특히 귀족 등의 고위층은 전쟁에 참여해야 한다는 의식이 매우 강하였는데, 로마가 건국된 이래로 500여 년 동안 로마의 의회인 원로원에서 귀족 의원이 차지하는 비중이 15분의 1로 급격히 감소하게 된 이유도 계속된 전투에 많은 귀족이 참전함에 따라 나타난 결과인 것으로 알려져 있다.

근대와 현대에 이르러서도 고위층의 도덕의식은 계층 간의 대립을 근절할 수 있도록 돕고 사회 통합을 이루도록 하는 최고의 수단으로 여겨져 왔다. 실제로 제1차 세계 대전과 제2차 세계 대전에서는 영국의 고위층 자제들을 많이 배출한 명문 사립 중등학교 이튼칼리지 출신의 군인 2,000명가량이 전사했으며, 포클랜드 전쟁 당시에는 영국 여왕의 둘째 아들이 전투 헬기 조종사로 참전하기도 하였다. 오늘날 노블레스 오블리주는 그 의미가 이전과는 많이 달라지긴 했지만 사회 지도층의 솔선수범한 자세가 국민정신을 집결시키는 원동력이 되기도 하여 개인과 기업을 망라하고 주목해야 하는 개념이라 할 수 있다.

① 노블레스 오블리주의 기원
② 노블레스 오블리주의 실현 조건과 필요성
③ 변화된 노블레스 오블리주에 대한 오늘날의 인식
④ 노블레스 오블리주의 역사적 실천 사례와 그 의의

17 〈보기〉에 대한 설명으로 가장 옳은 것은?

보기

물리학 중에는 이 세상 모든 물질의 근원이 무엇인지를 따지는 분야가 있다. 원자보다도 더 작으면서 더 이상 쪼개지지 않는 근본 물질을 찾는 것인데, 이런 연구를 '입자물리학'이라고 부른다. 입자물리학을 연구하는 사람들은 끊임없이 계산하고 생각한다. 이들이 발견해 낸 근원 물질 중에 '쿼크'라고 하는 것이 있다. 기껏해야 원자, 양성자, 중성자, 전자 정도만 알고 있는 사람에게는 생소할 수도 있지만, 입자물리학자들은 이것이 모든 물질의 근원을 이루고 있다고 말하기도 한다.

① 예시와 열거를 사용하여 설득력을 높이고 있다.
② 어려운 용어의 정의를 제시하여 쉽게 설명하고 있다.
③ 기존 학설에 대해 다양한 근거를 들어 반박하고 있다.
④ 근원 물질을 비교하여 설명함으로써 독자의 이해를 돕고 있다.

18 글의 통일성을 고려할 때 (가)에 들어갈 말로 가장 적절한 것은?

갈릴레오는 아버지의 소질을 이어받아 음악과 수학에 남다른 재주가 있었다. 그는 아버지에게 글을 배운 뒤 열네 살 때 수도원에 들어가 3년 동안 생활했다. 이곳에서 지내면서 그는 그리스의 유명한 철학자이자 과학자인 아리스토텔레스에 깊이 빠져, 자신도 과학자가 되겠다고 마음먹었다. 〈중 략〉

열여덟 살 때인 어느 날, 갈릴레오는 피사 성당에서 천장에 길게 늘어져 흔들리는 샹들리에를 보았다. 그는 손목의 맥박을 재면서 샹들리에의 흔들림을 유심히 관찰하다가 "그렇다! 틀림없다!"고 소리쳤다. 샹들리에의 흔들리는 폭은 점점 줄어들었으나, 흔들림이 크건 작건 한 번 왕복하는 데 걸리는 시간은 동일했던 것이다. 그 당시만 해도 흔들거리는 물체의 폭이 좁을수록 시간이 적게 걸린다는 것이 일반적인 생각이었다. 그 뒤 갈릴레오는 여러 가지 진자(일정한 주기로 일정한 점이 주위에서 진동을 계속하는 물체)를 만들어 실험한 결과, (가)

① 진폭과 진자의 운동 시간이 정비례 관계임을 확인했다.
② 진자가 흔들릴 때 작용하는 힘의 상관 계수를 파악했다.
③ 진자의 운동 상태는 계속 유지된다는 '관성의 법칙'을 발견했다.
④ 진폭과는 관계없이 진동의 주기가 일정하다는 '진자의 등시성'을 확인했다.

19 다음 글에 대한 설명으로 적절한 것은?

나는 모든 것을 다시 보았다. 농삿집치고는 유난히도 말끔한 마루청, 먼지를 뒤집어쓰고 있지 않은 장독대, 울타리 너머로 보이는 길찬 장다리꽃들…… 그 어느 것 하나에도 그녀의 손이 안 간 곳이 없으리라 싶었다. 이러한 집 안팎 광경들을 통해서 나는 건우 어머니가 꽤 부지런하고 친절한 여성이라는 것을 고대 짐작할 수가 있었다. 젊음이 한창인 열아홉부터 악지 세게 혼자서 살아왔다는 것과, 어려운 가운데서도 외아들 건우를 나룻배를 태워 가면서까지 먼 일류 중학에 보내고 있다는 사실, 그리고 농촌 아이라고는 믿어지지 않을 만큼 건우의 입성이 항시 깨끗했다는 사실들이 어련히 안 그러리 싶어지기도 했다. 얼핏 보아서는 어리무던한 여인 같기도 하지만 유난히 볼가진 듯한 이마라든가, 역시 건우처럼 짙은 눈썹 같은 데선 그녀의 심상치 않을 의지랄까, 정열 같은 것을 읽을 수가 있었다. – 김정한, '모래톱 이야기'

① '나'는 지나간 일들을 후회하는 모습을 보이고 있다.
② 당대의 사회적 가치관에 대한 문제의식을 드러내고 있다.
③ 간결하게 문장을 서술하여 사건의 속도감을 높이고 있다.
④ 주변 공간에 대한 묘사를 통해 인물의 성격을 제시하고 있다.

20 <보기>의 내용에 대한 이해로 적절하지 않은 것은?

보기

성기가 좋아하는 여러 가지 산나물이 화갯골에서 연달아 자꾸 내려오는 이른 여름의 어느 장날 아침이었다. 두릅회에 막걸리 한 사발을 쭉 들이켜고 난 성기는 옥화에게,

"어머니, 나 엿판 하나만 맞춰 주."

하였다.

"……."

옥화는 갑자기 무엇으로 머리를 얻어맞은 듯이 성기의 얼굴을 멍하니 바라보고 있었다.

그런 지도 다시 한 보름이나 지나, 뻐꾸기는 또다시 산울림처럼 건드러지게 울고, 늘어진 버들가지엔 햇빛이 젖어 흐르는 아침이었다. 새벽녘에 잠깐 가는 비가 지나가고, 날은 다시 유달리 맑게 갠 '화개 장터' 삼거리 길 위에서, 성기는 그 어머니와 하직을 하고 있었다. 갈아입은 옥양목 고의적삼에, 명주 수건까지 머리에 잘끈 동여매고 난 성기는, 새로 맞춘 새하얀 엿판을 질빵해서 느직하게 엉덩이 즈음에다 걸었다. 윗목판에는 새하얀 가락엿이 반 넘어 들어 있었고, 아랫목판에는 팔다 남은 이야기책 몇 권과 간단한 방물이 좀 들어 있었다.

그의 발 앞에는, 물도 함께 갈리어 길도 세 갈래로 나 있었으나, 화갯골 쪽엔 처음부터 등을 지고 있었고, 동남으로 난 길은 하동, 서남으로 난 길이 구례, 작년 이맘때도 지나 그녀가 울음 섞인 하직을 남기고 체 장수 영감과 함께 넘어간 산모롱이 고갯길은 퍼붓는 햇빛 속에 지금도 환히 장터 위를 굽이 돌아 구례 쪽으로 향했으나, 성기는 한참 뒤 몸을 돌렸다. 그리하여 그의 발은 구례 쪽을 등지고 하동 쪽을 향해 천천히 옮겨졌다.

한 걸음 한 걸음 발을 옮겨 놓을수록 그의 마음은 한결 가벼워져, 멀리 버드나무 사이에서 그의 뒷모양을 바라보고 서 있을 어머니의 주막이 그의 시야에서 완전히 사라져 갈 무렵 하여서는, 육자배기 가락으로 제법 콧노래까지 흥얼거리며 가고 있는 것이었다.

① 옥화는 성기의 결정에 충격을 받고 있다.
② 성기는 자신의 운명을 받아들이며 편안해 하고 있다.
③ '엿판'은 성기가 앞으로 살아갈 삶의 모습을 의미한다.
④ '화개 장터' 삼거리 길은 운명을 따르는 삶을 상징한다.

정답·해설 _해설집 p.25

05회 핵심 어휘 마무리 체크

☑ 잘 외워지지 않는 어휘 및 표현은 박스에 체크하여 한 번 더 확인하세요.

고유어

- □ **갱엿** 푹 고아 여러 번 켜지 않고 그대로 굳혀 만든, 검붉은 빛깔의 엿
- □ **너부렁이** 1. 종이나 헝겊 등의 자질구레한 오라기 2. 어떤 부류의 사람이나 물건을 낮잡아 이르는 말
- □ **옹골차다** 매우 실속이 있게 속이 꽉 차 있다
- □ **게슴츠레하다** 졸리거나 술에 취해서 눈이 흐리멍덩하며 거의 감길 듯하다
- □ **꺼림칙하다** 마음에 걸려서 언짢고 싫은 느낌이 있다
- □ **들랑거리다** 들어왔다 나갔다를 자꾸 하다
- □ **멀찌가니** 사이가 꽤 떨어지게

한자 성어

- □ **切磋琢磨** **절차탁마 (끊을 절, 갈 차, 다듬을 탁, 갈 마)** '옥이나 돌 등을 갈고 닦아서 빛을 낸다'라는 뜻으로, 부지런히 학문과 덕행을 닦음을 이르는 말
- □ **空理空論** **공리공론 (빌 공, 다스릴 리, 빌 공, 논할 론)** 실천이 따르지 않는, 헛된 이론이나 논의
- □ **馬耳東風** **마이동풍 (말 마, 귀 이, 동녘 동, 바람 풍)** '동풍이 말의 귀를 스쳐 간다'라는 뜻으로, 남의 말을 귀담아듣지 않고 지나쳐 흘려버림을 이르는 말
- □ **心心相印** **심심상인 (마음 심, 마음 심, 서로 상, 도장 인)** 말없이 마음과 마음으로 뜻을 전함

한자어

- □ **記述** **기술 (기록할 기, 펼 술)** 대상이나 과정의 내용과 특징을 있는 그대로 열거하거나 기록하여 서술함. 또는 그런 기록
- □ **誤謬** **오류 (그르칠 오, 그르칠 류)** 그릇되어 이치에 맞지 않는 일
- □ **裏面** **이면 (속 이, 낯 면)** 겉으로 나타나거나 눈에 보이지 않는 부분
- □ **品位** **품위 (물건 품, 자리 위)** 가람이 갖추어야 할 위엄이나 기품
- □ **根源** **근원 (뿌리 근, 근원 원)** 사물이 비롯되는 근본이나 원인

속담

- □ **못 먹는 감 찔러나 본다**
  제 것으로 만들지 못할 바에야 남도 갖지 못하게 못쓰게 만들자는 뒤틀린 마음을 이르는 말
- □ **송충이가 갈잎을 먹으면 죽는다**
  1. '솔잎만 먹고 사는 송충이가 갈잎을 먹게 되면 땅에 떨어져 죽게 된다'라는 뜻으로, 자기 분수에 맞지 않는 짓을 하다가는 낭패를 봄을 비유적으로 이르는 말
  2. 제 할 일은 안 하고 딴 마음을 먹었다가는 낭패를 봄을 비유적으로 이르는 말
- □ **하루 죽을 줄은 모르고 열흘 살 줄만 안다**
  언제 죽을지 모르는 덧없는 세상에서 자기만은 얼마든지 오래 살 것처럼 행동하는 사람을 보고 이르는 말
- □ **아무리 바빠도 바늘허리 매어 쓰지는 못한다**
  아무리 급하다 하여도 꼭 갖추어야 할 것은 갖추어야 일을 할 수 있음을 비유적으로 이르는 말

Quiz 각 어휘 및 표현의 알맞은 뜻을 찾아 연결하세요.

01 心心相印	㉠ 대상을 낮잡아 부르는 말		06 馬耳東風	㉥ 꾸준하게 학문에 정진함
02 너부렁이	㉡ 이치에 맞지 않는 잘못된 것		07 옹골차다	㉦ 어떤 것의 특징을 글로 씀
03 誤謬	㉢ 보이지 않는 부분		08 切磋琢磨	㉧ 속이 가득 차 있다.
04 裏面	㉣ 마음으로만 뜻을 전달함		09 記述	㉨ 남의 이야기를 흘려 들음
05 못 먹는 감 찔러나 본다	㉤ 소유하지 못하면 남도 갖지 못하게 함		10 송충이가 갈잎을 먹으면 죽는다	㉩ 자신에게 맞지 않은 일을 해서 실패함

정답 | 01 ㉣ 02 ㉠ 03 ㉡ 04 ㉢ 05 ㉤ 06 ㉨ 07 ㉧ 08 ㉥ 09 ㉦ 10 ㉩

정답·해설 _해설집 p.30

06회 실전동형모의고사

제한시간 : 20분 시작 시 분 ~ 종료 시 분 점수 확인 개/ 20개

01 다음 대화에서 '유정'의 의사소통 방식으로 가장 적절한 것은?

> **은수**: 요즘 강아지 입양 문제로 부모님과 매번 싸우는 것 같아.
> **유정**: 강아지를 키우려고?
> **은수**: 응. 친구가 최근에 반려견을 입양했는데 SNS에 올린 사진을 보니 너무 행복해 보이더라고. 그래서 부모님께 우리도 강아지를 데려오면 안 되냐고 물어봤더니 반대를 하시는 거야.
> **유정**: 반려동물과 함께하는 삶이 즐거워 보인다는 이유만으로 제대로 알아보지도 않고 무작정 입양하는 것은 나도 반대야. 한 생명을 키우는 것은 책임감이 필요한 일이잖아.
> **은수**: 처음부터 완벽하게 준비된 사람이 어디 있겠어? 키우다 보면 책임감이 생길 거라고 생각해.
> **유정**: 이 기사를 좀 봐봐. 한국에서는 연간 5,000마리 이상의 반려동물이 주인으로부터 버림받고, 그중 20%는 입양되지 못해 안락사를 당한다고 해. 생각 없이 반려동물을 입양했다가 무책임하게 유기하는 사람들이 많다는 거지. 너도 강아지 입양에 대해 진지하게 고민해 보고 결정했으면 좋겠어.

① 상대방의 말에 대해 구체적인 근거를 들어 반박하고 있다.
② 상대방이 처한 상황에 공감하며 대화를 이끌어나가고 있다.
③ 상대방이 겪고 있는 어려움에 대해 해결책을 제시하고 있다.
④ 상대방의 의견에 먼저 동의를 한 후 자신의 의견을 덧붙이고 있다.

02 밑줄 친 절의 성격이 나머지 셋과 다른 것은?

① 나는 <u>재희가 쓴</u> 편지를 읽었다.
② <u>재희가 물어본</u> 문제는 매우 쉬웠다.
③ <u>재희가 사진을 본</u> 까닭은 무엇일까?
④ <u>재희가 탄</u> 차는 속도가 엄청 빨랐다.

03 다음 글의 내용과 부합하는 것은?

> 일반적으로 천연가스는 가스를 채취하는 지층의 특성에 따라 전통 가스와 비전통 가스로 나뉜다. 이를 설명하기 위해서는 석유의 생성 과정을 확인할 필요가 있다. 석유는 동식물 사체와 같은 유기물이 높은 온도와 압력을 받으며 퇴적되는 과정에서 만들어진다. 이때, 유기물이 석유로 변환되는 지층을 근원암이라고 하는데, 근원암은 석유가 잘 흐를 수 없을 정도로 입자가 조밀하다. 여기에서 생성된 석유의 일부는 높은 압력으로 인해 근원암에서 빠져나와 비교적 입자가 큰 저류암으로 흐르게 되며, 이에 따라 저류암은 입자 사이사이에 원유나 가스를 품고 있다. 전통 가스는 이렇게 저류암에 고여 있는 천연가스를 가리킨다.
> 반면, 비전통 가스는 저류암이 아닌 근원암에 갇혀 있는 가스를 추출한 것이다. 특히 근원암의 일종인 셰일층은 가스가 투과하지 못하는 암석층으로, 일반적인 천연가스에 비해 깊은 지층에 매장되어 있다. 대표적인 비전통 가스인 셰일가스는 깊게 파묻힌 셰일층으로부터 추출해야 하므로 전통 가스와 같은 방식으로 채굴할 수 없으며 높은 기술력이 요구된다.

① 전통 가스는 비전통 가스에 비해 채굴 방식이 복잡하다.
② 천연가스는 매장된 지층의 특성에 따라 성분이 다르다.
③ 석유는 입자가 큰 퇴적암에서 입자가 조밀한 퇴적암으로 흐른다.
④ 비전통 가스는 유기물이 석유로 변환되는 지층에서 추출할 수 있다.

04 밑줄 친 부분에서 행위의 주체가 같은 것으로만 묶은 것은?

아진의선이 배를 끌어다가 나무숲 아래 매어 두고는 길흉을 알 수가 없어 ㉠하늘을 향해 고했다. 잠시 후에 열어 보니 반듯한 모습의 남자아이가 있었고, 칠보(七寶)와 노비가 가득 차 있었다.
이레 동안 ㉡잘 대접하자 아이가 이렇게 말했다.
"나는 본래 용성국(龍城國) 사람입니다. 〈중 략〉 우리 부왕 함달파가 적녀국 왕의 딸을 맞아 왕비로 삼았는데, 오랫동안 아들이 없자 아들 구하기를 빌어 7년 만에 ㉢알 한 개를 낳았습니다. 그러자 대왕이 군신을 모아 묻기를 '사람이 알을 낳은 일은 고금에 없으니 길상(吉祥)이 아닐 것이다.'라고 하고, 궤짝을 만들어 나를 넣고 또한 칠보와 노비까지 배를 싣고 ㉣띄워 보내면서, '아무 곳이나 인연 있는 곳에 닿아 나라를 세우고 ㉤집안을 이루어라.'라고 축원했습니다. 그러자 문득 붉은 용이 나타나 배를 호위하여 이곳에 이른 것입니다."
말을 끝내자 아이는 지팡이를 짚고 노비 두 명을 데리고 토함산으로 올라가 돌무덤을 만들었다. (그곳에) 이레 동안 머물면서 성안에 살 만한 곳을 살펴보니 초승달 모양의 봉우리 하나가 있는데 오래도록 살 만했다. 그래서 내려가 살펴보니 바로 호공의 집이었다. 이에 곧 계책을 써서 몰래 그 옆에 숫돌과 ㉥숯을 묻고 다음 날 이른 아침에 그 집에 가서 말했다.
"여기는 우리 조상이 대대로 살던 집이오."

– 작자 미상, '석탈해 신화'

① ㉠, ㉢　② ㉡, ㉢
③ ㉣, ㉤　④ ㉤, ㉥

05 다음 글을 바탕으로 ㉠을 이해할 때 가장 적절한 것은?

미국의 심리학자 리처드 니스벳은 여러 나라의 사람이 자기 자신을 어떻게 묘사하는지 관찰하였다. 한국인, 중국인 등을 비롯한 동양인은 자신이 속한 가정이나 학교, 직장 등을 언급한 후 그 안에서 자신이 어떤 일을 하는지, 자신의 위치가 어느 정도 되는지를 주로 표현한 반면, 미국인과 캐나다인 등을 비롯한 서양인은 자신의 성격이나 행동을 중점적으로 서술했다. 이는 자기 개념에 대한 ㉠동양과 서양의 사고방식이 서로 다름을 보여주는 단적인 예이다. 동양인은 집합주의적인 성향이 강해 자신이 속한 내집단에 강한 애정을 보이며, 자신이 속하지 않은 외집단에 대해 거리감을 둔다. 이와 다르게 서양인은 자신과 내집단에 속한 다른 사람 사이에도 거리감을 두는데, 이는 내집단원과 외집단원을 크게 구별하지 않음을 의미한다. 좀 더 사회적인 개념으로 살펴보자면, 동양인은 사회의 구성원으로서 자신의 역할을 중요하게 여기는 반면, 서양인은 주체적인 개개인이 사회를 구성하는 점에 주목한다. 이러한 특성으로 인해 동양적 사고는 개별적인 가치를 무시하며, 서양적 사고는 지나친 개인주의와 이기주의를 야기한다는 비판을 받기도 한다.
세계를 바라보는 관점에서도 사고 방식의 차이는 존재한다. 미국 아이들에게 코르크로 만든 피라미드 모양의 물체를 보여준 후, 다른 재료로 만든 피라미드 모양의 물체와 코르크로 만든 다른 모양의 물체 중 앞의 것과 같은 것을 고르라고 하면 대부분 다른 재료로 만든 피라미드 모양의 물체를 고른다. 하지만 같은 상황에서 일본 아이들은 코르크로 만든 다른 모양의 물체를 고르는 경향을 보인다. 서양인은 눈에 보이는 사물의 특징에 집중하여 그것을 분석한 후 사물을 범주화하지만, 동양인은 사물의 속성을 먼저 확인하고 맥락에 맞춰 해석하는 것이다.

① 동양에서는 소속 집단의 가치가 올라갈수록 개인의 행복감도 증진될 것이다.
② 동양인의 자기 개념은 사회적 역할보다 개인적 성향에 초점을 두고 형성될 것이다.
③ 서양인은 대화 상황에서 숨겨진 의도와 맥락을 중시하는 경향이 있을 것이다.
④ 서양에서는 외부의 적을 이용해 집단의 결속력을 강하게 만드는 전략이 효과적일 것이다.

06 밑줄 친 부분이 표준어가 아닌 것은?

① 아기의 발이 참 조그맣네.
② 명수는 술을 걸판지게 마시고 누웠다.
③ 넌 내가 무슨 말을 할 때마다 삐지니?
④ 언니는 애시당초 공부에는 뜻이 없었다.

07 <보기>의 ㉠~㉣의 한자 표기로 옳지 않은 것은?

보기
세계적인 ㉠흥행을 거두는 데 이어 아카데미 시상식에서 4관을 차지한 영화 '△△'의 감독 '○○○'이 오늘 입국했다. ○○○ 감독은 손을 흔들어 보이며 자신을 ㉡환영해 준 국민들께 감사 인사를 전했다. ○○○ 감독의 영화 '△△'은 계급 간의 갈등을 절묘하게 드러내면서도 많은 사람들의 ㉢공감까지 이끌어 냈다는 평가를 받았다. ○○○ 감독의 쾌거는 우리 영화의 명성을 ㉣선양하는 데 이바지했으며 대한민국도 세계적 문화의 흐름을 주도할 수 있음을 보여주었다.

① ㉠ - 興行
② ㉡ - 歡迎
③ ㉢ - 共感
④ ㉣ - 煽揚

08 다음 글의 주장으로 가장 적절한 것은?

군자는 언행을 삼가야 한다. 그러나 이보다 더 중요한 것은 때로 예교(禮敎)의 속박을 훌훌 벗어 던질 줄도 아는 시원스런 풍취를 지녀야 한다는 점이다. 일생에 자신을 검속하고 스스로를 괴롭히며 산다는 것은 그 뜻이 아무리 높고 먼 데 있다 해도 괴로운 일이 아닐 수 없다. 봄날의 훈기는 없이 가을날의 매서움만 있다면 거기에서 무슨 인간다운 그 무엇이 피어나겠는가? 학문을 한다고, 수양을 한다면서 공연히 자기 자신을 들들 볶는 사람들이 있다. 대개 그들은 주변의 사람들까지 괴롭힌다. 그렇게 해서 그가 이뤄낸 것이 제아무리 아름답다 해도 나는 그것을 가벼이 여기련다.

① 언행을 바르게 하는 것이 수양의 첫걸음이다.
② 끊임없이 자신을 수양하는 삶의 자세가 필요하다.
③ 지나치게 원칙만을 고집하는 것은 바람직하지 않다.
④ 주변 사람들을 아끼고 위하는 것이 군자의 덕목이다.

09 <보기>의 ㉠~㉣에 들어갈 말로 가장 옳은 것은?

> 보기
>
> 영채는 두자미(杜子美)며, 소동파(蘇東坡)의 세상을 근심하는 시구를 생각하고, ㉠ 오 년 전 월화와 함께 대성 학교장의 연설을 듣던 것을 생각하였다. 그때에는 아직 나이 어려서 분명히 알아듣지는 못하였거니와, '여러분의 조상은 결코 여러분과 같이 못생기지는 아니하였습니다.' 할 때에 과연 지금 날마다 만나는 사람은 못생긴 사람들이다 하던 생각이 난다. 영채는 그 말과 형식의 말에 공통한 점이 있는 듯이 생각하였다. ㉡ 한 번 더 형식을 보았다. 형식은
>
> "옳습니다. 교육으로, 실행으로 저들을 가르쳐야지요, 인도해야지요! ㉢ 그것은 누가 하나요?"
>
> 하고 형식은 입을 꼭 다문다. 세 처녀는 몸에 소름이 끼친다. <중 략>
>
> 선형도 아까 영채가 '제 물 끓여 올게요.' 하고 자기의 손목을 잡아 앉힐 때부터 차차 영채가 정다운 생각이 나고, 또 영채가 지은 노래를 셋이 합창할 때에는 영채의 손을 잡아 주도록 정다운 생각이 나고, 또 지금 세 사람이 일제히 '우리지요!' 할 때에 더욱 영채가 정답게 되었다. 그리고 형식이가 지금 병욱과 문답할 때에는 그 얼굴에 일종 거룩하고 엄숙한 기운이 보여 지금껏 자기가 그에게 대하여 하여 오던 생각이 죄송한 듯하다. 자기는 언제까지 형식과 영채를 같이 사랑하고 싶었다. ㉣ 새로이 형식과 영채의 얼굴을 보았다.

	㉠	㉡	㉢	㉣
①	또	그래도	또한	그래서
②	또	그리고	그러나	그래서
③	그러면	그래도	또한	그러므로
④	그러면	그리고	그러나	그러므로

10 한자 성어 중 뜻이 나머지와 가장 다른 하나는?

① 수적천석(水滴穿石)
② 우공이산(愚公移山)
③ 마부작침(磨斧作針)
④ 공휴일궤(功虧一簣)

11 다음 작품에 대한 독자의 반응으로 가장 적절한 것은?

> 우렁탸게 토하난 긔뎍(汽笛) 소리에
> 남대문(南大門)을 등디고 ᄯᅥ나 나가서
> 쌜리 부난 바람의 형세 갓흐니
> 날개 가딘 새라도 못 ᄯᅡ르겟네
>
> 늘근이와 뎖은이 셕겨 안졋고
> 우리네와 외국인 갓티 탓스나
> 내외 틴소(內外親疏) 다 갓티 익히 디ᄂᆡ니
> 됴고마한 ᄯᅡᆫ 세상 뎔노 일웟네

① 민중을 계몽하기 위한 근대식 교육의 필요성을 강조하고 있군.
② 전통과 신문물의 조화를 통해 발전을 이루자는 의도가 담겨 있군.
③ 서구 문명을 상징하는 소재를 통해 조선의 문호 개방을 주창하고 있군.
④ 문명개화가 가지고 올 새로운 사회에 대한 동경과 긍정적 시선이 드러나는군.

12 다음 글을 고쳐 쓰기 위한 방안으로 적절하지 않은 것은?

> 님비 현상은 'Not In My Back Yard(내 뒷마당에는 안 된다)'의 줄임말로, 자신이 살고 있는 지역에 부정적인 영향을 미치는 공공시설이 들어오는 것을 거부하는 지역이기주의 현상을 일컫는다. 그동안 님비 현상은 주로 하수 처리장이나 쓰레기 매립장 등 혐오 시설에 대해서만 일어났다. ㉠그러나 최근에는 교통 혼잡을 유발하는 시설에 대해서도 님비 현상이 확산되고 있다. ㉡반대로 수익성이 있는 시설이 자신의 지역에 들어오기를 원하는 핌피 현상도 있다. 예식장이나 요양 병원은 많은 방문객들로 인해 교통 정체를 유발하기 때문이다. ㉢최근 ○○구에서는 반대하는 민원이 쏟아져서 행정이 몇 십분 간 마비되기도 했다. 이처럼 이해관계만을 ㉣쫒아 지역민의 생활과 복지를 위한 시설의 건립을 반대하는 이기적인 태도는 많은 문제를 낳고 있다.

① ㉠은 앞뒤 문장을 자연스럽게 연결하기 위해 '그러므로'로 수정한다.

② ㉡은 주제와 관련된 내용이 아니므로 문단의 통일성을 고려하여 삭제한다.

③ ㉢은 서술어가 요구하는 목적어가 없으므로 '최근 ○○구에서는 요양 병원 건립을 반대하는 민원이 쏟아져서'로 고친다.

④ ㉣은 문맥에 맞지 않는 단어이므로 '좇아'로 고쳐 쓴다.

13 다음 작품에 대한 설명으로 옳지 않은 것은?

> 대쵸 볼 불근 골에 밤은 어이 뜻드르며,
> 벼 뷘 그르헤 게ᄂᆞᆫ 어니 ᄂᆞ리ᄂᆞᆫ고.
> 술 닉쟈 체 쟝ᄉᆞ 도라가니 아니 먹고 어이리.

① 비슷한 구조의 어구를 배열하여 운율을 형성하고 있다.

② 관념적 표현을 통해 가을 풍경을 사실적으로 묘사하고 있다.

③ 가을 농촌과 관련된 시어를 나열하여 풍요로운 농촌 생활을 표현하고 있다.

④ 감각적 표현을 효과적으로 사용하여 자연의 모습을 구체적으로 그리고 있다.

14 다음 대화에 대한 이해로 적절하지 않은 것은?

> 갑: 우리는 감각을 통해 실존하는 세계를 있는 그대로 경험하는 것이겠지?
>
> 을: 아니, 감각을 통해 경험하는 세계에 대해 우리는 그것이 실재하는 것이 맞는지 끊임없이 의심해야 한다고 생각해.
>
> 갑: 이 사과가 우리 앞에 존재한다는 것은 명백한 사실이지? 그리고 빨간색, 둥근 모양, 단 맛, 껍질의 느낌과 같은 사과 고유의 특징은 오감을 통해서 지각할 수 있잖아. 우리에게 감각이 없거나 사과가 실재하는 대상이 아니라면 사과를 인식하는 것이 불가능하겠지. 이처럼 인간은 감각이 있기 때문에 세계를 경험할 수 있고, 그 세계는 당연히 우리의 느낌과 동일하게 실재하는 세계야.
>
> 을: 감각으로 느끼는 정보는 환경이나 조건에 따라 달라지기 쉬워. 색이 다른 조명 아래나 각도가 다른 위치에서 이 사과를 관찰한다면 지금과는 또 다른 색이나 모양으로 느껴질 거야. 그리고 같은 환경과 조건에서 사과를 본다고 하더라도 우리가 각자 느끼는 사과에 대한 특징들이 모두 일치한다고 확신할 수 없어. 그래서 인간이 감각을 통해 경험하는 세계는 언제나 불완전한 것이고, 지각된 세계가 실재 세계라고 맹신하기 어려운 거야.

① 갑은 실재하는 대상에 대한 감각적 경험을 신뢰할 수 있다고 보는군.

② 갑과 을이 동일한 대상을 관찰한 결과가 다르다면 갑의 주장을 뒷받침하는 증거가 될 수 있겠군.

③ 을은 감각으로 느끼는 정보와 실재 세계 간의 차이가 감각 경험의 불완전성에서 비롯된다고 생각하는군.

④ 갑은 지각된 세계가 곧 실재 세계라고 생각하고, 을은 지각된 세계와 실재 세계가 다를 수 있다고 생각하는군.

15 다음 글의 전개 순서로 가장 자연스러운 것은?

ㄱ. 과거에는 아무리 동물 복지나 환경 보호 측면에서 개선을 촉구하는 목소리가 높아도, 인조 모피와 같은 가짜가 천연 모피 등이 지닌 진짜의 가치를 넘어서지 못하였다.
ㄴ. 일반적으로 '가짜'라는 단어는 비교적 부정적인 의미로 인식되며 진짜의 가치를 더 빛나게 하는 대상으로 사용되어 왔다.
ㄷ. 하지만 진짜에 대한 소비자의 인식이 점차 바뀌게 되었을 뿐만 아니라 기술도 발달하면서 중요한 가치를 지닌 가짜가 진짜를 앞서게 된 것이다.
ㄹ. 그러나 최근 진짜를 능가할 만큼 가치 있는 가짜 상품을 적극적으로 소비하는 '클래시 페이크'가 인기를 끌고 있다.
ㅁ. 이는 고급을 의미하는 'Classy'와 가짜를 의미하는 'Fake'가 합쳐진 신조어로, 동물 보호를 위해 천연 모피 대신 인조 가죽과 인조 모피 상품을 소비하는 것이 대표적인 사례이다.

① ㄱ - ㄴ - ㄷ - ㄹ - ㅁ
② ㄱ - ㄹ - ㄴ - ㅁ - ㄷ
③ ㄴ - ㄱ - ㄷ - ㄹ - ㅁ
④ ㄴ - ㄹ - ㅁ - ㄱ - ㄷ

16 밑줄 친 부분이 〈보기〉의 ㉠에 해당하지 않는 것은?

보기
'굳다'는 ㉠동사로 쓰이거나 형용사로 쓰이므로 문맥을 보고 구분해야 한다.

① 나이가 드니 관절이 굳었다.
② 중학생임에도 그는 의지가 굳었다.
③ 그 말을 듣자 그녀의 얼굴이 굳었다.
④ 창민이가 안 나와서 오늘 밥값이 굳었다.

17 다음 글에 대한 이해로 적절한 것은?

남의 말을 함부로 끌어들여 쓰면서 겪는 아픔과 괴로움은 갖가지다. 무엇보다도 우리 겨레가 겪은 아픔과 괴로움이 남다르다. 우리 겨레는 고구려, 백제, 신라 같은 나라가 일어선 뒤로 왕실을 비롯한 지배층에서 중국 글말(한문)을 다투어 끌어들이면서 그런 아픔과 괴로움이 겨레의 바탕에 쌓였다. 왕조 세상이 무너질 때까지 이천 년 동안 중국 글말을 아는 사람들만 중국 글말로 겨레를 이끌고, 수많은 백성들은 중국 글말에 앞이 막혀 장님처럼 살면서 온갖 아픔과 괴로움에 시달렸다. 그리고 겨레 동아리는 물과 기름이 되어 갈라져 살았다. 그러자니 저절로 우리말 또한 중국말을 함부로 끌어다 뒤섞어 쓰는 지배층의 것과 우리 토박이말로만 살아가는 백성의 것으로 갈라졌다.

더욱 뼈아픈 것은 지배층이 뒤섞어 쓰는 중국말은 높고 값진 말이고, 백성들이 아끼며 쓰는 토박이말은 낮고 하찮은 말이라는 생각이 갈수록 굳어진 사실이다. 그래서 시나브로 토박이말은 내버려야 할 쓰레기가 되어 쫓겨나고, 중국말은 아끼고 가꾸어야 할 보물이 되어 안방으로 밀고 들어왔다.

① 지배층은 토박이말 대신 중국말만 사용했다.
② 언어의 이원화로 인해 많은 백성들이 어려움을 겪었다.
③ 토박이말은 지배층의 제재로 인해 영향력이 위축되었다.
④ 지배층은 지난 이천 년 동안 토박이말을 중심으로 나라를 다스렸다.

18 다음 글의 글쓰기 방식에 대한 설명으로 적절한 것은?

구름은 모양에 따라 크게 적운형 구름과 층운형 구름으로 나눌 수 있다. 적운형 구름은 상승 기류가 강할 때 생성되어 수직으로 발달하는 구름으로 위로 솟는 모양이 특징이다. 이에 반해 층운형 구름은 상승 기류가 약할 때 생성되어 수평으로 발달하는 구름으로 옆으로 퍼지는 모양을 가지고 있다. 이 두 가지 유형을 기본으로 구름은 높이에 따라 다시 분류될 수 있다.

① 두 대상을 대조하여 각 대상의 특징을 설명하고 있다.
② 대상 간의 인과 관계를 밝혀 과학적 원리를 도출하고 있다.
③ 특수한 사례로부터 공통점을 찾은 후 보편적 이론을 제시하고 있다.
④ 질문하고 답하는 형식을 통해 설명하고자 하는 내용을 강조하고 있다.

19 다음 글의 사례로 적절하지 않은 것은?

맞춤법의 원칙을 절대화하다 보면 사전 편찬자는 새로운 단어를 사전에 올릴 때마다 갈등하게 된다. 관습적으로 쓰이는 표기를 사전에 올릴 것인가, 아니면 맞춤법에 따라 낯선 표기라도 사전에 올릴 것인가. 만약 사전이 모든 것의 기준이 되고 맞춤법 규정이 별도로 공식화되어 있지 않은 상황이라면, 편찬자는 표기 규칙을 염두에 두고 표기를 결정하되 관습화된 예외 표기를 받아들일 수도 있을 것이다.

① '대갚음'의 관습적 표기인 '되갚음'도 표제어로 등재하는 것을 고려해야 한다.
② 많은 사람들이 '자장면'을 '짜장면'으로 표기하자 '짜장면'이 추가로 사전에 등재되었다.
③ '동탯국'보다 '동태국'이 언중들에게 더 익숙한 표기라면 '동태국'도 표제어로 추가될 수 있다.
④ '귓머리'가 아닌 '귀밑머리'를 표준어로 삼은 것은 관습적 표기보다 맞춤법을 우선하였기 때문이다.

20 다음 글을 읽고 추론한 내용으로 가장 적절한 것은?

어떤 사람은 99개를 가지고 있으면서도 한 개가 부족하다고 생각한다. 그러나 어떤 사람은 한 개만 갖고도 그것이 없는 것보다 낫다고 생각한다. 또 어떤 사람은 자기를 좋아하는 친구 9명을 두고도, 싫어하는 한 사람을 생각하는 데 거의 모든 시간을 소모하면서 괴로워한다. 그러나 어떤 사람은 자기를 이해해 주는 친구가 한 명뿐일 때조차도, 그 한 명의 친구를 둔 것에 감사하며 행복해 한다.

우리가 아무리 많은 것을 갖고 있더라도 가진 것을 외면하고 부족한 부분에만 초점을 맞춘다면 결코 만족할 수 없다. 아무리 재능이 뛰어나더라도 세상의 부정적인 점에 초점을 맞추면 결코 행복할 수 없다.

부정적인 느낌이 드는 것은 부정적인 것에 초점을 맞추기 때문이며, 부정적인 것에 초점을 맞춘다는 것은 부정적인 생각을 하기 때문이다. 부정적인 생각에서 벗어나는 유일한 방법은 그것을 긍정적인 생각으로 대치하는 것이다.

우리를 불행하게 만드는 장애물을 만나면 우리는 둘 중 하나를 선택해야 한다. 장애물을 변하게 하든지, 아니면 우리 자신이 변화해야 한다. 그러나 유감스럽게도, 세상은 우리를 위해 그들 자신을 절대로 변화하려고 하지 않는다. 따라서 현재가 불만족스럽다면 우리 자신이 먼저 변화해야 한다. 우리의 생각이 긍정적으로 변화한다면 행동이 달라질 것이고, 행동이 달라지면 그에 대한 세상의 반응도 달라질 것이다.

① 사람마다 행복한 이유가 다르다.
② 누구나 시련을 통해 성장할 수 있다.
③ 사람의 부정적인 성향은 바꿀 수 없다.
④ 긍정적으로 생각해야 행복해질 수 있다.

정답·해설 _해설집 p.30

06회 핵심 어휘 마무리 체크

☑ 잘 외워지지 않는 어휘 및 표현은 박스에 체크하여 한 번 더 확인하세요.

고유어

□ **거룩하다** 뜻이 매우 높고 위대하다

□ **시나브로** 모르는 사이에 조금씩 조금씩

□ **삼가다** 1. 몸가짐이나 언행을 조심하다
2. 꺼리는 마음으로 양이나 횟수가 지나치지 않도록 하다

한자 성어

□ **水滴穿石** **수적천석 (물 수, 물방울 적, 뚫을 천, 돌 석)**
'물방울이 바위를 뚫는다'라는 뜻으로, 작은 노력이라도 끈기 있게 계속하면 큰 일을 이룰 수 있음을 이르는 말

□ **愚公移山** **우공이산 (어리석을 우, 공평할 공, 옮길 이, 메 산)**
'우공이 산을 옮긴다'라는 뜻으로, 어떤 일이든 끊임없이 노력하면 반드시 이루어짐을 이르는 말

□ **磨斧作針** **마부작침 (갈 마, 도끼 부, 지을 작, 바늘 침)**
'도끼를 갈아서 바늘을 만든다'라는 뜻으로, 아무리 어려운 일이라도 끊임없이 노력하면 반드시 이룰 수 있음을 이르는 말

□ **功虧一簣** **공휴일궤 (공 공, 어지러질 휴, 한 일, 삼태기 궤)**
'산을 쌓아 올리는데 한 삼태기의 흙을 게을리하여 완성을 보지 못한다'라는 뜻으로, 거의 이루어진 일을 중지하여 오랜 노력이 아무 보람도 없게 됨을 비유적으로 이르는 말

한자어

□ **入養** **입양 (들 입, 기를 양)**
1. 양자로 들어감. 또는 양자를 들임
2. 양친과 양자가 법률적으로 친부모와 친자식의 관계를 맺는 신분 행위

□ **興行** **흥행 (일 흥, 다닐 행)**
공연 상연 등이 상업적으로 큰 수익을 거둠

□ **歡迎** **환영 (기쁠 환, 맞을 영)**
오는 사람을 기쁜 마음으로 반갑게 맞음

□ **共感** **공감 (한가지 공, 느낄 감)**
남의 감정, 의견, 주장 등에 대하여 자기도 그렇다고 느낌 또는 그렇게 느끼는 기분

□ **教育** **교육 (가르칠 교, 기를 육)**
지식과 기술 등을 가르치며 인격을 길러 줌

□ **嚴肅** **엄숙 (엄할 엄, 엄숙할 숙)**
분위기나 의식 등이 장엄하고 정숙함

□ **分類** **분류 (나눌 분, 무리 류)**
종류에 따라서 가름

□ **發明** **발명 (필 발, 밝을 명)**
아직까지 없던 기술이나 물건을 새로 생각하여 만들어 냄

□ **參席** **참석 (참여할 참, 자리 석)**
모임이나 회의 등의 자리에 참여함

□ **描寫** **묘사 (그릴 묘, 베낄 사)**
어떤 대상이나 사물, 현상 등을 언어로 서술하거나 그림을 그려서 표현함

□ **盲信** **맹신 (맹인 맹, 믿을 신)**
옳고 그름을 가리지 않고 덮어놓고 믿는 일

□ **保存** **보존 (지킬 보, 있을 존)**
잘 보호하고 간수하여 남김

□ **透過** **투과 (사무칠 투, 지날 과)**
1. 장애물에 빛이 비치거나 액체가 스미면서 통과함
2. 광선이 물질의 내부를 통과함. 또는 그런 현상

□ **宣揚** **선양 (베풀 선, 날릴 양)**
명성이나 권위 등을 널리 떨치게 함

Quiz 각 어휘 및 표현의 알맞은 뜻을 찾아 연결하세요.

01 거룩하다
02 시나브로
03 興行
04 水適穿石
05 功虧一簣

㉠ 뜻이 고상하고 훌륭하다.
㉡ 공연 상연 등으로 큰돈을 범
㉢ 끈기 있게 노력하여 큰일을 이룸
㉣ 자기도 모르는 사이에 조금씩
㉤ 거의 완성된 일을 그만두어 오랜 노력이 보람 없게 됨

06 歡迎
07 保存
08 共感
09 嚴肅
10 分類

㉥ 종류에 따라 나눔
㉦ 잘 지키고 보관하여 남김
㉧ 분위기나 의식 등이 위엄 있고 조용함
㉨ 즐거운 마음으로 오는 사람을 반갑게 맞이함
㉩ 다른 사람의 감정, 의견, 주장 등에 찬성하여 자기도 그렇다고 느낌

정답 | 01 ㉠ 02 ㉣ 03 ㉡ 04 ㉢ 05 ㉤ 06 ㉨ 07 ㉦ 08 ㉩ 09 ㉧ 10 ㉥

07회 실전동형모의고사

정답·해설 _해설집 p.35

제한시간 : 20분 시작 시 분 ~ 종료 시 분 점수 확인 개/ 20개

01 띄어쓰기가 옳은 것은?

① 김 군은 오는데 두 시간정도 걸렸답니다.

② 동해 발 완행열차가 곧 출발할 예정입니다.

③ 세계에서 가장 높은 산은 에베레스트 산이다.

④ 저녁내 서점에서 이퇴계 선생과 관련된 서적을 찾았다.

02 다음 글을 읽고 ㉠과 ㉡의 특징을 가장 잘 대조한 것은?

㉠ 인간의 언어는 학습으로 이루어지기 때문에 또 축적되는 특성을 가진다. ㉡ 동물의 언어는 몇 대(代)를 가도 제자리걸음이다. 그러나 인간의 언어는 여러 대(代)의 것이 자꾸 쌓이고 그것이 다시 다음 대(代)로 이어져서 축적되고 이로써 문화(文火)가 발전한다.

	㉠	㉡
①	連續性	停滯性
②	積極性	消極性
③	自律性	強制性
④	明確性	模糊性

03 밑줄 친 어휘의 뜻풀이가 옳지 않은 것은?

① 소나무의 우듬지 위에 작은 새가 앉아 있었다.
- 우듬지: 나무의 꼭대기 줄기

② 우리는 어느새 곰삭은 사이가 되어 있었다.
- 곰삭다: 서로서로 시기하고 미워하다

③ 그가 준 선물 포장은 가두리가 예쁜 별 모양으로 둘러져 있었다.
- 가두리: 물건 가에 둘린 언저리

④ 할머니는 수십 년간 비지땀을 흘리며 모은 재산을 모두 고아원에 기부하였다.
- 비지땀: 몹시 힘든 일을 할 때 쏟아져 내리는 땀

04 다음 글을 읽은 후의 반응으로 가장 적절한 것은?

어떤 현장에 기자가 와서 취재를 했다고 해서 그것이 곧바로 활자화되는 건 아니다. 분명 신문기자가 왔다 갔는데 기사는 실리지 않은 씁쓸한 경험이라든가, 자신이 현장에서 본 것과는 다르게 기사가 보도되는 당혹감을 한 번쯤 느껴본 독자도 있을 것이다. 이는 기실 신문기사가 신문에 실리기까지 편집이란 과정을 거치기 때문에 생기는 현상이다.

편집이란 삶의 현실이 신문에 실리기까지 거치게 되는 모든 과정을 의미한다. 비록 하루치의 것일망정 그 엄청나게 방대하고 풍부한 현실 세계를 겨우 몇 쪽의 지면에 다 담을 수 없음은 명백한 일이다. 그래서 삶의 현실과 신문 지면 사이에 불가피하게 놓이게 된 여과 장치가 바로 편집인 셈이다.

① 신문은 궁극적으로 방대한 현실 세계를 최대한 담아내려 하는군.

② 생생한 현장을 취재하여 활자화된 신문 기사는 객관성을 보장하는군.

③ 편집은 신문 지면의 물리적 한계 때문에 필요한 일종의 여과 장치군.

④ 기자의 능력에 따라 편집의 과정 없이 취재 내용이 신문에 실리기도 하는군.

05 음운 변동에 대한 설명으로 옳은 것은?

① 날개: 교체, 첨가 현상이 있다.

② 싫고: 교체, 축약 현상이 있다.

③ 맑다: 탈락, 교체 현상이 있다.

④ 닦는: 탈락, 첨가 현상이 있다.

06 다음 글의 전개 순서로 가장 자연스러운 것은?

(가) 생을 마감하기 일 년 전인 69세 때 그렸다고 추정되는 〈부작란도(不作蘭圖)〉는 이러한 변화를 잘 보여 준다. 담묵의 거친 갈필*로 화면 오른쪽 아래에서 시작된 몇 가닥의 잎은 왼쪽에서 불어오는 바람을 맞아, 오른쪽으로 뒤틀리듯 구부러져 있다. 그 중 유독 하나만 위로 솟구쳐 올라 허공을 가르지만, 그 잎 역시 부는 바람에 속절없이 꺾여 있다. 그 잎과 평행한 꽃대 하나, 바람에 맞서며 한 송이 꽃을 피웠다. 바람에 꺾이고, 맞서는 난초 꽃대와 꽃송이에서 세파에 시달려 쓸쓸하고 황량해진 그의 처지와 그것에 맞서는 강한 의지를 느낄 수 있다.

(나) 묵란화는 중국 북송 시대에 그려지기 시작하여 우리나라를 포함한 동북아시아 문인들에게 널리 퍼졌다. 문인들에게 시, 서예, 그림은 나눌 수 없는 하나였다. 이런 인식은 묵란화에도 이어져 난초를 칠 때는 글씨의 획을 그을 때와 같은 붓놀림을 구사했다. 따라서 묵란화는 문인들이 인문적 교양과 감성을 드러내는 수단이 되었다.

(다) 추사 김정희가 25세 되던 해에 그린 〈석란(石蘭)〉은 당시 청나라에서도 유행하던 전형적인 양식을 따른 묵란화이다. 화면에 공간감과 입체감을 부여하는 잎새들은 가지런하면서도 완만한 곡선을 따라 늘어져 있으며, 꽃은 소담하고 정갈하게 피어 있다. 도톰한 잎과 마른 잎, 둔중한 바위와 부드러운 잎의 대비가 돋보인다. 난 잎의 조심스러운 선들에서는 단아한 품격을, 잎들 사이로 핀 꽃에서는 고상한 품위를, 묵직한 바위에서는 돈후한 인품을 느낄 수 있으며 당시 문인들의 공통적 이상이 드러난다.

(라) 평탄했던 젊은 시절과 달리 김정희의 예술 세계는 49세부터 장기간의 유배 생활을 거치면서 큰 변화를 보인다. 글씨는 맑고 단아한 서풍에서 추사체로 알려진 자유분방한 서체로 바뀌었고, 그림도 부드럽고 우아한 화풍에서 쓸쓸하고 처연한 느낌을 주는 화풍으로 바뀌어 갔다.

* 갈필: 물기가 거의 없는 붓으로 먹을 조금만 묻혀 거친 느낌을 주게 그리는 필법.

① (가) - (다) - (라) - (나)
② (가) - (다) - (나) - (라)
③ (나) - (다) - (가) - (라)
④ (나) - (다) - (라) - (가)

07 다음 글에 대한 이해로 가장 적절한 것은?

신라 율리(栗里)에 설씨 성을 가진 아름다운 여자가 살고 있었다. 한미한 가문에 단출한 집안이었지만 얼굴빛이 단정하고 뜻과 행실이 반듯해서, 보는 이마다 그 어여쁨을 흠모하면서도 감히 범접하지 못하였다.

진평왕 때 설씨의 아버지가 북적(北狄)을 방비할 순번이 되자 그녀는 쇠약하고 병든 아버지를 차마 멀리 보낼 수 없었고, 여자의 몸으로 대신 군에 갈 수도 없었기에 근심하고 괴로워했다. 사량부에 사는 젊은이 가실이 그 말을 듣고 찾아와 설씨 아버지의 군역을 대신하겠다고 청하자 그녀의 아버지는 기뻐하며 두 사람의 혼인을 허락하였다. 둘은 거울을 반쪽씩 나누어 가지며 훗날을 약속하였고, 가실은 자신의 말 한 필을 건네주고 떠났다.

그런데 나라에 변고가 있어 사람을 교대해 주지 못하여 기한인 3년이 지나 6년이 되어도 가실은 돌아오지 못했다. 그러자 아버지는 그녀를 강제로 시집보내기로 하고 몰래 마을 사람과 혼인할 날을 받아 두었다. 그녀는 은밀히 도망가려 하였으나 미처 가지 못하고, 가실이 남겨 두고 간 말을 보며 눈물만 흘렸다.

이때 가실이 교대되어 돌아왔는데, 비쩍 마르고 옷이 남루해서 사람들이 그를 알아보지 못하였다. 가실이 깨진 거울 한 쪽을 던지니 설씨가 이를 받아 들고 울음을 터뜨렸다. 마침내 둘은 혼례를 치르고 일생 동안 함께하였다.

– 작자 미상, '가실과 설씨녀 설화'

① 설씨는 아버지를 대신하여 군역을 가려고 했지만 거절당했다.
② 설씨는 약속의 징표를 통해서 돌아온 가실을 알아볼 수 있었다.
③ 가실이 군역 기한이 지나도 돌아오지 못한 까닭은 군에서 공을 세웠기 때문이었다.
④ 설씨의 아버지는 딸과의 혼인을 조건으로 가실에게 자신의 군역을 대신해 달라고 청하였다.

08 밑줄 친 말을 한자로 바르게 표기한 것은?

- 현대인들은 만성피로 ㉠증후군을 앓고 있는 경우가 많다.
- 그는 ㉡청산유수 같은 말솜씨로 뻔뻔하게 변명을 늘어 놓았다.
- 마을 사람들은 산신령에게 바치는 ㉢공물로 곡식을 준비했다.

	㉠	㉡	㉢
①	症候群	青山流水	供物
②	征候群	清山流水	供物
③	症候群	清山流水	恭物
④	征候群	青山流水	恭物

09 다음 글에 대한 이해로 적절하지 않은 것은?

군은 본디 몸이 허약하였고 일찍이 연달아 상을 당하여 병을 얻어 매우 고생하고 있었으므로 지방관으로 나가기를 청하여 강진에 가게 되었으니, 이것은 어른을 모시고 병을 치료하기 위함이었다. 다음 해 내가 왕명을 받들어 호남에서 선비들의 시험을 관장할 때 군도 함께 고시관(考試官)이 되었는데, 병이 이미 깊었기에 내가 사임하고 돌아가 병 치료하기를 권하였던 바 4월에 과연 사직하고 돌아갔으나, 결국 이 병으로 6월 모일에 영암 집에서 졸하였다. 향년 33세에 아들은 없고 딸 하나가 있을 뿐이다.

군의 성품은 소박하고 진취하는 데 담담하며 남의 허물을 말하지 않았다. 집안이 본디 넉넉하였으므로 재산에 대해 별로 유의하지 않아 궁한 사람이 있으면 번번이 베풀어 주었다. 극진한 정성으로 홀어머니를 모시고 그의 숙부에게 아들이 없어 그의 제사를 자기 아버지에 대한 것과 같이 지내니 친척들이 모두 칭송하였다.

군의 휘는 현이요, 자는 자승이며, 승선인이다. 증조모는 모관(某貫)이요, 조모는 모관이며, 부모는 진사로 대과에 합격하지 못하고 일찍 졸하였다. 외조 이모(李某)는 모관이다. 장사 지낸 다음 해 부인 민씨가 내게 명문을 청하니, 이에 울면서 쓰노라.

– 허균, '나의 친구 임현'

① '군'에 대한 글을 쓰게 된 동기를 밝히고 있다.
② '군'에 대한 평가와 그의 성품이 드러나는 사례를 제시하고 있다.
③ '군'의 생애를 요약적으로 서술하여 바람직한 인간상을 제시하고 있다.
④ '군'과 함께한 일화를 회상하며 그의 죽음에 대한 심정을 드러내고 있다.

10 다음 글에서 토의 참여자의 말하기 방식에 대한 이해로 가장 적절한 것은?

사회자: 최근 우리 시 관광 사업이 위축되고 있습니다. 이에 대한 대책을 마련하고자 관련 분야의 전문가를 모셨습니다. 먼저 박○○ 본부장님께서 시 관광 산업 현황에 대해 말씀해 주시기 바랍니다.

박 본부장: 최근 몇 년간 우리 시를 방문하는 관광객의 수가 지속적으로 감소하는 상황입니다. 문제의 원인을 파악하고자 실시한 설문 조사 결과, 다른 지역에 비해 우리 시의 먹거리의 특색이 없고 다양하지 못한 점이 가장 큰 원인으로 꼽혔습니다.

사회자: 그렇다면 현 상황을 타개하기 위한 논의가 어떻게 진행되고 있는지 민족 대학교 이○○ 교수님께서 말씀해 주시겠습니까?

이 교수: 우리 시는 전통적으로 수려한 자연 경관 비해 방문객이 즐길만한 먹거리가 부족하다는 평가를 받아왔습니다. 그런데 최근 SNS가 대중적으로 활성화 되면서 '맛집'이나 '특산품'과 같은 먹거리 위주의 관광 상품이 크게 주목 받았고 이러한 경향 때문에 최근 우리 시의 관광 실적이 떨어진 것으로 보고 있습니다. 이에 대한 해결책을 논의한 결과, 지금이라도 우리 지역 특산품을 활용한 먹거리 관광 상품 개발에 투자해야 한다는 결론을 도출했습니다.

사회자: 본부장님, 교수님 말씀과 관련하여 먹거리 관광 상품 개발에 적합한 우리 시의 특산물이 있습니까?

박 본부장: 우리 지역의 특산물 중 하나인 황토 고구마가 먹거리 관광 상품 개발에 적합하다고 생각합니다. 고구마는 익숙한 식재료이면서도 여러 조리법을 통해 다양한 음식을 만들 수 있기 때문입니다.

사회자: 그렇군요. 이와 관련하여 우리 지역 소상공인회에서는 어떤 의견을 갖고 계신지 김○○ 대표님의 의견을 들어보도록 하겠습니다.

김 대표: 저희 소상공인회에서도 관광 산업 활성화를 위한 특산품을 활용한 먹거리 관광 상품 개발에 적극 참여하고자 합니다. 하지만 황토 고구마를 활용한 상품 개발에는 반대의 목소리도 있습니다. 실제로 저도 황토 고구마를 재료로 몇 가지 상품을 개발했던 적이 있었습니다. 하지만 우리 시와 인접한 여러 지역에 이미 고구마를 활용한 먹거리 상품이 있어 큰 효과를 보지 못했습니다. 때문에 황토 고구마만으론 성공적인 상품 개발이 힘들 수도 있다고 생각합니다.

① 사회자: 토의 참여자들의 의견을 요약하여 전달하고 있다.
② 박 본부장: 비언어적 표현을 활용하여 자신의 제안에 동의할 것을 유도한다.
③ 이 교수: 자신의 의견의 신뢰도를 높이기 위해 다른 전문가의 견해를 인용한다.
④ 김 대표: 개인적인 경험을 바탕으로 다른 토의 참여자의 제안에 대한 자신의 생각을 제시한다.

11 ㉠, ㉡의 주장에 대한 비판으로 적절하지 않은 것은?

> 사형 제도란 범죄를 저지른 사람의 생명을 박탈하는 형벌을 이르는 말이다. 우리나라는 법적으로 사형 제도가 유지되고 있지만, 20년 넘게 사형 집행을 하지 않아 '실질적 사형 폐지 국가'로 분류되고 있다. 이에 따라 사형 제도 존폐에 대한 논란이 지속적으로 제기되고 있다.
>
> ㉠사형 제도를 유지해야 한다는 측은 생명을 박탈하는 것만큼 범죄에 대해 확실한 경각심을 심어 주는 것은 없기 때문에 범죄를 예방하는 최고의 방법은 사형 제도라고 주장한다. 나아가 국민 다수가 사형 집행에 대해 필요성을 인정하고 있다는 점을 근거로 안전하고 정의로운 사회를 구현하기 위해서는 사형 집행이 이루어져야 한다고 본다.
>
> 반면 ㉡사형 제도를 폐지해야 한다는 측은 사형을 통한 범죄 억제 효과가 크지 않으며, 오히려 범행을 은폐하기 위한 강력 범죄로 이어지는 등의 역효과가 일어날 수도 있다고 본다. 또한 사형 제도가 정치적 탄압의 도구로 이용되거나 오판에 의한 사형 집행이 이루어질 가능성도 있다는 점을 들어 사형 제도를 폐지한 나라들의 선례를 따를 것을 주장한다.

① ㉠은 생명을 박탈하는 방식을 제외하고 범죄를 억제할 수 있는 방안을 추가로 제시해야 한다.

② ㉠은 국민 다수가 사형 집행의 필요성을 인정하고 있다는 것을 증명하는 자료를 제시해야 한다.

③ ㉡은 사형 제도를 폐지한 국가들의 사례를 근거로 제시해야 한다.

④ ㉡은 사형 제도가 범죄 억제에 큰 효과가 없다는 것을 뒷받침할 자료를 제시해야 한다.

12 다음은 사이시옷 규정에 대한 내용이다. 이 조건에 부합하지 않는 것은?

> (1) 합성어를 구성하는 두 말 중 '고유어'가 하나 이상이고 앞말이 모음으로 끝날 것
> (2) 합성어를 구성하는 두 말이 결합할 때 발생하는 음운 변동이 다음 중 하나일 것
> ① 뒷말의 첫소리가 'ㄴ, ㅁ'일 때 앞말의 끝소리에 'ㄴ' 소리가 덧남
> ② 뒷말의 첫소리가 모음일 때 앞말 끝소리와 뒷말 첫소리에 'ㄴ' 소리가 덧남
> ③ 뒷말의 첫소리가 된소리로 발음됨

① 탯줄　　② 욧잇
③ 헛소리　　④ 사삿일

13 다음 글의 논지 전개 방식으로 적절한 것은?

> 세계의 대학 입학제도 가운데 널리 알려진 것으로는 프랑스의 바칼로레아가 있다. 이것은 중등교육과정을 잘 수료하여 대학에 입학할 수 있는 능력을 갖추었는지 검정하는 시험으로, 우리의 고등학교에 해당하는 리세(lyceé) 마지막 학년에 치른다. 이 제도는 나폴레옹 시대인 1808년에 처음 도입됐으니, 무려 200년이 넘는 역사를 자랑한다.
>
> 바칼로레아는 프랑스의 사회 변화를 반영하며 진화를 거듭해왔다. 초기에는 대학 입학이 상층 계급의 전유물이어서, 1808년 첫해에는 과학 영역 바칼로레아 한 종류만 있었고, 구술시험을 통해 31명의 자격자(bachelier)만 배출했다. 제1차 세계대전 전에만 해도 여전히 자격자는 7천 명에 불과할 정도로 소수였으나, 1960년대에 이르러 큰 변화가 찾아왔다. 이때까지 대학은 대부분 도시 상층민에게만 문호가 개방되어 있었고, 농촌 지역에서는 초등교육 수준을 크게 벗어나지 못했다. 1960년대에 이러한 사실상의 구분이 사라져서 전국의 모든 학생이 바칼로레아를 거쳐 대학에 가는 길을 택하게 됐다.

① 인과적 연결을 통해 특정 대상의 전망을 예측하고 있다.

② 특정 대상의 개념을 정의하여 기존의 통념을 반박하고 있다.

③ 특정 대상의 변화 과정을 통시적으로 제시하여 글을 전개하고 있다.

④ 구체적인 수치를 제시하여 특정 대상에 대한 문제의 심각성을 강조하고 있다.

14 문장 성분의 호응이 가장 자연스러운 것은?

① 시민들은 "현실성 없는 출산 정책은 재고해야 한다"고 외쳤다.

② 저희 팀 선수들에게 정신적인 지원과 행운을 빌어주셔서 감사합니다.

③ 우리가 은밀하게 약속한 내용에 대해서는 반드시 발설하지 말아야 한다.

④ 방역 당국이 정한 방침에 맞게 모든 사람들은 공원에서 마스크를 써야 한다.

15 다음 글에 대한 이해로 적절한 것은?

락토오스, 즉 젖당은 인간의 젖이나 소의 젖에 들어 있는 탄수화물이다. 단당류인 포도당과 갈락토오스가 결합해 만들어진다. 한 가지 특이한 점은 젖당을 소화해 단당류로 분해하기 위해서는 특별한 능력이 필요하다는 사실이다. 아기나 어린아이들은 거의 대부분 젖당을 잘 소화하는 반면에 어른의 경우에는 제대로 소화하지 못하는 사람이 많다. 우유나 아이스크림 같은 유제품을 먹고 나면 속이 부글부글 끓고 설사가 나는 이유가 이 때문이다.

젖당을 소화하는 능력은 유전적, 체질적으로 타고난다. 젖당을 소화해서 분해하기 위해서는 락타아제라는 효소가 촉매 작용을 해야 하는데, 어른이 되면 대부분 이러한 효소가 몸에서 생성되지 않는다. 더 이상 젖을 먹을 필요가 없기 때문이다. 특이하게도 유럽의 중부와 북부 지역 사람들은 어른이 돼도 락타아제가 계속 몸에서 생성된다. 따라서 평생 우유를 먹어도 아무런 불편을 못 느낀다. 이들은 마지막 빙하기가 끝난 1만 년 전쯤부터 가축을 키워 왔기 때문에 유전적으로 적응한 것으로 보인다.

① 젖당을 단당류로 분해하는 능력은 후천적으로 생길 수 있다.
② 젖당 소화와 관련된 유전적 차이는 가축을 키운 시기와 관련이 있다.
③ 유럽의 중부와 북부 지역 이외의 어린아이들은 젖당을 소화하지 못한다.
④ 유제품을 먹고 소화가 되지 않는 것은 락토오스가 체내에서 생성되지 않기 때문이다.

16 밑줄 친 부분에 부합하는 사례로 가장 적절한 것은?

문화 변동이 발생하는 원인은 크게 내부적 요인과 외부적 요인으로 분류할 수 있다. 먼저 내부적 요인은 크게 발명과 발견으로 나뉜다. 여기서 발명은 완전히 새로운 문화 요소나 원리를 고안하는 1차적 발명과 기존의 문화 요소를 응용하여 새로운 문화 요소를 만들어내는 2차적 발명으로 세세하게 구분이 가능하다. 한편 발견은 불이나 박테리아, 원소 등과 같이 실제로 존재하지만 아직 알려지지 않은 것을 찾아내어 새로운 문화 요소로 개발하는 것을 말한다.

외부적 요인으로는 전파가 있으며, 이는 한 사회의 문화 요소가 다른 사회로 널리 퍼져서 그 사회에 정착하는 현상을 말한다. 전파는 직접 전파, 간접 전파, 자극 전파 세 종류로 구분이 가능하다. 그중 직접 전파는 우리나라가 중국의 한자를 수용한 것처럼 두 문화 간 직접적인 접촉에 의한 전파를 지칭하고, 간접 전파는 문화 요소가 대중 매체를 통해 다른 문화로 옮겨가는 현상을 말한다. 자극 전파는 특정 문화 요소로부터 아이디어를 얻어 새로운 발명이 유발되는 현상인데, 문화 요소의 구체적인 내용까지는 전해지지 않고 아이디어만 준다는 점이 독특하다.

이러한 문화 변동은 주로 문화 접변의 형태로 실현되며, 문화 접변은 서로 다른 두 문화가 계속해서 직접적으로 접촉하여 한쪽 혹은 양쪽의 문화에 나타나는 문화 변동을 일컫는다. 〈중 략〉

문화 접변의 결과로 한 사회에 다른 문화가 전파되면 그대로 수용되는 경우는 거의 없고, 일반적으로 선택적 수용, 절충, 저항 등 다양한 양상을 띤다. 그중 <u>상이한 문화 요소가 결합하여 제3의 문화가 만들어 지는 문화 융합</u>이 가장 보편적이다. 이 외에도 한 사회에 다른 사회의 문화 요소가 함께 존재하는 문화 공존, 한 사회의 문화 요소가 사라지고 다른 사회의 문화 요소가 그 자리를 차지하게 되는 문화 동화, 주류 문화에 반대하는 문화 저항 등이 문화 접변의 결과에 포함된다.

① 일제 강점기 조선인들은 일본의 강압에 의해 일본식 성과 이름으로 개명했다.
② 서양 의학이 국내에 보급되었으나 여전히 한의원과 서양식 병원이 병존하고 있다.
③ 김치와 불고기가 들어간 김치 핫도그가 해외 매체에서 소개되며 인기를 끌고 있다.
④ 펠릭스 호프만은 식초의 주성분인 아세트산을 살리실산과 결합하여 아스피린을 개발했다.

17 **다음 글에 나타난 화자의 상황 및 정서와 가장 유사한 것은?**

이 몸 삼기실 제 님을 조차 삼기시니, ᄒᆞᆫ ᄉᆡᆼ 연분(緣分)이며 하ᄂᆞᆯ 모ᄅᆞᆯ 일이런가. 나 ᄒᆞ나 졈어 잇고 님 ᄒᆞ나 날 괴시니, 이 ᄆᆞ음 이 ᄉᆞ랑 견졸 ᄃᆡ 노여 업다. 평ᄉᆡᆼ(平生)애 원(願)ᄒᆞ요ᄃᆡ ᄒᆞᆫᄃᆡ 녜쟈 ᄒᆞ얏더니, 늙거야 므ᄉᆞ 일로 외오 두고 그리ᄂᆞᆫ고. 엇그제 님을 뫼셔 광한뎐(廣寒殿)의 올낫더니, 그 더ᄃᆡ 엇디ᄒᆞ야 하계(下界)예 ᄂᆞ려오니, 올 저긔 비슨 머리 헛틀언디 삼년(三年)일쇠. 연지분(臙脂粉) 잇ᄂᆡ마ᄂᆞᆫ 눌 위ᄒᆞ야 고이 ᄒᆞᆯ고. ᄆᆞ음의 ᄆᆡ친 실음 텹텹(疊疊)이 ᄡᅡ혀 이셔, 짓ᄂᆞ니 한숨이오 디ᄂᆞ니 눈믈이라. 인ᄉᆡᆼ(人生)은 유ᄒᆞᆫ(有限)ᄒᆞᆫᄃᆡ 시ᄅᆞᆷ도 그지업다.

① ᄆᆞ음아 너ᄂᆞᆫ 어이 ᄆᆡ양에 져멋ᄂᆞᆫ다.
내 늘글 적이면 넨들 아니 늘글소냐.
아마도 너 죳녀 ᄃᆞᆫ니다가 ᄂᆞᆷ 우일가 ᄒᆞ노라.

② 風霜(풍상)이 섯거 친 날에 ᄀᆞᆺ 픠온 黃菊花(황국화)를
金盆(금분)에 ᄀᆞ득 담아 玉堂(옥당)에 보ᄂᆡ오니,
桃李(도리)야, 곳이온 양 마라, 님의 ᄯᅳᆺ을 알괘라.

③ 淸凉山(청량산) 六六峯(육륙봉)을 아ᄂᆞ니 나와 白鷗(백구)
白鷗(백구)야 헌사ᄒᆞ랴 못 미들손 桃花(도화)ㅣ로다.
桃花(도화)야 ᄯᅥ나지 마로렴 魚舟子(어주자) 알가 하노라.

④ 十一月(십일월)ㅅ 봉당 자리예 아으 汗衫(한삼) 두퍼 누어
슬ᄒᆞᆯᄉᆞ라온뎌 고우닐 스싀옴 녈셔
아으 動動(동동)다리

18 **다음 예문에서 괄호 안에 들어갈 내용으로 가장 적절한 것은?**

개구리의 망막은 명암을 구별하는 간상세포로만 이루어져 있기 때문에 개구리가 보는 세상은 온통 회색빛이다. 또한 눈동자는 고정되어 있어 움직이는 대상만 인식할 수 있다. 개구리의 눈에 처음 들어간 빛은 시세포를 자극해 신경 신호를 만들지만, 같은 시세포에 계속 비춰지는 빛, 즉 (   )은 연속적으로 신경 신호를 만들지 못하기 때문이다. 따라서 개구리는 눈앞에 먹이가 있더라도 움직이지 않는다면 알아챌 수 없다.

① 낮에 보는 것　　② 회색을 띠는 것
③ 움직이지 않는 것　　④ 항상 보아 오던 것

19 **다음 글에 대한 이해로 적절하지 않은 것은?**

시장에 유통되는 의약품들은 인간 생명체에 존재하는 약 500개 표적 분자를 기초로 한다. 표적 분자는 대부분 단백질인데, 작용물질들이 결합하여 훼손된 세포를 치유하는 역할을 한다. 과학자들은 유전자 연구의 결과로 표적 분자가 500개에서 약 5,000개로 늘어나기를 기대하고 있다. 이때 단백질 표적 분자는 종양 같은 조직에서는 고밀도로 나타나지만 건강한 조직에서는 전혀 나타나지 않거나 흔적만 찾아볼 수 있다. 이것을 이용하면 특히 암과 같은 복합적인 질병을 치료할 수 있는 길이 열릴 것이다.

이러한 새로운 치료 방식을 도입하면 심지어 오늘날 대략 8억 8,000만 달러에 이르는 개별 의약품 개발비를 3억 달러로 줄일 수 있고, 신약 개발 기간도 2년으로 단축할 수 있다. 지금은 새로운 의약품이 공식 허가가 날 때까지 대개 12년에서 15년이 걸린다.

이미 오늘날에도 발현 분석을 통해 종양의 유형들을 분자 차원에서 규명할 수 있다. 발현 분석을 이용하면 건강한 조직과 병든 조직을 비교함으로써 세포에 이상이 생겼는지 아닌지를 인식할 수 있다. 병든 조직에서 유전자 산물의 집적도는 종양이 발생 혹은 활성화 단계에 있는지, 아니면 장기적인 암 치료가 성공했는지를 알려준다.

유전자 연구로 얻은 자료는 새로운 의약품 개발뿐만 아니라 미래에 약물을 통한 획기적인 치료에도 활용될 수 있다. 지금까지는 환자에게 개별적으로 처방된 수많은 약물들이 원하던 효과를 가져다주지 못했거나 심각한 부작용을 일으켰기 때문이다. 이러한 현상이 나타나는 원인은 인간 유전자의 변이가 쉽게 일어날 수 있다는 데 있다. 염기 하나가 변이를 일으키기만 해도 유전자 산물의 기능이 심하게 바뀔 수 있고, 그 결과 표적 분자에 대한 약효가 뚜렷하게 강화되거나 약화될 수 있다.

유전자 연구로 더 많은 것들을 인식한다면, 머지않아 의학적인 예방, 진단, 치료의 효과가 극적으로 높아질 것이다. 이미 오늘날에도 치료 가능성이 없는 특정 질병에 걸릴 만한 체질을 확정지을 수 있다. 따라서 개인과 사회에 대한 개인적인 정보 보호, 게놈의 특허 가능성이나 경제적인 약탈, 특정한 유전적 특징을 지닌 인간의 관리에 대한 질문들이 제기된다.

① 밀도가 높은 단백질 표적 분자는 건강하지 않은 조직에서 더욱 잘 발견된다.

② 인간 유전자가 쉽게 변이하는 특성은 표적 분자에 대한 약효의 뚜렷한 감소만을 일으킨다.

③ 유전자 연구 분야의 발전은 개별 인간의 유전 정보가 유출될 수 있는 상황을 초래할 수 있다.

④ 단백질 표적 분자를 이용한 치료 방식은 신약 개발 기간을 줄이는 효과가 있다.

20 **다음 글의 필자가 궁극적으로 강조하는 내용으로 가장 적절한 것은?**

> 내게 없는 물건을 바라보고 가리키며 '저것'이라 한다. 내게 있는 것은 깨달아 굽어보며 '이것'이라 한다. '이것'은 내가 내 몸에 이미 지닌 것이다. 하지만 보통 내가 지닌 것은 내 성에 차지 않는다. 사람의 뜻은 성에 찰 만한 것만 사모하는지라 건너다보며 가리켜 '저것'이라고만 한다. 이는 천하의 공통된 근심이다. 지구는 둥글고 사방 땅덩어리는 평평하다. 천하에 내가 앉아 있는 곳보다 높은 곳이 없다. 그런데도 백성은 자꾸만 곤륜산을 오르고 형상과 곽산을 오르면서 높은 것을 구한다. 가버린 것은 좇을 수 없고, 장차 올 것은 기약하지 못한다. 천하에 지금 눈앞의 처지만큼 즐거운 것이 없다.

① 행복은 자신의 마음가짐에 달려 있다.

② 세속적인 욕망과 충동을 경계해야 한다.

③ 현재를 소중히 여기는 삶을 살아야 한다.

④ 지나가 버린 과거에 얽매여 있을 필요는 없다.

정답·해설 _해설집 p.35

07회 핵심 어휘 마무리 체크

☑ 잘 외워지지 않는 어휘 및 표현은 박스에 체크하여 한 번 더 확인하세요.

고유어

□ **속절없다** 단념할 수밖에 달리 어찌할 도리가 없다

□ **우듬지** 나무의 꼭대기 줄기

□ **곰삭다** 두 사람의 사이가 스스럼없이 가까워지다

□ **가두리** 물건 가에 둘린 언저리

□ **비지땀** 몹시 힘든 일을 할 때 쏟아져 내리는 땀

한자 성어

□ **無爲自然** **무위자연 (없을 무, 할 위, 스스로 자, 그럴 연)**
사람의 힘을 더하지 않은 그대로의 자연. 또는 그런 이상적인 경지

□ **切齒腐心** **절치부심 (끊을 절, 이 치, 썩을 부, 마음 심)**
몹시 분하여 이를 갈며 속을 썩임

□ **一魚混全川** **일어혼전천 (한 일, 물고기 어, 섞을 혼, 온전할 전, 내 천)**
한 마리 물고기가 온 시냇물을 흐려 놓음

□ **瓜田不納履** **과전불납리 (오이 과, 밭 전, 아닐 불, 들일 납, 밟을 리)**
'오이밭에서는 신을 고쳐 신지 말라'라는 뜻으로, 의심받기 쉬운 행동은 하지 말아야 함을 이르는 말

한자어

□ **復命** **복명 (회복할 복, 목숨 명)**
명령을 받고 일을 처리한 사람이 그 결과를 보고함

□ **復活** **부활 (다시 부, 살 활)**
1. 죽었다가 다시 살아남
2. 쇠퇴하거나 폐지한 것이 다시 성하게 됨. 또는 그렇게 함

□ **敦厚** **돈후 (도타울 돈, 두터울 후)**
인정이 두텁고 후함

□ **萎縮** **위축 (시들 위, 줄일 축)**
어떤 힘에 눌려 졸아들고 기를 펴지 못함

□ **打開** **타개 (칠 타, 열 개)**
매우 어렵거나 막힌 일을 잘 처리하여 해결의 길을 엶

□ **隣接** **인접 (이웃 인, 이을 접)**
이웃하여 있음. 또는 옆에 닿아 있음

□ **檢定** **검정 (검사할 검, 정할 정)**
일정한 규정에 따라 자격이나 조건을 검사하여 결정함

□ **連續性** **연속성 (잇닿을 연, 이을 속, 성품 성)**
끊이지 않고 죽 이어지거나 지속되는 성질이나 상태

□ **停滯性** **정체성 (머무를 정, 막힐 체, 성품 성)**
사물이 발전하거나 앞으로 나아가지 못하고 한곳에 머물러 있는 특성

Quiz 각 어휘 및 표현의 알맞은 뜻을 찾아 연결하세요.

01 復活 ㉠ 일정 기준에 따라 자격을 시험하여 결정함
02 檢定 ㉡ 다시 살아남
03 切齒腐心 ㉢ 일이 매우 힘들 때 흐르는 땀
04 비지땀 ㉣ 화가 나는 마음에 이를 갈며 속을 썩임
05 復命 ㉤ 일을 처리한 사람이 수행한 바를 알림

06 瓜田不納履 ㉥ 의심받을 만한 행동은 하지 말아야 함
07 곰삭다 ㉦ 가까이에 있음
08 隣接 ㉧ 서로 다정하고 친함
09 無爲自然 ㉨ 어려운 일을 잘 해결함
10 打開 ㉩ 있는 그대로의 자연

정답 | 01 ㉡ 02 ㉠ 03 ㉣ 04 ㉢ 05 ㉤ 06 ㉥ 07 ㉧ 08 ㉦ 09 ㉩ 10 ㉨

08회 실전동형모의고사

정답·해설 _해설집 p.41

제한시간 : 20분 시작 시 분 ~ 종료 시 분 점수 확인 개/ 20개

01 밑줄 친 부분과 같은 의미로 사용된 것은?

> 그는 수많은 전장에서 공적을 쌓아 훈장을 받았다.

① 그는 명성을 쌓을 방법에 대해 고민했다.

② 수해 방지를 위해 하천에 둑을 쌓기로 결정했다.

③ 어떤 사람들은 취미를 통해 삶의 경험을 쌓기도 한다.

④ 대한민국은 임시정부를 수립하여 민주주의 발전의 토대를 쌓았다.

02 밑줄 친 부분이 어법에 맞지 않는 것은?

① 내가 마지막 문제의 정답을 맞혔다.

② 저 산 넘어에는 어떤 마을이 있을까?

③ 나는 어머니와 함께 만두소를 만들었다.

④ 그는 아버지의 말씀을 속으로 되뇌고 있었다.

03 다음 글에서 알 수 없는 것은?

> 삼국이나 통일신라시대 사람들은 설화를 글로 기록하는 데도 상당한 관심을 가졌으리라고 생각된다. 국사를 편찬할 때 설화 자료를 많이 이용했으리라는 것도 쉽사리 인정할 수 있다. 그러나 그 당시에 기록되어 전하는 설화는 하나도 없다.
>
> 지금 남아 있는 설화 기록본 가운데 가장 오랜 것은 〈수이전〉이다. 책 자체는 없어졌지만 거기서 옮겨 놓은 글이 여기저기에 보인다. 어느 시대에 누가 편찬했는지 밝힐 수 없지만, 〈삼국유사〉에서 말한 〈고본수이전〉(古本殊異傳)은 신라 때의 것으로 생각된다. 최치원(崔致遠)이 손을 댔을 가능성이 있다. 그러나 후대의 문헌에 남아 있는 일문(逸文)에는 최치원을 주인공을 한 것도 있다.
>
> 〈삼국유사〉에 들어 있는 것들을 가장 소중한 자료로 삼아 설화 자체뿐만 아니라 설화 기록에 관한 고찰도 하는 것 외에 다른 대안은 없다. 그 가운데 상당수는 이미 있는 기록을 옮겼으리라고 생각되고 그 점을 밝힌 경우도 적지 않아 원래의 작업이 어떠했는지 짐작할 수 있다. 설화 기록이 자료 보고에 그치지 않고 작품 창작이기도 하다고 여긴 것이 여기서 특별히 관심을 가져야 할 사항이다.
>
> 김현과 호랑이 처녀 이야기를 〈삼국유사〉에 기록한 데 주목할 만한 대목이 있다. 김현이라는 인물이 자기가 겪었던 일에 대해서 입 밖에 내지 않고 있다가 죽을 무렵에 "깊이 느낀 바 있어서 붓을 들어 전(傳)을 지었다"고 했다. 그 말대로라면 김현이 자기의 전을 지었다고 해야 하겠는데, 그대로 믿기는 어렵다. 김현은 주인공이자 가탁된 작자이며, 이야기를 글로 써서 전을 만든 사람은 따로 있었을 것이다. 그러나 전을 지었다는 것은 주목할 만한 말이다. 설화를 기록하는 행위가 문학 창작으로 이해되었다는 증거이다.

① 설화가 기록된 방식은 〈삼국유사〉를 통해 추측할 수 있다.

② 삼국시대나 통일신라시대 당시에 글로 기록된 설화는 현전하지 않는다.

③ 〈수이전〉의 내용은 곳곳에서 확인할 수 있으나 책 자체는 발견되지 않았다.

④ '전을 지었다'라는 표현은 설화가 자료로 보고되었다는 측면에서 중요한 의미를 지닌다.

04 다음 시에 드러난 화자의 정서 및 태도로 옳지 않은 것은?

> 나는 나룻배,
> 당신은 행인.
>
> 당신은 흙발로 나를 짓밟습니다.
> 나는 당신을 안고 물을 건너갑니다.
> 나는 당신을 안으면 깊으나 옅으나 급한 여울이나 건너갑니다.
>
> 만일 당신이 아니 오시면 나는 바람을 쐬고 눈비를 맞으며 밤에서 낮까지 당신을 기다리고 있습니다.
> 당신은 물만 건너면 나를 돌아보지도 않고 가십니다그려.
> 그러나 당신이 언제든지 오실 줄만은 알아요.
> 나는 당신을 기다리면서 날마다 날마다 낡아 갑니다.
>
> 나는 나룻배,
> 당신은 행인.
>
> – 한용운, '나룻배와 행인'

① '당신'에 대한 '나'의 절대적 믿음이 나타난다.
② '당신'의 무심함에 대한 '나'의 서운함이 드러난다.
③ '나'는 자기희생적 자세로 '당신'을 기다리고 있다.
④ '당신'을 기다리는 '나' 자신에 대한 연민의 감정이 나타난다.

05 밑줄 친 단어의 한자 표기가 모두 옳은 것은?

> • 그는 ㉠몰락한 집안의 아들이다.
> • '만남이 있으면 ㉡이별도 있다'라는 말이 있다.

	㉠	㉡
①	沒諾	異別
②	沒落	異別
③	沒諾	離別
④	沒落	離別

06 다음 글의 전개 순서로 가장 자연스러운 것은?

(가) 이는 최근의 생태 경향과 관련해서 중요한 시사점을 던져준다. 최근의 생태 위기 해법은 태양열을 이용하고 생물학적 다양성을 유지하는 등 자꾸 기술과학의 대상으로 좁혀가는 방향으로 치중되는데, 이는 결국 자연을 수단이나 도구로 보려는 매우 편협한 시각의 연장일 뿐이다. 이런 접근은 큰 성공을 거두기 힘들다. 자연을 둘러싼 다단계의 복잡한 동심원 구도에서 앞뒤를 뭉툭 떼어버리고 원생림을 어떻게 개발할 것인가라는 아주 지엽적인 문제에만 집착하는 꼴이기 때문이다. 다분히 인간중심적이고 물질적이며 이기적인 태도이다.

(나) 생태적으로 산다는 것은 태양열 집열판의 효율을 높이고 하이브리드 자동차를 타는 것 같은 단순한 문제가 아니다. 물론 이런 것도 구체적 실천으로 중요하지만 어디까지나 기술에 국한된 수단적 행위일 뿐이다. 생태적으로 산다는 것은 이것을 포함한 훨씬 포괄적인 문제이다. 한 마디로 안으로는 인간 스스로의 본성을 찾아 그것에 순종하면서 밖으로는 우주를 포함한 대자연 속에서 인간의 존재 위치를 확인하고 따르는 것이어야 한다.

(다) 포괄성은 생태 문제를 기술에만 국한시켜 접근하는 지금의 상황에서 보면 주제의 종류나 범위 모두에서 의외일 수 있는데, 자연을 다룬 서양 사상을 들춰보면 실제로 포괄적이고 다양한 내용으로 가득 차 있다. 자연은 서양 문명이 시작할 때부터 철학, 시학, 윤리학, 신학, 자연과학, 기술과학, 사회학 등 거의 모든 학문 분야의 대상이었다. 이런 포괄성을 이해하는 것은 생태 사상을 이해하는 데 첫 번째 중요한 전제 조건이다.

(라) 자연의 포괄적 개념은 생태 사상을 이해하는 데 필수적이다. 생태란, 단세포 미생물에서 대우주에 이르는 모든 존재 요소 사이의 다층적 위계와 유기적 관계를 의미한다. 물론 제일 핵심은 인간과 원생림 사이의 관계겠지만, 이것도 결국 대우주를 구성하는 무한대로 다양한 존재 방식의 하나일 뿐이다. 따라서 생태 운동은 자연에 담긴 포괄적 전체 구도의 일부로 접근해야 한다.

① (다) – (가) – (나) – (라)
② (다) – (나) – (가) – (라)
③ (라) – (다) – (가) – (나)
④ (라) – (다) – (나) – (가)

07 (가)에 들어갈 한자 성어로 적절한 것은?

이집트의 국토는 동서로 1,200km, 남북으로 1,300km로 그 넓이가 약 100만km^2에 이르며 우리나라의 4.5배이다. 이렇게 넓은 땅에 7천 6백만 명을 헤아리는 인구가 산다. 하지만 국토의 95%가 불모의 사막이고 나머지 5%만이 나일강 유역의 농경 지대로 인구의 99%가 이곳에 산다.

이집트는 북반구(북위 22°~32° – 오키나와와 상해)에 위치해 있지만, 주위가 사막에 둘러싸여 있어 매우 덥고 건조한 전형적인 사막 기후이다. 봄과 가을이 매우 짧다. 5월부터 9월까지가 무더운 여름이고 11월부터 3월까지가 온난한 겨울이다. 평균 기온은 겨울이 섭씨 14°, 여름은 30°이다. 그렇지만 사막 지대와 남부 내륙 지방은 지열까지 합치면 50°가 훨씬 넘는다. 고대 이집트인들이 '나일의 이슬'이라고 불렀던 비는 거의 오지 않아 연평균 강우량이 카이로가 24mm이고 아스완이 1mm밖에 안 된다. 그러다 보니 이집트에서 기상예보는 풍향, 기온, 운량만 보도하고 비에 대한 예보가 없다. 봄이 되면 타오르는 불꽃처럼 빨간 꽃이 피는 화염수(火焰樹)가 나일 강변을 붉게 물들인다. 이때부터 5월 초까지 함신(Khamsin) 즉 '50일 바람'이라고 불리는 뜨겁고 건조한 모래바람이 사하라 사막에서 심하게 불어온다. 아라비안나이트에서 '마신(魔神)이 타고 오는 바람'이라고 한 바로 그 바람이다. 한번 불면 49일 동안 계속 불기 때문에 붙여진 이름이다. 늦은 봄에 중국 대륙에서 우리나라로 불어오는 황사와 비슷하다.

① 이집트는 상대적으로 가을에 비해 봄이 길다.
② 이집트 인구는 전 국토에 고르게 분포해 있다.
③ 이집트에는 식물이 살기에 적합한 지역이 존재한다.
④ 이집트에 건조한 모래바람이 불면 붉은 꽃이 피기 시작한다.

08 (가)와 (나)를 비교한 설명으로 적절하지 않은 것은?

(가) "십생구사 할지라도 팔십 년 정한 뜻을 십만 번 죽인대도 가망 없고 할 수 없지. 십육 세 어린 춘향 매 맞고 죽어 원통하게 귀신 되니 가련하오."

열 대를 치고는 그만둘 줄 알았더니 열다섯째 낱을 딱 붙이니

"십오야 밝은 달은 뜬구름에 묻혀 있고, 서울 계신 우리 낭군 삼청동에 묻혔으니, 달아 달아 보느냐? 임 계신 곳을 나는 어찌 못 보느냐?"

(나) 병풍(屛風)에 그린 황계(黃鷄) 수탉이 두 나래 두덩 치고
짜른 목을 길게 빼어 긴 목을 에후리어
사경(四更) 일 점(一點)에 날 새라고 꼬끼요 울거든 오랴는가
자네 어이 그리하야 아니 오던고
너란 죽어서 황하수(黃河水) 되고 날란 죽어서 도대선(都大船)이 되야
밤이나 낮이나 낮이나 밤이나
바람 불고 물결치는 대로 어하 둥덩실 떠서 노자
저 달아 보느냐
임 겨신 데 명휘(明輝)를 빌리려문 나도 보게
이 아해야 말 듣소
추월(秋月)이 양명휘(揚名輝)하니 달이 밝아 못 오던가
어데를 가고서 네 아니 오더냐
지어자 조을시고

① (가)와 (나) 모두 대상을 그리워하는 정서가 드러난다.
② (나)와 달리 (가)는 숫자를 활용한 언어유희가 나타난다.
③ (가)와 (나) 모두 '달'을 대상을 방해하는 장애물로 인식한다.
④ (가)와 달리 (나)는 불가능한 상황의 설정을 통해 내용을 전개한다.

09 다음 괄호에 들어갈 말로 가장 적절한 것은?

진(秦)나라 신하 왕계가 왕에게 장록이란 사람을 천거하기 위해 말을 전하였다. "장록 선생이 말하길 진나라의 정치적 형세는 현재 (   )의 상태로 위태로우나, 만약 자신의 뜻을 받아들인다면 나라의 평안을 유지할 수 있을 거라고 합니다." 하니 왕이 장록을 등용하여 크게 썼다.

① 傍若無人
② 韋編三絕
③ 角者無齒
④ 累卵之勢

10 ㉠~㉣에 대한 설명으로 적절하지 않은 것은?

중서령(中書令) ㉠모영(毛穎)이 임금에게 글을 올려 탄핵했다.

모영은 곧 붓이다. 그 글은 이러했다.

"㉡행신(倖臣)이 ㉢폐하의 사랑을 독차지하고 있는 것을 천하 사람들은 모두 병통으로 알고 있습니다. 이제 국성이 조그만 신임을 받고 조정에 쓰이고 있어 요행히 벼슬 계급이 3품에 올라서, 많은 도둑을 궁중으로 끌어들이고 사람들을 휘감아서 해치기를 일삼고 있사옵니다. 이것을 보고 모든 사람들이 분하게 여겨, 소리치고 반대하여 머리를 앓고 가슴 아파합니다. 이 자야말로 국가의 병통을 바로잡는 충신이 아니옵고, 실상 만백성에게 해독을 주는 도둑이옵니다. 더구나 성의 ㉣자식 셋은 제 아비가 폐하께 총애받는 것을 믿고, 제 마음대로 세상에 횡행하고 방자하게 굴어서 모든 사람들이 다 괴로워하고 있사옵니다. 바라옵건대 이들에게 모두 사형을 내리셔서 모든 사람들의 입을 막으시옵소서."

① ㉢은 ㉡을 상대적으로 유독 총애하였다.
② ㉣은 ㉢의 신임을 얻어 제멋대로 행동하였다.
③ ㉠은 ㉡을 '도둑'에 비유하여 폐해를 고발하고 있다.
④ ㉡과 ㉢의 관계에 대해 많은 사람들이 우려하고 있다.

11 다음 글의 내용을 잘못 이해한 사람은?

우리들은 자신의 판단이 옳은가의 여부를 판단할 경우에 우선은 자신의 판단이 옳다고 미리 생각해 버린다. 그리고 그것을 증명해줄 수 있는 정보만을 취사선택해 가는 것이다. 이러한 경향은 특수한 몇몇 사람에게만 있는 것이 아니라 거의 모든 사람에게서 확인된다.

이러한 가설 검증 바이어스는 첫인상뿐 아니라 우리의 생활 전반에 영향을 미치고 있다. 혈액형에 따라 성격에 차이가 있다는 혈액형 성격학이 들어맞는 듯이 여겨지는 주된 이유 역시 가설 검증 바이어스 때문이다. 혈액형에 부합한다고 여겨지는 성격이나 행동만 의도적으로 수집되고, 또 그것들이 축적된 결과 혈액형이 성격과 관련이 있다고 믿게 된다. 가령 A형의 경우 내성적이고 소심하다라는 것을 입증시켜 줄 수 있는 정보만을 받아들인다. A형의 사람이 대범하게 행동하는 것을 보더라도 대수롭지 않게 받아들인다. 그리고 그것은 기억에서 사라진다. 기억에 남는 것은 내성적이고 소심한 행동뿐이다 보니 혈액형 성격학이 맞는 것처럼 여겨지는 것이다.

미국의 한 심리학자는 사람의 성격 특성을 나타내는 5백55개의 단어를 정리한 적이 있다. 5백55라는 숫자가 말해주듯이 사람의 성격에는 다양한 측면이 있다. 게다가 사람의 성격이란 때와 경우에 따라 서로 다른 모습으로 나타날 때가 많다. 직장에서는 자상한 모습으로 일관하는 사람이 집에서는 엄하디 엄한 아버지로 군림하는 것은 드문 일이 아니다. 또한 사람이 많을 경우에는 수줍어 말도 잘 못하던 친구가 친한 친구끼리만 모였을 때는, 전혀 다른 대범함을 보여주는 경우도 드물지 않다.

① 민정: 사람들은 일부 정보만을 수용하여 상대방의 성격을 파악하는 경향이 있군.
② 지혜: 혈액형 성격학을 믿는 사람이 A형인 사람을 처음 만날 때, 그 사람의 대범함보다는 내성적인 면을 의도적으로 수용하겠군.
③ 연지: A형인 사람이 평소의 조용했던 모습과 달리 일을 주도적으로 처리하는 모습을 보이면 더욱 그 인상이 각인되는 효과를 설명할 수 있겠군.
④ 지훈: 평소 낯을 가리는 친구가 무대 위에서 노래를 부를 때 과감해지는 사례는 같은 사람이더라도 성격이 한 가지로 고정되지 않음을 보여주는 것이군.

12 다음 대화 상황에서 의사소통에 장애가 일어났다고 한다면, 그 이유로 가장 적절한 것은?

> **현주:** 우리 여기서 과제 때문에 6시까지 모이기로 했던 것 맞지? 벌써 35분이 지났네.
> **민수:** 맞아, 아직도 혜진이가 안 왔네. 연락도 안 받던데 무슨 일이 있는 것 아닐까? (걸어오는 혜진이를 보며) 어, 저기 온다!
> **정훈:** 혜진아, 연락도 안 되어서 우리 모두 널 걱정했어.
> **혜진:** 걱정은 무슨, 조금 늦은 것 가지고 왜 이렇게 호들갑이야?
> **현주:** 혜진아, 우리 6시까지 이곳에서 모이기로 한 건 알고 있었지?
> **혜진:** 응, 과제 끝나고 다 같이 저녁을 어디서 먹으면 좋을지 주변을 둘러보고 오느라 늦었어.
> **민수:** 혜진아, 식사 장소를 미리 탐방해 본 것은 고맙지만, 늦은 것에 대한 사과는 제대로 했으면 해.
> **정훈:** 혜진이는 원래 저런 식이었잖아. 매번 늦고, 자존심만 세고.
> **혜진:** 정훈이 너 말 다 했니? 내가 약속 때마다 매번 늦었는지 네가 어떻게 알아?

① '민수'가 약속 시간에 늦은 '혜진'에게 사과를 강요하며 위협적인 분위기를 조성하고 있다.

② '정훈'이 '혜진'의 잘못된 행동을 일반화하며 대화 맥락과 관련 없는 내용을 지적하고 있다.

③ '혜진'이 식사 장소를 정하느라 늦은 자신을 이해해주지 못하는 친구들에게 서운함을 토로하고 있다.

④ '현주'가 약속 시간을 재차 확인하며 다른 친구들에게 시간 약속을 지키라고 심리적으로 압박하고 있다.

13 밑줄 친 부분과 바꿔 쓸 수 있는 관용 표현으로 적절하지 않은 것은?

① 귀찮게 질문을 해 대는 그에게 아주 <u>질려 버렸다</u>. – 학을 뗐다.

② <u>입맛이 까다로운</u> 사람과는 같이 밥 먹기가 꺼려진다. – 입이 된

③ 집주인은 <u>고집이 세서</u> 도통 남에게 져 주는 법이 없다. – 목이 곧아서

④ 늦은 밤에 아무도 없는 골목길을 혼자 걸으니 나도 모르게 <u>겁이 났다</u>. – 몸이 달았다.

14 다음 글의 밑줄 친 부분이 지시하는 대상이 다른 것은?

> 작년 가을에 이웃집에서 복수초를 나누어 받았다. 뿌리는 구근이 아니라 흑갈색 잔뿌리와 검은 흙이 한데 엉켜 있고, 키는 땅에 닿을 듯이 작은데 잎도 ㉠ <u>새의 깃털</u>처럼 잘게 갈라져 있어서 전체적으로 부피감이 느껴지지 않아 하찮은 ㉡ <u>잡초</u>처럼 보였다. 그전에 나는 복수초라는 화초를 사진으로 본 적은 있지만 실물을 본 적은 없기 때문에 그게 과연 눈 속에서 핀다는 그 복수초인지 잘 믿기지 않았다. 생각해서 나누어 준 분 앞이라 당장 양지바른 곳에 심긴 했지만 곧 가을이 깊어지니 워낙 시원치 않아 보이던 이파리들은 자취도 없어지고 나 역시 그게 있던 자리조차 기억 못하게 되었다.
> 아마 3월이 되자마자였을 것이다. 샛노란 꽃 두 송이가 땅에 닿게 피어 있었다. 하도 키가 작아서 하마터면 밟을 뻔했다. 그러나 빛깔은 진한 황금색이어서 아직 아무 것도 싹트지 않은 황량한 마당에 몹시 생뚱스러워 보였다. 그리고 곧 큰 눈이 왔다. 아무리 ㉢ <u>눈 속에서도 피는 꽃</u>이라고 알려져 있어도 그 작은 키로 견디기엔 너무 많은 눈이었다. 나는 눈으로는 눈의 무게를 이기지 못해 꺾인 듯이 축 처진 소나무 가지를 바라보면서 그 ㉣ <u>샛노란 꽃</u>의 속절없음을 생각하고 있었다. 대문 밖의 눈은 치워 주었지만 마당의 눈은 그대로 방치해 두었기 때문에 녹아 없어지는 데 며칠 걸렸다.
> – 박완서, '꽃 출석부'

① ㉠ ② ㉡
③ ㉢ ④ ㉣

15 다음 글의 서술상의 특징으로 적절한 것은?

> 그는 병이란 놈에게 약을 주어 보내면 재미를 붙여서 자꾸 온다는 자기의 신조에 어디까지나 충실하였다. 따라서 의사에게 보인 적이 없으니 무슨 병인지는 알 수 없으나, 반듯이 누워 가지고 일어나기는커녕 세로로도 못 눕는 걸 보면 중증은 중증인 듯. 병이 이다지 심해지기는 열흘 전에 조밥을 먹고 체한 때문이다. 그때도 김 첨지가 오래간만에 돈을 얻어서 좁쌀 한 되와 10전 짜리 나무 한 단을 사다 주었더니 김 첨지의 말에 의지하면, 오라질 년이 천방지축으로 냄비에 대고 끓였다. 마음은 급하고 불길은 닿지 않아 채 익지도 않은 것을 그 오라질 년이 숟가락은 고만두고 손으로 움켜서 두 뺨에 주먹 덩이 같은 혹이 불거지도록 누가 빼앗을 듯이 처먹더니만 그날 저녁부터 가슴이 땅긴다, 배가 켕긴다 하고 눈을 홉뜨고 지랄을 하였다. 그때 김 첨지는 열화와 같이 성을 내며,
> "에이, 오라질 년, 조롱복은 할 수가 없어. 못 먹어 병, 먹어서 병, 어쩌란 말이야! 왜 눈을 바루 뜨지 못해!"
> 하고 앓는 이의 뺨을 한 번 후려갈겼다. 홉뜬 눈은 조금 바루어졌건만 이슬이 맺혔다. 김 첨지의 눈시울도 뜨끈뜨끈하였다.
>
> – 현진건, '운수 좋은 날'

① 상세한 외양묘사를 통해 인물을 희화화하고 있다.
② 대사를 통해 인물의 특성을 간접적으로 제시하고 있다.
③ 장면의 빈번한 전환을 통해 인물 간 긴장감을 고조하고 있다.
④ 비속어를 사용하여 세태에 대한 비판적 인식을 드러내고 있다.

16 다음 글을 참고할 때 ㉠과 ㉡에 들어갈 말로 가장 적절한 것은?

> 코를 '코'라 하고 가슴을 '가슴'이라 하는 것은 우연적인 결합이다. 코를 '가슴'이라 해서는 안 될 이유도 없고, 가슴을 '코'나 '엉덩이'라고 해서 안 될 이유가 없다. 꼭 궁합(宮合)이 맞아서가 아니라 어떻게 하다가 우연히 코를 '코'라 부르게 되고 가슴을 '가슴'이라 부르게 된 것이다. 그렇기 때문에 '뫼'라고 부르던 것을 '산'이라 바꾸어 부를 수도 있게 되고, '배' 하나가 사람의 배(腹), 바다에 다니는 배(舟), 먹는 배(梨)를 가리킬 수도 있으며, 우리는 '희다'고 하는 것을 다른 나라 사람들은 '화이트'(white)라고 하기도 하고 또는 '블랑'(blanc)이라고도 한다.

> 보기
> 인간의 언어에서 어떤 소리와 그 소리가 나타내는 개념·의미 간의 결합은 (㉠)이며 (㉡)이다.

	㉠	㉡
①	필연적(必然的)	의무적(義務的)
②	자의적(恣意的)	임의적(任意的)
③	우연적(偶然的)	제한적(制限的)
④	수의적(隨意的)	강제적(强制的)

17 다음 조건을 모두 참조하여 쓴 글은?

> ○ 대조의 기법을 사용할 것
> ○ 삶에 관한 교훈을 역설적으로 표현할 것

① 눈물: 지금 흘린 눈물이 성장의 동력이 된다. 노력은 고통을 수반하고 그 고통은 누군가를 눈물짓게 만들지만, 그 눈물은 지금 웃고 있는 어떤 이가 경험하지 못할 놀라운 성장의 바탕이 된다.

② 바보: 하나밖에 모르는 바보가 성공한다. 두 가지 이상을 해내야 인정받는 시대에서 하나만 고집하는 사람은 바보라고 불리지만, 결국 그 시대의 한계를 뛰어 넘은 선구자들은 하나만 고집했던 바보들이다.

③ 책: 잠을 자면 꿈을 꾸지만 책을 읽으면 꿈을 이룬다. 꿈을 실현하는 것은 결국 경험의 축적이다. 책은 짧은 시간에 우리가 방대한 경험을 쌓을 수 있게 만드는 유일한 도구이므로 꿈을 이루고자 한다면 책을 읽어야 한다.

④ 상처: 유년 시절의 폭력의 경험은 상처로 남는다. 사랑에 익숙했던 아이들과 달리 폭력을 경험한 아이들은 평생 아물지 않는 상처를 안고 살아간다. 우리는 상처를 치유하는 사람이기 전에 상처를 주지 않는 사람이 되어야 한다.

18 다음 '발화가 수행하는 기능을 표현하는 방법'에 대한 설명 중, 밑줄 친 부분을 고려한 발화 방법이 아닌 것은?

> 발화의 수행 기능을 표현하는 방법에는 직접 발화와 간접 발화가 있다. 직접 발화는 문장의 유형과 발화 의도가 일치하며, 의도가 상황보다 우선적으로 고려된다는 점이 그 특징이다. 하지만 간접 발화는 문장의 유형과 발화 의도가 불일치하며, 수행하고자 하는 기능과는 다른 형태의 문장을 사용하여 그 의도를 나타낸다는 특징이 있다. 이로 인해 간접 발화는 상황에 따라 구체적인 의미가 달라진다.

① (수업 시간에 지각한 학생에게) 지금 몇 시니?

② (교실 청소를 게을리하는 친구들에게) 교실이 너무 더럽지 않니?

③ (오랜만에 만난 동창 모임에서 귀가하려는 친구에게) 벌써 가는 거야?

④ (결혼기념일 일정을 확인하며 남편에게) 여보, 작년에 갔던 식당에서 만나는 거지?

19 어법에 어긋나는 문장을 수정하고 설명한 예로 옳지 않은 것은?

① 이 지역의 기후와 기름진 토양은 아주 적합하다.
→ '적합하다'는 부사어를 필수적으로 요구하므로 '토양은'과 '아주' 사이에 '벼농사에'를 보충하여야 한다.

② 최근 유가 폭등의 문제점과 이에 대한 대안을 강구해야 합니다.
→ 목적어 '문제점'과 서술어 '강구해야 합니다'의 호응이 자연스럽지 않으므로 '문제점과'를 '문제점을 파악하고'로 고친다.

③ 박 교수는 교육 현장이 저해된 이유를 잦은 입시 제도의 변경으로 보았다.
→ 교육 현장의 발전이 저해된 것이지 교육 현장이 저해된 것은 아니므로, '교육 현장의 발전이 저해된 이유를'으로 고쳐야 한다.

④ 나는 이곳에서 일하는 후배의 사무실을 방문했다가 우연히 근처 마트에서 장을 봤다.
→ '했다가'는 이유나 근거를 나타내는 연결 어미로 적합하지 않으므로 '해서'로 고쳐야 한다.

20 밑줄 친 부분의 이유에 대한 필자의 견해로 볼 수 없는 것은?

> 과거의 제후는 아버지에게 그 지위를 물려받아 그 지위가 대를 이어 세습되었다. 이로 인해 죄를 지었던 백성은 평생 인재로 뽑혀 쓰이지 못하거나, 벼슬이 대를 잇지 못하였다. 이것은 모두 명분과 의리를 중요시하게 여겼던 까닭으로, 간악한 사람도 두려워 이를 따랐다.
>
> 지금의 수령들은 길어야 2년까지만 역임할 수 있고, 그게 아니라면 몇 달 만에 교체될 수 있다. 이는 꼭 여관에 잠시 머무르는 나그네와 비슷하다. 이것과 달리 그를 보좌하는 사람들이나 종들은 모두 아버지에게 물려받는다. 이는 여관 주인과 비슷하고, 과거의 제후와 같다. 주인과 나그네는 이미 형편과 사정이 서로 다르다. 임금과 신하 간의 신의도, 하늘과 땅에 각각 정해진 분수도 없기 때문에 죄인은 도망쳐 있다가 나그네가 떠나가면 주인이 집으로 돌아온 것처럼 편히 행동하면 된다. 그러니 두려울 것이 무엇인가? 그렇기 때문에 수령이 겪는 어려움은 과거의 제후보다 백 배 더하니, 수령을 어떻게 갈망하여 되는 벼슬이라고 할 수 있겠는가?

① 수령의 짧은 임기가 상황을 악화시켰다.

② 수령을 보좌하는 사람들이 초래한 문제이다.

③ 명분과 의리가 중요시 되지 않는 세태의 영향을 받았다.

④ 과거 제후의 지위 세습과 같은 지방 관리의 부패가 원인이다.

정답·해설 _해설집 p.41

08회 핵심 어휘 마무리 체크

☑ 잘 외워지지 않는 어휘 및 표현은 박스에 체크하여 한 번 더 확인하세요.

고유어

□ **뭉툭** 굵은 사물의 끝이 아주 짧고 무딘 모양

한자 성어

□ **風木之悲** **풍목지비 (바람 풍, 나무 목, 갈 지, 슬플 비)**
효도를 다하지 못한 채 어버이를 여읜 자식의 슬픔을 이르는 말

□ **伯牙絶絃** **백아절현 (맏 백, 어금니 아, 끊을 절, 줄 현)**
자기를 알아주는 참다운 벗의 죽음을 슬퍼함

□ **患難相恤** **환난상휼 (근심 환, 어려울 난, 서로 상, 불쌍할 휼)**
어려운 일이 생겼을 때 서로 도와야 함을 이르는 말

□ **桑麻之交** **상마지교 (뽕나무 상, 삼 마, 갈 지, 사귈 교)**
'뽕나무와 삼나무를 벗 삼아 지낸다'라는 뜻으로, 전원에 은거하여 시골 사람들과 사귀며 지냄을 비유적으로 이르는 말

한자어

□ **偏狹** **편협 (치우칠 편, 좁을 협)**
한쪽으로 치우쳐 도량이 좁고 너그럽지 못함

□ **沒落** **몰락 (빠질 몰, 떨어질 락)**
재물이나 세력 등이 쇠하여 보잘것없이 됨

□ **離別** **이별 (떠날 이, 나눌 별)**
서로 갈리어 떨어짐

□ **假說** **가설 (거짓 가, 말씀 설)**
어떤 사실을 설명하거나 어떤 이론 체계를 연역하기 위하여 설정한 가정

□ **君臨** **군림 (임금 군, 임할 림)**
어떤 분야에서 절대적인 세력을 가지고 남을 압도함을 비유적으로 이르는 말

□ **考察** **고찰 (생각할 고, 살필 찰)**
어떤 것을 깊이 생각하고 연구함

□ **枝葉的** **지엽적 (가지 지, 잎 엽, 과녁 적)**
본질적이거나 중요하지 않고 부차적인 것

□ **包括的** **포괄적 (쌀 포, 묶을 괄, 과녁 적)**
일정한 대상이나 현상 등을 어떤 범위나 한계 안에 모두 끌어넣는 것

□ **包容力** **포용력 (쌀 포, 얼굴 용, 힘 력)**
남을 너그럽게 감싸 주거나 받아들이는 힘

□ **恣意的** **자의적 (마음대로 자, 뜻 의, 과녁 적)**
일정한 질서를 무시하고 제멋대로 하는 것

□ **任意的** **임의적 (맡길 임, 뜻 의, 과녁 적)**
일정한 기준이나 원칙 없이 하고 싶은 대로 하는 것

관용 표현

□ **학을 떼다**
괴롭거나 어려운 상황을 벗어나느라고 진땀을 빼거나, 그것에 거의 질려 버리다

□ **입이 되다**
맛있는 음식만 먹으려고 하는 버릇이 있어 음식에 매우 까다롭다

□ **목이 곧다**
남에게 호락호락 굽히지 않으며 억지가 세다

□ **몸이 달다**
마음이 조급하여 안타까워하다

Quiz 각 어휘 및 표현의 알맞은 뜻을 찾아 연결하세요.

01 伯牙絶絃	㉠ 관대하게 남을 수용하는 힘	06 桑麻之交	㉥ 세력을 잃고 볼품없어짐
02 枝葉的	㉡ 깊게 고민하고 진리를 따짐	07 沒落	㉦ 시골에 살며 동네 사람들과 어울림
03 考察	㉢ 진정한 벗의 죽음을 슬퍼하는 것	08 偏狹	㉧ 큰 범위에 어떤 현상들을 묶는 것
04 恣意的	㉣ 자기 멋대로 행동함	09 包括的	㉨ 어려울수록 서로 도와야 함
05 包容力	㉤ 중요하지 않고 부수적인 것	10 患難相恤	㉩ 배포가 작고 한쪽으로 치우침

정답 | 01 ㉢ 02 ㉤ 03 ㉡ 04 ㉣ 05 ㉠ 06 ㉦ 07 ㉥ 08 ㉩ 09 ㉧ 10 ㉨

정답 · 해설 _해설집 p.47

09회 실전동형모의고사

제한시간 : 20분 시작 시 분 ~ 종료 시 분 점수 확인 개/ 20개

01 다음 글에 대한 이해로 가장 적절한 것은?

> 반 고흐의 발작은 뜨거운 아를의 태양 아래에서 마시던 독주 압생트와 초주검에 이르는 하루 열네 시간의 그림 노동에서 비롯됐다고 한다. 십 년이 채 안 되는 기간 동안 100점의 유화와 800점의 데생을 남겼으나 생전에 팔린 그림은 〈붉은 포도밭〉 딱 한 점, 그는 달랑 400프랑을 받았다. 최북의 주량은 하루에 막걸리 대여섯 되. 언제나 이취해 비틀거렸으며, 오두막에서 종일 산수화를 그려야 아침저녁 끼니를 겨우 때울 수 있었다. 대신 가난한 이에게 백동전 몇 닢에도 선뜻 그림을 건네줬다. 그러나 먹물 한 방울이나마 얻으려던 세도가가 그의 붓솜씨를 트집 잡자 "네까짓 놈의 욕을 들을 바에야" 하며 제 손으로 한쪽 눈을 찔러 버렸다.
>
> 반 고흐의 풍경화는 오렌지색과 자주색, 불타는 진노란색과 아찔한 녹색으로 사람의 넋을 흔든다. 그는 밀레의 더럽고 비천한 농부 그림을 본받으면서 "예쁜 초상화나 세련된 풍경화는 내 것이 아니니 거칠더라도 영혼이 있는 인생을 그리겠다"고 했다. 최북은 담홍색과 청색 그리고 짙고 옅은 먹색의 꾸밈없는 붓놀림을 즐겼다. 농 삼아 부른 별호가 '최메추리'일 만큼 그는 중국산 꿩보다 토종 메추리 그리기를 좋아했다.

① 최북은 그림으로 많은 돈을 벌고자 하는 욕심이 없었다.

② 반 고흐는 그림을 그리지 않는 날이면 매일 독한 술을 마셨다.

③ 최북은 중국에 대해 비판적인 인식을 드러내는 그림을 그렸다.

④ 반 고흐는 인간의 삶을 다루는 그림만 그렸을 뿐 풍경화는 그리지 않았다.

02 다음 글에 대한 이해로 적절한 것은?

> **초랭이:** 이메야, 이놈아야. 니는 와 맨날 비틀비틀 그노, 이놈아야.
>
> **이메:** 까부지 마라 이놈아야, 니는 와 촐랑촐랑 그노, 이놈아야. (촐랑거리는 흉내를 내다 넘어진다.) 아이쿠, 아이구 궁디야, 아구야.
>
> **초랭이:** 에이, 등신아. (머리를 쥐어박고 일으켜 준다.) 이메야, 아까 중놈하고 부네하고 요래요래 춤추다가 내가 나오끼네 중놈이 부네를 차고 저짜로 도망갔잖나.
>
> **이메:** 머라꼬, 아이구 우습데이……. (웃음)
>
> **양반:** 야야, 초랭아. 이놈 거기서 촐랑대지만 마고 저기 가서 부네나 찾아오너라.
>
> 이 말에 초랭이는 '야.' 하고 부네를 데리러 쫓아다니지만 어느새 부네는 양반 뒤에 와 있다. 선비는 몹시 언짢아한다.
>
> **초랭이:** 부네 여 왔잖나.
>
> 부네는 양반의 귀에다 대고 '복' 한다.
>
> **양반:** 아이쿠, 깜짝이야. 귀청 떨어질라. 오냐, 부네라!
>
> 다시 초랭이는 관중들과 함께 부산을 떨고 선비는 연신 못마땅한 표정을 짓는다. 부네는 양반의 어깨를 주무르다 말고 양반의 머리에서 이를 잡는 시늉을 한다. 초랭이가 이를 보고
>
> **초랭이:** 헤헤, 양반도 이가 다 있니껴?
>
> 양반과 선비가 모두 일어난다. 선비는 일어나면서 "에끼 고얀지고."라며 심경을 토로한다.
>
> – 작자 미상, '하회 별신굿 탈놀이'

① 초랭이는 양반의 이를 잡아주고 있군.

② 초랭이는 비틀비틀 거리며 걸어오다가 결국 넘어지고 마는군.

③ 양반은 자신의 체통을 신경쓰지 않고 부네를 찾으러 가는군.

④ 부네는 말 대신 신호를 통해 양반에게 자신의 존재를 알리고 있군.

03 다음 주장에 대한 반론으로 가장 적절한 것은?

포털 사이트의 댓글 기능을 완전히 폐지해야 합니다. 스포츠, 연예 분야 기사의 댓글은 물론 일반인을 향한 댓글의 폭력성이 더욱 짙어지고 있습니다. 연령을 불문한 많은 사람들이 쉽게 접근할 수 있음에도 서로가 누군지 알 수 없는 인터넷의 특성상 댓글로 표출되는 언어폭력의 수준은 매우 심각합니다. 현재 부적절한 댓글을 감지하여 블라인드 처리되는 시스템이 도입되고는 있지만 실질적인 효과가 있는지는 의문입니다. 따라서 포털 사이트 댓글 기능의 완전한 폐지만이 익명성에 기댄 무분별한 언어폭력으로 인한 피해를 막을 수 있을 것입니다.

① 댓글 기능을 대체할 수 있는 새로운 시스템을 개발해야 한다.
② 댓글 기능은 포털 사이트가 등장할 때부터 도입된 기능이므로 폐지할 수 없다.
③ 인터넷 실명제를 도입한다면 댓글 기능을 완전히 폐지하지 않더라도 부작용을 예방할 수 있다.
④ 언어폭력의 기준을 명확히 정립한 후 부적절한 댓글을 쓰는 이용자들에 대한 처벌을 강화해야 한다.

04 ㉠~㉢에 해당하는 예를 바르게 연결한 것은?

㉠ 겹받침 'ㄳ', 'ㄵ', 'ㄼ, ㄽ, ㄾ', 'ㅄ'은 어말 또는 자음 앞에서 각각 [ㄱ, ㄴ, ㄹ, ㅂ]으로 발음한다.
㉡ 겹받침 'ㄺ, ㄻ, ㄿ'은 어말 또는 자음 앞에서 각각 [ㄱ, ㅁ, ㅂ]으로 발음한다.
㉢ 받침 'ㅎ(ㄶ, ㅀ)' 뒤에 'ㄱ, ㄷ, ㅈ'이 결합되는 경우에는, 뒤 음절 첫소리와 합쳐서 [ㅋ, ㅌ, ㅊ]으로 발음한다.

	㉠	㉡	㉢
①	밟다	닭과	놓고
②	핥다	묽게	쌓지
③	여덟	읊고	않던
④	넋과	굶지	싫증

05 다음의 개요를 기초로 하여 글을 쓸 때, 주제문으로 가장 적절한 것은?

Ⅰ. 서론
우리나라의 일회용품 소비 실태
Ⅱ. 본론
1. 일회용품의 소비 원인
ㄱ. 저렴한 가격
ㄴ. 편의성 추구
2. 일회용품 소비로 인해 예상되는 문제점
ㄱ. 생산 및 유통, 소비 과정에서의 환경 오염
ㄴ. 폐기물 처리 문제
3. 일회용품 소비를 줄이기 위한 대안
ㄱ. 친환경 제품 구매
ㄴ. '일회용품 줄이기' 환경 보전 캠페인 추진
ㄷ. 생산 및 유통 과정의 변화
Ⅲ. 결론
일회용품 소비를 줄이기 위한 개인과 정부의 노력 촉구

① 정부와 기업이 협력하여 일회용품의 생산 및 유통 과정을 개선해야 한다.
② 일회용품 소비로 인한 문제점을 알릴 수 있는 환경 캠페인을 진행해야 한다.
③ 일회용품 소비로 인한 환경 문제의 심각성을 인식하고 해결 방안을 모색해야 한다.
④ 일회용품 소비가 이루어지는 원인과 문제점을 분석하고 이를 줄일 수 있도록 힘써야 한다.

06 '개미 금탑 모으듯'과 의미상 거리가 가장 먼 것은?

① 積土成山
② 磨斧爲針
③ 滄海一粟
④ 실도랑 모여 대동강이 된다.

07 다음 글을 잘못 이해한 것은?

다: 촌장님은 이리가 무섭지 않으세요?
촌장: 없는 걸 왜 무서워하겠냐?
다: 촌장님도 아시는군요?
촌장: 난 알고 있지.
다: 아셨으면서 왜 숨기셨죠? 모든 사람들에게, 저 덫을 보러 간 파수꾼에게, 왜 말하지 않는 거예요?
촌장: 말해 주지 않는 것이 더 좋기 때문이다.
다: 거짓말 마세요, 촌장님! 일생을 이 쓸쓸한 곳에서 보내는 것이 더 좋아요? 사람들도 그렇죠! '이리 떼가 몰려온다.' 이 헛된 두려움에 시달리고 사는 게 그게 더 좋아요?
촌장: 얘야, 이리 떼는 처음부터 없었다. 없는 걸 좀 두려워한다는 것이 뭐가 그렇게 나쁘다는 거냐? 지금까지 단 한 사람도 이리에게 물리지 않았단다. 마을은 늘 안전했어. 그리고 사람들은 이리 떼에 대항하기 위해서 단결했다. 난 질서를 만든 거야. 〈중 략〉
촌장: 하나 지금은 내가 말할 틈이 없다. 사람들이 오면, 넌 흰 구름이라 외칠 거구, 사람들은 분노하여 도끼를 휘두를 테구, 그럼 나는, 나는…… (은밀한 목소리로) 얘, 네가 본 흰 구름 있잖니, 그건 내일이면 사라지고 없는 거냐?
다: 아뇨. 그렇지만 난 오늘 외치구 싶어요.
촌장: 그것 봐. 넌 내가 끔찍하게 죽는 것을 보고 싶은 거야. 더구나 더 나쁜 건, 넌 흰 구름을 믿지도 않아. 내일이면 변할 것 같으니까, 오늘 꼭 외치려고 그러는 거지. 아하, 넌 네가 본 그 아름다운 걸 믿지도 않는구나!
다: (창백해지며) 그건, 그건 아니에요!
촌장: 그래? 그럼 너는 내일까지 기다려야 해. (괴로워하는 파수꾼 다를 껴안으며) 오늘은 나에게 맡겨라. 그러면 나도 내일은 너를 따라 흰 구름이라 외칠 테니.
다: 꼭 약속하시는 거죠?
촌장: 물론 약속하지. — 이강백, '파수꾼'

① 촌장은 마을의 질서를 지킨다는 명분으로 진실을 은폐하고 있다.
② 파수꾼 다는 시간이 지나면 흰 구름이 사라질 것이라고 믿고 있다.
③ 파수꾼 다는 이리 떼가 없다는 사실을 마을 사람들에게 알리고 싶어 한다.
④ 촌장과 파수꾼 다의 대화를 통해 권력자가 민중들을 통제하는 모습을 보여준다.

08 다음 시에 대한 설명으로 적절하지 않은 것은?

— 사랑하는 것은
사랑을 받느니보다 행복하나니라
오늘도 나는
에메랄드 빛 하늘이 훤히 내다뵈는
우체국 창문 앞에 와서 너에게 편지를 쓴다

행길을 향한 문으로 숱한 사람들이
제각기 한 가지씩 생각에 족한 얼굴로 와선
총총히 우표를 사고 전보지를 받고
먼 고향으로 또는 그리운 사람께로
슬프고 즐겁고 다정한 사연들을 보내나니

세상의 고달픈 바람결에 시달리고 나부끼어
더욱더 의지 삼고 피어 헝클어진 인정의 꽃밭에서
너와 나의 애틋한 연분도
한 망울 연연한 진홍빛 양귀비꽃인지도 모른다

— 사랑하는 것은
사랑을 받느니보다 행복하나니라
오늘도 나는 너에게 편지를 쓰나니

— 그리운 이여 그러면 안녕
설령 이것이 이 세상 마지막 인사가 될지라도
사랑하였으므로 나는 진정 행복하였네라 — 유치환, '행복'

① 수미 상관식 구성이 사용되었다.
② '연연한'은 '아름답고 어여쁜'의 의미이다.
③ 부드러운 어조로 주제를 형상화하고 있다.
④ 사랑의 마지막 순간에 대한 아픔이 느껴진다.

09 〈보기〉의 내용을 이해한 것으로 가장 옳은 것은?

> 보기
>
> 예술 작품은 창작자와 창작된 시간, 문화적 환경과의 관계 속에서 창작되는데, 예술 작품의 창작과 관계되는 이 요소들에는 사회 규범과 예술 전통, 작가의 개성 등이 포함되어 있다. 하지만 그런 것들로 예술 작품의 의미를 확정할 수는 없다. 그런 것들은 창작자에 의해 텍스트로 조직되면서 변형되어 단지 참조 체계로서의 배경으로만 존재할 따름이다.
>
> 예술 작품의 의미는 역사의 특정한 순간에 만나게 되는 감상자에 의해 해석된다. 그런데 의미를 해석하기 위해서는 반드시 일정한 준거틀이 있어야 한다. 준거틀이 없다면 해석은 감상자의 주관적 이해를 벗어나기 어렵기 때문이다. 해석의 준거틀 역할을 하는 것이 바로 참조 체계이다.

① 예술 작품은 예술의 전통을 이어갈 수 있도록 하는 매개체이다.

② 예술 작품이 창작된 시대의 문화적 환경이 작품에 그대로 나타난다.

③ 예술 작품은 작가와 관련된 여러 요소들 간의 관계 속에서 제작된다.

④ 예술 작품은 역사를 감상의 준거로 삼고 객관적인 시선으로 감상해야 한다.

10 밑줄 친 한자어의 쓰임이 문맥상 적절한 것은?

① 기회를 잘 褒貶하는 게 중요하다.

② 법에 接觸되지 않도록 주의해야 한다.

③ 지나친 干涉 때문에 오히려 일을 망쳤다.

④ 자동차 전조등 불빛이 剛烈해 눈이 부셨다.

11 〈보기〉에 대한 설명으로 옳은 것은?

> 보기
>
> 18세기 절대주의 시대에는 국왕의 권력이 가장 컸다. 각 나라의 국왕들마다 경쟁적으로 궁궐을 화려하게 건축하여 국력을 과시하려 했다. 베르사유 궁, 쇤브룬 궁은 각기 부르봉 왕가와 합스부르크 왕가의 권세를 상징하는 건축물이다. 궁궐을 짓기 위해 당대 최고의 과학과 기술이 이용되었고, 수많은 인력이 동원되었다. 베르사유 궁을 지을 동안 "매일 밤마다 죽은 사람들을 가득 실은 수레가 지나갔다"라는 기록이 남을 정도로 루이 14세는 사람들을 혹사시키며 자신의 여름 별장을 화려하고 웅대하게 건설했다.
>
> – 조한욱, 『역사에 비친 우리 초상』

① 나라마다 다르게 지어진 궁궐의 모습을 비교하고 있다.

② 궁궐에 대한 다양한 관점을 제시하며 주제를 강화하고 있다.

③ 역사적 자료를 바탕으로 권력이 세습되는 문화를 비판하고 있다.

④ 구체적인 사례를 들어 권력을 과시하기 위해 지어진 건축물을 소개하고 있다.

12 〈보기〉의 (가), (나)에 대한 설명으로 가장 옳은 것은?

> 보기
>
> (가) 누고셔 삼공(三公)도곤 낫다 ᄒᆞ더니 만승(萬乘)이 이만ᄒᆞ랴
> 이제로 헤어든 소부 허유(巢父許由) ㅣ 냑돗더라
> 아마도 임천한흥(林泉閑興)을 비길 곳이 업세라
>
> (나) 강호(江湖)에 여름이 드니 초당(草堂)에 일이 없다
> 유신(有信)한 강파(江波)는 보내느니 바람이로다
> 이 몸이 서늘하옴도 역군은(亦軍恩)이샷다

① (가)와 (나) 모두 소박한 삶의 태도가 드러난다.

② (가)의 화자는 자연을 즐기는 삶에 자부심을 느끼고 있다.

③ (나)의 화자는 멀리 떨어져 있는 임금에 대해 걱정하고 있다.

④ (가)는 속세를 벗어난 것에 대한 기쁨을, (나)는 여름의 한가한 정취를 그리고 있다.

13 밑줄 친 단어 중 그 의미가 나머지 셋과 가장 다른 것은?

① 날씨가 춥다 보니 집에만 있었다.

② 짐이 너무 무겁다 보니 혼자 옮길 수가 없었다.

③ 그 일이 중요하다 보니 함부로 말하기 어려웠다.

④ 그와 오랫동안 지내다 보니 좋은 사람임을 느꼈다.

14 다음 글을 바탕으로 추론한 생각 중 적절한 것은?

권리라는 낱말은 규범으로서의 법의 테두리 안에서만 비로소 그 의미를 갖는다. 법은 행동의 규범이며, 규범은 누군가에 의해서 만들어지고 정해진 사회적 약속이다. 그러므로 법이라는 약속은 누군가에 의해서 지켜질 수도 있고 그렇지 않을 수도 있으며, 유지될 수도 있고 폐기될 수도 있다. 만약 예외 없이 모든 법이 한 개인 혹은 한 집단에 의해서 그때그때 마음대로 지켜지거나 폐기될 수 있다면, 모든 법은 구속력이 없어지고, 구속력이 없는 법은 법이 아니다. 법이 마음대로 지켜지기도 하고 폐기되기도 할 수 있다면, 그 법은 구속력을 잃고, 구속력을 잃은 법은 법으로서의 기능을 상실한다. 이런 이유로 법은 권위를 갖추어야 하며, 권위를 갖추려면 정당성을 갖추어야 한다.

① 급변하는 사회에 맞춰 법의 내용도 변화할 것이다.

② 법 집행 과정에서 정당성을 잃는다면 법은 권위를 잃게 될 것이다.

③ 정해진 법에서 벗어난 권리를 요구하더라도 그 권리는 보장받을 것이다.

④ 특정 집단에만 일시적으로 무력화된 법이 있다면 그 법은 구속력을 잃을 것이다.

15 다음 글을 읽고 추론한 내용으로 가장 적절하지 않은 것은?

유기체와 마찬가지로 사회도 여러 부분으로 구성되어 있으며, 각 부분은 전체의 존속을 위하여 필요한 각각의 기능을 수행한다는 것이 기능이론의 설명이다. 그런 의미에서 사회의 각 부분은 상호의존적이다. 사회는 항상 안정을 유지하려는 속성을 지니고 있으며 어떤 충격에 의하여 안정이 깨뜨려지면 이를 회복하기 위한 노력을 전개한다. 한편 사회를 구성하고 있는 각 부분 간에는 우열이 있을 수 없으며 각기 수행하는 기능상의 차이가 있을 뿐이다. 다른 사람에 비하여 더 많은 재산이나 권력을 가진 사람이 있는 것은 그가 다른 사람에 비하여 더 힘들고 중요한 기능을 맡고 있기 때문에 사회적 보상을 더 많이 받고, 동시에 그 기능 수행에 필요한 권한을 부여받았기 때문이다. 그런 의미에서 계층은 기능의 차이에 바탕을 둔 차등적 보상 체제의 결과일 뿐이다. 결국 기능주의 이론이 보는 사회는 각기 다른, 질적으로 우열의 차이가 없는 기능을 수행하는 수많은 개인 및 집단의 통합체로서, 안정과 질서 유지라는 합의된 목표 아래 상호의존 하여 살아가는 인간 집단이다.

① 사회에 미치는 영향력이 클수록 그 우월성을 인정받을 것이다.

② 상류 계층은 사회를 유지하는 데 막중한 역할을 수행할 것이다.

③ 최저 임금을 받는 직군은 상대적으로 수월한 업무를 수행할 것이다.

④ 재난이 발생하면 사회의 각 부분은 서로 도와 안정을 되찾기 위해 노력할 것이다.

16 ㉠~㉣ 중 밑줄 친 문장에서 강조하는 내용과 의미가 가장 가까운 것은?

사실과 해석 가운데 무엇에 더 중점을 두고 이야기를 구성하느냐에 따라 역사인가 ㉠사극인가가 결정된다. 근대 역사학은 둘 사이의 우위를 명확히 설정했다. 사실을 기록하는 역사학만이 ㉡과학의 분야로 인정받을 수 있고, 허구가 가미된 사극은 기껏해야 ㉢예술의 장르에 속할 뿐이다. 근대란 과학이 진실을 독점했던 시대다. 하지만 문제는 무엇을 위한 과학적 진실인가이다. 인간에게 중요한 것은 삶의 ㉣의미지 과학적 진실이 아니다. 역사의 궁극적인 목표는 인간의 자기 인식이다. 그래서 부르크하르트와 같은 역사가는 역사 연구의 변하지 않는 중심은 인내하며, 고뇌하며, 또 노력하는 인간이라고 말했다.

① ㉠ ② ㉡
③ ㉢ ④ ㉣

17 <보기>의 ㉠, ㉡에 들어갈 단어로 가장 옳은 것은?

보기

한국 정치의 부패는 정치인이나 공직자 개인의 탐욕에서 저질러지는 ㉠ 수준의 문제라기보다는 상당히 제도화되어 있으며 정경 유착과 같이 구조적으로 유인되는 것이다. 그러므로 정치인에게 각성을 촉구하고 도덕군자가 되라고 훈계하는 식의 선언적 개선책으로는 미흡하다. 정치 부패나 관료 부패나 뿌리가 깊은 만큼 정치의 민주화와 건전한 자본주의적 질서가 확립되어야 부패가 사라지게 된다.

입법부와 행정부 간의 대등한 권력 관계가 유지되지 못하고 행정부에 권력이 집중되어 있는 상황이 대형의 정치 부패를 조장하고 있다. 공직자 부패의 청산에 기여하는 방향으로 국회의 대행정부 권한을 ㉡ 할 필요가 있다. 이러한 방안의 하나는 감사원을 국회 소속 기관으로 전환하는 것이다. 감사원이 행정부에 속해 있는 한 권력 중추부에 대한 실질적 감사가 이루어지기 어렵다. 감사원이 상시적 감사 활동으로 국회를 보조함으로써 제도화된 부패를 시정하는 데에 공헌하는 것이 바람직하다.

	㉠	㉡		㉠	㉡
①	사회	부각	②	개인	강화
③	집단	약화	④	법칙	강조

18 다음 글에서 설명한 '사회 비교 이론'에 가장 적절한 것은?

사람들이 자신의 능력이나 의견을 정확하게 평가하기 위해서는 유사한 능력이나 의견을 가지고 있는 사람들과 스스로를 비교해야 한다. 이를 위해 사람들은 나와 유사한 측면을 많이 공유하고 있는 사람들과 자기 자신을 비교하게 되며, 이때 다른 사람들을 나와 더 '유사하게' 바꾸려고 노력하는 동시에, 나 자신도 타인과 더 유사해지도록 노력한다. 그러나 이러한 노력이 실패하게 될 경우, 사람들은 나와 유사하지 않은 사람으로 간주하고, 비교를 그만두게 된다.

위와 같은 특징을 가지고 있는 사회 비교 이론은, 비교를 하는 대상이 나보다 우월한지, 혹은 열등한지에 따라서 상향 비교와 하향 비교로 구분된다.

① 자신이 집필한 전공 서적의 명확한 평가를 위해 다른 전공 교재와 비교하였다.
② 토론문 작성 후 반대편 입장의 토론문과 비교하여 의견의 적절성을 판단하였다.
③ 육상 유망주가 자신의 기록을 평가하기 위해 육상 국가 대표 선수의 기록을 찾아 상향 비교하였다.
④ 같은 품목을 생산하는 경쟁 업체와의 비교를 통해 다른 회사와 차별성 있는 생산 방법을 개발하였다.

19 (가)와 (나)에 대한 이해로 가장 적절하지 않은 것은?

(가) 말 업슨 청산(靑山)이오 태(態) 업슨 유수(流水)로다
갑 업슨 청풍(淸風)이오 님ᄌᆞ 업슨 명월(明月)이로다
이 즁에 병(病) 업슨 이 몸이 분별(分別) 업시 늘그리라.
(나) 이런ᄃᆞᆯ 엇더ᄒᆞ며 뎌런ᄃᆞᆯ 엇더ᄒᆞ료
초야 우생(草野愚生)이 이러타 엇더ᄒᆞ료
ᄒᆞᄆᆞᆯ며 천석고황(泉石膏肓)을 고텨 므슴ᄒᆞ료

① (가)는 대구법을 사용하여 운율을 형성하고 있다.
② (나)는 설의법을 사용하여 주제를 드러내고 있다.
③ (가)와 (나)의 화자 모두 달관적인 삶의 태도를 보이고 있다.
④ (나)와 달리 (가)는 감정 이입을 통해 화자의 정서를 강조하고 있다.

20 국어의 조사에 대한 설명으로 가장 옳지 않은 것은?

① '이'는 '길에 사람이 많다'의 경우에는 주격 조사이지만 '언니는 대학생이 되었다'의 경우에는 보격 조사이다.
② '은'은 '내일은 신나는 토요일이다'의 경우에는 주격 조사이지만 '이 집이 깨끗은 하지만, 낡았다'의 경우에는 보조사이다.
③ '서'는 '혼자서 초밥을 먹으러 갔다'의 경우에는 주격 조사이지만 '어제 어디서 온 것인지 물어봤다'의 경우에는 부사격 조사이다.
④ '랑'은 '나는 가희랑 속초에 갔다'의 경우에는 부사격 조사이지만 '시장에 가서 조기랑 고등어랑 샀다'의 경우에는 접속 조사이다.

정답·해설 _해설집 p.47

09회 핵심 어휘 마무리 체크

☑ 잘 외워지지 않는 어휘 및 표현은 박스에 체크하여 한 번 더 확인하세요.

고유어

□ **송이** 꽃, 열매, 눈 등이 따로따로 다른 꼭지에 달린 한 덩이

□ **자락** 넓게 퍼진 안개나 구름, 어둠 등

한자 성어

□ **積土成山** **적토성산 (쌓을 적, 흙 토, 이룰 성, 메 산)**
작거나 적은 것도 쌓이면 크게 되거나 많아짐

□ **磨斧爲針** **마부위침 (갈 마, 도끼 부, 할 위, 바늘 침)**
'도끼를 갈아 바늘을 만든다'라는 뜻으로, 아무리 이루기 힘든 일도 끊임없는 노력과 끈기 있는 인내로 성공하고야 만다는 뜻

□ **滄海一粟** **창해일속 (큰 바다 창, 바다 해, 한 일, 조 속)**
'넓고 큰 바닷속의 좁쌀 한 알'이라는 뜻으로, 아주 많거나 넓은 것 가운데 있는 매우 하찮고 작은 것을 이르는 말

□ **泉石膏肓** **천석고황 (샘 천, 돌 석, 기름 고, 명치끝 황)**
자연의 아름다운 경치를 몹시 사랑하고 즐기는 성벽

한자어

□ **憐憫** **연민 (불쌍히 여길 연, 민망할 민)**
불쌍하고 가련하게 여김

□ **創作** **창작 (비롯할 창, 지을 작)**
예술 작품을 독창적으로 지어냄. 또는 그 예술 작품

□ **干涉** **간섭 (방패 간, 건널 섭)**
직접 관계가 없는 남의 일에 부당하게 참견함

□ **腐敗** **부패 (썩을 부, 패할 패)**
정치, 사상, 의식 등이 타락함

□ **貪慾** **탐욕 (탐낼 탐, 욕심 욕)**
지나치게 탐하는 욕심

□ **訓戒** **훈계 (가르칠 훈, 경계할 계)**
타일러서 잘못이 없도록 주의를 줌. 또는 그런 말

□ **褒貶** **포폄 (기릴 포, 낮출 폄)**
옳고 그름이나 선하고 악함을 판단하여 결정함

□ **抵觸** **저촉 (막을 저, 닿을 촉)**
1. 서로 부딪치거나 모순됨.
2. 법률이나 규칙 등에 위반되거나 어긋남

□ **剛烈** **강렬 (굳셀 강, 매울 렬)**
성질이 억세고 사나움

□ **清算** **청산 (맑을 청, 셈 산)**
1. 서로 간에 채무·채권 관계를 셈하여 깨끗이 해결함
2. 과거의 부정적 요소를 깨끗이 씻어 버림

□ **優越** **우월 (넉넉할 우, 넘을 월)**
다른 것보다 나음

속담

□ **개미 금탑 모으듯**
재물 등을 조금씩 조금씩 알뜰히 모아 감

□ **실도랑 모여 대동강이 된다**
아무리 작은 것이라도 모이고 모이면 나중에 큰 덩어리가 됨을 비유적으로 이르는 말

Quiz 각 어휘 및 표현의 알맞은 뜻을 찾아 연결하세요.

01 송이	㉠ 짧은 줄기에 달린 열매	06 創作	㉥ 적은 것이 쌓여 큰 것이 됨
02 자락	㉡ 돈을 많지 않게 계속해서 모음	07 積土成山	㉦ 상관없는 다른 사람의 일에 끼어듦
03 憐憫	㉢ 펼쳐진 구름	08 滄海一粟	㉧ 의식이 바른 길에서 벗어나 잘못된 길로 빠짐
04 개미 금탑 모으듯	㉣ 가엾고 불쌍하게 여김	09 干涉	㉨ 많은 것 중에 그다지 훌륭하지 않은 것
05 訓戒	㉤ 잘못하지 않도록 타이르는 말	10 腐敗	㉩ 다른 것을 모방하지 않고 작품을 새롭게 지음

정답 | 01 ㉠ 02 ㉢ 03 ㉣ 04 ㉡ 05 ㉤ 06 ㉩ 07 ㉥ 08 ㉨ 09 ㉦ 10 ㉧

정답·해설 _해설집 p.53

10회 실전동형모의고사

제한시간 : 20분 시작 시 분 ~ 종료 시 분 점수 확인 개/ 20개

01 밑줄 친 어휘의 표기가 옳은 것은?

① 꿈과 현실은 큰 괘리가 있다.
② 강아지의 사료는 노란 빛이 농호했다.
③ 무개한 소문임에도 삽시간에 널리 퍼졌다.
④ 우리 가족은 옆집 가족과 단취를 이루었다.

02 다음 글에 대한 이해로 적절하지 않은 것은?

영화는 예술과 기술의 복합체이다. 기술의 진화는 문자 그대로 우리가 영화를 보는 방식을 변화시켰다. 그리하여 필연적으로 기술은 우리가 영화를 쓰는 방식을 변화시켰다. 그러나 재료를 다루는 방식에서 어떤 변화가 일어났든, 시나리오의 속성은 늘 같다. 시나리오란 대사와 묘사를 이미지로 이야기하는 것이며, 극적 구조의 맥락에서 설정된다. 바로 이것이 시나리오이며, 시나리오의 속성이다. 즉 시나리오란 시각적으로 이야기하는 예술이다.

시나리오 쓰기 기법은 습득 가능한 창작 과정이다. 이야기를 하려면 등장인물을 설정하고 극적 전제(무엇에 관한 이야기인가)와 극적 상황(행위를 둘러싼 상황)을 도입해야 하며, 인물이 맞서거나 극복해야 할 장애물을 창조해야 하고 이야기를 해결해야 한다. 소년이 소녀를 만나고 소년이 소녀를 차지하고, 소년이 소녀를 놓친다와 같은 식이다. 아리스토텔레스에서 시작해 모든 문명을 거쳐 존재해 온 모든 이야기는 동일한 극적 원칙을 구체화한 것들이다.

① 좋은 시나리오란 극적 구조가 치밀한 시나리오를 의미한다.
② 기술이 발전함에 따라 영화 감상과 시나리오 제작 방식이 변화했다.
③ 시나리오를 비롯해 오늘날까지 창작된 모든 이야기의 속성은 동일하다.
④ 시나리오 작가는 이미지를 대사와 묘사로 전달하기 위해 극적 맥락을 창조하는 사람이다.

03 밑줄 친 곳에 들어갈 말로 가장 적절한 것은?

기자: ______________________________

교수: 가장 중요한 것은 우리 사회의 분위기를 전환하는 것입니다. 우리 모두가 아동 학대를 예방하기 위해 주변에 관심을 기울여야 합니다. 옆집에서 큰 소리가 나거나 아이가 우는 소리가 계속되면 무슨 일이 있는지 물어볼 정도의 사회적 분위기가 형성되어야 하는 것이지요. 이와 같은 변화가 시작되면 사회의 사각지대에서 학대 속에 방치되어 있는 아이들을 구할 수 있습니다. 힘없는 아이들을 때리거나 괴롭히는 이웃이 없는지 주의 깊게 살피는 등 개인적 차원의 노력뿐 아니라 아동 학대 예방을 위한 사회 시스템도 정비되어야 합니다.

① 아동 학대를 근절하기 위한 방안이 있는지요?
② 이웃의 아동 학대 사건에 어떻게 대처해야 하는지요?
③ 아동 학대 신고 수가 계속 증가하는 이유는 무엇인지요?
④ 아동 학대 피해 아이들을 위해 어떤 제도가 마련되어 있는지요?

04 다음 글에서 '도킨스'의 견해로 볼 수 없는 것은?

유전자 연구를 토대로 다윈의 진화론을 재창조한 도킨스는 『이기적 유전자』에서 진화에 결정적인 역할을 하는 경쟁과 자연선택이 개인이나 집단이 아니라 유전자 수준에서 벌어진다는 이론을 펼쳤다. 나는 그의 이론이 과학적으로 타당한지 여부를 판단할 능력이 없다. 그러나 정치적으로 볼 때 도킨스의 이론은 무척 매력적이다. 도킨스의 이론이 옳다면 보수주의의 철학적 거점인 사회다윈주의는 다윈주의를 오독한 것이 되기 때문이다. 적자생존의 원리는 강자의 지배를 합리화하는 이론이었다. 빈민 구제 활동과 국가의 공중 보건 정책이 대중의 빈곤과 사회악을 더 심화시킨다고 한 경제학자 맬서스의 주장이나 식민지를 획득하기 위한 세계 침략을 옹호했던 제국주의 시대의 지배 이데올로기는 모두 적자생존 이론과 연결되어 있다. 오늘날에도 부자와 강자를 옹호하는 보수주의자들은 모두 다윈을 좋아했다.

그런데 도킨스는 경쟁과 자연선택이 개체나 집단이 아니라 유전자 수준에서 일어난다고 주장한다. 자신을 많이 복제하여 널리 퍼뜨리는 것이 이기적 유전자의 활동 목적이다. 그런데 유전자는 혼자 성공할 수 없다. 개체의 유전자 풀에 함께 존재하는 다른 유전자들과 잘 협동하여 개체의 생존 능력을 높이는 유전자가 성공한다. 개체도 이기적으로 행동하지만 늘 반드시 이기적이어야 할 이유는 없다. 유전자가 그런 것처럼 개체도 같은 집단에 속한 다른 개체와 잘 협동해야 성공할 수 있다. 같은 원리에 따르면 집단도 다른 집단과 잘 협동할 때 생존 능력을 높일 수 있다. 개체든 집단이든 이타 행동과 협동을 통해 더 큰 이익을 얻는 방법을 배우는 게 유리하다는 것이다. '이기적 유전자' 이론은 다윈의 『종의 기원』을 유전학의 토대 위에서 재해석함으로써 전통적인 사회다윈주의 이론을 반박하는 '이타주의 동물행동학'의 새로운 논리를 제공했다.

① 빈민 구제 활동이나 국가 복지 정책 등이 사회악을 더욱 심화시킨다.

② 경쟁과 자연선택은 개체와 집단이 아닌 유전자 수준에서 일어나는 것이다.

③ 성공하는 유전자와 같이 개체 또한 다른 개체와 협동해야만 성공할 수 있다.

④ 집단은 협동이나 이타적 행동을 통해 보다 큰 이익을 얻는 방법을 배우는 것이 좋다.

05 <보기>의 밑줄 친 ㉠에 대한 이해로 가장 적절한 것은?

보기

그러나 지금 우리는
불로 만나려 한다.
벌써 숯이 된 뼈 하나가
세상에 불타는 것들을 쓰다듬고 있나니

만 리(萬里) 밖에서 기다리는 그대여
저 불 지난 뒤에
㉠ <u>흐르는 물로 만나자.</u>
푸시시 푸시시 불 꺼지는 소리로 말하면서
올 때는 인적 그친
넓고 깨끗한 하늘로 오라.

① 물질적인 삶에 대한 냉소적인 태도가 드러나 있다.

② 화합의 순간을 맞이하고자 하는 간절한 태도가 드러나 있다.

③ 현실의 문제를 해결할 수 없다는 회한의 태도가 드러나 있다.

④ 이기적인 현실과 타협한 현대인들에 대한 반어적인 태도가 드러나 있다.

06 한자 성어의 뜻풀이로 옳지 않은 것은?

① 사생취의(捨生取義): 목숨을 버릴지언정 옳은 일을 함을 이르는 말

② 간어제초(間於齊楚): 약자가 강자들 틈에 끼어서 괴로움을 겪음을 이르는 말

③ 조변석개(朝變夕改): 계획이나 결정 등을 일관성이 없이 자주 고침을 이르는 말

④ 경전하사(鯨戰蝦死): 강한 자가 약한 자를 희생시켜서 번영하거나, 약한 자가 강한 자에게 끝내는 멸망됨을 이르는 말

07 다음 글을 참고할 때, 〈보기〉에서 민지의 말에 대한 은혜의 말이 '격려하기'에 해당하는 것은?

공감적 듣기는 상대의 말을 분석하고 비판하기보다는 우선 상대의 관점에서 문제를 바라보고 이해하려고 노력하는 듣기 방법이다. 먼저 집중하기는 대화 상대와 눈 맞춤, 끄덕임 등을 보여 상대가 말을 이어나갈 수 있도록 관심을 표하는 방법이다. 격려하기는 상대의 말에 맞장구를 쳐주고 격려를 표하는 방법으로, 상대가 말한 주요 어휘나 표현을 반복하거나 내용을 정확하게 이해하기 위한 질문하기 등을 통해 실현한다. 반영하기는 상대방이 객관적인 관점에서 문제에 접근하도록 말을 요약, 정리해 주는 것으로, 재진술하는 방법이 있다.

보기

민지: 어제 학회에서 한 논문 발표 완전 엉망이었어.

은혜: ______________________________

① 너, 논문 발표를 어떻게 했기에 그래?

② 중요한 발표라면서 긴장하면 어떡해.

③ 정말? 학회에서 논문 발표를 망쳤다는 거야?

④ 열심히 준비했던 발표를 망쳐 마음이 안 좋겠구나.

08 밑줄 친 부분에 해당하는 것은?

'-기'는 동사나 형용사 어간 뒤에 붙어 명사를 만드는 접미사로 쓰이는 경우와, '이다'의 어간, 용언의 어간이나 어미 '-으시-', '-었-' 뒤에 붙어 그 말을 명사형으로 만들어 주는 어미로 쓰이는 경우가 있다.

① 펜의 굵기를 조절했다.

② 영어는 배우기가 어렵다.

③ 생선의 크기가 클수록 비쌌다.

④ 사람들은 명절에 과일 사재기에 열을 올렸다.

09 다음 글의 전개 순서로 가장 자연스러운 것은?

(가) 머피의 법칙에 대해 과학자들은 그동안 별다른 관심을 보이지 않았다. 그들은 머피의 법칙은 단지 우스갯소리일 뿐, 종종 들어맞는다는 사실조차 우연이나 착각으로 여겨왔다. 그들이 머피의 법칙을 반박할 때 즐겨 사용하는 용어는 '선택적 기억'이라는 것이다. 우리들의 일상은 갖가지 사건과 경험들로 가득 채워져 있지만, 대부분 스쳐 지나가는 경험으로 일일이 기억의 형태로 머릿속에 남진 않는다. 그러나 공교롭게도 일이 잘 안 풀린 경우나 아주 재수가 없다고 느끼는 일들은 아주 또렷하게 기억에 남는다. 결국 시간이 지나고 나면 머릿속엔 재수가 없었던 기억들이 상대적으로 많아진다는 것이다.

(나) 그러나 일상에서 벌어지는 실제 상황은 토스트를 위로 던지는 경우가 아니라 대부분 식탁에서 떨어뜨리거나 사람이 들고 있다가 떨어뜨리는 경우다. 이런 경우에도 결과는 위 실험과 같게 나올까? 로버트 매슈스는 보통의 식탁 높이나 사람의 손 높이에서 토스트를 떨어뜨릴 경우 토스트가 충분히 한 바퀴를 회전할 만큼 지구의 중력이 강하지 않다는 것을 간단한 계산으로 증명했다. 대부분 반 바퀴 정도를 돌고 바닥에 닿기 때문에 버터를 바른 면이 반드시 바닥을 향해 떨어진다는 것이다.

(다) 1991년 영국 비비시(BBC) 방송의 어느 유명한 과학 프로그램에서는 '버터 바른 토스트'에 관한 머피의 법칙을 반증하기 위해 사람들로 하여금 토스트를 공중에 던지게 하는 실험을 했다. 300번을 던진 결과, 버터 바른 쪽이 바닥으로 떨어진 경우는 152번, 버터를 바른 쪽이 위를 향하는 경우는 148번으로 나왔다. 그들은 '확률적으로 별 차이가 없다'는 것을 보여줌으로써 머피의 법칙은 결국 우리들의 착각이었다는 결론을 내렸었다.

(라) 그러나 신문 칼럼니스트이자 영국 애슈턴 대학 정보 공학과에서 방문 연구원으로 일하고 있는 로버트 매슈스는 선택적 기억만으로는 설명하기 어려운, 머피의 법칙이 그토록 잘 들어맞는 이유를 과학적으로 하나씩 증명해서 화제가 되고 있다. 그가 처음 증명했던 머피의 법칙은 '버터 바른 토스트'에 관한 것이었다. 아침에 출근 준비로 부산을 떨며 토스트에 버터를 발라 허둥대며 먹다 보면 빵을 떨어뜨리기 쉽다. 그런데 공교로운 것은 하필이면 버터나 잼을 바른 쪽이 꼭 바닥으로 떨어진다는 사실이다.

① (가) - (다) - (나) - (라)

② (가) - (다) - (라) - (나)

③ (가) - (라) - (나) - (다)

④ (가) - (라) - (다) - (나)

10 ㉠~㉢에 대한 설명으로 적절한 것은?

㉠조선 후기 화가들은 조선의 아름다운 산하, 곧 우리나라의 명승을 화폭에 즐겨 담았다. 그리고 이를 '진경산수화(眞景山水畵)'라 일컫는다. 실재하는 풍경을 그렸기에 붙인 명칭이자, 한국회화사에서 커다란 업적으로 주목받는 영역이다.

조선의 화가가 조선 땅을 그리는 것은 당연한 일임에도 진경산수화는 역사적으로 의미가 크다. 그 이유는 중국의 송(宋)·명(明) 시기의 산수화풍을 기리던 관념미에서 벗어나 우리 땅의 현실미를 찾았기 때문이다. 이러한 회화 경향은 풍속화나 초상화 등 인물화와 같이 조선적인 것과 당대 현실을 중요시했던 후기의 새로운 문예사조와 함께한다.

먹그림과 함께 발달한 수묵산수화는 시인이자 화가인 ㉡왕유(王維)를 종조(宗祖)로 삼아 당(唐)나라 이후 문인 계층이 사유하면서 융성했다. 잘 알다시피 한·중·일 동아시아의 역대 문인들은 맑은 심성을 기르고 즐거운 삶을 꾸리려 은둔과 풍류의 공간을 찾았다.

산림(山林)에 낙향하거나 풍치 좋은 곳에 별장을 두기도 했고, 주거지에 정원을 꾸미거나 원림(園林)에 암석으로 가산(假山)을 치장하기도 했다. 거기에서 철학과 시문학을 싹 틔웠고, 회화나 음악을 발전시켰다.

죽림칠현(竹林七賢), 도연명(陶淵明)의 무릉도원(武陵桃源)과 귀거래(歸去來), 왕유(王維)의 망천(輞川), 소동파(蘇東坡)의 서호(西湖)나 적벽(赤壁), 주희(朱熹)의 무이구곡(武夷九曲), 이적(李迪)이 처음 그렸다는 소상팔경(瀟湘八景) 등 중국에 그 원류가 존재한다. 이들처럼 이상향을 꿈꾸거나 자연과 벗하고자 했던 문인들의 삶과 사상이 고스란히 밴 수묵산수화는 중국은 물론이려니와 그 영향 아래 한국과 일본에서 유교 문예의 꽃으로 꼽힌다. 서구 유럽보다 근 6~7세기 앞서 독립적인 풍경화 영역이 동아시아에서 출현했다는 점에서도 그러하다. 〈중 략〉

안평대군(安平大君)이 도원(桃源)을 꿈꾸고 ㉢안견(安堅)이 그 꿈을 형상화한 과정은 당대 왕실과 사대부 계층의 정치와 문화지형을 여실히 보여준다. 안평대군과 집현전 학사들의 화제시(畵題詩)는 뚜렷하게 권력 지향적이며, 동시에 소박한 은둔자의 꿈이 뒤섞여 있다. 결국 도원을 품었던 안평대군과 집현전 학사들의 기도는 세조(世祖)가 된 수양대군의 무력으로 좌절되었지만, 그 이상(理想)은 조선 500년 성리학 사회와 문화를 형성하는 데 단단한 디딤돌이었다.

① ㉠과 달리 ㉡은 우리 땅의 관념미를 부정한 그림을 그렸다.
② ㉡과 달리 ㉠은 조선적인 것과 현실을 그려내는 것을 중시했다.
③ ㉢과 달리 ㉠과 ㉡은 추후 성리학 사회와 문화를 형성하는 데 발판이 되었다.
④ ㉠, ㉡, ㉢은 모두 죽림칠현, 무릉도원과 같이 중국에 그 원류를 두고 있다.

11 다음 글의 전개 방식에 대한 설명으로 적절한 것은?

가르치는 것만큼 어려운 것도 없다. 많이 안다고 잘 가르치는 것도 아니고, 다소 모른다고 잘 못 가르치는 것도 아니다. 그래서 어떤 사람들은 가정교육이 학교교육을 앞선다고 하고 그 반대를 주장하기도 한다.

어머니가 아이의 눈을 들여다보고, 마음을 읽으며 가르치는 것이 가장 효과적인 교육이라고 말하기도 한다. 하지만 교육의 과학성을 강조하는 측면에서 보면 말도 안 되는 소리다. 어머니의 지식 정도에 따라서 그 결과는 아주 다르기 때문이다.

교육학자들은 교육이란 것에 대하여 그 정의, 평가성, 발달 과정, 탐구 방법, 교수법으로 나누어서 말한다. 다시 말해 지식은 무엇이고, 가장 믿을 만한 것이며, 발생 경위와 어떻게 배우고 가르쳐야 하는지를 아는 것이라고 말한다.

가르치는 방법으로 그리스의 소피스트들은 대중들에게 연설법을 썼지만 소크라테스는 문답법을 활용했다. 헤이트는 가르치는 것을 예술성으로 보아서 악기 연주나 그림을 그리는 것으로 보았다. 하지만 이 수업 방식은 감정이 개입됨으로써 과학적 접근 방식에서 할 수 있는 문제점의 통제가 불가능하다는 점이다.

루소는 '에밀'에서 가르치는 방법에 대해, 신생아는 처음에 감각 기능만 가지고 태어나기 때문에, 교육의 첫 출발 역시 감각기관에서 찾아야 한다고 했다. 사람의 마음에 들어오는 것은 무엇이든지 이 감각의 문을 통해서 들어온다고 보았다.

그래서 자연적인 것, 사물 중심적인 것, 실물 놀이 같은 것에 중심을 둔 교육 방법을 제안했다. 따라서 가르치는 것을 사람의 기술이나 힘에 전적으로 맡겨서는 안 된다고 했다. 하지만 관찰이 가능한 범위 내에서만 가능하기 때문에 한계가 있다.

① 용어를 정의하여 자신의 주장을 뒷받침하고 있다.
② 사회적 통념을 제시해 화제에 대한 독자의 흥미를 유발하고 있다.
③ 현황을 살피면서 학교 교육이 나아가야 할 방향을 제시하고 있다.
④ 예시와 비유를 통해 교육학자들마다의 교육 방법을 쉽게 설명하고 있다.

12 다음 편지글을 고쳐 쓰기 위한 방안으로 가장 적절한 것은?

> 선배님, 그간 잘 지내셨나요? ㉠졸업한 지 벌써 3년이나 되었습니다. 그때 선배님의 전화번호를 잘 기억해 ㉡둘껄 후회도 했고, 이제서야 감사 인사를 드리는 게 ㉢겸연적기도 하네요. ㉣선배님은 후배를 위한 일이라면 언제든 도와주셨죠. 그 기억이 아직도 생생합니다. 특히 저처럼 갈피를 ㉤못 잡고 방황하는 친구들에게 ㉥아낌없이 지원해 주셨죠. 그때의 조언이 얼마나 도움이 ㉦되었던지 여전히 감사한 마음뿐입니다. 덕분에 대학교에 진학 후 기자라는 목표를 세우고 ㉧미리 준비하고 있습니다. 자세한 이야기는 만나서 하고 싶습니다. 연락 부탁드릴게요.

① ㉠은 하나의 단어이므로 붙여 쓰고, ㉥은 하나의 단어가 아니므로 띄어 쓴다.

② 한글 맞춤법에 따라 ㉡은 '둘걸'로, ㉢은 '겸연쩍기도'로 수정한다.

③ 높임 표현을 고려하여 ㉣은 '선배님께서는'으로, ㉦은 '되셨던지'로 수정한다.

④ 의미를 고려하여 ㉤은 '잡은'으로, ㉧은 삭제하는 것으로 수정한다.

13 ㉠~㉣의 의미로 적절하지 않은 것은?

> 살어리 살어리랏다. 바ᄅᆞ래 살어리랏다.
> ㉠ᄂᆞᄆᆞ자기 구조개랑 먹고, 바ᄅᆞ래 살어리랏다.
> 얄리얄리 얄라셩 얄라리 얄라.
>
> 가다가 가다가 드로라. ㉡에졍지 가다가 드로라.
> 사ᄉᆞ미 짒대예 올아셔 ᄒᆡ금(奚琴)을 ㉢혀거를 드로라.
> 얄리얄리 얄라셩 얄라리 얄라.
>
> 가다니 ᄇᆡ브른 도긔 설진 ㉣강수를 비조라.
> 조롱곳 누로기 ᄆᆡ와 잡ᄉᆞ와니, 내 엇디 ᄒᆞ리잇고.
> 얄리얄리 얄라셩 얄라리 얄라.
>
> – 작자 미상, '청산별곡'

① ㉠은 '나문재, 굴, 조개'를 의미한다.

② ㉡은 '외딴 부엌'을 의미한다.

③ ㉢은 '세는 것을'을 의미한다.

④ ㉣은 '독한 술'을 의미한다.

14 ㉠~㉢에 들어갈 말을 바르게 연결한 것은?

> 쌀이 잘 익으려면 대기압(1기압) 이상의 압력이 필요하다. 밥을 지을 때 솥 안의 공기와 수증기가 빠져나가 '김이 새면' 설익게 되기 때문이다. 전통 가마솥 뚜껑 무게는 솥 전체의 3분의 1에 달하는데 이러한 원리를 전기 압력 밥솥이 그대로 적용하였다. (㉠) 전기 압력 밥솥에 이런 무거운 장치를 얹을 수 없기 때문에 내솥과 뚜껑에 톱니바퀴 모양의 돌출부가 만들어져 있다. 뚜껑을 닫고 손잡이를 돌리면 톱니바퀴들이 서로 맞물리게 되어 공기와 수증기가 빠져나갈 수 없다. 여기에 압력 조절 장치를 달아 일정 압력(2기압) 이상이 되면 기체 배출구를 통해 내부 기체가 빠져나오도록 설계되어 있다.
>
> (㉡) 가마솥은 밑바닥이 둥그렇기 때문에 열이 입체적으로 전해진다. 바닥의 두께가 부위별로 다른 점도 한몫을 한다. 대부분의 가마솥에서 불에 먼저 닿는 부분을 두껍게 하고 가장자리 부분을 얇게 만들어 열을 고르게 전달시킨다. 열전도율을 훌륭하게 적용한 것이다.
>
> 이와 같은 가마솥의 원리를 현대 과학과 접목하여 신기술로 나타난 것이 바로 전기 압력 밥솥임을 알 수 있다.
>
> 웬만한 가정이라면 한 대씩 갖추고 있어 현대인의 생활 필수품으로 자리 잡은 '전기 압력 밥솥'. 이러한 전기 압력 밥솥의 기술도 점점 진화되고 있다. 전기 압력 밥솥은 1990년대만 해도 대부분 밑바닥만 가열하는 열판식이어서 아래부터 천천히 가열되어 한 번에 많은 양의 밥을 지을 경우 층층밥이 되곤 했다. (㉢) 가마솥처럼 입체적으로 열을 가하기 위해 전자유도가열(IH: Induction Heating) 방법을 적용한 통가열식 전기 압력 밥솥이 등장했다.

	㉠	㉡	㉢
①	그러면	특히	그리고
②	그러면	또한	그리고
③	하지만	특히	그래서
④	하지만	또한	그래서

15 밑줄 친 말의 의미에 대응하는 단어로 적절하지 않은 것은?

① 나는 돈을 모으려고 적금을 들었다. – 貯蓄
② 학생들의 작품을 모아 학급 문집을 냈다. – 聚合
③ 새로운 회사를 운영하기 위해서 신입 사원을 모았다. – 拔萃
④ 여러 사람의 의견을 모아 더 좋은 대안을 만들 수 있다. – 收斂

16 ㉠~㉣의 한자 표기로 옳은 것은?

판소리에서 의성어와 의태어가 빈번하게 쓰이는 것은 형상을 최대한 실감 나게 표현하려는 지향이나, 청각적 음향이 빚어내는 물리적 율동감의 유희성을 ㉠활성화하려는 지향의 ㉡소산이라 할 수 있다. 긴장감이 도는 심각한 장면에서나 ㉢해학적인 분위기의 발랄한 장면에서나 음성 상징어는 제각기 그 해당 장면의 전체적인 분위기에 적절하게 ㉣조화되었던 것이다.

① ㉠ 闊性化
② ㉡ 小産
③ ㉢ 諧謔的
④ ㉣ 調化

17 ㉠~㉢에 대한 설명으로 적절하지 않은 것은?

○ 가영이는 어려서 그런지 ㉠저만 생각한다.
○ 가영이와 혜미가 부탁했지만, ㉡저희가 뭐라 해도 내 결정은 변함없다.
○ 가영아. ㉢우리가 함께한다면 앞으로 해내지 못할 일은 없을 거라 생각해.

① ㉠과 ㉡은 모두 3인칭이다.
② ㉢은 ㉠과 달리 여러 사람을 가리킬 수 있다.
③ ㉠과 ㉡이 지칭하는 대상에 가영이가 포함된다.
④ ㉢은 화자 자신이 가영이와 친밀한 관계임을 드러낸다.

18 ㉠~㉣에 대한 이해로 적절하지 않은 것은?

사람들은 약속이나 한 듯 말을 잊었다. 어쩌면 그들은 열차를 기다리고 있다는 사실조차 망각하고 있는 것인지도 모른다. 중년 사내는 담배를 입에 문 채 성냥불을 댕기려다 말고 멍하니 난로의 불빛을 들여다보고 있다. 노인을 안고 있는 농부도, 대학생도, 쭈그려 앉은 아낙네들도, 서울 여자도, 머플러를 쓴 춘심이도 저마다의 손바닥들을 불빛 속에 적셔 두고 망연한 시선을 난로 위에 모은 채 모두들 아무 말도 하지 않았다. 저만치 홀로 떨어져 앉아 있는 미친 여자도 지금은 석고상으로 고요히 정지해 있다. 이따금 노인의 기침 소리가 났고, 난로 속에서 톱밥이 톡톡 튀어올랐다.

"㉠흐유, 산다는 게 대체 뭣이간디……."

불현듯 누군가 나직이 내뱉었다.

그러자 사람들은 그 말꼬리를 붙잡고 저마다 곰곰이 생각해 보기 시작한다. 정말이지 산다는 게 도대체 무엇일까…….

㉡중년 사내에겐 산다는 일이 그저 벽돌담 같은 것이라고 여겨진다. 햇볕도 바람도 흘러들지 않는 폐쇄된 공간. 그곳엔 시간마저도 아무런 흔적을 남기지 않는다. ㉢마치 이 작은 산골 간이역을 빠른 속도로 무심히 지나쳐 가 버리는 특급 열차처럼……. 사내는 그 열차를 세울 수도 탈 수도 없다는 것을 잘 알고 있다. 그러면서도 여전히 기다릴 도리밖에 없다는 것, 그것이 바로 앞으로 남겨진 자기 몫의 삶이라고 사내는 생각한다.

농부의 생각엔 삶이란 그저 누가 뭐래도 흙과 일뿐이다. 계절도 없이 쳇바퀴로 이어지는 노동. 농한기라는 겨울철마저도 융자금 상환과 농약값이며 비료값으로부터 시작하여 중학교에 보낸 큰아들놈의 학비에 이르기까지 이런저런 걱정만 하다가 보내고 마는 한숨 철이 되고 만 지도 오래였다. 삶이란 필시 등뼈가 휘도록 일하고 근심하다가 끝내는 늙고 병들어 죽는 것이리라고 여겨졌으므로, 드디어 어려운 문제를 풀어냈다는 듯이 농부는 한숨을 길게 내쉰다.

서울 여자에겐 돈이다. ㉣그녀가 경영하고 있는 음식점 출입문을 들어서는 사람들은 모조리 그녀에겐 돈으로 뵌다. 어서 오세요. 입에 붙은 인사도 알고 보면 손님에게가 아니라 돈에게 하는 말일 게다. 그래서 뚱뚱이 여자는 식사를 마치고 나가는 손님들에게 결코 안녕히 가세요, 라는 말은 쓰지 않는다. 또 오세요다.

– 임철우, '사평역'

① ㉠: 대합실 안의 사람들이 다른 사람의 삶을 되돌아보는 계기로 작용한다.
② ㉡: 중년 사내의 답답하고 막막한 삶을 벽돌담에 비유한다.
③ ㉢: 완행열차와 대조되는 소재를 통해 서민들의 고된 삶을 부각시킨다.
④ ㉣: 서울 여자는 '돈'이라는 세속적 가치를 추구하는 인물이다.

19 다음 글에서 알 수 있는 내용이 아닌 것은?

사전을 찾아서 나오지 않는 말은 크게 두 가지로 나누어서 생각할 수 있다. 첫째는 말 그대로 누락된 것이다. 이전부터 많이 써 왔고 지금도 쓰고 있으나 사전 편찬 과정에서 누락된 것이다. '거명(擧名)'이 이러한 말에 속한다. '거명되다', '거명하다'는 신문 등에서 흔히 쓰이고 있는 말이나 현재 사전에는 올라 있지 않다. '조울증'도 유사한 경우이다. 의학 전문어이기는 하나 일반인들도 흔히 접하고 사용하는 말인데 현재 사전에는 누락되어 있다. 이러한 말들은 지속적으로 수집하여 사전에 올린다.

그런데 예전부터 많이 사용했던 말이라고 해서 다 사전에 오르는 것은 아니다. 사전에는 기본적으로 현재 사용되고 있는 표준어가 표제어로 등재된다. 따라서 개인적으로는 많이 쓰는데 사전에 없는 말 중에는 방언이나 비표준어가 상당수 있다. 물론 방언이나 비표준어라도 자주 사용되는 것은 "○○'의 방언', "○○'의 잘못'으로 풀이해서 사전에 올릴 수 있으나 이는 어디까지나 제한적이기 때문에 설령 일부 사람들이 많이 쓰는 말이라 해도 사전에 오르지 않을 수 있다.

사전에 없는 말 중 더 많은 단어는 두 번째 경우에 속하는 것으로, 바로 신어(신조어)이다. 사람들이 많이 본 말인데 사전에 없다고 하는 것은 대다수가 여기에 속한다. '신어'는 말 그대로 '새로 생긴 말'이다. 즉 이전에는 국어 사용자들 사이에서 쓰이지 않다가 특정 시기에 새로 만들어지거나 다른 언어로부터 유입되어 사용되는 말이다. 이런 신어 중에는 사회적인 논쟁거리가 될 만큼 광범위하게 많이 쓰이는 말도 있다. 요즘 어디서나 만날 수 있는 '웰빙(well-being)'이 바로 이러한 말이다. 현재 '웰빙'은 방송, 신문, 잡지, 상품명 등에서 매일같이 만날 수 있을 만큼 많이 쓰이고 있다. 그러나 국어사전을 찾아보면 이 단어는 올라 있지 않다. 앞으로도 이 단어가 국어사전에 오른다고 확신할 수 없다. 그 이유는 이 단어가 외국어를 그대로 쓴 것일 뿐 아니라 앞으로도 계속 쓰인다는 보장이 없기 때문이다. 우리가 현재 사용하는 말 중에는 이처럼 소위 '유행어'라고 해서 일시적인 시기에 주로 특정 연령층이나 집단에서 광범위하게 쓰이다 얼마 가지 않아서 사라지는 말들이 많다. 이러한 단어는 일정 기간 동안 아무리 많이 쓰였다 해도 사전에 오르지 않는다. 〈중 략〉

이처럼 사전에 없는 말이라고 해서 모두 지위가 같은 것은 아니다. 어떠한 말은 바로 사전에 등재되기도 하지만 어떠한 단어는 거의 등재될 가능성이 없기도 하다. 또 어떤 단어는 일정한 검토를 거쳐 사전에 오르기도 한다. 그러나 사전에 등재되는 보편적인 기준은 같다. 그것은 그 단어가 얼마나 널리, 그리고 얼마나 지속적으로 사용되는가 하는 점이다.

① 방언, 비표준어나 신조어는 사전에 없는 경우가 많다.
② '웰빙'은 미래에 쓰이지 않을 수 있어 사전 등재가 어렵다.
③ 현재 사전에 누락된 어휘는 지속적으로 수집하여 등재한다.
④ 사전에 없는 말은 다양한 계층이 얼마나 지속적으로 사용하는가에 따라 지위가 다르다.

20 다음 글의 내용과 일치하지 않는 것은?

화석이라고 하면 고생물의 모습이 남아있는 돌을 떠올리지만, 사실 화석이라는 단어가 의미하는 바는 다소 포괄적이다. 지금으로부터 약 35억 년 전부터 1만 년 전 사이, 이른바 지질 시대를 살았던 생물의 흔적이 남아 있는 것이라면 무엇이든 화석이다. 예컨대 시베리아 빙하 속에서 냉동된 채 발견된 매머드 미라 역시 화석에 속한다.

화석은 보존된 형태에 따라 체화석, 생흔 화석, 화학 화석 등으로 구분되는데, 우리가 일반적으로 떠올리는 화석은 생물의 형태가 고스란히 남아 있는 체화석이다. 체화석이 만들어지려면 우선 죽은 생물이 진흙이나 화산재 따위의 퇴적물에 신속하게 묻혀야 한다. 퇴적물이 산소를 차단해야 생물의 부패가 늦어지기 때문이다. 다음으로는 사체가 거의 부패하지 않은 상태에서 사체 내부에 광물질이 스며들어야 한다. 그리고 온전한 보존을 위해 생물이 묻힌 지점의 지각 변동이 심하지 않아야 한다. 흔적 화석이라고도 불리는 생흔 화석은 생물의 발자국이나 기어간 자국, 생물이 파 놓은 구멍 등 생물의 활동으로 인한 흔적이 화석으로 남은 것을 가리킨다. 한편 인식 가능한 생물의 형태는 딱히 없지만, 생물체를 구성하는 유기물이 남은 경우에는 화학 화석이라고 한다. 석유, 석탄이 대표적인 화학 화석이다.

화석에는 지질 시대에 어떤 생물이 살았는지, 당시 기후와 수륙 분포는 어땠는지 등에 대한 정보가 담겨 있다. 화석을 통해 화석이 발견된 지층의 생성 시기를 가늠해 볼 수도 있다. 같은 생물의 화석이 발견된 지층이라면 아무리 멀리 떨어져 있어도 같은 시대에 쌓인 것이기 때문이다. 오늘날 우리가 지질 시대를 분류하는 기준인 고생대, 중생대, 신생대 구분 역시 화석을 근거로 정립됐다.

① 화석은 보존된 형태에 따라 구분된다.
② 생물뿐 아니라 생물체를 구성하는 유기물도 화석이 될 수 있다.
③ 생물의 사체가 산소에 오래 노출될수록 화석으로 보존되기 쉽다.
④ 화석을 통해 지층의 생성 시기와 당시의 생태계를 추론할 수 있다.

정답·해설 _해설집 p.53

10회 핵심 어휘 마무리 체크

☑ 잘 외워지지 않는 어휘 및 표현은 박스에 체크하여 한 번 더 확인하세요.

한자 성어

- □ **捨生取義** **사생취의 (버릴 사, 날 생, 가질 취, 옳을 의)**
  '목숨을 버리고 의를 좇는다'라는 뜻으로, 목숨을 버릴지언정 옳은 일을 함을 이르는 말
- □ **朝變夕改** **조변석개 (아침 조, 변할 변, 저녁 석, 고칠 개)**
  '아침저녁으로 뜯어고친다'라는 뜻으로, 계획이나 결정 등을 일관성이 없이 자주 고침을 이르는 말
- □ **間於齊楚** **간어제초 (사이 간, 어조사 어, 가지런할 제, 초나라 초)**
  약자가 강자들 틈에 끼어서 괴로움을 겪음을 이르는 말
- □ **鯨戰蝦死** **경전하사 (고래 경, 싸움 전, 새우 하, 죽을 사)**
  '고래 싸움에 새우 등 터진다'라는 뜻으로, 강한 자끼리 서로 싸우는 통에 아무 상관도 없는 약한 자가 해를 입음을 비유적으로 이르는 말

한자어

- □ **團聚** **단취 (둥글 단, 모을 취)**
  집안 식구나 친한 사람들끼리 화목하게 한자리에 모임
- □ **複製** **복제 (겹칠 복, 지을 제)**
  본디의 것과 똑같은 것을 만듦. 또는 그렇게 만든 것
- □ **壓力** **압력 (누를 압, 힘 력)**
  두 물체가 접촉면을 경계로 하여 서로 그 면에 수직으로 누르는 단위 면적에서의 힘의 단위
- □ **誤讀** **오독 (그르칠 오, 읽을 독)**
  잘못 읽거나 틀리게 읽음
- □ **侵略** **침략 (침노할 침, 간략할 략)**
  정당한 이유 없이 남의 나라에 쳐들어감
- □ **原理** **원리 (언덕 원, 다스릴 리)**
  사물의 근본이 되는 이치
- □ **傾向** **경향 (기울 경, 향할 향)**
  현상이나 사상, 행동 등이 어떤 방향으로 기울어짐
- □ **涇渭** **경위 (통할 경, 물 이름 위)**
  사리의 옳고 그름이나 이러하고 저러함에 대한 분별
- □ **貯蓄** **저축 (쌓일 저, 모을 축)**
  절약하여 모아둠
- □ **聚合** **취합 (모을 취, 합할 합)**
  모아서 합침
- □ **拔萃** **발췌 (뽑을 발, 모을 췌)**
  책, 글 등에서 필요하거나 중요한 부분을 가려 뽑아냄 또는 그런 내용
- □ **所産** **소산 (바 소, 낳을 산)**
  1. 어떤 지역에서 생산되는 물건
  2. 어떤 행위나 상황 등에 의한 결과로 나타나는 현상
- □ **收斂** **수렴 (거둘 수, 거둘 렴)**
  의견이나 사상 등이 여럿으로 나뉘어 있는 것을 하나로 모아 정리함
- □ **調和** **조화 (고를 조, 화할 화)**
  서로 잘 어울림
- □ **諧謔的** **해학적 (화할 해, 희롱할 학, 과녁 적)**
  익살스럽고도 품위가 있는 말이나 행동이 있는 것
- □ **活性化** **활성화 (살 활, 성품 성, 될 화)**
  1. 사회나 조직 등의 기능이 활발함. 또는 그러한 기능을 활발하게 함
  2. 생체나 생체 물질이 그 기능을 발휘함. 또는 그런 일

Quiz 각 어휘 및 표현의 알맞은 뜻을 찾아 연결하세요.

01 捨生取義	㉠ 강자들 사이에서 약자가 괴로움을 겪음	06 朝變夕改	㉥ 생각이나 행동 등이 특정 방향으로 기울어짐
02 間於齊楚	㉡ 목숨을 걸고서라도 옳은 일을 함	07 收斂	㉦ 원래 것을 똑같이 베껴 만듦
03 所産	㉢ 한 데 모아서 합침	08 傾向	㉧ 일정이나 계획 등을 수시로 바꿈
04 貯蓄	㉣ 아껴서 모아둠	09 複製	㉨ 생각이나 견해 등이 나뉜 것을 하나로 정리함
05 聚合	㉤ 어떤 행동으로 말미암아 발생하는 현상	10 團聚	㉩ 가족이나 친한 사람들끼리 한 곳에 모임

정답 | 01 ㉡ 02 ㉠ 03 ㉤ 04 ㉣ 05 ㉢ 06 ㉧ 07 ㉨ 08 ㉥ 09 ㉦ 10 ㉩

11회 실전동형모의고사

정답·해설 _해설집 p.58

제한시간 : 20분 시작 시 분 ~ 종료 시 분 점수 확인 개/ 20개

01 다음 개요에서 알 수 있는 글쓰기 전략으로 가장 적절한 것은?

> Ⅰ. 서론
> 1. 우리나라 공연 예술의 관광 상품화 현황 및 실태
> 2. 공연 예술의 관광 상품화가 필요한 이유
>
> Ⅱ. 본론
> 1. 공연 예술의 관광 상품화의 문제점
> 가. 공연 내용의 단조로움
> 나. 전용 공연장의 부족
> 다. 정부 기관의 홍보 및 마케팅 미흡
> 2. 공연 예술의 관광 상품화를 위한 개선 방안
> 가. 다채로운 내용의 공연 제작
> 나. 전용 공연장 확보
> 다. 정부 기관의 홍보 및 마케팅 강화
>
> Ⅲ. 결론

① 공연 예술의 관광 상품화가 이루어지지 못하는 원인 중 하나로 정부 기관의 예산 확보 문제를 지적하고 있다.

② 결론에서 공연 예술의 관광 상품화가 성공적으로 이루어질 경우 기대되는 부가가치 창출 효과를 제시할 수 있다.

③ 공연 예술의 관광 상품화의 문제점을 분석하고 이를 해결할 방안을 제시함으로써 우리나라 관광 산업에 대한 관심을 촉구하고 있다.

④ 공연 예술의 관광 상품화 실태를 바탕으로 필요성을 밝히고 상품화가 제대로 이루어지지 않았던 원인을 개선할 수 있는 방안을 제시한다.

02 밑줄 친 단어의 쓰임이 적절하지 않은 것은?

① 대문 앞에서 어정거리는 개를 내쫓았다.

② 그는 이미 알고 있음에도 모른 척하며 버름했다.

③ 이제 말이 트인 아기가 새살거리는 모습은 귀여웠다.

④ 언니는 엄마의 잔소리를 듣자마자 불뚝하며 화를 냈다.

03 다음 글을 고쳐 쓰기 위한 생각으로 적절하지 않은 것은?

> 오늘날 여성의 사회적 지위는 점차 상승하고 있다. ㉠ 게다가 이것이 여성의 능력이나 가치에 대한 올바른 평가를 근거로 한 것은 아니다. 여성이 차지하고 있는 사회적 역할과 비중은 아직도 ㉡ 미세하기만 한데, 이는 인적 자원 활용의 효율성을 떨어뜨린다는 측면에서 사회 전체의 문제가 되고 있다. 따라서 여성 문제는 여성만이 아닌, 사회 전체가 합심하여 ㉢ 해결할 것이다. ㉣ 사회 구성원 개개의 인식이 변화하고, 남녀평등 및 육아에 관한 법규 등의 제도가 개선되어야만 여성 문제는 조금씩 완화될 수 있다.

① ㉠: 앞 문장과 자연스럽게 연결되도록 '하지만'으로 고친다.

② ㉡: 단어의 쓰임이 어색하므로 '미미하기만'으로 고친다.

③ ㉢: 문맥상 당위의 의미를 지닌 서술어가 들어가야 하므로 '해결해야 한다'로 고친다.

④ ㉣: 글의 흐름과 관련이 없으므로 '여성의 사회적 진출이 확대된 배경'에 대한 내용으로 고친다.

04 다음 중 필자의 견해로 볼 수 없는 것은?

아이들이 말을 배우는 과정을 살펴보면 언어적 의사소통에 앞서 비언어적인 의사소통 수단을 사용하고 있음을 발견하게 된다. 실제로 아이들은 말을 하기에 앞서 비언어적 의사소통을 사용할 뿐만 아니라 말이 늘어가면서 비언어적 의사소통도 같이 늘어간다. 이렇게 보면 비언어적 의사소통은 언어적 의사소통의 전 단계로서만 존재하는 것이 아니고, 언어적 의사소통과 함께 발전되어 가는 중요한 의사소통 수단임을 알 수 있다.

언어적 의사소통에 사용되는 것은 '음성 언어'라고 한다면, 비언어적 의사소통에 사용되는 몸짓, 얼굴 표정, 목소리 등을 포괄적으로 '동작 언어'라고 할 수 있다. 어린아이들이 말을 배우기 전에 사용하는 동작 언어들도 있지만, 어른들의 언어 행위 안에도 많은 동작 언어들이 사용된다. 사람들은 모두 온몸으로 말을 하고 있다. 음성 언어로 전달하는 정보를 '메시지'라고 한다면 동작 언어와 환경 요소까지를 포괄하여 전달하는 정보는 '초메시지meta-message'라고 할 수 있다. 사람들은 메시지보다 초메시지에 대해 더 민감하게 반응을 한다.

일반적으로 음성 언어는 주로 지식적인 정보를 전달하고, 동작 언어는 주로 감정적인 정보를 전달한다. 대부분의 경우 음성 언어의 내용과 동작 언어의 내용은 서로 조화를 이룬다. 그래서 부드러운 내용에는 부드러운 동작이, 단호한 내용에는 단호한 동작이 수반된다.

그러나 항상 음성 언어와 동작 언어의 내용이 일치하는 것은 아니다. 예를 들어서 "나 화났어."라는 음성 언어를 전혀 화가 나지 않은 동작으로 표현할 수도 있고, "나 화 안 났어."라는 음성 언어를 아주 화가 난 동작으로 표현할 수도 있다.

① 사람들의 목소리는 비언어적 의사소통에 포함된다.
② 어린아이는 본능적으로 동작 언어를 사용하기도 한다.
③ 아이들은 언어적 의사소통과 함께 비언어적 의사소통을 학습한다.
④ 음성 언어와 동작 언어가 불일치할 경우, 의미 전달에 음성 언어가 우선한다.

05 다음 글에 대한 설명으로 가장 적절한 것은?

유광억의 글은 수준이 그리 높지는 않았다. 하지만 날래고 날카로운 맛이 있어 제법 솜씨가 높았다. 그 때문에 번번이 도시(道試)에서 높은 성적으로 합격하거나 대리 시험을 치러 남을 합격시켰다. 〈중 략〉

매화외사는 다음과 같이 말한다.

천하에 팔지 못할 물건이 없다. 몸을 팔아 남의 노예가 되는 자도 있다. 심지어 가느다란 터럭과 형체가 없는 꿈에 이르기까지도 모두 사고판다. 그러나 아직 마음을 팔았다는 일은 없었다. 어찌 물건치고 다 팔 수 있거늘, 마음이라 하여 팔지 못하겠는가? 유광억 같은 자는 바로 그 마음을 판 자가 아니겠는가?

아! 누가, 천하에서 가장 천박한 매매를 글 읽는 자가 하리라고 생각하겠는가? 법으로 따지면 '주는 자나 받는 자나 같은 죄'로다.

– 이옥, '유광억전(柳光億傳)'

① 시장 경제를 지지하는 유광억의 가치관을 제시하고 있다.
② 유광억의 안타까운 삶에 대해 동정의 시선을 드러내고 있다.
③ 양심을 판 행위가 통용되는 현실을 비판하는 의도를 드러내고 있다.
④ 당대 현실 문제를 언급하며 신분 차별 철폐에 대한 의지를 드러내고 있다.

06 다음 글의 내용과 일치하지 않는 것은?

예(禮)란 인간의 도덕적 본성을 그 사회에 맞게 규범화한 것으로 단순히 신분적 차이를 드러내거나 행동을 타율적으로 규제하는 억압 장치는 아니었다. 예는 개인의 윤리 규범이면서 사회와 국가의 질서를 바로잡는 제도였으며, 인간관계를 올바르게 형성하는 사회적 장치였다.

공자는 예에 기반을 둔 정치는 정명(正名)에서 시작한다고 하며, 정명을 실현할 주체로서 군자를 제시하였다. 정명이란 '이름을 바로잡는다'라는 뜻으로, 다양한 사회적 관계 속에서 자신이 마땅히 해야 할 도리를 행하는 것을 의미한다. 군주는 군주다운 덕성을 갖추고 그에 맞는 예를 실천해야 하며, 군주뿐만 아니라 신하, 부모 자식도 그러해야 한다. 만일 군주가 예에 의하지 아니하고 법과 형벌에 기대어 정치를 한다면, 백성들은 형벌을 면하기 위해 법을 지킬 뿐, 무엇이 옳고 그른 지 스스로 판단하려 하지 않는 문제가 생길 것이라고 공자는 보았다.

공자가 제시한 군자는 도덕적 인격을 완성하기 위해 애쓰는 사람이기도 하면서 자신의 도덕적 수양을 통해 예를 실현하는 사람이다. 원래 군자는 정치적 지배 계층을 가리키는 말로 일반 서민을 가리키는 소인과 대비되는 개념이었다. 공자는 이러한 개념을 확장하여 군자와 소인을 도덕적으로도 구별하였다. 〈중 략〉

성인은 도덕적 수양이 더 이상 필요 없는, '인간의 도덕적 본성'을 완성한 인격자를 가리키는데 언제 어디서건 인간의 도리를 벗어나는 일을 하지 않는 완전한 존재로 보았다. 따라서 군자는 일상생활에서의 도덕적 수양을 통해 성인의 경지에 도달할 것을 목표로 삼아야 한다고 하였다. 공자는 정치적 지도자뿐만 아니라 일반 서민의 지속적인 도덕적 수양을 통해 혼란스러운 당시의 세상을 이상적인 사회로 이끌고자 하였다.

① 예는 개인과 사회를 바로잡는 사회적 장치이다.
② 공자는 군자의 개념을 확장하여 재정의하였다.
③ 공자는 모든 계층이 도덕적 수양을 지속하는 사회를 꿈꿨다.
④ 공자가 제시한 군자는 정명을 실현할 주체로서 완전한 인격체에 해당한다.

07 다음 중 표기가 옳게 짝지어진 것은?

ㄱ. 이거 내꺼야? (웬일 /왠일)로 선물을 다 준비했어?
ㄴ. (칠흑 / 칠흙) 같은 밤이 오고 나서야 나는 단잠에 빠질 수 있었다.

	ㄱ	ㄴ
①	웬일	칠흑
②	웬일	칠흙
③	왠일	칠흑
④	왠일	칠흙

08 다음 글의 주장으로 가장 적절한 것은?

맑고 순수한 '사람'이었던 우리, 패기와 자신감으로 가득한 '사람'이었던 우리는 유린되고 세뇌되며 '유교적 한국인'이 되어 있었다. 나는 공자가 이방인이기 때문에 비판하는 것이 아니다. 나는 공자가 제시하는 도덕 속에서 우리들 대부분이 스스로의 의지와는 상관없이 구조적 위선자로 변해 가고, 우리들의 삶을 잃어버리고 있는 것이 안타깝다. 유교 문화의 이러한 해악을 깨닫지 못하고 우리 역사 속에서 겪은 고난들을 우연으로 치부하거나, 몇몇 개인에게 정치적 책임을 묻고, 또 지정학적 근거를 통해 어설픈 남의 탓 지적이 지속된다면 우리는 여전히 우리 사회의 가슴 답답함의 실체를 찾아내지 못할 것이다. 그리고 사건들은 계속될 것이다. 하루만 지나면 엉클어지는 줄서기나 신호위반 단속, 그리고 머리띠를 질끈 동여맨 '전진 대회'의 구호 속에서 답을 찾는 한 재앙은 계속될 것이다. 그리고 우리들 위선의 색깔은 점점 더 진해져 갈 것이다. 결국, 문화적 토양이 바뀌고 생각의 틀이 바뀌지 않는 한 어떠한 노력과 구호도 우리의 아름다운 미래를 담보할 수는 없을 것이다.

① 사라져가는 유교적 가치를 되찾아야 한다.
② 유교를 통해 사회적 문제를 극복해야 한다.
③ 유교 문화에 갇힌 삶의 모습을 반성해야 한다.
④ 유교 문화를 악용하는 정치인들에게서 벗어나야 한다.

09 다음 중 높임 표현을 적절하게 사용하지 않은 문장은?

① 교장 선생님의 축하 말씀이 있으시겠습니다.
② (사원이 부장에게) 김 대리님이 외근 나갔습니다.
③ (손녀가) 할아버지, 아버지는 먼저 출발하였습니다.
④ 저번 주말에는 할머니를 모시고 나들이를 다녀왔다.

10 ㉠~㉢에 들어갈 어휘로 적절한 것은?

• 오늘 아침 서울은 (㉠) 없는 짙은 안개로 교통 체증을 빚었다.
• 악성으로 (㉡)될 위험이 낮은 종양은 크기가 작고 증상이 나타나지 않는다.
• 빙과류 판매는 소비량에 따라 6~8월은 성수기, 나머지는 비수기로 (㉢) 된다.

	㉠	㉡	㉢
①	유래	변질	구별
②	유례	변형	구별
③	유래	변형	구분
④	유례	변질	구분

11 다음 글의 전개 순서로 가장 자연스러운 것은?

(가) 그러나 인간은 그 목적을 추구하는 수단에 있어서 다른 동물과는 다르다. 인간의 수단은 문화적이다. 문화란 쉽게 말해서 인간이란 동물이 사는 방법인 것이다. 그리고 이러한 수단, 즉 문화는 인간만이 유일하게 보유하는 상징 능력에 의존하고 있다. 그러한 점에서 언어의 중요성은 아무리 강조해도 지나침이 없다 하겠다.

(나) 분절적인 언어는 상징적 표현의 가장 중요한 형태이다. 문화에서 언어를 제거하면 무엇이 남을까? 분절적인 언어가 없었다면 인간 사회의 조직은 불가능했을 것이다. 언어가 없는 상황에서 어떻게 사회마다 천차만별인 결혼에 대한 규칙들이 존재할 수 있었을 것인가? 언어가 없었다면 우리는 정치적인, 경제적인, 군사적인 조직이나 교회 조직을 갖지 못했을 것이다. 예의나 윤리의 규약도 없고, 법이나 과학, 문학 또는 음악도 없었을 것이다.

(다) 간단히 말해서 어떤 형태로든지 상징적인 의사 교환 없이는 문화를 가질 수 없다. 언어 안에서 문화는 시작되었으며, 그 문화의 전승도 역시 마찬가지이다. 인간도 동물로서의 기본적인 욕구를 충족시켜야 하고, 개개인의 생존과 종족의 보전이라는 목적을 다른 동물과 마찬가지로 갖고 있다.

(라) 언어는 그토록 중요하지만 우리는 그 중요성을 잘 알지 못하고 지낸다. 언어가 마치 우리 생활에 공기나 물 같아서 보통 때에는 그것의 중요성이나 필요성을 절실히 느끼지 못하는 것인지도 모른다. 그래서 언어의 여러 신비한 현상에 대해 우리가 알고 있는 바는 아직도 그리 깊지 못한 형편이다.

① (나) – (가) – (라) – (다)
② (나) – (다) – (가) – (라)
③ (라) – (나) – (가) – (다)
④ (라) – (다) – (나) – (가)

12 다음 중 밑줄 친 부분과 가장 잘 어울리는 한자 성어는?

> 최근 들어 사진을 찍으려는 목적으로 잘 꾸며진 음식점을 방문하는 사람들이 늘고 있다. 이들은 그곳에서 파는 음식의 맛보다는 겉모습을 더 중요하게 여긴다. 일반적으로 음식점을 방문하는 목적을 생각해본다면 <u>중요한 것과 중요하지 않은 것이 거꾸로 되었다는 느낌을 지울 수 없다.</u>

① 本末顚倒　② 相扶相助
③ 臥薪嘗膽　④ 閑中眞味

13 다음 한글 맞춤법 제7항에 대한 설명으로 옳지 않은 것은?

> 'ㄷ' 소리로 나는 받침 중에서 'ㄷ'으로 적을 근거가 없는 것은 'ㅅ'으로 적는다.

① 예시로는 '돗자리, 얼핏, 사뭇' 등이 있다.
② '덧셈, 빗장, 햇곡식'은 관습에 따라 'ㅅ'으로 적는다.
③ '햇볕', '헛바늘'는 'ㄷ'으로 적을 근거가 없으므로 ㅅ으로 적는 단어에 해당한다.
④ 'ㄷ' 소리로 나는 받침이란 'ㄷ, ㅅ, ㅆ, ㅈ, ㅊ, ㅌ, ㅎ' 등으로 음절 종성에서 [ㄷ]으로 소리 나는 것을 말한다.

14 다음 글의 내용과 사실이 다른 것은?

> 지질학에서는 암석의 상대적 나이를 파악하기 위한 몇 개의 법칙이 있다. 우선, '누중의 법칙'은 먼저 쌓인 지층이 아래에 있고, 나중에 쌓인 지층이 뒤집어지지 않는 한, 먼저 쌓인 층의 위에 쌓인다는 법칙이다. 이 법칙은 퇴적층의 두 가지 원리, '지층 수평성의 원리'와 '측방 연속성의 원리'를 이해하면 분명해진다.
>
> 지층 수평성의 원리는 퇴적암의 지층은 수평으로 쌓인다는 원리이다. 바닥이 솟아나거나 움푹 깊어진 곳이 있다고 하더라도 규모가 작으면 퇴적층에 묻히고, 크면 그런 곳에 쌓인 퇴적층으로 인해 바닥은 수평이라고 보아도 될 정도로 평탄해진다. 측방 연속성의 원리는 수평으로 쌓인 지층은 한계 상황—퇴적층이 점차 얇아져 없어지거나, 크기가 다른 지층으로 변하거나, 퇴적 지역을 제한하는 해안선 같은 장애물을 만나는 것—을 만나지 않는 한 옆으로 계속된다는 원리이다. 나아가 이 법칙을 통해 퇴적 현상이 연속되면 시간도 연속된다는 것을 알 수 있다.
>
> '관입의 법칙'은 화강암처럼 깊은 곳에서 만들어지는 암석이 둘레에 있는 암석 속으로 파고 들어가는 것을 말한다. 암석이 암석을 파고 들어간다는 것이 이상하게 들리겠지만 사실이다. 예를 들어 지하 깊은 곳에서는 열과 압력이 높아 암석들이 녹아 액체 상태가 된다. 암석이 녹은 액체를 마그마라고 하는데, 그것이 둘레의 약한 암석을 뚫고 들어가는 현상이 관입이다. 이것은 관입당한 암석과 관입한 암석 사이에 시간의 선후 관계를 밝혀 준다.
>
> 한편, 대부분의 퇴적 환경에서는 특별한 경우가 아니면 퇴적물이 연속해서 쌓인다. 맞닿아 있는 퇴적암의 두 지층이 연속으로 쌓였을 때에, 두 지층 사이의 관계를 정합이라고 한다. 그런데 맞닿아 있는 두 지층 사이에 긴 시간 동안 퇴적이 중단된 증거를 발견하게 되면, 그 두 지층의 관계를 부정합이라 한다.

① 마그마는 지하 깊은 곳에서 암석이 녹아 만들어진 액체이다.
② 마그마가 관입한 암석과 관입당한 암석을 통해 시간의 선후 관계를 알 수 있다.
③ 퇴적층이 퇴적 지역을 제한하는 해안선을 만날 경우, 측방 연속성의 원리가 적용된다.
④ 암석의 상대적 나이를 파악하기 위해서는 '누중의 법칙'과 '관입의 법칙'을 이해해야 한다.

15 다음 보고서 목차의 내용 중 적절하지 않은 것은?

제목: 미세 먼지 감축 방안

Ⅰ. 서론: 미세 먼지의 개념 및 오염 현황
Ⅱ. 미세 먼지로 인한 피해
  1. 천식의 악화
  2. 폐렴 등의 호흡기 질환의 발생
  3. 심혈관계 질환 등의 유발 ………………………… ㉠
Ⅲ. 미세 먼지 발생 원인
  1. 자동차 배출 가스
  2. 사업장에서의 대기 오염 물질 배출
  3. 주유소의 생활 먼지 배출 ………………………… ㉡
Ⅳ. 원인별 미세 먼지 감축 방안
  1. 친환경 자동차 개발 및 보급 ……………………… ㉢
  2. 사업장 대기 오염 배출 농도 규제
  3. 미세 먼지 예·경보 제도의 실시 ………………… ㉣
⋮

① ㉠ ② ㉡
③ ㉢ ④ ㉣

16 다음 글의 ㉠~㉢에 들어갈 말로 가장 적절한 것은?

샐먼은 설명이 논증은 아니라고 판단하여 인과 개념에 주목했다. 피설명항을 결과로 보고 이를 일으키는 원인을 밝히는 것이 설명이라는 샐먼의 인과적 설명 이론은 헴펠의 이론보다 우리의 일상적 직관에 더 부합한다는 장점이 있다. (㉠) 어떤 설명 이론이라도 인과 개념을 도입하는 순간 원인과 결과 사이의 관계가 분명하지 않다는 철학적 문제를 해결해야 한다. (㉡) 결과를 일으키는 원인은 무수히 많고 연쇄적으로 서로 얽혀 있기 때문이다. 예를 들어 소크라테스가 죽게 된 원인은 독을 마신 것이지만, 독을 마시게 된 원인은 사형 선고를 받은 것이고, 사형 선고를 받게 된 원인도 여러 가지를 떠올릴 수 있다. (㉢) 결과를 일으킨 원인을 골라내는 문제는 결국 원인과 결과가 시공간적으로 어떻게 연결되는가에 대한 철학적 분석을 필요로 한다. 그것이 없다면, 설명을 인과로 이해하려는 시도는 설명이라는 불명료한 개념을 인과라는 또 하나의 불명료한 개념으로 대체하는 것에 불과할 수 있기 때문이다.

	㉠	㉡	㉢
①	그러나	따라서	또한
②	하지만	왜냐하면	이에
③	그리고	그러나	그래서
④	그래서	그런데	그러므로

17 ㉠~㉣ 중 한자의 표기가 옳은 것만을 모두 고르면?

OA 능력이란 통신 기술을 ㉠移用해 정보를 수집·가공·전송하고, 업무의 효율성 증대 및 의사 결정하는 것을 말한다. 이는 일상생활에서도 큰 도움이 되지만 정보화 사회에서 업무의 필수 요소로 자리 잡았다. 이러한 흐름에 따라 각 기업에서도 학식이 ㉡到底한 인물을 선발하고자 한 것에서 나아가 정보화 역량을 중시하고 있다. 대학생들도 각 기업이 요구하는 ㉢資質을 갖추기 위해 노력하고 있다. 한편 기업에서도 사내의 인재들이 업무에서 정보화 역량을 발휘할 수 있도록 다양한 프로그램에 참여할 것을 ㉣眷顧하고 있다.

① ㉠, ㉢ ② ㉠, ㉣
③ ㉡, ㉢ ④ ㉢, ㉣

18 ㉠~㉦에 대한 설명으로 옳은 것은?

자네가 내 아들이 말했던 ㉠그 친구구만. 우리 아이가 ㉡자네 칭찬을 자주 해서 기억하고 있네. ㉢그보다 젊은이, 부탁을 하나 하려고 하는데 들어주었으면 좋겠어. 만약 내가 떠나고 나면 말일세, ㉣그대가 나를 대신하여 ㉤우리 아들을 좀 돌봐주겠나? 녀석이 ㉥자기는 괜찮다고 하는데, 걱정이 되어서 말이야. 그리고 오늘 ㉦우리끼리의 이야기는 비밀로 해주었으면 좋겠네.

① ㉠과 ㉢은 앞서 말했던 내용을 가리키는 대명사이다.
② ㉡과 ㉣은 같은 사람을 가리키는 이인칭 대명사이다.
③ ㉣과 ㉥은 선행하는 명사를 다시 지칭하는 말이다.
④ ㉤과 ㉦은 말하는 이가 자기보다 높지 않은 사람을 상대로 자신을 포함한 여러 사람을 가리키는 말이다.

19 〈보기〉와 같은 유형의 논리적 오류가 나타난 것은?

> 보기
> 우리 회사의 신제품은 출시 직후 여론의 찬사를 받았습니다. 이는 해당 제품의 품질이 얼마나 뛰어난지를 명백히 보여주는 것입니다.

① 너는 너희 아버지께서 근무하시는 기업의 제품만 구매할 것이다.

② 이렇게나 지원자 수가 많은 걸 보니 이 기업은 사원 복지 제도가 잘 되어 있을 것이다.

③ 좋은 기업은 의견 교환이 활발하다. 이 기업은 직원들이 활발하게 의견을 교환하므로 좋은 기업이다.

④ 대기업은 국가 경제를 이끌어 간다. 따라서 자국의 대기업 제품을 애용하지 않는 것은 국가를 사랑하지 않는 것이다.

20 다음 글에서 비유법이 사용된 문장은?

> ㉠수필은 청춘의 글은 아니요, 서른여섯 살 중년 고개를 넘어선 사람의 글이며, 정열이나 심오한 지성을 내포한 문학이 아니요, 그저 수필가가 쓴 단순한 글이다.
> ㉡수필은 흥미를 주지마는, 읽는 사람을 흥분시키지는 아니한다. ㉢수필은 마음의 산책(散策)이다. ㉣그 속에는 인생의 향기와 여운이 숨어 있는 것이다.

① ㉠　　② ㉡
③ ㉢　　④ ㉣

정답·해설 _해설집 p.58

11회 핵심 어휘 마무리 체크

☑ 잘 외워지지 않는 어휘 및 표현은 박스에 체크하여 한 번 더 확인하세요.

고유어

- □ **어정거리다** 키가 큰 사람이나 짐승이 이리저리 천천히 걷다
- □ **새살거리다** 샐샐 웃으면서 재미있게 자꾸 지껄이다
- □ **불뚝하다** 1. 무뚝뚝한 성미로 갑자기 성을 내다
  2. 갑자기 불룩하게 솟아오르다
- □ **버름하다** 1. 물건의 틈이 꼭 맞지 않고 조금 벌어져 있다
  2. 마음이 서로 맞지 않아 사이가 뜨다
- □ **터럭** 사람이나 길짐승의 몸에 난 길고 굵은 털

한자 성어

- □ **本末顚倒** **본말전도 (근본 본, 끝 말, 엎드러질 전, 넘어질 도)**
  일이 처음과 나중이 뒤바뀜
- □ **相扶相助** **상부상조 (서로 상, 도울 부, 서로 상, 도울 조)**
  서로서로 도움
- □ **臥薪嘗膽** **와신상담 (누울 와, 섶 신, 맛볼 상, 쓸개 담)**
  불편한 섶에 몸을 눕히고 쓸개를 맛본다는 뜻으로, 원수를 갚거나 마음먹은 일을 이루기 위하여 온갖 어려움과 괴로움을 참고 견딤을 비유적으로 이르는 말
- □ **閑中眞味** **한중진미 (한가할 한, 가운데 중, 참 진, 맛 미)**
  한가한 가운데 깃드는 참다운 맛

한자어

- □ **區分** **구분**
  일정한 기준에 따라 전체를 몇 개로 갈라 나눔
- □ **到底** **도저 (이를 도, 밑 저)**
  학식이나 생각, 기술 등이 아주 깊음
- □ **微細** **미세 (작을 미, 가늘 세)**
  1. 분간하기 어려울 정도로 아주 작음
  2. 몹시 자세하고 꼼꼼함
- □ **變質** **변질**
  성질이 달라지거나 물질의 질이 변함
- □ **緩和** **완화 (느릴 완, 화할 화)**
  긴장된 상태나 급박한 것을 느슨하게 함
- □ **類例** **유례**
  이전부터 있었던 사례
- □ **散策** **산책 (흩을 산, 꾀 책)**
  휴식을 취하거나 건강을 위해서 천천히 걷는 일
- □ **資質** **자질 (재물 자, 바탕 질)**
  어떤 분야의 일에 대한 능력이나 실력의 정도
- □ **傳承** **전승 (전할 전, 이을 승)**
  문화, 풍속, 제도 등을 이어받아 계승함. 또는 그것을 물려주어 잇게 함
- □ **靑春** **청춘 (푸를 청, 봄 춘)**
  새싹이 파랗게 돋아나는 봄철이라는 뜻으로, 십 대 후반에서 이십 대에 걸치는 인생의 젊은 나이 또는 그런 시절을 이르는 말

Quiz 각 어휘 및 표현의 알맞은 뜻을 찾아 연결하세요.

01 緩和	㉠ 원하는 것을 이루기 위해 어려움을 견딤	06 資質	㉥ 생각이 매우 깊음
02 微細	㉡ 갑자기 화를 내다.	07 버름하다	㉦ 한 분야의 일에 대한 능력의 수준
03 불뚝하다	㉢ 매우 작음	08 到底	㉧ 물건의 틈새가 잘 맞지 않음
04 臥薪嘗膽	㉣ 도움을 주고 받음	09 傳承	㉨ 전통을 이어받음
05 相扶相助	㉤ 긴장을 풀게 함	10 本末顚倒	㉩ 일의 경중이 뒤바뀜

정답 | 01 ㉤ 02 ㉢ 03 ㉡ 04 ㉠ 05 ㉣ 06 ㉦ 07 ㉧ 08 ㉥ 09 ㉨ 10 ㉩

정답·해설 _해설집 p.63

12회 실전동형모의고사

제한시간 : 20분 시작 시 분 ~ 종료 시 분 점수 확인 개/ 20개

01 다음 중 ㉠~㉢에 대한 설명으로 적절한 것은?

> • 친구는 ㉠자기 물건을 챙기지 못한다.
> • 친구는 ㉡저 스스로 물건을 챙기지 못한다.
> • 친구는 ㉢저에게 까다롭게 굴 때가 있어요.

① ㉡은 청자에 대한 높임 표현이다.
② ㉠과 ㉡은 모두 1인칭 대명사이다.
③ ㉠은 ㉡보다 더 낮잡는 느낌을 준다.
④ ㉡과 ㉢은 서로 다른 대상을 가리킨다.

02 다음을 고려한 보고서 작성 방안으로 적절하지 않은 것은?

> 주제: KF94 마스크의 문제점과 개선 방안
> 목적: 신종 바이러스 감염증 유행이 장기화되고 무더운 날씨가 지속되면서 습기에 취약한 마스크를 장시간 착용할 때 발생하는 호흡 곤란 증상 문제에 대한 개선 방안을 마련하고자 한다.

① 습도가 높은 나라의 유사한 사례를 조사하고 대안을 도출한다.
② KF94 마스크를 생산 및 판매하는 회사의 경영 실태 및 주가 상승률을 분석한다.
③ 증상을 겪은 국민을 대상으로 피해 사례를 조사하고 기준을 세워 사례를 분류한다.
④ 개선 방안 마련을 위한 회의를 통해 보건복지부 및 의료계 전문가들의 다양한 의견을 수집한다.

03 밑줄 친 부분의 주된 설명 방식은?

> 사춘기가 되면 호르몬의 분비로 인해 이마, 볼 등에서 울긋불긋한 여드름이 돋아나 고민인 사람들이 많다. 여드름은 주로 사춘기에 얼굴에 도톨도톨하게 나는 검붉고 작은 종기로, 피지와 밀접하게 연관되어 있다. 사춘기에 호르몬이 분비되면서 피지 분비가 늘어나기도 하지만, <u>늦은 시간까지 학업에 열중하는 청소년들은 수면 시간 부족으로 피로가 쌓여 피지가 많이 분비되기도 한다</u>. 이처럼 과하게 분비된 피지에 세균이 증식하게 되면 여드름이 되는 것이다.

① 비교 ② 분류
③ 유추 ④ 인과

04 다음 글의 주장으로 가장 적절한 것은?

> 흔히 사진은 현실과 크게 관계가 없거나 현실에 별로 영향을 끼치지 못한다고들 생각한다. 일상적으로 경험하는 현실을 벗어나게 함으로써 현실의 어려움을 잠시 잊게 해준다고 생각할 수도 있다. 사진을 이런 식으로 생각하는 것으로 만족해야 할까? 실은 사진이 현실을 달리 볼 수 있게 해준다고 볼 수는 없을까?
> 사진은 현실의 일부이며 진실일 수 있다. 우리와 현실과의 관계는 다양한 인지 경험들을 통해 공간, 장소, 재료의 개념을 점차적으로 정의함으로써 설정된다. 새로운 경험이 그 관계를 변화시키는 건 당연하다. 사진 작품은 말하자면 그러한 경험들을 할 수 있는 훌륭한 기회를 제공한다. 모든 예술적 탐구는 점차적으로 전체의 사고방식을 변화시킨다. 그래서 사고의 변화를 두려워하는 모든 독재 체제는 온갖 수단을 동원해서 그것을 막으려 하는 것이다.

① 사진은 현실을 있는 그대로 재현하는 예술이다.
② 사진을 독재 체제에 저항하기 위한 수단으로 이용해야 한다.
③ 사진은 어려운 현실 속에서 벗어날 수 있는 기회를 제공하는 것이다.
④ 사진은 새로운 경험을 제공하여 삶에 대한 사고방식을 변화시키는 것이다.

05 '향덕'의 행위를 나타내는 한자 성어로 가장 적절한 것은?

향덕은 온후하고 착하여 마을에서 칭찬이 자자했다. 천보(天寶) 14년에 마을에 기근이 들고 전염병 마저 돌았다. 향덕의 부모 또한 굶주리고 병에 걸려 거의 죽을 지경이었는데, 향덕은 부모에게 자신의 넓적다리 살을 떼어 먹게 하며 봉양했다.

– 『삼국사기』 열전 '향덕'

① 泣斬馬謖　② 桑田碧海

③ 事親以孝　④ 捲土重來

06 다음 글의 내용에 부합하지 않는 것은?

그동안 길거리에서 파는 호떡은 더럽고 비위생적이라고 해서 경찰의 단속 대상이었다. 그런데 쌀이 부족해지자 조선총독부는 "위생상 지장이 없는 한" 대용식으로 장려할 방침이라면서 호떡 장수의 길거리 영업을 허락해주었다. 그러자 1940년 1~2월 두 달 사이에 서울 시내 길거리에 60여 명의 호떡 장수가 더 생겼다.

본래 호떡은 조선에 들어온 중국인이 독점으로 판매했던 음식이다. 조선총독부는 1920년대부터 중국 음식점을 규모와 판매하는 메뉴에 따라 중화요리점, 중화요리 음식점, 그리고 호떡집의 세 종류로 구분했다. 호떡집은 가장 규모가 작은 중국 음식점이었다. 종업원은 대체로 주인을 포함하여 2~3명에 지나지 않았고, 가족이 경영하는 경우가 많았다. 중국인은 밀가루 반죽에 검은 설탕을 넣은 호떡을 '당화소(糖化燒)'라고 불렀다.

조선인은 만주족을 뜻하는 오랑캐 '호(胡)' 자를 붙여 '호떡'이라고 불렀다. 처음에는 길거리 호떡 장수 대부분이 중국인이었다. 그런데 1937년 중일전쟁 이후 조선에 살던 중국인들은 적국이 된 일본의 식민지에서 살기가 어렵다고 여겨 약 3만 명이 귀국했다. 1937년 9월 19일자 《동아일보》 기사에 따르면, 서울 시내 292곳의 중국 음식점 중에서 237곳이 문을 닫았고, 개업 중인 곳은 57곳에 불과했다. 특히 서울 시내에 많았던 호떡집은 거의 자취를 감추었다.

① 쌀을 대체할 음식으로 호떡 판매가 허용되었다.

② 호떡은 중국에서 살던 조선인도 판매가 가능했던 중국 음식이었다.

③ 호떡집은 중일전쟁 후 중국인들이 자국으로 돌아가면서 사라지기 시작했다.

④ 중국 음식점은 가게의 크기와 판매하는 음식에 따라 그 명칭이 서로 달랐다.

07 다음 토의에 대한 설명으로 적절하지 않은 것은?

사회자: 오늘 토의 주제는 '통일 한국어를 위한 준비'입니다. 우선 한 박사님께서 통일 한국어를 위해 어떤 연구를 하셨는지 말씀해 주시겠습니다.

한 박사: 분단이 길어지면서 남과 북의 언어가 점점 달라지고 있습니다. 이를 극복하고자 남북 교류를 통한 남북 언어 통합 연구를 진행하고 있습니다.

사회자: 네, 그렇군요. 한 박사님께서 주로 진행하신 연구는 한마디로 남북 언어의 통합 기반을 조성하기 위한 연구라고 할 수 있겠군요? 대표적인 연구를 소개해 주시겠습니까?

한 박사: 1989년부터 2013년까지 북한의 국어사전, 언어 정책 등의 자료를 수집하여 남북한 언어 차이를 비교한 연구가 있습니다. 또한, 2015년부터 2019년까지 남북 학술 용어를 분석한 연구도 있습니다. 이 연구는 두 용어 간의 이질화 정도를 34.7%임을 밝혀냈지요.

사회자: 1980년대 말부터 오늘날까지 통일 한국어를 위한 다양한 노력들이 있었군요. 그렇다면 이제 청중 분들의 질의 시간이 있겠습니다.

청중 A: 한 박사님의 말씀 잘 들었습니다. 박사님께서 말씀해 주신 내용 중 남북 학술 용어 간 이질화 비율이 34.7%라는 부분이 있었는데요. 그렇다면 이러한 언어 차이를 극복하기 위한 방법으로 용어가 통일된 사전을 만들어 사용하도록 하는 것은 어떨까요?

① 청중 A는 발표 내용에 대한 구체적인 대안을 제시하고 있다.

② 발표자는 객관적인 수치를 언급하여 주장을 뒷받침하고 있다.

③ 청중의 질의 시간을 통해 주제에 대한 다양한 의견을 나누고 있다.

④ 사회자는 발표자의 말을 요약하거나 질문을 함으로써 토의를 진행하고 있다.

08 (가)와 (나)에 대한 설명으로 적절하지 않은 것은?

(가) 마음이 어린 후(後)니 하는 일이 다 어리다
만중운산(萬重雲山)에 어느 님 오리마는
지는 잎 부는 바람에 행여 긘가 하노라. - 서경덕

(나) 해야 솟아라. 해야 솟아라. 말갛게 씻은 얼굴 고운 해야 솟아라. 산 넘어 산 넘어서 어둠을 살라 먹고, 산 넘어서 밤새도록 어둠을 살라 먹고, 이글이글 앳된 얼굴 고운 해야 솟아라.

달밤이 싫여, 달밤이 싫여, 눈물 같은 골짜기에 달밤이 싫여, 아무도 없는 뜰에 달밤이 나는 싫여…….

해야, 고운 해야, 늬가 오면, 늬가사 오면, 나는 나는 청산이 좋아라. 훨훨훨 깃을 치는 청산이 좋아라. 청산이 있으면 홀로래도 좋아라. - 박두진, '해'

① (가)의 '만중운산'은 화자와 임의 만남을 방해하는 장애물이며, '부는 바람'은 임의 빈자리를 채워주는 대상이다.
② (나)는 '눈물 같은 골짜기'와 '청산'의 대비를 통해 화합과 평화의 세계가 도래하기를 바라고 있다.
③ (가)와 (나) 모두 대상에 대한 소망을 드러내고 있다.
④ (가)는 과장법을 통해, (나)는 활유법을 통해 화자의 정서를 효과적으로 표현하고 있다.

09 다음은 신문 기사의 일부이다. <보기>를 참고할 때 ㉠~㉣에 대한 설명으로 가장 적절한 것은?

㉠11월 11일, 아직도 빼빼로를 챙기시나요?
㉡- 서울시청 앞 광장서 10·11일 가래떡 축제 열려 -

㉢돌아오는 10일과 11일에 '농업인의 날'을 맞이하여 서울시청 앞 광장에서 가래떡 축제가 열린다.
㉣이 행사는 농림축산식품부의 주최로(이하 '농축부') 개최되는데, 농축부는 축제가 개최되는 10~11일 9시부터 16시까지 서울시청 앞 광장에서 선착순 100명에게 '가래떡 선물 세트'를 증정한다고 SNS를 통해 활발히 홍보하고 있다. 이 축제는 쌀 소비 촉진과 농업인의 날 홍보를 위한 목적을 가지고 있다. <하 략>

- ○○ 신문, 2000. 00. 00. -

보기

신문 기사는 표제, 부제, 전문, 본문, 해설로 구성된다. '표제'는 기사의 제목으로 내용 전체를 아우르는 부분이며, '부제'는 표제를 보완해주는 역할을 한다. '전문'은 기사문의 첫 문장으로 전체의 내용을 파악할 수 있도록 작성해야 하며, 보통 '리드(lead)'라고 부른다. '본문'은 육하원칙에 따라 기사의 구체적인 내용을 서술한 부분이다. 마지막으로 '해설'은 기사에 대한 추가적인 설명이나 참고 사항이 필요한 경우 덧붙이는 부분이다.

① ㉠: 기사 전체를 요약하여 제시한 부분을 보완해 준다.
② ㉡: 흔히 '리드(lead)'라고 하며, 표제를 보완하는 기능을 한다.
③ ㉢: 구체적인 내용을 한눈에 들어오게 서술하는 기사의 첫 문장이다.
④ ㉣: 육하원칙에 의해 기사의 내용이 자세히 서술된다.

10 밑줄 친 용언의 활용형의 표기가 옳은 것은?

① 잇달은 합격 소식에 행복했다.
② 맛있는 우동이 불기 전에 빨리 먹자.
③ 남편은 오랫동안 한직에 머물어 있었다.
④ 할머니는 잠든 아기를 자리에 고이 누여 두었다.

11 ㉠~㉣에 들어갈 말로 가장 적절한 것은?

영어는 (㉠)할 수 없는 언어다. 국제사회에서 미국의 위상이 흔들리는 징조가 곳곳에서 감지되고 있지만, 영어의 위세는 좀처럼 꺾일 기미가 보이지 않는다. 미국의 힘이 강해지든 약해지든 이미 영어는 정치, 경제, 문화 등 모든 분야의 지식이 국제적으로 (㉡)되는 데에서 거의 유일한 통용어이기 때문이다.

언어의 평등한 (㉢)을 중시하는 유럽연합이 공용어의 수를 늘리고 있지만, 공용어가 늘수록 아이러니하게도 통용어로서 영어의 사용 빈도는 높아진다. 프랑스와 독일이 이끌어가는 유럽연합이지만, 프랑스어와 독일어는 영어를 뛰어넘는 통용어가 될 수 없다. 이유는 단 하나, 이미 국제 통용어로 자리를 굳힌 영어가 있기 때문이다. "불어 할 줄 아세요?"라는 질문이 18세기 유럽 사교계에서 그 사람의 (㉣)을 가늠하는 데 애용되었다는 사실은 이제 추억으로만 언급될 뿐이다.

	㉠	㉡	㉢	㉣
①	거부	유지	생존	수준
②	용납	유지	생존	기준
③	거부	유통	공존	수준
④	용납	유통	공존	기준

12 다음 중 밑줄 친 부분의 한자 표기가 바르게 연결된 것은?

디지털 세계의 변화 속도는 정신이 아득할 정도로 빠르다. 우리는 이 속도를 즐기기도, 속도를 따라가지 못해 뒤처지기도 하는데 분명한 것 하나는 현대인들은 디지털 세계에서 빠져나갈 수 없다는 것이다. 이는 현대인들이 디지털 세계의 상호 작용 속에서 살아가는 데서 기인한다. 디지털 세계의 상호작용은 디지털 기기의 사용에서부터 시작되는데, 디지털 기기의 사용은 소수만의, 특별한 일이 아닌 지극히 평범하고 일상적인 일이 되어버렸다.

① 變化 – 分明 – 使用 – 少數
② 變化 – 奔命 – 私用 – 小數
③ 辨和 – 分明 – 使用 – 少數
④ 辨和 – 奔命 – 私用 – 小數

13 ㉮~㉰에 대한 설명으로 옳은 것만을 <보기>에서 모두 고르면?

월급도 일없고, 다만 일만 가르쳐주면 그만이니 어린아이 하나를 써 달라고 졸라 대었다. A라는 그 문선 과장은 요리조리 칭탈을 하던 끝에—그는 P가 누구 친한 사람의 집 어린애를 천거하는 줄 알았던 것이다.—

"왜? 내 자식이라고 공장에 못 보내란 법 있답니까?"
"아니, 정말 그래요?"
"정말 아니고?"
㉮"괜히 실없는 소리!…… 자제라고 해야 들어 줄 테니까 그러시지?"
"아니, 그건 그렇잖아요. 내 자식 놈이오."
㉯"그럼 왜 공부를 시키잖구?"
"인쇄소 일 배우는 것도 공부지."
"그건 그렇지만 학교에 보내야지."
"학교에 보낼 처지도 못 되고 또 보내봤자 사람 구실도 못할 테니까……."
"거참, 모를 일이오. 우리 같은 놈은 이 짓을 해 가면서도 자식을 공부시키느라고 애를 쓰는데 되려 공부시킬 줄 아는 양반이 보통학교도 아니 마친 자제를 공장엘 보내요?"
㉰"내가 학교 공부를 해 본 나머지 그게 못쓰겠으니까 자식은 딴 공부를 시키겠다는 것이지요."

– 채만식, '레디메이드 인생'

보기
ㄱ. ㉮: A는 아들을 취직시키겠다는 P의 말을 믿지 않는다.
ㄴ. ㉯: A와 P의 가치관 차이가 드러난다.
ㄷ. ㉰: P는 아들을 경제적으로 독립시키는 것이 목표이다.

① ㄱ, ㄴ ② ㄱ, ㄷ
③ ㄴ, ㄷ ④ ㄱ, ㄴ, ㄷ

14 (가)~(라)에 들어갈 말로 가장 적절한 것은?

일제 강점기 일본 식민정부는 조선의 식민화를 정당화하기 위한 식민사학을 발전시켰고, (가) 조선 역사가들은 이에 저항하여 민족의 독립을 위해 민족주의 사학과 함께 사회경제사학을 발전시켰다. (나) 미군정하의 해방정국과 한국 전쟁으로 인하여 남한에서는 마르크스주의에 기반을 두는 사회경제사는 쇠퇴하고 민족주의 사학은 일제의 식민사학을 뛰어넘기 위한 방편으로 전후 실증주의 사학으로 재생되었다. (다) 1980년대까지 민족주의 사학은 근대화 이론 및 반공 이데올로기와 연계되어 한국 역사학에서 실증주의적 역사 연구를 발전시켜 왔다. 그러나 1980년대를 거치면서 역사학계의 소장학자들이 사회경제사의 전통을 부활시키면서 민중이라는 개념에 기반을 두는 민중사학을 주창하게 되었다.

민중사학은 기존의 역사를 지배 계급의 입장에서 쓴 것이라고 비판하고 한국사를 민중의 시각에서 재조명할 것을 요구했다. 민중사가들은 역사를 계급 투쟁의 과정으로 보고 계급 투쟁의 역사적 주체로서 민중을 인식하였으며, (라) 민중의 저항에 관심을 두어 농민 항쟁을 부각시켰다.

	(가)	(나)	(다)	(라)
①	반면	하지만	그런데	그럼에도
②	반면	그러나	그래서	따라서
③	한편	더구나	또한	그래서
④	이에	그리고	하지만	즉

15 다음 글에 대한 이해로 적절하지 않은 것은?

우리는 분명 누군가에게 영향을 받고 영향을 미치며 산다. 그리고 그 대상 범위는 나날이 넓어진다. 통신망에 연결된 개인 매체가 매우 빠르게 발전하기 때문이다.

물론 영향력이 넓어지고 커진다 하여 개인의 수다와 자기 일터 전문가끼리 나누는 대화, 연인들의 노골적인 사랑싸움이 문제가 되지는 않는다. 문제는 개인의 말이 아니라 국민에게 두루 영향을 미치는 공적 기관들이 정책과 제도, 법률을 만들 때 쓰는 말의 위력이다. 이런 말을 '공공 언어'라고 부르는데, 'A.E.D.', '자동제세동기', '스크린 도어' 모두 공적 기관에서 정한 말이다. 이런 말은 다양한 매체를 통해 빠르게 퍼지고 주변 친구나 가족의 사적인 말보다도 한 개인의 삶에 강력한 영향을 미친다. 돈 버는 일, 침해받으면 안 될 권리, 내 의견을 밝혀야 할 일은 대개 이런 공공 언어와 연결되어 있다.

정부 등 공적 기관이 정하여 사용하는 공공 언어 가운데 어려운 말은 무엇보다 국민의 생명과 안전을 위협한다. 그리고 더 나아가 아주 교묘하고도 비열한 방식으로 국민의 알 권리와 평등권을 짓밟기도 한다.

① 공공 언어가 영향력을 미치는 범위는 넓어지고 있다.
② 어려운 공공 언어는 국민의 안보를 위험에 빠트리게 한다.
③ 국민의 권리에 대한 용어는 대부분 공공 언어와 관련되어 있다.
④ 통신 매체가 발전하면서 사적인 말도 사회 문제를 일으킬 수 있다.

16 밑줄 친 어휘 중 잘못 쓰인 것으로만 묶은 것은?

지난주 아버지께서 평생을 ㉠바친 직장에서 퇴직하셨다. 퇴직 날, 어머니는 햇볕 아래에서 우리 가족을 위한 기도를 ㉡받치셨고, 기도 중 감정이 ㉢바치셨는지 눈물을 보이셨다. 나는 양산을 ㉣받쳐 들고 어머니 곁을 조용히 지키고만 있었다. 그날 내가 선물한 조끼를 셔츠에 ㉤받쳐서 입으신 아버지의 모습을 보니 마음이 이상했다. 그동안 아버지께서 내 삶을 ㉥바쳐 주셨으니, 이제는 내가 아버지를 보살펴 드려야겠다고 생각했다.

① ㉠, ㉢, ㉥
② ㉠, ㉣, ㉤
③ ㉡, ㉢, ㉥
④ ㉡, ㉣, ㉤

17 다음 글에 대한 추론으로 적절하지 않은 것은?

기술 수준에 따른 분류 체계의 대표적인 것으로 경제협력개발기구(OECD)의 기준이 있는데, 이 기준은 연구 개발 투자가 많은 산업을 첨단 기술 산업으로 본다. 기술 수준을 측정하는 지표로는 기업의 총 매출액 대비 연구 개발 투자액의 비율로 정의되는 '연구 개발 집약도'를 사용하며, 그 평균이 4% 이상이면 그 산업을 첨단 기술 산업으로 분류한다. 이 방법은 첨단 기술 산업을 객관적으로 규정해 준다는 점에서 유용하다. 그러나 산업의 평균을 토대로 하기 때문에 산업 전체로는 첨단 기술 산업이지만 그 안에 얼마든지 저급 기술 기업이 있을 수 있다.

한편, 기술이 진보한 결과 새로운 기술 영역이 출현하는 경우도 있다. 이렇게 등장한 기술 영역은 신속한 실용화의 요구 때문에 그대로 새로운 산업으로 형성되는 모습을 보이기도 한다. 예를 들어 정보 기술에서 비롯된 정보 기술 산업은 이미 핵심적인 산업으로 자리 잡았고, 바이오 기술, 나노 기술, 환경 기술 등도 미래의 유망 산업으로 부각되고 있다.

산업의 변화는 기술 이외에 시장 수요의 측면에서도 그 원인을 찾을 수 있다. 가령, 인구 구성과 소비 가치가 변화함에 따라서 과거의 고정관념에 얽매이지 않는 수많은 새로운 산업이 나타나고 있다. 패션 산업, 실버산업, 레저산업 등은 표준산업분류에 나오지 않지만 현실적으로 이미 중요한 산업으로 인식되고 있다.

이러한 추세를 고려할 때 앞으로 산업을 정의하거나 분류할 때에는 고정된 기준이나 체계보다 신축적이고 실질적인 접근 방식을 많이 사용할 것으로 보인다. 또, 기술 혁신이 가속화되고 구매력을 가진 인구의 구성이 달라지면 새로운 산업이 생겨나고 오래된 산업이 사라지는 현상도 더 활발히 일어나게 될 것이다. 이제 산업의 정의나 분류도 유연하고 전략적인 관점에서 접근해야 할 시대가 도래한 것이다.

① 기술 발달에 따라 필요한 산업은 계속해서 늘어날 것이다.
② 저급 기술 기업을 발견하기 위해서는 연구 개발 집약도의 개선이 필요하다.
③ 새로운 산업이 늘어남에 따라 보다 명확한 기준을 가지고 산업을 정의하게 될 것이다.
④ 사람들의 가치를 두는 소비 영역이 달라지면 그에 상응하는 산업이 발달하게 될 것이다.

18 다음은 소크라테스의 재판과 관련된 내용이다. 이에 대한 이해로 가장 적절한 것은?

소크라테스에 대한 재판은 500명의 배심원들이 다수결로 판결하는 법정에서 하루 동안 진행되었다. 아테네 법정은 신에 대한 불경죄의 경우, 우선 유죄냐 무죄냐에 대해서만 판결을 내린다. 그런 다음 유죄 판결인 경우, 그 형량을 투표로 정한다. 《소크라테스의 변명》은 원고 쪽의 고소 이유서가 낭독된 직후, 소크라테스의 연설로 시작된다. 그는 직업 변호인의 도움을 받지 않고 직접 배심원들 앞에서 자신을 변호하였다. 그는 자기 자신이야말로 참되게 청년들을 교육하는 '아테네의 양심'이라고 말하면서 폴리스의 신들을 믿지 않았다는 비난은 중상모략이라고 주장했다. 그 요지는 다음과 같다.

"나는 허황된 자연학을 연구한 적도 없고, 다른 궤변론자들과 같이 많은 보수를 받고 가르친 적도 없다. 그러나 '무지의 자각'이 '신의 뜻에 따르는 것'임을 믿는다. ……나는 여러분에게 복종하기보다는 오히려 신에게 복종할 것이다. 나의 목숨이 붙어있는 한, 결코 지(知)를 사랑하고 추구하는 일을 그만두지 않을 것이다."

소크라테스에 대한 판결은 예상대로 유죄였다. 그러나 유죄로 투표한 사람이 280명, 무죄로 투표한 사람이 220명으로 표차는 예상보다 적었다.

① 아테네 법정은 죄의 여부에 따라 형량까지 정한다.
② 소크라테스의 연설을 들은 후 원고 쪽이 고소한 이유를 설명한다.
③ 소크라테스는 지식을 추구하는 것이 곧 신을 따르는 일이라고 생각한다.
④ 소크라테스는 일정 보수를 받고 양심적으로 아테네의 청년들을 가르쳤다.

19 **다음 글에 대한 감상으로 적절하지 않은 것은?**

> 한 손님이 민 영감을 궁색하게 하려고 물었다.
> "영감님은 귀신을 보았소?"
> "보았지."
> "귀신은 어디에 있소?"
> 민 영감이 눈을 부릅뜨고 뚫어지게 바라보았다. 한 손님이 등잔 뒤에 앉아 있었는데, 그를 향하여 소리쳤다.
> "귀신이 저기 있다."
> 그 손님이 성내면서 민 영감에게 따졌다. 민 영감이 말하였다.
> "밝으면 사람이 되고, 어두우면 귀신이 되는 법이라오. 지금 당신은 어두운 곳에 있으면서 밝은 곳을 살피고, 얼굴을 숨긴 채로 사람을 엿보았으니, 어찌 귀신이 아니겠소?"
> 자리에 있던 사람들이 모두 웃었다. 〈중 략〉
> "좋소. 그러나 불사약은 영감님도 결코 못 보았겠죠?"
> 민 영감이 웃으면서 말하였다.
> "이거야말로 내가 아침저녁으로 늘 먹는 것인데, 어찌 모르겠소? 큰 골짜기 굽은 소나무에 달콤한 이슬이 떨어져 땅속으로 스며든 지 천 년 만에 복령(茯苓)이 되지. 인삼 가운데는 신라의 토산품이 으뜸인데, 단정한 모양 붉은 빛에 사지가 갖추어진데다, 쌍갈래로 땋은 머리는 아이처럼 생겼지. 구기자가 천 년 되면 사람을 보고 짖는다우. 내가 일찍이 이 세 가지 약을 먹고는 백 일이나 음식을 먹지 못하다가, 숨결이 가빠져서 죽을 지경에 이르렀지. 이웃집 할미가 와서 보고는 이렇게 탄식합디다. '자네 병은 굶주렸기 때문에 생겼지. 옛날에 신농씨(神農氏)가 온갖 풀을 다 맛보고 비로소 오곡(五穀)을 뿌렸으니, 병을 다스리려면 약을 쓰고 굶주림을 고치려면 밥을 먹어야 한다네. 이 병은 오곡이 아니면 고치기 어렵겠네.' 나는 그제야 쌀로 밥을 지어 먹고는 죽기를 면했다우. 불사약치고 밥보다 나은 게 없는 셈이지. 그래서 나는 아침에 한 그릇, 저녁에 또 한 그릇 먹고, 이제 벌써 일흔이 넘었다우."
> 민 영감은 언제나 말을 지루하게 늘어놓았지만, 끝에 가서는 모두 이치에 맞았다. 게다가 속속들이 풍자를 머금었으니, 변사(辯士)라고 할 만하였다. 그 손님도 물을 말이 막혀서 다시금 따지지 못하게 되자, 벌컥 화를 내면서
> "그럼 영감님도 역시 두려운 게 있소?"
> 하고 물었다. 민 영감이 잠자코 있다가 별안간 목소리를 높여서 말하였다.
> "나 자신보다 더 두려운 건 없다우. 내 오른쪽 눈은 용이고, 왼쪽 눈은 범이거든. 혀 밑에는 도끼를 간직했고, 굽은 팔은 활처럼 생겼지요. 내 마음을 잘 가지면 어린아이처럼 착해지지만, 까딱 잘못하면 오랑캐도 될 수 있다우. 삼가지 못하면 장차 제 스스로 물고 뜯고, 끊고 망칠 수도 있는 거지요. 그래서 옛 성인의 말씀 가운데도 '자신의 사욕을 극복하여 예법으로 돌아간다.'고 하였고, '사심을 막고 참된 마음을 지닌다.' 하였지요. 성인께서도 스스로를 두려워하신 거라우."
>
> – 박지원, '민옹전(閔翁傳)'

① 질문과 답변의 형식으로 이야기가 전개되고 있다.
② 손님은 민 영감의 재치를 보여주기 위한 인물이다.
③ 서술자는 민 영감에 대한 자신의 평가를 드러내고 있다.
④ 민 영감은 과장된 표현을 사용하여 평범한 진리를 역설하고 있다.

20 **〈보기〉의 작품에 대한 설명으로 가장 옳지 않은 것은?**

> 보기
> 유리(琉璃)에 차고 슬픈 것이 어른거린다.
> 열없이 붙어 서서 입김을 흐리우니
> 길들은 양 언 날개를 파닥거린다.
> 지우고 보고 지우고 보아도
> 새까만 밤이 밀려 나가고 밀려와 부딪치고,
> 물 먹은 별이 반짝, 보석(寶石)처럼 박힌다.
> 밤에 홀로 유리(琉璃)를 닦는 것은
> 외로운 황홀한 심사이어니,
> 고운 폐혈관(肺血管)이 찢어진 채로
> 아아, 늬는 산(山)새처럼 날아갔구나!
>
> – 정지용, '유리창 1'

① 현실에 대한 비애와 상실감을 절제된 방식으로 형상화하였다.
② 화자는 이중적 기능을 가진 소재를 통해 대상과 만나고자 한다.
③ 모순된 표현을 사용함으로써 화자가 처한 상황을 함축적으로 보여주고 있다.
④ '밤, 별'과 같은 표현을 통해 화자와 죽은 대상 사이의 거리감을 극복하고자 한다.

정답·해설 _해설집 p.63

12회 핵심 어휘 마무리 체크

☑ 잘 외워지지 않는 어휘 및 표현은 박스에 체크하여 한 번 더 확인하세요.

고유어

☐ **도톨도톨** 물체의 겉에 볼록한 작은 것들이 솟아 나오거나 붙어 있어 고르지 않은 모양

☐ **어른거리다** 무엇이 보이다 말다 하다

☐ **열없이** 1. 좀 겸연쩍고 부끄럽게
2. 어설프고 짜임새가 없이

☐ **부릅뜨다** 무섭고 사납게 눈을 크게 뜨다

한자 성어

☐ **事親以孝** **사친이효 (일 사, 친할 친, 써 이, 효도 효)**
어버이를 섬기기를 효도로써 함을 이르는 말

☐ **泣斬馬謖** **읍참마속 (울 읍, 벨 참, 말 마, 일어날 속)**
큰 목적을 위하여 자기가 아끼는 사람을 버림을 이르는 말

☐ **桑田碧海** **상전벽해 (뽕나무 상, 밭 전, 푸를 벽, 바다 해)**
'뽕나무밭이 변하여 푸른 바다가 된다'라는 뜻으로, 세상 일의 변천이 심함을 비유적으로 이르는 말

☐ **捲土重來** **권토중래 (거둘 권, 흙 토, 무거울 중, 올 래)**
'땅을 말아 일으킬 것 같은 기세로 다시 온다'라는 뜻으로, 한 번 실패하였으나 힘을 회복하여 다시 쳐들어옴을 이르는 말

한자어

☐ **增殖** **증식 (더할 증, 불릴 식)**
늘어서 많아짐. 또는 늘려서 많게 함

☐ **獨裁** **독재 (홀로 독, 마를 재)**
특정한 개인, 단체, 계급, 당파 등이 어떤 분야에서 모든 권력을 차지하여 모든 일을 독단으로 처리함

☐ **衛生** **위생 (지킬 위, 날 생)**
건강에 유익하도록 조건을 갖추거나 대책을 세우는 일

☐ **奬勵** **장려 (장려할 장, 힘쓸 려)**
좋은 일에 힘쓰도록 북돋아 줌

☐ **獨占** **독점 (홀로 독, 점령할 점)**
혼자서 모두 차지함

☐ **變化** **변화 (변할 변, 될 화)**
사물의 성질, 모양, 상태 등이 바뀌어 달라짐

☐ **分明** **분명 (나눌 분, 밝을 명)**
틀림없이 확실하게

☐ **使用** **사용 (하여금 사, 쓸 용)**
일정한 목적이나 기능에 맞게 씀

☐ **少數** **소수 (적을 소, 셈 수)**
일의 자리보다 작은 자리의 값을 가진 수

☐ **瞥眼間** **별안간 (깜짝할 별, 눈 안, 사이 간)**
갑작스럽고 아주 짧은 동안

Quiz 각 어휘 및 표현의 알맞은 뜻을 찾아 연결하세요.

01 열없이
02 부릅뜨다
03 어른거리다
04 泣斬馬謖
05 捲土重來

㉠ 자신의 목적을 이루고자 소중한 이를 내침
㉡ 조금 쑥스럽고 수줍어하며
㉢ 무섭게 눈을 뜨다.
㉣ 눈에 보였다 안 보였다 하다.
㉤ 실패를 극복한 후 다시 들어옴

06 獨裁
07 變化
08 奬勵
09 使用
10 瞥眼間

㉥ 생각할 겨를 없이 아주 짧은 시간에
㉦ 사물의 형태가 바뀜
㉧ 어떤 집단에서 권력을 독차지하여 처리함
㉨ 좋은 일에 힘을 들이도록 권유함
㉩ 용도에 맞게 활용함

정답 | 01 ㉡ 02 ㉢ 03 ㉣ 04 ㉠ 05 ㉤ 06 ㉧ 07 ㉦ 08 ㉨ 09 ㉩ 10 ㉥

정답·해설 _해설집 p.69

13회 실전동형모의고사

제한시간 : 20분 시작 시 분 ~ 종료 시 분 점수 확인 개/ 20개

01 **다음 글을 근거로 할 때, 〈보기〉의 대화에서 ㉡의 대답이 갖는 특징으로 적절하지 않은 것은?**

> 협력의 원리란 대화 참여자들 간의 사회적 관계를 형성하고 유지하기 위한 원리이다. 이는 대화가 합리성과 상호 협력을 갖추기 위해 필요한 것으로 의사소통뿐 아니라 인간의 행위 전반에 적용될 수 있다. 협력의 원리를 쉽게 설명하자면 '말하고자 하는 바를 제대로 전달 할 수 있게 하는 것'이며, 협력의 원리에는 네 가지가 있다.
>
> 먼저 '양의 격률'이란 대화의 목적에 필요한 만큼의 정보만 제공하는 것을 의미한다. 두 번째는 '질의 격률'로 거짓이나 증거가 불충분한 말을 하지 않고 진실한 정보만을 이야기하는 것을 의미한다. 세 번째는 '관련성의 격률'로 대화의 맥락과 관련 있는 정보만을 제공하는 것을 의미한다. 마지막으로 '태도의 격률'은 모호하거나 중의적인 표현을 하지 않고 간결하고 명확하게 말하는 것을 의미한다.

> **보기**
>
> 대화(1) ㉠: 우리 내일 무슨 영화 볼까?
> ㉡: <u>저는 아무거나 상관없어요.</u>
>
> 대화(2) ㉠: 철수야, 너 생일이 얼마나 남았지?
> ㉡: <u>딱 한 달 남았어. 한 달 후면 내가 벌써 30살이네.</u>
>
> 대화(3) ㉠: 영희야, 어제는 학교 마치고 뭐 했니?
> ㉡: <u>네, 선생님. 저는 어제 가족들이랑 외식을 했는데 너무 많이 먹어서 지금도 배가 터져버릴 것 같아요.</u>
>
> 대화(4) ㉠: 이번 크리스마스에 받고 싶은 선물 있니?
> ㉡: <u>난 향초를 받고 싶어. 왜냐하면 얼마 전에 내가 새 집으로 이사해서 향초가 필요하거든.</u>

① 대화(1): 태도의 격률을 위배하였다.

② 대화(2): 양의 격률을 위배하였다.

③ 대화(3): 질의 격률을 위배하였다.

④ 대화(4): 관련성의 격률을 위배하였다.

02 **㉠과 ㉡의 예로 적절하지 않은 것은?**

> <한글 맞춤법>
>
> **제1항** 한글 맞춤법은 표준어를 소리대로 적되, 어법에 맞도록 함을 원칙으로 한다.

> 소리대로 적는다는 것은 각 단어를 음소 차원에서 발음 그대로 표기하는 것을 가리킨다. 이것을 ㉠<u>표음주의</u>라고 부른다. 그런데 환경에 따라 소리가 달라지는 경우가 있어 표준어를 소리대로 적는다는 원칙만으로 충분하지 않다. 이때 어법에 맞도록 적는 원칙을 적용하는데, 이를 ㉡<u>표의주의</u>라고 부른다. 표의주의는 형태소의 본래 모양을 밝혀서 표기하는 것을 가리킨다.

① ㉠: '암닭'으로 적지 않고 '암탉'으로 적는다.

② ㉠: '락원(樂園)'으로 적지 않고 '낙원'으로 적는다.

③ ㉡: '더우기'로 적지 않고 '더욱이'로 적는다.

④ ㉡: '선지국'으로 적지 않고 '선짓국'으로 적는다.

03 밑줄 친 단어와 유사한 의미가 아닌 것은?

작인이 닭 마리나 좀 보내지 않는다든가 애벌논 때 품을 좀 안 준다든가 하면 그해 가을에는 ㉠ <u>영락없이</u> 땅이 뚝뚝 떨어진다. 그러면 미리부터 돈도 먹이고 술도 먹이고 안달재신으로 돌아치든 놈이 그 땅을 슬쩍 돌라안는다. 이 바람에 장인님 집 빈 외양간에는 눈깔 커다란 황소 한 놈이 절로 엉금엉금 기어들고, 동리 사람은 그 욕을 다 먹어 가면서도 그래도 굽실굽실하는게 아닌가…….

그러나 내겐 장인님이 감히 큰소리할 ㉡ <u>계제</u>가 못 된다.

뒷생각은 못 하고 뺨 한 개를 딱 때려 놓고는 장인님은 무색해서 덤덤히 쓴침만 삼킨다. 〈중 략〉

점순이가 그 상을 내 앞에 내려놓으며 제 말로 지껄이는 소리가

"구장님한테 갔다 그냥 온담 그래!"

하고 엊그제 산에서와 같이 ㉢ <u>되우</u> 쫑알거린다. 딴은 내가 더 단단히 덤비지 않고 만 것이 좀 어리석었다, 속으로 그랬다. 나도 저쪽 벽을 향하여 외면하면서 내 말로

"안 된다는 걸 그럼 어떡한담!" / 하니까,

"수염을 잡아채지 그냥 둬, 이 바보야!"

하고 또 얼굴이 빨개지면서 성을 내며 안으로 ㉣ <u>샐쭉하니</u> 튀들어가지 않느냐.

– 김유정, '봄·봄'

① ㉠: 틀림없이　　② ㉡: 인재

③ ㉢: 대단히　　④ ㉣: 언짢은지

04 다음은 'ㅡ'가 특정 자음 뒤에서 'ㅜ'로 바뀌는 현상이 일어난 이유를 설명한 것이다. 괄호 안에 들어갈 말로 적절한 것은?

'믉다 > 묽다, 블 > 불, 프르다 > 푸르다' 등과 같이 특정 자음 뒤에 오는 'ㅡ'가 'ㅜ'로 바뀌는 현상은 자음의 발음 위치가 모음의 발음에 영향을 미쳐 '(　　　　　　　)'가 생기기 때문이다.

① 혀의 높낮이 차이

② 입술의 모양 차이

③ 혀의 전후 위치 차이

④ 소리의 높고 낮음 차이

05 밑줄 친 말에서 가리키는 사람이 다른 것은?

십뉵 일 식후의 ᄯᆡ라 남한의 다ᄃᆞᄅᆞ니 셩 직흰 군ᄉᆡ 약ᄒᆞ고 졔장이 겁ᄒᆞ야 나가 싸흘 의ᄉᆡ 업더라. 마부대 왕ᄌᆞ 대신 내여 보내기ᄅᆞᆯ 쳥ᄒᆞ니 됴뎡이 능봉슈로 대군을 삼고 형조판셔 심즙으로 ㉠ <u>대신</u>이라 ᄒᆞ여 적진에 보내니 심즙이 닐오ᄃᆡ ㉡ <u>내</u> 평ᄉᆡᆼ애 말이 튱실ᄒᆞ기로 오랑캐도 속이디 못ᄒᆞ리라 ᄒᆞ야 마장ᄃᆞ려 니ᄅᆞᄃᆡ ㉢ <u>나</u>ᄂᆞᆫ 대신이 아니오 능봉슈ᄂᆞᆫ 왕ᄌᆡ 아니니라. 능봉ᄉᆔ 진실로 심즙이 대신이오 나ᄂᆞᆫ 진실로 왕ᄌᆡ로다 ᄒᆞᄃᆡ 적장이 속은 줄 알고 도로 보내니 능봉슈와 심즙이 도로 셩듕의 오고 마디못ᄒᆞ야 좌샹 홍셔봉과 호조판셔 김신국을 적진의 보내여 닐오ᄃᆡ 봉님 대군과 닌평 대군이 강화 이시매 못 보내노라 ᄒᆞ니 마쟝이 ᄒᆞᄃᆡ 동궁이 아니오면 화친을 못 ᄒᆞ리라 ᄒᆞ니 좌샹이 그저 도라오니라. 그날 밤의 녕샹 김신국 니셩구 최명길 등이 동궁 보내기ᄅᆞᆯ 쳥ᄒᆞ대 녜조판셔 김쳥음이 이 긔별을 듯고 비변ᄉᆞ의 드러와 대언ᄒᆞ야 ᄀᆞᆯ오ᄃᆡ 이 의논ᄒᆞᄂᆞᆫ 놈을 ㉣ <u>내</u> 당당이 머리ᄅᆞᆯ 베혀 ᄆᆡᆼ셰ᄒᆞ야 ᄒᆞᆫ ᄒᆞᄂᆞᆯ의 셔디 아니니라 ᄒᆞ더라.

– 어느 궁녀, '산성일기'

① ㉠　　② ㉡

③ ㉢　　④ ㉣

06 다음 글의 내용과 가장 가까운 것은?

존 스튜어트 밀은 벤담의 사상을 이어받아 '공리(utility)를 모든 가치의 원리'로 보는 공리주의를 신봉했다. 그에 의하면 인간의 본성은 쾌락을 구하고 고통을 회피하기 마련인데, 인간의 어떤 행위가 행복을 촉진한다면 그것은 바르고, 행복과 반대된다면 그른 것이 된다. 다만 이것이 벤담처럼 한낱 개인에 그쳐서는 안 되며, 되도록 많은 사람에게 미쳐야 한다고 주장했다. 즉 모든 사람들의 행복이 우리가 추구해야 할 선이 되는 것이다. 이 점에서 그는 《성경》에서 말한 "네 이웃을 네 몸처럼 사랑하라"라고 하는 황금률을 도덕의 근본으로 삼지 않았을까 여겨진다.

그러나 밀은 벤담이 쾌락의 양을 중시하는 것과 반대로 그 질을 중요시했다. 여기에서 "만족한 돼지보다는 불만족한 인간이 더 낫고, 배부른 돼지보다는 배고픈 소크라테스가 더 낫다"라는 유명한 말이 나왔다.

① 법과 도덕은 절대 다수의 최대 행복을 위해 봉사해야 한다.

② 개인의 쾌락보다 사회 전체의 행복과 안녕이 우선되어야 한다.

③ 정신이 물질을 지배하는 것이 아니라 물질적 상황이 정신적 상황을 결정한다.

④ 사람들이 단순한 쾌락을 더 선호하는 것은 고급 쾌락을 경험할 기회가 없었기 때문이다.

07 다음 글의 주장으로 가장 적절한 것은?

미장센(mise-en-scène)이라는 용어는 본래 연극 무대에서 쓰이던 불어 단어로, 연극의 서사를 효과적으로 전달하기 위해 무대 위에 있는 모든 시각 대상을 배열하고 조직하는 연출 기법을 말한다. 이 연극 용어가 영화로 넘어오면서 미장센은 이제 화면 구성과 관련된 작업, 특히 샷의 프레이밍과 관련된 제작 행위를 가리키게 되었다.

연극의 미장센과 영화의 미장센은 얼핏 엇비슷할 것 같지만 둘 사이에는 근본적인 차이가 존재한다. 이를테면, 영화감독도 연극 연출가처럼 3차원 공간에서 배경을 구성하고 배우의 연기와 동선을 지시하며 그에 걸맞는 조명을 설치하지만, 그 모든 것은 결국 카메라를 통해 2차원 영상으로 보여질 것임을 염두에 두고서 이루어져야 한다. 따라서 영화의 미장센은 연극의 미장센보다 훨씬 정교하고 인공적이며 회화적이다. 동시에, 영화는 인위적이고 한정된 연극 무대로부터 벗어나 자연과 도시 어디에서든 자유롭게 촬영할 수 있다는 점에서 연극보다 훨씬 더 자연스러우며 본질적으로 리얼리즘적이다. 결국 미장센은 연극보다 영화에서 훨씬 더 다양하고도 미묘하게 전개될 뿐 아니라, 그것이 차지하는 역할 역시 월등히 중요하다.

① 미장센은 연극 연출 과정에서 유래한 단어이다.
② 영화의 미장센은 프레임 구성의 영향을 받는다.
③ 영화보다 연극에서 미장센의 정교한 작업이 요구된다.
④ 미장센은 연극보다 영화에서 더 중요한 비중을 차지한다.

08 밑줄 친 관용구가 적절하게 쓰인 것으로만 묶인 것은?

ㄱ. 민수는 목구멍이 크니 겁을 먹지 않을 거야.
ㄴ. 목이 간들거리던 차에 실적까지 좋지 않다니.
ㄷ. 목 안의 소리로 말하니까 무슨 말인지 모르겠어.
ㄹ. 아주머니는 가게 주인에게 목이 곧아서 판매를 잘한다고 칭찬했다.

① ㄱ, ㄴ　　② ㄱ, ㄷ
③ ㄴ, ㄷ　　④ ㄷ, ㄹ

09 다음 글을 고쳐 쓰기 위한 방안으로 적절하지 않은 것은?

대부분의 사람들은 환경 기초 시설 설치의 필요성을 인식하고 있다. ㉠또한 환경 기초 시설이 주변 지역에 끼치는 여러 위해 요소들이 있다고 생각하여 인근의 거주민들 중 이런 시설이 설치되는 것에 ㉡난색을 표명하는 이들이 있다. 이 현상을 '내 뜰 안에서는 안 돼(Not In My Back Yard)'라는 영어 문장의 머리글자를 따서 '님비 현상'이라고 부른다. ㉢사람들은 집값이 떨어질 것을 걱정해 집단행동을 하며 시설 설치를 막으려고 한다.

우리 지역사회에서는 님비 현상을 흔히 볼 수 있다. 경기도 의정부시 시민들은 쓰레기 소각장 건설 문제를 놓고 시 관계자들과 ㉣대립했다. 또 충청북도 청주시에서도 이와 유사한 갈등이 있었다. 하지만 우리 모두가 불편함 없이 생활하기 위해서는 조금씩 양보해 환경 기초 시설의 설치를 미뤄서는 안 된다는 것을 잊지 않아야 한다.

① ㉠은 앞뒤 문장의 응집성을 고려하여 '하지만'으로 바꾼다.
② ㉡은 지나치게 어려운 한자어가 쓰였으므로 '꺼리는'으로 순화한다.
③ ㉢은 문단에 어울리는 내용이 아니므로 통일성을 고려하여 삭제한다.
④ ㉣은 주어와 서술어의 호응이 적절하지 않으므로 '대립했다는 것이다'로 고친다.

10 밑줄 친 단어와 바꿔 쓸 수 있는 한자어로 가장 적절한 것은?

① 연기를 먹었더니 머리가 아팠다.
→ 攝取했더니
② 이 약은 꼭 식사한 후에 먹어야 한다.
→ 吸入했다
③ 새로운 일에 도전하기로 마음을 먹었다.
→ 服用해야
④ 그는 회사의 공금을 먹은 혐의로 구속되었다.
→ 橫領한

11 다음 글에 대한 설명으로 가장 적절한 것은?

나는 대뜸 달려들어서 나도 모르는 사이에 큰 수탉을 단매로 때려 엎었다. 닭은 푹 엎어진 채 다리 하나 꼼짝 못하고 그대로 죽어 버렸다. 그리고 나는 멍하니 섰다가 점순이가 매섭게 눈을 홉뜨고 닥치는 바람에 뒤로 벌렁 나자빠졌다.

"이놈아! 너 왜 남의 닭을 때려 죽이니?"

"그럼 어때?"

하고 일어나다가,

"뭐 이 자식아! 누 집 닭인데?"

하고 복장을 떼미는 바람에 다시 벌렁 자빠졌다. 그러고 나서 가만히 생각을 하니 분하기도 하고 무안도 스럽고, 또 한편 일을 저질렀으니 인젠 땅이 떨어지고 집도 내쫓기고 해야 될는지 모른다.

나는 비슬비슬 일어나며 소맷자락으로 눈을 가리고는, 얼김에 엉 하고 울음을 놓았다. 그러나 점순이가 앞으로 다가와서,

"그럼 너 이담부텀 안 그럴 테냐?"

하고 물을 때에야 비로소 살길을 찾은 듯싶었다. 나는 눈물을 우선 씻고 뭘 안 그러는지 명색도 모르건만

"그래!"

하고 무턱대고 대답하였다.

"요담부터 또 그래 봐라, 내 자꾸 못살게 굴 테니."

"그래그래. 이젠 안 그럴 테야!"

"닭 죽은 건 염려 마라, 내 안 이를 테니."

그리고 뭣에 떠다밀렸는지 나의 어깨를 짚은 채 그대로 픽 쓰러진다. 그 바람에 나의 몸뚱이도 겹쳐서 쓰러지며 한창 피어 퍼드러진 노란 동백꽃 속으로 폭 파묻혀 버렸다.

알싸한, 그리고 향긋한 그 냄새에 나는 땅이 꺼지는 듯이 온 정신이 고만 아찔하였다. – 김유정, '동백꽃'

① '나'의 울음은 닭을 죽인 일을 덮고자 하는 의도가 담겨 있다.

② 노란 동백꽃은 '나'와 점순의 사랑을 감각적으로 드러내는 소재이다.

③ 눈치 없는 '나'의 시선으로 서술하여 상황을 객관적으로 전달하고 있다.

④ 점순이 '나'를 밀고 쓰러진 것은 '나'에 대한 점순의 풀리지 않는 마음을 보여준다.

12 밑줄 친 부분의 쓰임이 모두 옳은 것은?

① 봄이 되니 꽃마다 봉우리가 맺혔다.
산 봉오리에 올라가니 기분이 상쾌하다.

② 나는 빛이 없어 어득한 길을 조심스레 걸었다.
앞으로 해야 할 일을 생각하니 앞날이 아득하다.

③ 사람과 사람 사이가 닿지 않게 간격을 크게 벌려라.
책상 위에 물건들을 벌여 놓으니 찾는 물건이 보이지 않는다.

④ 코트의 깃을 너무 제치면 옷맵시가 살아나지 않는다.
경쟁자를 젖히고 무조건 1등을 해야 한다는 생각은 좋지 않다.

13 다음 중 표준 언어 예절에 가장 알맞은 표현은?

① 남의 본관과 성을 말할 때 "그는 ○○[본관] ○가(哥)입니다."라고 한다.

② 할머니와 길을 가다 친구를 만났을 때 "제 친구예요."라고 친구를 할머니에게 먼저 소개한다.

③ 자기 성과 이름을 남에게 말할 때 "○○○라고 합니다." 또는 "○○○올시다."라고 할 수 있다.

④ 부모에 기대어 자신을 소개할 때, "저희 아버지의 성함이 ○[성]자 ○자 ○자이십니다."라고 한다.

14 다음 글의 진술 방식에 대한 설명으로 적절하지 않은 것은?

> 몇 해 전 경북 안동의 묘에서 16세기에 쓰인 한글 편지가 발견되어 세간의 관심을 끌었다. 여기에는 먼저 세상을 떠난 남편에 대한 절절한 애도의 마음이 담겨 있었다. 이와 같이 조선 시대에 쓰인 옛 한글 편지를 '언간(諺簡)'이라 한다. 언간은 우리말의 옛 모습을 살펴볼 수 있고 당시 언중들의 생활상을 엿볼 수 있는 귀중한 문헌 자료이다. 지금까지 많은 언간이 전해지지만 사대부 간에 주고받은 것은 찾아보기 어렵다. 또한 그 내용에 있어서도 개인적인 사연이나 감정을 드러낸 것이 대부분이었다.
>
> 언간의 특징 중에서 두드러진 것은 언간이 당시 자료인 언해(諺解)*에 보이는 문체적 특징과 비교하여 큰 차이를 보인다는 점이다. 언해 자료는 번역의 속성상 원문인 한문의 간섭이나 제약을 많이 받는다. 예를 들어 17세기 언해 자료인 『동국신속삼강행실도』의 '그 어미와 밋 싀어미로 더브러(與其母及姑)' 부분을 보면, 우리말 어법에 필요 없는 '밋'이 더 들어 있다. 또한 '밤 들매 미처 ᄀᆞ마니 나가'라고 해야 할 것을 '밋 밤 들매 ᄀᆞ마니 나가(及夜間潛出)'라고 하여 어순이 부자연스럽다. 그러나 언간은 원문의 간섭이나 제약이 애초부터 없기 때문에 자연스러운 우리말의 모습을 보여 준다.
>
> *언해: 한문을 한글로 풀어 쓴 글

① 실제 사례를 통해 언간이라는 화제를 제시하고 있다.
② 예시를 활용하여, 언간과 언해의 차이를 설명하고 있다.
③ 화제에 대한 정의를 제시하여, 언간에 대해 설명하고 있다.
④ 구체적인 시기를 제시하여, 언간의 변천 과정을 보여주고 있다.

15 밑줄 친 관용어의 사용이 적절하지 않은 것은?

① 내 코가 석 자라 이번엔 너를 돕기 어려워.
② 저 팀은 코가 빠져 다음 일을 할 수 없었다.
③ 이번 추석에 그분께 꼭 코 아래 진상을 해야겠군.
④ 나는 독립운동가 자손임을 자랑스럽게 코를 떼고 다니지.

16 다음 글에서 드러나지 않는 것은?

> 치밀이라고 할까 또는 슬기라고나 할까 어떻든 그날 아침 불안과 절망에 묻혀 있는 우리들에게 새로운 희망을 가져다 준 것은 상운이었다.
>
> "됐어 됐어! 자 이것 봐……. 이것만 있으면 문제는 해결될 수 있지 않아……."
>
> 그가 중얼거리며 선창에서 끌어당길 때 나는 그것이 무엇인지를 모르고 있었다. 〈중 략〉
>
> 그러나 갈매기의 울음소리는 비어 있는 하늘 아래 아무데서도 들려오질 않았다. 나는 모든 희망을 포기할 수밖에 없었다. 그 이상의 기적을 바라는 자신이 어리석은 것 같아 털썩 주저앉아 버리고 말았다. 나는 놀라지 않을 수 없었다. 그것은 상운이와 순복이가 큰 그물을 칼로 자르고 있는 것을 보았던 까닭이다.
>
> "어떻게 하지?"
>
> 놀란 나의 목소리는 떨고 있었다.
>
> "무엇을……?"
>
> 나는 대답에 궁했다. 상운과 순복은 번갈아 나의 표정을 쳐다보며 일손을 멈추지 않는다. 그들의 표정에 가벼운 노기가 있음을 나는 느낄 수 있었다. 아버지의 배는 아니지만 아버지가 선주에게 빌린 배다. 그물도 역시 그러했다. 그물이 중요하다는 것은 상운과 순복이도 알고 있었을 것이다. 그러나 이때처럼 우리 식구들의 생명이 그물코에 달려 있다는 것을 절실히 느껴본 적은 없었다. 무거운 침묵이 가슴을 누르고 있었다. 햇살이 퍼진 탓에 누긋한 바람이 목덜미를 씻고 지나갔다. 눈앞에 두 번 세 번 떠오르는 아버지의 얼굴을 잊으려고 나는 눈을 감고 있었다.
>
> "그물이 중하지……."
>
> 뱃머리를 두드리는 파도 소리보다도 그 목소리는 고요 속에 어떤 무게를 가지고 있었다.
>
> "그물도 중하지만 우리가 살아야 한다는 것은 더 절박한 일이야."
>
> 나는 이 말에 이상한 감동을 느꼈다.
>
> – 정한숙, '이어도(IYEU도)'

① 그물의 의미
② 아버지에 대한 '나'의 반감
③ 위기에 대처하는 상운의 태도
④ 그물과 생존에 대한 순복의 가치 판단

17 다음 글을 뒷받침하는 예로 적절하지 않은 것은?

> 우리나라에는 매우 복잡한 친족 호칭 문화가 있다. 친족 관계별로 여러 호칭이 존재할 뿐만 아니라 호칭어와 지칭어가 서로 다른 경우가 있어 혼란을 야기한다. 특히 결혼 후 친족의 범위가 확대되면서 그 어려움은 심화되는데, 배우자와의 관계를 고려하여 서로 다른 호칭을 사용하기 때문이다. 더구나 남편의 동생과 아내의 동생을 부르는 호칭에 차이가 있어 이에 대해 문제를 제기하는 사람들도 보인다. 시대가 변함에 따라 친족 호칭 문화에도 변화가 필요하다.

① "난 형이랑 결혼하실 분에게 '○○ 형수'라고 불렀다가 '님'자 붙이라고 혼났잖아. 정말 헷갈려."

② "아버지가 돌아가신 후에 친척 어른들과 대화하다가 '아버지'라고 말했다고 혼났어. 이해가 안돼."

③ "남편 남동생이 얼마 전에 결혼했는데, '도련님'이라고 불렀다가 어머니께 혼났어. 이름으로 부르고 싶어."

④ "남편은 내 여동생한테 '처제'라고 부르는데, 나는 남편 여동생한테 왜 '아가씨'라고 불러야 해? 뭔가 불공평해."

18 글의 통일성을 고려할 때, 삭제하는 것이 바람직한 문장은?

> 과학자와 예술가들은 자신들의 작업이 다른 전문 영역들과 교류하고 많은 부분에서 겹치기도 한다는 것을 경험으로 알고 있다. ㉠과학과 예술의 각 분야는 전문 분야이다. ㉡과학은 일반인들이 접근하기 힘든 학문임은 누구나 잘 알고 있는 사실이다. ㉢그러나 한 가지 전문 분야에서도 혼신의 힘으로 과업에 열중하면 '세계'를 보게 된다. ㉣즉 모든 것이 통합되는 경험을 하게 되는 것이다. 이는 방법론에서도 마찬가지다.

① ㉠ ② ㉡
③ ㉢ ④ ㉣

19 토끼와 자라의 말하기 방식에 대한 설명으로 옳지 않은 것은?

> "내 성은 별이요, 호는 주부로다. 등이 넓기는 물에 다녀도 가라앉지 아니함이요, 발이 짧은 것은 육지에 다녀도 넘어지지 아니함이요, 목이 긴 것은 먼 데를 살펴봄이요, 몸이 둥근 것은 행세를 둥글게 함이라. 그러하므로 수중에 영웅이요, 수족(水族)에 어른이라. 세상에 문무겸전(文武兼全)하기는 나뿐인가 하노라."
> 토끼 가로되,
> "내가 세상에 나서 만고풍상(萬古風霜)을 다 겪다시피 하였으되, 그대 같은 호걸은 이제 처음 보는보다."
> 자라 가로되,
> "그대 연세가 얼마나 되관대 그다지 경력이 많다 하느뇨?"
> 토끼 가로되,
> "내 연기(年紀)를 알 양이면 육갑을 몇 번이나 지내였는지 모를 터이오. 소년 시절에 월궁에 가 계수나무 밑에서 약방아 찧다가 유궁후예(有窮後羿)의 부인이 불로초(不老草)를 얻으러 왔기로 내가 얻어 주었으니 이로 보면 삼천갑자 동방삭(東方朔)은 내게 시생(侍生)이오, 팽조(彭祖)의 많은 나이 내게 대하면 구상유취(口尙乳臭)요, 종과 상전이라. 이러한즉 내가 그대에게 몇십 갑절 할아비 치는 존장(尊長)이 아니신가."

① 토끼는 자라의 자랑을 듣고 비꼬는 말투로 반응했다.

② 자라는 자신의 외형을 변명하기 위해 장황한 표현을 사용했다.

③ 토끼는 고사와 한자 성어를 인용하여 자신을 과장되게 표현했다.

④ 자라는 토끼를 회유하기 위해 긍정적 반응을 유도하는 질문을 사용했다.

20 다음 글에서 알 수 있는 내용이 아닌 것은?

우리는 일기와 기후라는 두 가지 말을 쓰고 있다. 일기는 일기 예보 시간에 듣는 며칠 동안의 날씨 변화이다. 이에 비하여 기후는 30년 이상 쌓인 날씨의 변화이다. 기후는 지구상에서 기후 시스템이 만들어 내는 특이한 자연 현상이다. 기후 시스템은 대기 중의 모든 것을 아우르는 대기권, 해양과 하천·호수를 포함한 수권, 육상의 흙·암석을 합한 지권, 생태계를 통틀어 이르는 생물권 및 눈·얼음과 관련된 설빙권의 다섯 가지 구성원을 말한다. 기후 시스템은 생태계와 마찬가지로 태양의 복사 에너지로 가동되지만 구성원 사이의 상호 작용의 규모와 복잡성이 생태계보다 엄청나게 크다.

대기권은 지상 약 80킬로미터 높이의 공간을 차지하는데 특히 지상 8~15킬로미터 높이의 대류권에서는 대류 작용이 활발하여 일기에 직접적인 영향을 미친다. 물이나 얼음으로 된 구름은 대기권의 일부에 속한다. 수권은 해양의 증발량이 많아서 강수량과 깊은 관계가 있다. 지권은 지각의 이동, 지표의 변화 등과 관련된 자연 현상을 포함한다. 설빙권은 그린란드와 남극의 빙상(얼음 평원), 바다에 떠다니는 빙상, 고산의 빙관과 빙하, 영구 동토 등으로 구성되는데 설빙 면적이 좁아지면서 극 지역의 기온이 빠르게 높아지고 있다. 여기에서는 기후에 영향을 주는 숲의 역할과 생물권의 탄소 흡수량이 온난화에 미치는 영향을 중심으로 살펴보자.

생물권과 기후 변화 사이의 관계는 주로 식생과의 상호 작용에서 일어난다. 식생 중에서도 숲은 기후에 중요한 구실을 한다. 숲은 증산, 햇빛의 흡수, 이산화탄소의 흡수 등을 통하여 기후에 영향을 미친다. 숲의 증산은 대기 중에 수증기를 내보내서 빗물을 증가시킨다. 그래서 숲 지역은 사막 지역보다 비가 많이 온다. 그리고 숲의 가지와 잎은 빗물이 직접 땅에 닿는 것을 차단하기 때문에 토양 침식을 예방하고, 물을 개울과 강을 거쳐 바다로 천천히 흘려보내 지구의 물 순환에 중요한 생태계 서비스를 제공한다.

숲은 짙은 녹색이기 때문에 햇빛의 반사와 산란이 적어서 빛을 많이 흡수한다. 물체가 햇빛을 반사하는 비율은 반사율이라고 하는데, 반사율을 하얀 눈에서 0.80 이상, 사막에서 0.35, 열대림에서 0.12로 낮아진다. 그래서 숲은 햇빛을 겨우 12~15퍼센트 정도 반사하지만 사막은 무려 40퍼센트를 반사한다. 이처럼 숲은 햇빛을 많이 흡수하여 주변의 기온을 낮춘다.

① 햇빛의 반사율이 낮을수록 주변의 기온이 낮아진다.
② 숲의 증산 작용으로 인해 사막보다 숲에 비가 많이 내린다.
③ 대기권에서는 대류 작용이 활발하므로 기후에 직접적인 영향을 미친다.
④ 대기권, 수권, 지권, 생물권, 설빙권의 상호 작용을 통해 기후가 만들어진다.

정답·해설 _해설집 p.69

13회 핵심 어휘 마무리 체크

☑ 잘 외워지지 않는 어휘 및 표현은 박스에 체크하여 한 번 더 확인하세요.

고유어

□ **되우** 아주 몹시

□ **샐쭉하다**
1. 어떤 감정을 나타내면서 입이나 눈이 한쪽으로 약간 샐그러지게 움직이다. 또는 그렇게 하다
2. 마음에 차지 않아서 약간 고까워하는 태도가 드러나다

□ **영락없다** 조금도 틀리지 않고 꼭 들어맞다.

□ **호젓하다**
1. 후미져서 무서움을 느낄 만큼 고요하다
2. 매우 홀가분하여 쓸쓸하고 외롭다

한자 성어

□ **口尙乳臭** **구상유취**
입에서 아직 젖내가 난다는 뜻으로, 말이나 행동이 유치함을 이르는 말

□ **萬古風霜** **만고풍상**
아주 오랜 세월 동안 겪어 온 많은 고생

□ **文武兼全** **문무겸전**
문식과 무략을 다 갖추고 있음

한자어

□ **階梯** **계제 (섬돌 계, 사다리 제)**
1. 사다리라는 뜻으로, 일이 되어 가는 순서나 절차를 비유적으로 이르는 말
2. 어떤 일을 할 수 있게 된 형편이나 기회

□ **刻印** **각인 (새길 각, 도장 인)**
1. 도장을 새김
2. 머릿속에 새겨 넣듯 깊이 기억됨. 또는 그 기억

□ **掛念** **괘념 (걸 괘, 생각 념)**
마음에 두고 걱정하거나 잊지 않음

□ **排泄** **배설 (밀칠 배, 샐 설)**
동물이 섭취한 영양소로부터 자신의 몸 안에 필요한 물질과 에너지를 얻은 후 생긴 노폐물을 콩팥이나 땀샘을 통해 밖으로 내보내는 일

속담

□ **내 코가 석자**
내 사정이 급하고 어려워서 남을 돌볼 여유가 없음을 비유적으로 이르는 말

관용구

□ **코가 빠지다**
근심에 싸여 기가 죽고 맥이 빠지다

□ **코 아래 진상**
뇌물이나 먹을 것을 바치는 일

□ **코를 떼다**
무안을 당하거나 핀잔을 맞다.

Quiz 각 어휘 및 표현의 알맞은 뜻을 찾아 연결하세요.

01 샐쭉하다	㉠ 아주 구석지고 조용하다	06 刻印	㉥ 학문과 군사상의 책략을 모두 겸비함
02 호젓하다	㉡ 상납금이나 먹을 것을 바침	07 階梯	㉦ 행동이 어림
03 萬古風霜	㉢ 마음속으로 근심하고 잊지 않음	08 口尙乳臭	㉧ 유념하여 깊이 기억됨
04 掛念	㉣ 어렵고 고된 일을 많이 겪음	09 文武兼全	㉨ 일의 순서
05 코 아래 진상	㉤ 성에 차지 않아 언짢아 함	10 코가 빠지다	㉩ 걱정에 싸여 의기소침해지고 맥이 빠짐

정답 | 01 ㉤ 02 ㉠ 03 ㉣ 04 ㉢ 05 ㉡ 06 ㉧ 07 ㉨ 08 ㉦ 09 ㉥ 10 ㉩

정답·해설 _해설집 p.74

14회 실전동형모의고사

제한시간 : 20분 시작 시 분 ~ 종료 시 분 점수 확인 개/ 20개

01 다음 중 통사적 합성어로만 묶인 것은?

① 물들다, 검버섯　② 들짐승, 겁나다
③ 기차다, 촐랑개　④ 젊은이, 민둥산

02 다음 글의 주된 서술 방식은?

탈근대 '팩션 시대'에서는 역사 영화나 역사 소설처럼 역사를 앞세운 장르 대신에 역사가 뒤로 밀리는 '영상 역사'와 '소설 역사' 같은 새로운 장르가 출현했다.
역사 소설이 역사의 소설적 구성을 추구했다면, '소설 역사'는 소설의 역사적 구성을 시도한다. 전자의 역사 소설이 '유사' 역사가 되는 것을 목표로 했다면, 후자의 '소설 역사'에서 역사는 지향하는 목표가 아니라 의미 전달의 수단일 뿐이다. 다시 말해 '소설 역사'는 역사라는 콘텐츠를 소설의 목적에 따라 이용할 뿐이며 '유사' 역사가 되고자 하지 않는다. '팩션 시대'에서 많은 사람들이 믿고 싶어 하는 허구는 사실로서의 충분한 효과를 발휘하며, 사람들의 삶에 역사가가 쓴 역사보다 더 많은 영향을 미친다.

① 예시　② 대조
③ 정의　④ 유추

03 다음 중 띄어쓰기가 옳지 않은 것은?

① 어제 그 자료를 미리 <u>준비할걸</u>.
② 지금 <u>가는 데</u>가 어디인지 나도 모르겠다.
③ 이 일은 내가 이전에 <u>얘기한 바와</u> 같이 진행하자.
④ 그 자동차는 디자인이 <u>예쁠 뿐더러</u> 내구성까지 좋다.

04 다음 글을 고쳐 쓰기 위한 생각으로 적절하지 않은 것은?

'포스버리'가 '배면뛰기'라는 신기술을 도입함으로써 높이뛰기 종목에서 활약을 한 것은 창의적인 ㉠<u>발견</u>을 통해 한계를 넘어선 사례로 볼 수 있다. 모두가 정면을 보며 넘는 방법에 몰두해있을 때, 포스버리는 거꾸로 넘는 방법을 개발한다. 기존의 높이뛰기 기술은 신체의 모든 부분이 동시에 바를 넘어야 하므로 바에 걸리기 쉬웠다. ㉡<u>그리고</u> 포스버리 신기술의 장점은 도약 초반에 선수의 머리와 어깨가 이미 바를 넘고, 이후에는 몸을 휘어 다리와 엉덩이가 바에 걸리지 않도록 하면 되므로 몸이 바를 건드릴 확률이 훨씬 ㉢<u>낮아진다는 점이다</u>. ㉣<u>포스버리의 화려한 기술은 평범한 기술만을 선보이던 다른 선수들에게 자극이 되었다</u>.

① ㉠: 단어의 쓰임이 적절하지 않으므로 '발상'으로 고친다.
② ㉡: 앞뒤 문장의 내용을 고려하여 '하지만'으로 고친다.
③ ㉢: 주어와 서술어의 호응이 어색하므로 '낮아진다'로 고친다.
④ ㉣: 필자가 강조하고자 하는 내용에 포함되지 않으므로 '포스버리의 창의적인 생각을 통해 높이뛰기의 혁신을 이룩했다'라는 내용으로 고친다.

05 다음 글의 내용으로 적절하지 않은 것은?

근현대 미술의 특징은 '물질적 고체성'의 파괴에 있다고 규정하기도 한다. 르네상스 시대부터 근세까지의 미술은 입체감이 느껴지는 3차원 공간 가운데에 인물이나 대상을 실재하는 것처럼 표현하려 했다. 이 3차원적 실재감을 물질적 고체성이라고 한다.

그러나 교회의 높은 천장화나 무대장치의 배경 등 일부를 제외하고, 3차원적 실재감을 만들어내기 위한 노력이 제대로 성공한 적은 없다. 아무리 실제와 똑같이 그려진 그림이라 할지라도 인간이 그 그림 가운데 발을 들여놓은 적도 없고, 그림 안에 있는 사과를 집어 먹으려 하는 경우도 없다. 또한 초상화에게 말을 거는 사람도 없다. 결국 그림은 여전히 평면일 수밖에 없다는 이야기다. 3차원으로 느껴지는 것 또한 불완전한 착각에 불과하다.

이 사실을 알게 된 근대 화가들은 무모한 노력을 그만두고 근본적인 방향 전환을 시도하여 이전과는 전혀 다른 방향에서 그림을 그리기 시작했다. 그것은 대상의 3차원적 실재감이나 물질적 고체성을 오히려 가능한 한 줄여서 대상을 '비물질화'하는 것이다. 또한 공간의 입체감까지 최소화하는 방향으로 가기 시작했다.

① 실제 대상과 그림 간의 괴리를 최소화한 것이 물질적 고체성이다.

② 르네상스 시대의 미술은 대상의 실재감을 살리는 것에 목적을 두었다.

③ 평면에 그려진 그림을 3차원으로 보이게 하려는 시도는 거의 성공하지 못했다.

④ 근세 이후의 미술은 공간의 입체감을 거의 고려하지 않는 표현이 주된 경향으로 자리 잡았다.

06 '지역 관광 산업을 어떻게 활성화할 수 있을까'라는 주제에 대해 토의하고자 한다. 이에 대한 설명으로 적절하지 않은 것은?

공동의 문제를 해결하기 위해 집단 구성원이 검토하고 협의하여 가장 바람직한 해결책을 찾는 의사소통 방법은 '토의'이다. 토의는 주제와 목적에 따라 그 방식을 결정할 수 있는데, 그중 '포럼'과 '원탁 토의'가 있다. ㉠ 포럼은 청중의 참여가 적극적으로 이루어지는 토의 방식으로, 의견이 서로 다른 연설자가 주제에 대해 간략히 발표하고 청중들과 의견을 주고받으며 문제에 대한 방안을 도출하는 방식으로 진행된다. 이때 청중은 토의 문제와 직접적인 관련이 있는 사람들로 구성되는 것이 일반적이다. ㉡ 원탁 토의는 참여자들이 동등한 자격을 가지고 자유롭게 의견을 나눌 수 있다는 점에서 포럼의 청중 참여와 유사하나, 대규모 집단보다는 10명 내외의 소규모 집단일 때 더 효과적으로 이루어진다는 점에서 차이가 있다.

① ㉠은 실제 해당 지역의 주민들이 청중이 되어 관광 산업 활성화 방안을 모색한다.

② ㉠과 ㉡ 모두 '지역 관광 산업 활성화'에 대한 참여자들의 자유로운 의견 개진이 이루어진다.

③ ㉠과 ㉡은 지역 관광 산업을 활성화할 수 있는 가장 바람직한 방안을 마련하고자 함이 목적이다.

④ ㉡은 관광 산업 활성화 방안에 대한 의견이 서로 다를 경우 자유로운 의견 개진을 통해 한 쪽의 방안으로 결정한다.

07 밑줄 친 부분의 함축적 의미로 가장 적절한 것은?

암흑 천지의 밤이었다. 파도는 높았고 바람은 드세었다. 멀리로 깜박깜박 등대 불빛이 보였다. 도요새 무리는 등대 불빛을 향해 곧장 날아가고 있었다. 그러나 어둠 속에 가린 등대의 몸체를 미처 피하지 못한 몇십 마리의 새가 등대 벽에 머리를 박고 떨어졌다. 다시 낮이었다. 강 하구와 벼를 베고 난 논바닥에서 도요새 무리가 쉬고 있었다. 하늘 높이 점처럼 떠 있던 매 한 마리가 갑자기 수직으로 쏜살같이 떨어져 왔다. 매는 미처 날 틈을 못 찾고 쫓음걸음을 하는 도요새 한 마리를 쉽게 포획했다. 포획당한 도요새가 매의 날카로운 발톱에 찍힌 채 애처롭게 울 동안 다른 도요새 무리는 재빠르게 창공으로 날아올랐다. 또 사냥꾼이 도요새를 수렵하고, 중금속에 오염된 폐수와 그 폐수 속에 살고 있는 먹이가 도요새의 새로운 적으로 부상되었다.

– 김원일, '도요새에 관한 명상'

① 각종 폭력에 위협받는 대상

② 불합리한 것에 저항하는 대상

③ 약자에게 위안이 되어 주는 대상

④ 구속에서 벗어나 자유를 추구하는 대상

08 두 사람의 대화에 대한 설명으로 적절한 것은?

"내 참, 뭐, 흰말이 아니라 참, 거칠 것 없어, 거칠 것. 흥, 어느 놈이 아, 어느 놈이 날 뭐라구 허며, 날 괄시헐 놈이 어딨어, 지끔 이 천지에, 홍 참, 어림없이, 어림없어."

누가 옆에서 저를 무어라고를 하며, 괄시를 한단 말인지, 공연히 연방 그 툭 나온 눈방울을 부리부리 윈편으로 삼십 도는 넉넉 삐뚤어진 코를 벌씸벌씸해 가면서 그래쌓는 것이었다.

"내 참, 이래 봬두, 응, 동양 삼국 물 다 먹어 본 방삼(方三)복이우. 청일 못허나, 일얼 못허나, 영어야 뭐 말할 것 두 없구……."

하다가, 생각난 듯이 맥주 컵을 들어 벌컥벌컥 단숨에 다 마신다. 〈중 략〉

"술두 미국 사람네가 문명했죠. 죄선 사람은 안직두 멀었어."

"멀구말구. 아직두 멀었지."

쥐 상호의 대추씨만 한 얼굴에 앙상한 노랑 수염 백 주사가, 병을 들어 주인의 빈 컵에다 따르면서, 그렇게 맞장구를 쳐 보비위를 한다.

"아, 백 상두 좀 드슈."

"난 과해."

"괜히 그리셔. 백 상 주량을 다아 아는데. 만난 진 오랐어두."

"다아 젊었을 적 말이지, 지금은……."

"올에 참 몇이시지?"

"갑술생 마흔여덟 아닌가!"

"그럼 나보담 열한 살 위시군. 그래두 백 상은 안 늙으신 심야. 허허허허."

"안 늙는 게 다 무언가. 머리 선 걸 보게!"

"건 조백이시지." - 채만식, '미스터 방'

① 서로에게 적의를 품고 마음에 없는 소리를 하고 있다.
② 두 사람이 각자의 이익을 얻기 위한 방법을 모의하고 있다.
③ 한 사람이 자신의 위세를 자랑하며 상대방에게 무례하게 대하고 있다.
④ 상대방에게 자신을 소개하며 당시 사회가 요구하는 인간상을 알려주고 있다.

09 단어의 뜻풀이가 옳지 않은 것은?

① 오롯이: 아주 몹시
② 해미: 바다 위에 낀 아주 짙은 안개
③ 바투: 두 대상이나 물체의 사이가 썩 가깝게
④ 곰살궂다: 태도나 성질이 부드럽고 친절하다.

10 다음 글의 제목으로 가장 적절한 것은?

'피그말리온 효과(pyg-malion effect)'란 지극한 사랑으로 어떤 대가를 얻었을 때 표현하는 말이다.

이와 비슷한 개념의 교육학 이론으로 '로젠탈 효과(Rosenthal Effect)'가 있다. 1968년 하버드 대학교 사회심리학과 교수인 로버트 로젠탈(Robert Rosenthal)과 초등학교 교장을 지낸 레노어 제이콥슨(Lenore Jacobson)은 미국 샌프란시스코의 한 초등학교에서 전교생의 지능을 검사한 후 검사 결과와 별개로 한 반에서 20% 정도의 학생을 추려냈다.

그리고 이 학생들의 명단을 교사에게 넘겨주면서 '지적 능력이나 학업 성취도의 향상 가능성이 높은 학생들'로 믿게 했다. 몇 개월 뒤 다시 지능 검사를 실시했는데, 그 결과 명단에 든 학생들은 다른 학생들보다 성적이 크게 향상되었다. 이 학생들에 대한 교사의 기대와 격려가 크게 작용했던 것이다.

① 지능 검사의 효과
② 긍정적인 믿음의 효과
③ 학생에 대한 관심의 효과
④ 교사에 대한 기대의 효과

11 다음과 같은 뜻의 속담은?

대담하고 겁이 없는 사람의 행동을 이르는 말이다.

① 가랑잎에 불붙듯
② 나루 건너 배 타기
③ 포도청의 문고리 빼겠다.
④ 남산골샌님이 역적 바라듯

12 밑줄 친 말의 쓰임이 적절하지 않은 것은?

① 그 사건을 우연히 <u>목도</u>했지만 모르는 척했다.
② 진료를 마치고 의사는 환자에게 입원을 <u>종용</u>했다.
③ 담당 부서에 그 일을 먼저 처리해 달라고 <u>촌탁</u>했다.
④ 범죄자에게 <u>개전</u>의 기회를 줬지만 이전과 동일한 모습을 보였다.

13 ㉠~㉣에 대한 풀이로 옳지 않은 것은?

> 이때 남쪽 해안 여러 고을이 여러 해 해적들의 노략을 입은 나머지에 엎친 데 덮쳐 무서운 흉년을 만나니, 그곳 백성의 참혹한 형상은 ㉠ 이루 붓으로 그리지 못했다.
>
> 그러나 조정에 벼슬하는 이들은 권세를 다투기에만 눈이 붉고 가슴이 탈 뿐이요, ㉡ 백성의 질고(疾苦)는 모르는 듯 내버려 두니 뜻있는 이는 팔을 뽐아내어 통분함이 이를 길 없더니, 우치 또한 참다 못하여 그윽이 뜻을 결단하고 집을 버리며 세간을 헤치고 천하를 집을 삼고 백성으로 하여금 몸을 삼으려 하였다.
>
> 하루는 몸을 변하여 선관(仙官)이 되어, 머리에 쌍봉 금관(雙鳳金冠)을 쓰고 몸에 홍포(紅袍)를 입고 허리에 백옥대(白玉帶)를 띠고 손에 옥홀(玉笏)을 쥐고 청의 동자(靑衣童子) 한 쌍을 데리고 구름을 타고 안개를 멍에하여 바로 대궐 위에 이르러 공중에 머물러 섰으니, 이때가 춘정월 초이틀이었다.
>
> 상(上)이 문무백관(文武百官)의 진하(進賀)를 받으시니, 문득 오색(五色) 채운(彩雲)이 만천(滿天)하고 향풍(香風)이 촉비(觸鼻)하더니 공중에서 말하여 가로되,
>
> "㉢ 국왕은 옥황의 칙지(勅旨)를 받으라."
>
> 하거늘, 상이 놀라서 급히 백관을 거느리시고 전(殿)에 내리사 분향첨망(焚香瞻望)하니, 선관이 오운 속에서 이르되,
>
> "이제 옥제(玉帝) 천하에 구차한 중 죽은 영혼을 위로하실 양으로 태화궁을 창건하실새 인간 각 나라에 황금 들보 하나씩을 만들어 올리되, 길이가 오 척이요, 너비는 칠 척이니 춘삼월 망일(望日)에 올라가게 하라."
>
> 하고 말을 마치매 하늘로 올라가거늘, 상이 신기히 여기시며 전에 오르사 문무를 모아 의논하실새 간의 태위(諫議太尉) 여쭈옵길,
>
> "이제 팔도에 반포하여 금을 모아 천명(天命)을 받듦이 옳으니이다."
>
> 상이 옳게 여기사 팔도에 금을 모아 바치라 하고, 공인(工人)을 불러 길이와 너비의 치수를 맞추어 지어 내니, ㉣ 왕공경사의 집안에 있는 것은 말도 말고 팔도에 금이 진하고 심지어 비녀에 올린 금까지 벗겨 올리니, 상이 기쁘사 3일 재계(齋戒)하시고 그날을 기다려 포진(鋪陳)하고 등대(等待)하더니 진시(辰時)쯤 하여 상운(祥雲)이 대궐 안에 자욱하고 향내가 코를 찌르며 오운 속에 선관이 청의 동자를 좌우에 세우고 구름에 싸였으니 그 형용이 극히 황홀하더라.
>
> – 작자 미상, '전우치전'

① ㉠: 말로 표현할 수 없을 정도로 비참하고 끔찍했음을 이른다.
② ㉡: '우치'가 선관(仙官)으로 나서는 계기가 된다.
③ ㉢: '국왕'을 천상계로 데려가기 위한 계략이다.
④ ㉣: '우치'의 지시에 따라 행동하는 상황이다.

14 토론자들의 주장을 가장 적절하게 분석한 것은?

> **사회자:** 인공 지능에 대한 연구가 활발하게 진행됨에 따라 일부 기업은 신입 사원 면접 시 인공 지능 면접관을 도입하는 것에 대해 검토를 진행하고 있습니다. 이에 대한 두 분 의견 부탁드립니다.
>
> **김 교수:** 면접에 면접관의 주관성이 개입되면 결과에 일관성을 보이기 어렵습니다. 인공 지능 면접관이 도입되면 빅데이터를 바탕으로 수립된 평가 기준을 통해 일관성 있는 면접이 이루어질 수 있습니다.
>
> **박 교수:** 인공 지능 면접관을 통해 면접의 일관성을 확보할 수 있음은 일부 인정합니다. 그러나 왜곡된 결과의 빅데이터로 평가 기준이 수립될 수 있으므로, 해당 분야의 경험이 축적된 회사의 관리자들이 수립된 평가 기준을 바탕으로 지원자들을 직접 판단하는 것이 보다 정확합니다.

① 김 교수와 박 교수는 기업의 블라인드 채용에 주관성이 개입되는 것을 반대한다.
② 김 교수와 박 교수는 명확한 기준을 바탕으로 면접이 이루어져야 한다고 생각한다.
③ 김 교수와 달리, 박 교수는 인공 지능 면접관이 지원자의 모든 능력을 파악할 수 없다고 생각한다.
④ 김 교수는 인공 지능 면접관 도입을 지원자의 관점에서, 박 교수는 면접관의 관점에서 파악하고 있다.

15 다음 글의 중심 내용으로 가장 적절한 것은?

오자는 자기 아버지와 형제의 원수를 갚느라 오랜 세월을 보냈다. 몇몇 사람이 이런 오자를 어리석다고 비난했을 때, 오자는 '일모도원(日暮途遠)'이라는 말을 했다. 일모도원이란 해는 저물고 있지만 갈 길은 아직 멀었다는 뜻이다. 자신이 비록 나이를 많이 먹었지만 앞으로 할 일이 많다는 뜻으로 이야기한 것이다.

필자는 '일모도원'이야말로 대한민국에서 진정한 협상문화가 정착되기를 바라는 마음에 부합한다고 생각한다. 과거 우리나라는 불운한 시대를 보내면서 오랫동안 자유로운 언로(言路)가 막혀 있었다. 그렇기에 논리를 앞세워 대화하고 조율하는 협상보다 다소 과격한 방법으로 권리를 주장하고 요구를 관철시키고자 하는 시위가 더 많이 벌어진 듯하다. 우리나라가 처했던 안타까운 역사적 상황이야 어쩔 수 없지만, 바라건대 나라가 안정되고 민주주의가 발전하면서 투쟁의 역사가 막을 내렸으면 한다.

① 항상 겸손한 자세로 모든 일에 임해야 한다.

② 폭력보다는 대화를 통해 문제를 해결해야 한다.

③ 과거에 머무르지 말고 미래를 향해 나아가야 한다.

④ 자유로운 의견 교환이 가능한 민주주의를 지향해야 한다.

16 다음 글에서 추론한 바로 적절하지 않은 것은?

전 세계적으로 '환경'이라는 문제는 경제 개발의 가장 핵심적인 관건 가운데 하나로 떠올랐는데 우리는 아직도 거기에 소극적으로 대응하고 있다. 국가의 단속과 소비자들의 감시를 적당히 피하면서 이윤을 유지할 수 있으리라는 착각이 지배적이다. 그러는 사이에 전 세계는 이 문제를 '환경적으로 건전하고 지속 가능한 개발'이라는 의제로 정식화하면서 그것을 무역 규제의 명분으로까지 발전시켜 놓았고 선진국들은 이미 그러한 국제적 규제에 대비해 대안적인 전략을 꾸준히 준비해 왔다. 우리의 발등에는 뒤늦게 불이 떨어졌다. 많은 기업들—특히 중소기업들—은 이 난국을 어떻게 헤쳐가야 할지 방향을 잡지 못하고 있다. 환경을 해치지 않으면서 경제적으로도 부담을 최소화하기 위해서는 생산의 공정을 어떻게 바꿔야 할까? 이에 대해 어디에서도 믿을 만한 조언과 관련 자료를 제공하지 못하고 있다. 이대로 가다가는 외국에서 이미 그 비법과 데이터를 축적해 온 자문 회사들이 그 공백을 메우면서 황금알을 건질 것이 분명하다.

이렇듯 기존의 패러다임에 안주하고 있다가는 무기력하게 도태될 수밖에 없는 것이 우리가 처한 혹독한 현실이다. 따라서 지금까지 우리에게 익숙해 있던 패러다임과 그 암묵적 전제들을 꼼꼼히 검토하고 대안적인 기틀을 모색하는 작업이 매우 절실하다.

① 우리나라에서 친환경적 경제 활동에 대한 컨설팅은 앞으로 수요가 증가할 것이다.

② 환경과 관련된 무역 규제가 도입된다면 다수의 국내 중소기업들은 도태될 확률이 높다.

③ 기업이 환경 문제에 적극적으로 대비하지 않았던 원인은 기존의 패러다임에 안주하고 있었기 때문이다.

④ 자국 기업들이 환경 문제에 관심을 갖도록 하기 위해서는 국가와 소비자들의 지속적인 감시가 필요하다.

17 밑줄 친 부분 중 음운의 탈락 현상이 나타나지 않은 것은?

① 병이 씻은 듯이 나았다.

② 날씨가 추워서 창문을 꼭꼭 닫아걸었다.

③ 가구가 워낙 커서 방에 들어가지 않는다.

④ 성격이 둥근 사람은 대부분 친구가 많다.

18 밑줄 친 부분과 가장 유사한 삶의 태도를 지닌 사람은?

나이 들수록 오르막길보다 내리막길이 더 어렵고 발목이나 무릎에도 부담이 더 간다. 가끔 나보다 젊은 사람들하고 산에 갈 적이 있는데 그들한테 지지 않으려고 오르막길에 기운을 다 써 버리면 내려올 때 다리가 휘청거려 누군가의 도움을 받아야 한다. 제힘으로 당당하게 걸어 내려오려면 올라갈 때 힘을 다 써 버리지 말고 남겨 놓아야 한다. 등산에 있어서만 아니라 권력이나 명예, 인기에 있어서도 오르막보다는 내리막에 품위 있기가 더 어렵다는 걸 전직 권력자들의 언행을 보면서 곰곰이 느끼게 되는 요즘이다.

① 폐지 팔아 모은 돈으로 매년 고아원에 기부하는 박 할머니

② 인생의 최종 목표를 달성하기 위해 끊임없이 노력하는 윤아

③ 내부 비리가 적발되어 비난을 받으며 자리에서 물러난 최 사장

④ 후배에게도 기회를 주고자 가장 존경받을 때 퇴임을 결정한 이 교장

19 다음 글에 대한 설명으로 적절하지 않은 것은?

흔히 담배를 끊지 못하는 사람을 '니코틴 중독'이라고 한다. 정확한 의학 용어로는 '니코틴 의존증'이다.

의존증이란 약물을 계속 사용해 생리적·정신적으로 의존 증상이 있는 경우다. 반면 중독증은 물질이 체내에 들어가 신체 조직과 기능에 그 물질 특유의 증상이 나타나는 것이다. 예를 들면, 독이 든 복어 요리를 먹은 뒤 몸이 마비되고 구토가 나며 호흡이 곤란해지는 상태가 중독이다. 그러나 흡연은 계속되는 손 떨림이나 현기증, 구토 등의 증상이 없다.

참고로 알코올이나 코카인, 아편 류는 의존과 중독 두 가지 증상이 다 나타나는데 니코틴은 중독 증상이 없다. '니코틴 중독'이 아니라 '니코틴 의존증'이다.

그럼 의존증은 신체의 어디에서 일어날까? 바로 뇌 안이다. 간단히 말해서 니코틴이 쾌감을 준다는 사실을 뇌가 학습해버린 것이다.

의존증이 되면 의지와는 상관없이 뇌가 저절로 '딱 한 개비만 피우고 싶다'고 생각한다. 알코올이나 마약도 마찬가지다. 뇌가 정상적으로 조절을 못해 의존하는 알코올이나 니코틴, 약물 없이는 살아갈 수 없게 된다.

의존증과 뇌의 관계는 1990년대부터 밝혀지기 시작했다. 그 이전에는 코카인 같은 약물의 의존 결과로 일어나는 증상만 연구해 왔다. 그때는 의존증의 특징이나 약물과의 인과관계만 확인되었을 뿐 왜 의존증이 되는지는 알려지지 않았다. 그러다가 기술의 발달로 뇌의 연구가 가속화되면서 약물 의존증에 이르는 과정이 구체적으로 밝혀졌다.

체내로 들어간 화학물질은 치료약을 포함해 '약물' 또는 '독극물'이라고 부른다. 니코틴과 알코올도 약물의 일종이다. 담배를 끊지 못하고 술 없이 살 수 없는 증상에 이르는 과정도 이 의존증의 연구로 밝혀냈다.

왜 담배를 쉽게 끊지 못할까? 그 이유는 뇌 안에 니코틴에 반응하는 부분이 있는데, 그 반응에 따라 뇌의 학습 메커니즘이 작용하기 때문이다.

① 정의의 방법을 통해 주요 용어를 소개하고 있다.

② 전문가의 견해를 인용하여 연구 결과에 신빙성을 더하고 있다.

③ 묻고 답하는 형식으로 독자가 궁금해 할 만한 내용을 제시하고 있다.

④ 예시와 대조의 방법을 사용하여 내용을 효과적으로 이해하도록 설명하고 있다.

20 **밑줄 친 한자 성어의 쓰임이 적절하지 않은 것은?**

① 불가능한 일에 자꾸만 매달려 있다니 참 <u>犬馬之勞</u>하구나.

② 잘못된 습관을 바로 잡기 위해 <u>改過不吝</u>의 자세를 보였다.

③ 매일 꾸준히 공부를 하더니 성적이 <u>刮目相對</u>하게 올랐다고 말했다.

④ 그 고민이 해결되면 나머지 걱정들도 <u>烹頭耳熟</u>과 같이 해결될 것이다.

정답·해설 _해설집 p.74

14회 핵심 어휘 마무리 체크

☑ 잘 외워지지 않는 어휘 및 표현은 박스에 체크하여 한 번 더 확인하세요.

고유어

□ **벌씸벌씸** 코 등 탄력 있는 물체가 자꾸 크게 벌어졌다 우므러졌다 하는 모양

□ **앙상하다** 살이 빠져서 뼈만 남을 만큼 바짝 마른 듯하다

한자 성어

□ **犬馬之勞** **견마지로 (개 견, 말 마, 갈 지, 일할 로)**
'개나 말 정도의 하찮은 힘'이라는 뜻으로, 윗사람에게 충성을 다하는 자신의 노력을 낮추어 이르는 말

□ **改過不吝** **개과불린 (고칠 개, 지날 과, 아닐 불, 아낄 린)**
허물을 고침에 인색하지 않음을 이르는 말

□ **刮目相對** **괄목상대 (긁을 괄, 눈 목, 서로 상, 대할 대)**
'눈을 비비고 상대편을 본다'라는 뜻으로, 남의 학식이나 재주가 놀랄 만큼 부쩍 늚을 이르는 말

□ **烹頭耳熟** **팽두이숙 (삶을 팽, 머리 두, 귀 이, 익을 숙)**
'머리를 삶으면 귀까지 익는다'라는 뜻으로, 한 가지 일이 잘되면 다른 일도 저절로 이루어짐을 비유적으로 이르는 말

한자어

□ **捕獲** **포획 (잡을 포, 얻을 획)**
짐승이나 물고기를 잡음

□ **補脾胃** **보비위 (기울 보, 지라 비, 위장 위)**
남의 비위를 잘 맞추어 줌. 또는 그런 비위

□ **目睹** **목도 (눈 목, 볼 도)**
눈으로 직접 봄

□ **慫慂** **종용 (권할 종, 권할 용)**
잘 설득하고 달래어 권함

□ **改悛** **개전 (고칠 개, 고칠 전)**
행실이나 태도의 잘못을 뉘우치고 마음을 바르게 고쳐먹음

속담

□ **가랑잎에 불붙듯**
1. '바싹 마른 가랑잎에 불을 지르면 걷잡을 수 없이 잘 탄다'라는 뜻으로, 성미가 조급하고 도량이 좁아 걸핏하면 발끈하고 화를 잘 내는 것을 비유적으로 이르는 말
2. 어떤 주장에 호응하거나, 자극에 대하여 빠르게 반응함을 비유적으로 이르는 말

□ **나루 건너 배 타기**
1. 무슨 일에나 순서가 있어 건너뛰어서는 할 수 없음을 비유적으로 이르는 말
2. 가까운 데 있는 것을 버리고 먼 데 있는 것을 취함을 비유적으로 이르는 말

□ **포도청의 문고리 빼겠다**
대담하고 겁이 없는 사람의 행동을 비유적으로 이르는 말

□ **남산골샌님이 역적 바라듯**
1. 가난한 사람이 엉뚱한 일을 바람을 비유적으로 이르는 말
2. '몰락하여 가난하게 사는 남촌 지방의 양반들이 반역할 뜻을 품는다'라는 뜻으로, 불평 많고 불우한 처지에 있는 사람들이 반역의 뜻을 품기 마련임을 비유적으로 이르는 말

Quiz 각 어휘 및 표현의 알맞은 뜻을 찾아 연결하세요.

01 補脾胃	㉠ 잘못을 고치는 데 지나치게 박하지 않음	06 刮目相對	㉥ 직접 목격함
02 앙상하다	㉡ 하나가 잘 되면 다른 하나도 덩달아 잘 됨	07 目睹	㉦ 용감하고 무서움이 없음
03 烹頭耳熟	㉢ 성격이 급하고 배포가 좁아 화를 잘 냄	08 慫慂	㉧ 따르도록 타이르고 어떤 일을 하도록 함
04 改過不吝	㉣ 매우 마름	09 포도청의 문고리 빼겠다	㉨ 다른 사람의 재주가 많이 늚
05 가랑잎에 불붙듯	㉤ 다른 사람의 심정을 만족스럽게 함	10 나루 건너 배 타기	㉩ 모든 일에는 순서가 있어 순서를 거치지 않고 거를 수 없음

정답 | 01 ㉤ 02 ㉣ 03 ㉡ 04 ㉠ 05 ㉢ 06 ㉨ 07 ㉥ 08 ㉧ 09 ㉦ 10 ㉩

정답·해설 _해설집 p.79

15회 실전동형모의고사

제한시간 : 20분 시작 시 분 ~ 종료 시 분 점수 확인 개/ 20개

01 **다음 글에서 논리 전개상 불필요한 문장은?**

> 기술은 자본주의를 바탕으로 하여 급속하게 발전해 왔다. ㉠과거의 기술은 인간이 해야 할 일을 더욱 폭넓고 정교하게 대신해 줌으로써 인간에게 여유와 편리함을 제공했다. ㉡하지만 오늘날 기술은 그에 더하여 상상의 영역까지 실현해 냄으로써 인간이 갖는 욕망의 한계를 허물고 욕망의 구조를 변화시키고 있다. ㉢기술이 발전됨에 따라 사람들의 욕망은 빅데이터를 통해 분석되고 관리된다. ㉣특히 디지털 기술은 가상 공간을 통해 욕망을 위한 욕망이 가능하도록 만들었다. 인간은 가상 공간의 익명성에 힘입어 현실에서 드러내기 어려웠던 은밀한 욕망들을 거리낌 없이 표출하고 충족하며 재생산한다.

① ㉠ ② ㉡
③ ㉢ ④ ㉣

02 **다음 <보기>에 제시된 단어들과 단어 형성 원리가 같은 것은?**

> 보기
> 군글자, 날고기, 대장간, 구경꾼

① 외국산(外國産) ② 가공육(加工肉)
③ 경비병(警備兵) ④ 소방서(消防署)

03 **음운의 변동 양상에 따라 다음과 같이 분류하였을 때 음운 변동의 유형이 다른 하나는?**

> ㉠ 교체(대치): 음절의 끝소리 규칙, 자음 동화, 구개음화, 모음 동화, 된소리되기
> ㉡ 축약: 자음 축약(거센소리되기), 모음 축약
> ㉢ 탈락: 자음군 단순화, 'ㄹ' 탈락, 'ㅎ' 탈락, 'ㅡ' 탈락, 'ㅏ/ㅓ' 탈락, 'ㅅ' 탈락 등
> ㉣ 첨가: 'ㄴ' 첨가 등

① 집 + 도 → [집또] ② 발 + 놀림 → [발롤림]
③ 밥 + 만 → [밤만] ④ 호신 + 용 → [호:신뇽]

04 **다음 중 <보기>의 시에 대한 감상으로 가장 적절한 것은?**

> 보기
> 파란 녹이 낀 구리거울 속에
> 내 얼굴이 남아 있는 것은
> 어느 왕조(王朝)의 유물(遺物)이기에
> 이다지도 욕될까.
>
> 나는 나의 참회(懺悔)의 글을 한 줄에 줄이자.
> ― 만 이십사 년 일 개월을
> 무슨 기쁨을 바라 살아 왔던가.
>
> 내일이나 모레나 그 어느 즐거운 날에
> 나는 또 한 줄의 참회록(懺悔錄)을 써야 한다.
> ― 그 때 그 젊은 나이에
> 왜 그런 부끄런 고백(告白)을 했던가.
>
> 밤이면 밤마다 나의 거울을
> 손바닥으로 발바닥으로 닦아 보자.
>
> 그러면 어느 운석(隕石) 밑으로 홀로 걸어가는
> 슬픈 사람의 뒷모양이
> 거울 속에 나타나 온다.

① 구리거울은 자신의 삶을 되돌아보게 하는 기능을 한다.
② 구리거울은 부정적 현실 속 화자의 자기희생 의지를 상징한다.
③ 화자는 기쁨을 느끼지 못하고 살아온 자신의 삶에 회한을 느끼고 있다.
④ 화자는 부정적 현실을 받아들이고자 하는 의지를 담담하게 서술하고 있다.

05 ㉠~㉣에 나타난 서술 방식으로 옳은 것은?

㉠ 탁월함이란 과연 가르치는 것으로 습득이 가능한가? 아리스토텔레스는 이 물음에 지성의 탁월함은 가르치는 것으로 가능하나, 성품의 탁월함은 이성에 바탕을 두는 것이 아니어서 단순히 가르치는 것으로는 얻을 수 없으며 훈련을 통해서 습득될 수 있다고 대답했다.
㉡ 아리스토텔레스는 선하고 좋은 성품을 가지는 과정을 기술을 배워 자기 것으로 만드는 과정에 비유한다. 예를 들어 운전 기술을 습득하기 위해서는 자동차를 운전하는 방법을 배우고, 운전 연습을 반복해야 한다. 마찬가지로 유년기의 아이들은 처한 상황에서 어떻게 행동하는 것이 예의 바르고 관대함을 보이는 것인지 하나하나 배워야 한다. 그리고 반복과 훈련을 통해 그런 행위들을 갈고닦으면 나중에는 그 행동들을 하는 것이 보다 더 쉬워지고, 마침내 예의를 차린 관대한 행동이 무엇인지 스스로 판단할 수 있게 된다.
㉢ 그는 올바른 훈련이란 강요나 강제로 하는 것이 아니라, 그 자체로 즐거움이 되는 것이라고 말했다. 이와 마찬가지로 성품의 탁월함 역시 억지로 '해야 하는 것'이 아니라 '하고 싶어지는 것'과 관련된다. 또한 일시적으로 관대함을 보이며 예의 바르게 행동하는 것이 아닌 한결같이 그런 행동을 하는 것에 마음이 끌려야 비로소 예의 바름에 대해 성품의 탁월함을 가졌다고 할 수 있다.
㉣ 다음과 같은 예를 통해 아리스토텔레스의 입장에서 성품의 탁월함을 가진 사람이 누구인지 생각해 볼 수 있다. 자신감이 넘치고 성품이 곧은 A는 다수의 사람들이 불의를 저지르는 모습을 보면 비판의 목소리를 내는 것을 주저하지 않으며, 그런 행동을 하는 데 큰 어려움을 느끼지 않는다. 한편 소심하고 수줍음이 많은 B가 다수의 사람들이 불의를 저지르는 모습을 보았다고 가정하자. 이때 B가 불의를 참을까 말까 갈팡질팡하다 마침내 큰 용기를 내어 그들의 행동이 잘못되었다고 비판한다면, 우리는 B가 A보다 더 용기 있고 성품의 탁월함을 가졌다고 칭찬할지 모른다. 하지만 아리스토텔레스의 입장에서는 그 반대이다. 왜냐하면 A는 망설임이나 머뭇거림과 같은 내적인 갈등 없이 옳은 일을 했기 때문이다.

① ㉠: 논점을 밝히고 난 후 '탁월함'의 뜻을 정의하고 있다.
② ㉡: 대상을 효과적으로 설명하기 위해 비교와 대조의 방법을 사용하였다.
③ ㉢: 화제와 비슷한 성격을 가진 다른 대상을 가져와 설명함으로써 독자들의 이해를 돕고 있다.
④ ㉣: 논점을 명확하게 드러내기 위해 유추의 설명 방식을 사용하고 있다.

06 〈보기〉와 같은 유형의 논리적 오류에 해당하는 것은?

보기
우리들은 인간의 진화 과정을 관찰할 수 없었으므로 진화론은 잘못된 이론이다.

① 은수는 정호를 싫어한다고 말한 적이 없다. 그러므로 은수는 정호를 좋아한다.
② 어제 비가 오는데 우산이 없었지만, 오늘은 비가 왔으니 벼농사가 잘 될 것이다.
③ 그 가게 떡볶이가 엄청 매운 걸 보니, 그 떡볶이에 들어가는 재료는 모두 매울 거야.
④ 외계인이 있다는 주장은 과학적으로 입증되지 않았으므로, 외계인은 존재하지 않는다.

07 다음에 제시된 단어의 의미에 맞게 쓴 문장으로 적절하지 않은 것은?

단어	의미	문장
들다	안에 담기거나 그 일부를 이루다.	㉠
	어떤 범위나 기준, 또는 일정한 기간 안에 속하거나 포함되다.	㉡
	어떤 일에 돈, 시간, 노력, 물자 등이 쓰이다.	㉢
	의식이 회복되거나 어떤 생각이나 느낌이 일다.	㉣

① ㉠: 이 파일에는 발표할 내용이 들어 있다.
② ㉡: 다음 달에 할아버지의 생신이 들어 있다.
③ ㉢: 얼어 있던 음식을 해동시키는 데 시간이 좀 들었다.
④ ㉣: 어제 친구가 선물해 준 그 옷이 내 마음에 쏙 들었다.

08 문맥상 다음 ㉠에 들어갈 문장으로 가장 적절한 것은?

『역사란 무엇인가』는 평범한 역사 이론서가 아니다. 이 책은 제2차 세계대전 이후 유럽의 지식인 사회가 도달한 최고 수준의 지성을 보여준다. 카는 액턴, 랑케, 트리벨리언, 크로체, 부르크하르트, 콜링우드, 마이네케 같은 서구의 저명한 역사학자들을 인용했을 뿐만 아니라 맬서스, 스미스, 헤겔, 마르크스, 니체, 프로이트, 포퍼 등 유럽 지성사의 걸출한 사회과학자와 철학자 들도 소환했다. (㉠) 그들의 생애와 사상을 알면서 읽으면『역사란 무엇인가』는 역사 이론서가 아니라 철학서로 보일 것이다.

① 객관적인 역사를 서술하기 위한 카의 노력을 확인할 수 있다.
② 이것은 많은 지식인들이 애독하던 역사 이론서임을 보여준다.
③ 많든 적든 그의 역사 이론과 역사 서술 방법론에 영향을 준 인물들이다.
④ 이를 통해 다양한 학자들의 의견을 통합하여 제작된 역사 이론서임을 짐작할 수 있다.

09 다음 글의 내용으로 적절하지 않은 것은?

최근 우리 사회는 언론 보도의 경쟁이 과열된 사회라고 해도 과언이 아니다. 철저한 사전 검증을 거치지 않은 채로 보도를 하기 때문에 이와 관련되어 피해를 받는 사람들이 속출하고 있다. '특종 의식'이라는 미명하에 검증 없이 허위, 과장 보도를 하여 개인의 명예를 손상시키는 일은 용납되어서는 안 될 것이다.

그렇다면 언론사의 자유와 개인의 명예 중 어느 것을 더 우선하여야 할까? 양자 중에서 전자를 무조건적으로 주장하면 개인의 권익이 침해될 것이고, 후자를 맹목적으로 앞세우면 언론의 자유가 위축될 것이다. 혹자는 아무리 그래도 개인의 이익과 명예가 더 중요하지 않느냐고 반문할지도 모른다. 하지만 그렇다고 개인의 명예만을 최우선적으로 보호할 수도 없다. 그렇게 되면 언론의 자유가 침해되어 사회 전체적인 손실이 발생하기 때문이다.

이러한 관점에서 보면 개인의 명예보다는 언론 자유의 보장이 더 중시되어야 하는 가치인 듯싶다. 그렇지만 이것이 절대적인 원칙일 수는 없다. 각 상황마다 타당하고 객관적인 원칙과 준거가 요구될 것이다.

① 언론사는 보도 전 사전 검증을 면밀히 해야 한다.
② 개인의 권익과 언론의 자유는 서로 균형을 이루고 있다.
③ 언론 자유의 침해는 사회 전반적인 손실이라고 할 수 있다.
④ 치열한 보도 경쟁으로 인해 개인의 명예가 훼손되는 경우도 있다.

10 다음 글의 서술자에 대한 설명으로 가장 적절한 것은?

그들의 분향이 거의 끝난 듯하였을 때,

"에헴!"

하고 얼굴이 시뻘건 서 참의도 한마디 없을 수 없다는 듯이 나섰다. 향을 한 움큼이나 집어 놓아 연기가 시커멓게 올려 솟더니 불이 일어났다. 후— 후— 불어 불을 끄고, 수염을 한 번 쓰다듬고 절을 했다. 그리고 다시,

"헴……."

하더니 조사(弔辭)를 하였다.

"나 서 참일세, 알겠나? 흥…… 자네 참 호살세 호사야…… 잘 죽었느니. 자네 살았으문 이만 호살 해 보겠나? 인전 안경다리 고칠 걱정두 없구…… 아무튼지……."

하는데 박희완 영감이 들어서더니,

"이 사람 취했네그려."

하며 서 참의를 밀어냈다.

박희완 영감도 가슴이 답답하였다. 분향을 하고 무슨 소리를 한마디 했으면 속이 후련히 트일 것 같아서 잠깐 멈칫하고 서 있어 보았으나,

"으흐윽……."

하고 울음이 먼저 터져 그만 나오고 말았다.

서 참의와 박희완 영감도 묘지까지 나갈 작정이었으나 거기 모인 사람들이 하나도 마음에 들지 않아 도로 술집으로 내려오고 말았다.

– 이태준, '복덕방'

① 작품 속의 서술자가 자신의 내면세계를 서술하고 있다.
② 특정 인물의 시각에서 다른 인물의 행위를 관찰하고 있다.
③ 서술자가 객관적인 태도를 유지하며 상황을 묘사하고 있다.
④ 작품 밖의 서술자가 인물의 심리를 분석하여 서술하고 있다.

11 ㉠에 들어갈 말로 가장 적절한 것은?

퇴계가 가르치는 책 읽는 법은 '숙독(熟讀)'이다. 퇴계에게 있어 책을 읽는다는 일은 단순히 책을 읽고 그 속에 담긴 정보를 자기 것으로 만드는 것에 그치지 않는다. 퇴계는 글을 읽었으면 그 뜻을 깊이 익혀 심성을 기르고 학문을 이룩하는 성과를 거두는 단계에까지 가야 한다고 가르친다. 이 같은 독서법은 퇴계가 주자를 통해 받아들인 주자학의 독서법이다.

주자에 따르면 책 읽기는 그 책에 담겨 있는 성현의 말씀이 모두 그 책을 읽은 사람의 것이 될 때 비로소 제대로 되었다고 말할 수 있다. 그것은 책을 읽어 성현의 뜻을 이해하고, 성현의 뜻으로 세상을 관통하는 자연의 이치를 보는 경지를 추구한다. 책을 읽었는데도 (㉠) 그것은 제대로 책을 읽었다고 할 수 없다.

① 그 사람의 본바탕이 변하지 않는다면

② 그 사람의 마음에 근심이 남아 있다면

③ 그 사람의 학문 수준이 높아지지 않는다면

④ 그 사람의 성정이 이타적으로 바뀌지 않는다면

12 다음 <보기>의 속담과 가장 관련이 깊은 말은?

보기
㉠ 우물 안 고기
㉡ 바늘구멍으로 하늘 보기

① 죄책감 ② 헛고생

③ 근시안 ④ 즐거움

13 다음 글의 내용과 부합하지 않는 것은?

경제학은 우선 사물을 있는 그대로의 모습으로 관찰하는 것을 존중하고 가능한 한 반증 가능한 여러 가지 관계 위에서 세워져야 하는 것이다. 어떤 정당에 하나의 경제학이 있고 다른 정당에는 또 다른 경제학이 있다고 하는 것과 같은 일이 있어서는 안 된다. 그것은 어떤 나라의 사람에게 들어맞는 물리학이 다른 나라의 사람에게는 들어맞지 않는다고 하는 것과 같은 것이다. 오늘날의 경제학은 혼미한 상태에 있다고 말하고들 있으나 그래도 역시 기초적인 원리에 관한 한 경제학자는 세상 사람들이 생각하는 것보다도 훨씬 비슷한 생각을 가지고 있는 것이다. 물론 그렇다고 해서 그들의 견해가 경제의 예측이나 정책의 분야에서 항상 일치하는 것은 아니다. 아마도 이와 같은 불일치는 그 대부분이 다음과 같은 두 가지의 이유에서 생길 것이다.

그 하나는, 모든 경제 모델이 그 모델 밖에 있는 요인에 의하여 좌우된다는 것이다. 모델 내부의 요인을 정확하게 예측하기 위해서는 외부 요인의 동향도 또한 정확하게 예측하지 않으면 안 된다. 그런데 모델은 과거의 자료에 들어맞게 만들어지기 때문에 과거의 경험을 잘 설명할 수는 있지만, 장래의 외적인 요인의 동향은 모르고 있다. 따라서 그것들에 관하여 경제학자가 각각 다른 전망을 세우게 된다면 도출되는 결론도 또한 다른 것이 되지 않을 수 없다.

또 하나의 이유는, 공공 정책을 제안하는 데는 반드시 입안자의 가치 판단이 들어가게 된다는 것이다. 그러한 가치 판단은 이론의 기술적인 부분과는 아무런 관계도 없지만 대개는 그것이 정책적 주장의 차이의 핵심을 이루고 있다.

① 경제학자들의 가치관은 입안하는 공공 정책의 방향성을 결정한다.

② 기초적인 경제학 원리에 대한 경제학자들의 견해 차이는 근소하다고 볼 수 있다.

③ 경제학자들마다 경제 예측이 다른 이유는 경제 외적인 요인에 대한 전망이 다르기 때문이다.

④ 경제 모델은 경험을 기반으로 만들어졌기 때문에 미래의 외부적 요인을 예측할 때 용이하게 사용된다.

14 다음 <보기>의 ㉠~㉣ 중 주어가 다른 하나는?

보기

우리 아저씨 말이지요? 아따 저 거시키, 한참 당년에 무엇이냐 그놈의 것, 사회주의라더냐 막걸리라더냐, 그걸 하다 ㉠징역 살고 나와서 폐병으로 시방 앓고 누웠는 우리 오촌 고모부 그 양반……. 뭐, 말두 마시오. 대체 사람이 어쩌면 글쎄…… 내 원!

신세 간 데 없지요.

자, 십년 적공(積功), 대학교까지 ㉡공부한 것 풀어먹지도 못했지요. 좋은 청춘 어영부영 다 보냈지요. 신분(身分)에는 전과자(前科者)라는 붉은 도장 찍혔지요. 몸에는 몹쓸 병까지 들었지요. 이 신세를 해가지굴랑은 굴속 같은 오두막집 단칸 셋방 구석에서 사시장철 ㉢밤이나 낮이나 눈 따악 감고 드러누웠군요.

재산이 어디 집 터전인들 있을 턱이 있나요. 서발막대 내저어야 짚검불 하나 걸리는 것 없는 철빈(鐵貧)인데.

우리 아주머니가, 그래도 그 아주머니가, 어질고 얌전해서 그 알뜰한 남편 양반 받드느라 삯바느질이야, 남의 집 품빨래야, 화장품 장사야 그 ㉣칙살스런 벌이를 해다가 겨우겨우 목구멍에 풀칠을 하지요.

어디로 대나 그 양반은 죽는 게 두루 좋은 일인데 죽지도 아니해요.

① ㉠
② ㉡
③ ㉢
④ ㉣

15 다음 글에서 추론한 내용으로 적절하지 않은 것은?

시체의 해부가 다시 시작된 것은 서양에서 학문이 다시 발달하기 시작한 13세기 이후의 일이었다. 특히 르네상스라는 시대가 시작되면서 이탈리아를 중심으로 학문과 예술이 크게 일어나기 시작하면서 의학도 다시 발달한 것이다.

결국 15세기에는 교황이 정식으로 해부를 인정하기에 이르렀고 이탈리아의 빠도바 대학과 불로냐 대학은 특히 의학으로 유명한 곳이었다.

원래 벨기에 출신의 안드레아스 베살리우스(1514~1564)는 바로 빠도바 대학에 유학하여 의학을 공부하고 그곳의 교수가 된 사람이다. 그가 1543년 출판한 『인체 구조에 대하여』라는 해부학 책은 그때까지 잘못 알려져 있던 인체의 구조 여러 부분을 새로 정확하게 알려주었을 뿐 아니라 그것을 다른 어느 해부학 책보다 정확하고 아름답게 그려 놓았다.

게다가 그 많은 해부도는 때 마침 발달하기 시작한 인쇄술 덕분에 어느 책보다 좋게 인쇄되었다는 점도 이 책을 유명하게 하는 데 도움이 되었다. 당시 의과 대학에서는 학생들에게 해부학을 가르치고 있었는데 교수는 강의만 하고, 시체를 해부해서 학생들에게 보여주는 일은 전문 조수가 맡고 있었다. 이런 방식으로는 해부학 교수는 인체 구조를 거의 모른 채 말로만 학생을 가르칠 수도 있는 일이었다.

베살리우스 이후에는 이런 엉터리 해부학 교수는 없어지게 되었다.

① 르네상스 시대 이전에도 시체의 해부가 이루어졌다.
② 15세기경의 해부학 교재는 잘못된 정보를 다루기도 했다.
③ 베살리우스는 이탈리아를 중심으로 의학을 발전시키는 데 기여했다.
④ 베살리우스의 책이 나오기 전에는 대부분의 해부학 수업이 이론에만 치중했다.

16 〈보기〉의 ㉠~㉢에 들어갈 알맞은 낱말끼리 짝지은 것은?

> 보기
>
> 한글이 디지털 문명을 마음껏 (㉠)할 수 있는 '편리한 문자'라는 사실만으로도 대한민국이 세계적인 정보 기술 강국으로 성장할 수 있는 토대가 되기에 충분하다. 타자기 시대에 한글은 한자나 가나와 같은 음절 문자보다 기계화에 (㉡)한 점이 분명 있었지만, '모아쓰기'라는 창제 당시의 표기법 때문에 로마자 타자기의 효율성을 따라가기 어려웠다. 이러한 이유로 한때 '풀어쓰기' 주장이 있었다. 예를 들어 '병아리'를 'ㅂㅕㅇㅏㄹㅣ'로 풀어 쓰자는 것이다. 그러나 이 주장은 결국 디지털 문명의 (㉢)으로 인해 역사의 뒤안길로 사라지고 말았다. 컴퓨터 프로그램을 이용해 '모아쓰기'를 자동적으로 구현할 수 있게 되었기 때문이다.

	㉠	㉡	㉢
①	享有	不利	創案
②	所有	不利	發展
③	享有	有利	發展
④	所有	有利	創案

17 다음 중 한자어의 독음이 바른 것은?

① 紀綱(계강)　② 端緖(단저)
③ 拇印(무인)　④ 難澁(난잡)

18 글쓴이의 견해에 부합하지 않는 것은?

> 과학의 기원은 인간의 본질과 관계가 있다. 인간은 '생각하는 존재(Homo sapiens)'인 동시에 '만드는 존재(Homo faber)'이기도 하다. 동물도 유치한 사고를 하지만 개념적 사고는 인간의 전유물(專有物)이며, 간단한 도구를 만드는 동물이 있으나 기계는 인간만이 꾸밀 수 있다. 자연을 이해하고 정복하려는 욕구가 각각 과학과 기술을 낳았다. 이 욕구는 두 가지 다른 동기, 호기심과 실질적 필요에서 나온 것이다. 사색(思索)과 공작(工作)이 서로 떨어질 수 없는 인간의 두 측면인 것처럼, 이 둘의 산물인 과학과 기술도 명확히 구별되지 않으며 종합적 인간 능력의 표현으로 보아야겠다.
>
> 과학은 긴 문명사에서 볼 때 비교적 뒤늦게 나온 것이다. 자연에 관한 체계적인 지식으로서의 과학이 발생한 것은 3000년도 안 되며, 근대적인 의미의 과학은 불과 300년 전에 시작되었다. 이에 견주어 원시인들은 자연의 위대한 힘에 부딪쳤을 때 착잡한 반응을 보였다. 자연에 대한 공포와 외경감(畏敬感)에서 종교가 싹텄으며, 자연의 아름다움을 찬탄하는 데서 예술이 나왔다. 그들은 또한 자연에 대한 경이(驚異)와 호기심을 가졌지만, 이로부터 자연을 이해하는 노력이 시작된 것은 훨씬 뒤의 일이고 생존을 위해 자연을 극복하는 것이 급선무였다.
>
> 수백만 년 전 인간은 나무에서 내려와 바로 서면서부터 도구를 만들어 자연과 대결하기 시작했다. 구석기 시대에 불의 발견은 인간의 생활 양식에 획기적인 변화를 가져왔다. 더구나 뒤에 불로 금속을 벼리게 되자 문명은 활기를 띠게 되었다. 식물을 재배하고 동물을 길들인 중석기 시대의 농업 혁명은 생태학의 혁명이었으며, 인간은 이미 환경의 주인이 되어 있었다. 청동기 시대에 일어난 도시 혁명은 사회 경제적 재편성을 가져왔다. 전문가 계급이 생겼고, 쟁기·지렛대·바퀴·돛단배 등의 잇단 발명으로 찬란한 고대 기술 문명이 꽃피게 되었다.

① 과학과 기술은 인간의 본능적 욕망으로부터 발전했다.
② 종교와 예술은 자연에 대한 인간의 감정에서 비롯되었다.
③ 문명이 발전함에 따라 자연을 이해하려는 노력이 등한시되었다.
④ 인간은 불의 발견을 통해 환경의 제약을 극복할 수 있게 되었다.

19 다음 글에서 <보기>가 들어가기에 가장 적절한 곳은?

보기

주관의 독창성과 객관적 수용 가능성이 조화를 이룰 때 사상의 가치는 빛을 발한다.

사상의 가치는 하나의 사리(事理)를 여러 면에서 고찰함으로써 그것을 더 넓고 깊게 이해하도록 해 주는 데 있다. 더 깊이 숙려(熟慮)된 사상을 근거로 한 행동일수록 더 나은 성과를 거둘 수 있기 때문이다. (㉠) 그러나 인간을 궁극의 선(善)으로 인도할 수 있는 절대적인 사상은 생각할 수 없다. 사상이란 결국 시대에 따라서 상대적인 것이다. (㉡) 사람들은 대개 시대적 상황이나 자신의 입장을 기준으로 옳고 그른 것을 판단하며, 또 그것이 인간의 보편적인 사상이 되기를 기대한다. 반면에 다른 사람이 자기와 같은 생각을 가져 주기를 바라면서도, 그의 생각이 자기의 것보다 나아 보일 때에는 슬그머니 그의 생각을 자신의 것으로 삼기도 한다. (㉢) 이러한 추종성(追從性)은 인간의 주체성과 배치(背馳)되는 것처럼 보이지만, 한편으로는 상호간의 이해를 통하여 보편적인 사상이 성립하도록 해 주는 바탕이기도 하다. (㉣)

① ㉠　② ㉡
③ ㉢　④ ㉣

20 다음 <보기>의 글 다음에 나올 내용으로 가장 적절한 것은?

보기

실수의 '어처구니없음'은 어디서 오는 것일까. 원래 어처구니란 엄청나게 큰 사람이나 큰 물건을 가리키는 뜻에서 비롯되었는데, 그것이 부정어와 함께 굳어지면서 어이없다는 뜻으로 쓰이게 되었다. 크다는 뜻 자체는 약화되고 그것이 크든 작든 우리가 가지고 있는 상상이나 상식을 벗어난 경우를 지칭하게 된 것이다. 그러니 상상에 빠지기 좋아하고 상식으로부터 자유로워지려는 사람에게 어처구니없는 실수가 그림자처럼 따라다니는 것은 아주 자연스러운 일이다.

결국 실수는 삶과 정신의 여백에 해당한다. 그 여백마저 없다면 이 각박한 세상에서 어떻게 숨을 돌리며 살 수 있겠는가. 어쩌면 사람을 키우는 것은 능력이 아니라 실수의 힘일지도 모른다.

① 자유로운 상상이 허용되는 세상을 만들어야 한다.
② 실수를 너그럽게 받아들일 줄 아는 자세를 가져야 한다.
③ 실수를 줄이도록 꼼꼼하게 확인하는 습관을 가져야 한다.
④ 각박한 세상일지라도 모든 일에 여유를 가지고 임하는 태도가 필요하다.

정답·해설 _해설집 p.79

15회 핵심 어휘 마무리 체크

☑ 잘 외워지지 않는 어휘 및 표현은 박스에 체크하여 한 번 더 확인하세요.

고유어

☐ **칙살스럽다** 하는 짓이나 말 등이 잘고 더러운 데가 있다

한자어

☐ **傑出**
걸출 (뛰어날 걸, 날 출)
남보다 훨씬 뛰어남. 또는 그런 사람

☐ **立場**
입장 (설 입, 마당 장)
당면하고 있는 상황

☐ **遺物**
유물 (남길 유, 물건 물)
1. 선대의 인류가 후대에 남긴 물건
2. 고인이 생전에 사용하다 남긴 물건

☐ **懺悔**
참회 (뉘우칠 참, 뉘우칠 회)
자기의 잘못에 대하여 깨닫고 깊이 뉘우침

☐ **告白**
고백 (고할 고, 아뢸 백)
마음속에 생각하고 있는 것이나 감추어 둔 것을 사실대로 숨김없이 말함

☐ **隕石**
운석 (떨어질 운, 돌 석)
지구상에 떨어진 별똥. 대기 중에 돌입한 유성이 다 타버리지 않고 땅에 떨어진 것

☐ **卓越**
탁월 (높을 탁, 넘을 월)
남보다 두드러지게 뛰어남

☐ **拇印**
무인 (엄지손가락 무, 도장 인)
도장을 대신하여 손가락에 인주 등을 묻혀 그 지문을 찍은 것

☐ **紀綱**
기강 (벼리 기, 벼리 강)
규율과 법도를 아울러 이르는 말

☐ **端緖**
단서 (끝 단, 실마리 서)
1. 어떤 문제를 해결하는 방향으로 이끌어 가는 일의 첫 부분
2. 어떤 일의 시초

☐ **到達**
도달 (이를 도, 통달할 달)
목적한 곳이나 수준에 다다름

☐ **難澁**
난삽 (어려울 난, 떫을 삽)
글이나 말이 매끄럽지 못하면서 어렵고 까다로움

☐ **近視眼**
근시안 (가까울 근, 볼 시, 눈 안)
눈앞의 일에만 사로잡혀 먼 앞날의 일을 짐작하는 지혜가 없음을 비유적으로 이르는 말

☐ **展望**
전망 (펼 전, 바랄 망)
1. 넓고 먼 곳을 멀리 바라봄. 또는 멀리 내다보이는 경치
2. 앞날을 헤아려 내다봄. 또는 내다보이는 장래의 상황

☐ **昏迷**
혼미 (어두울 혼, 미혹할 미)
의식이 흐림. 또는 그런 상태

속담

☐ **우물 안 고기**
1. 넓은 세상의 형편을 알지 못하는 사람을 비유적으로 이르는 말
2. 견식이 좁아 저만 잘난 줄로 아는 사람을 비꼬는 말

☐ **바늘구멍으로 하늘 보기**
'조그만 바늘구멍으로 넓디넓은 하늘을 본다'라는 뜻으로, 전체를 포괄적으로 보지 못하는 매우 좁은 소견이나 관찰을 비꼬는 말

Quiz 각 어휘 및 표현의 알맞은 뜻을 찾아 연결하세요.

01 隕石	㉠ 문제를 해결할 수 있는 첫 부분	06 遺物	㉥ 미래의 일을 짐작하지 못함
02 端緖	㉡ 일정한 경지에 오름	07 難澁	㉦ 앞 세대가 남긴 물건
03 우물 안 고기	㉢ 의식이 분명하지 않은 상태	08 近視眼	㉧ 말과 글이 어렵고 복잡함
04 到達	㉣ 지구로 떨어진 유성의 잔해	09 懺悔	㉨ 하는 짓이나 말이 더러움
05 昏迷	㉤ 세상을 보는 눈이 좁은 사람	10 칙살스럽다	㉩ 자신의 잘못을 뉘우침

정답 | 01 ㉣ 02 ㉠ 03 ㉤ 04 ㉡ 05 ㉢ 06 ㉦ 07 ㉧ 08 ㉥ 09 ㉩ 10 ㉨

정답·해설 _해설집 p.84

16회 실전동형모의고사

제한시간 : 20분 시작 시 분 ~ 종료 시 분 점수 확인 개/ 20개

01 다음 중 띄어쓰기가 잘못된 문장은?

① 오늘따라 날씨가 굉장히 맑군그래.
② 이 시국에 만나기 보다는 통화를 하자.
③ 학교에서처럼 학원에서도 놀기만 했다.
④ 빵이랑 떡이랑은 다이어트에 좋지 않다.

02 밑줄 친 단어 가운데 품사를 바꾸어주는 접사가 포함된 것은?

① 가을이 오니 온 산이 새빨갛다.
② 엄마는 도토리묵을 서늘한 곳에서 굳혔다.
③ 불씨가 살아 있는 담배꽁초를 마구 짓밟았다.
④ 그는 적에게 모습을 들키지 않기 위해 자세를 낮췄다.

03 다음 중 단어의 뜻풀이로 옳지 않은 것은?

① 지청구 – 아랫사람의 잘못을 꾸짖는 말
② 겸연쩍다 – 쑥스럽거나 미안하여 어색하다.
③ 곰기다 – 곪은 자리에 딴딴한 멍울이 생기다.
④ 숫접다 – 어찌할 바를 몰라 이리저리 머뭇거리다.

04 밑줄 친 부분에 들어갈 한자어로 가장 적절한 것은?

> ______는(은) 토론에서 찬반양론이 대립하여 다루는 주제로, 하나의 쟁점으로 구성되어야 한다. 또한 찬성이나 반대 어느 한 쪽에 유리하게 작용하는 정서적 표현이 사용되면 안 된다.

① 論難 ② 論議
③ 論題 ④ 論駁

05 밑줄 친 표현의 뜻풀이가 옳지 않은 것은?

① 귀가 여린 내 친구가 혹여나 사기를 당할까봐 걱정이다.
– 그럴듯해 보여 마음이 쏠리는 데가 있다.
② 그는 외동딸로 할아버지에게 남에 없는 귀여움을 받았다.
– 남다르게 아주 특별하거나 극심한
③ 말솜씨로는 당할 길이 없어서 그는 결국 동곳을 빼고 말았다.
– 힘이 모자라서 복종하다.
④ 이 일은 처음부터 빈틈없이 손이 짜여 있었기 때문에 성과가 좋았다.
– 딱 어울려 잘 들어맞다.

06 다음 대화에 대한 설명으로 적절하지 않은 것은?

A: 자기소개서를 보니 희망하는 부처가 있는 것 같은데, 사실 행정 직렬은 워낙 업무가 다양해서요. 원하지 않는 곳으로 발령이 나더라도 괜찮겠어요?
B: 네, 그 부분은 각오가 되어 있습니다. 어떤 보직을 맡게 되더라도 주어진 업무에 최선을 다하겠습니다.
A: 좋습니다. 그럼 간략하게 몇 가지 질문드릴게요. 공무원이 공무 수행 중 반드시 지켜야 하는 4대 금지 의무에는 무엇이 있는지 설명해 주세요.
B: 첫째, 직무상 특별한 사유 없이 직장을 이탈할 수 없습니다. 둘째, 영리 업무 및 겸직이 금지되어 있습니다. 셋째, 특정 정치 단체의 결성에 관여하거나 가입할 수 없는 정치 운동 금지 조항이 있습니다. 마지막으로, 노동 운동 등 집단 행위가 금지되어 있습니다.
B: 네, 4대 금지 의무에 대해 잘 알고 계시네요.

① A와 B는 면접관과 면접 대상자의 관계이다.
② B의 두 번째 답변에는 주관적 견해가 포함되어 있지 않다.
③ A는 질문을 통해 B의 지원 동기와 배경 지식을 확인하고 있다.
④ B는 특정한 상황을 가정한 뒤 그에 대한 자신의 포부를 밝히고 있다.

07 밑줄 친 ㉠~㉣에 대한 설명으로 옳은 것은?

온달(溫達)은 고구려 평강왕(平岡王) 때 사람이다. ㉠ <u>얼굴은 우스꽝스러울 만큼 파리하였으나 마음은 밝았다</u>. 집이 매우 가난하여 항상 밥을 빌어다 어머니를 봉양하였는데, 떨어진 옷과 해진 신으로 거리를 돌아다녔다. 당시 사람들은 그를 가리켜 '바보 온달'이라 하였다.

평강왕의 어린 딸이 잘 울었으므로 왕이 놀리면서

"너는 항상 내 귀가 아프도록 울어 대니 커서 사대부의 아내가 될 수는 없겠구나. ㉡ <u>바보 온달에게나 시집보내야겠다</u>."

라고 매번 말하였다.

공주가 16세가 되자, 왕은 상부(上部) 고씨(高氏)에게 시집보내려 하였다. 그러자 공주가 왕에게 말하였다.

"대왕께서는 늘 '너는 반드시 온달의 아내가 될 것이다.'라고 말씀하셨는데, 이제 무슨 이유로 예전의 말씀을 바꾸십니까? 필부(匹夫)도 오히려 식언(食言)하지 않으려 하거늘, 하물며 지존(至尊)이야 어떠하겠습니까? 그러므로 ㉢ <u>왕 노릇하는 사람에게는 희언(戱言)이 없다고 합니다</u>. 지금 대왕의 명령은 잘못되었사오니, 소녀는 감히 받들지 못하겠습니다."

왕은 노하여 말하였다.

"네가 나의 가르침을 따르지 않는다면, 진실로 내 딸이라 할 수 없다. 어찌 함께 살 수 있겠느냐? 네가 가고 싶은 데로 가거라."

그러자 ㉣ <u>공주는 값비싼 팔찌 수십 개를 팔에 매달고 홀로 궁궐을 나와</u>, 길에서 만난 사람에게 온달의 집을 물었다.

– 작자 미상, '온달 설화'

① ㉠: 온달의 철없는 모습을 드러낸 표현이다.
② ㉡: 평강왕의 개방성을 강조한 표현이다.
③ ㉢: 평강 공주의 강직함이 드러나는 표현이다.
④ ㉣: 고난에 처할 평강 공주의 앞날을 암시하는 표현이다.

08 다음 글의 주장에 어울리는 것은?

흔히 현대사회를 '과학기술 중심 사회'라고 한다. 컴퓨터와 휴대전화 없는 생활은 상상하기 힘들어졌으며, 이전과는 비교할 수 없을 정도로 과학기술은 우리의 사고방식이나 생활양식에 커다란 영향을 미친다. 휴대전화가 없던 시절에는 친구와 만나려면 장소와 시간을 꼼꼼히 챙겨야 했지만 이제는 굳이 그럴 필요가 없어졌다. 또한 친구의 전화번호를 일일이 기억하지 않아도 된다. 심지어 휴대전화를 잠시라도 손에서 놓으면 불안해지는 '휴대전화 중독증'까지 등장했다. 또한, 가까운 친구들과 문자를 끊임없이 주고받으며 관계를 유지하는 젊은이들의 풍속도가 사회학자와 문화연구가들의 관심거리가 된 지 오래이다. 휴대전화를 하나의 예로 들었지만, 이는 현대의 많은 과학기술에 대부분 적용할 수 있는 변화이다. '단지' 과학기술의 발전 때문이 아니라 과학기술이 우리의 생활양식과 사고방식의 중심에 자리 잡고 있는 것이다. 과학기술이 없는 삶은 더 이상 상상하기 힘들어졌을 뿐만 아니라 우리의 삶과 사고방식까지 근본적으로 뒤바꿔놓았다. 이처럼 과학기술이 사회에 미치는 영향이 과거 어느 때보다 커진 지금, 과학이 사회와 무관하다는 주장은 타당성이 없어 보인다.

① 과학기술의 한계와 부작용
② 인간의 삶에 깊게 파고 든 과학기술
③ 사회학과 문화연구학의 과학적 연관성
④ 과학의 발전으로 변화한 휴대전화의 가치

09 밑줄 친 부분의 사례로 적절한 것은?

피동문은 파생적 피동문과 통사적 피동문으로 나뉜다. 이 중 '-아/어지다'에 의해 만들어지는 통사적 피동문은 피동의 의미도 있지만 '-게 되다'라는 과정화의 의미일 때도 있다. 피동문이 과정화의 의미일 때는 '어떠한 성질이나 상태로 된다'라고 해석된다.

① 쥐가 고양이에게 잡혀졌다.
② 그 이야기를 듣고 매우 슬퍼졌다.
③ 새로운 모양의 케이크가 만들어졌다.
④ 그토록 바라던 소원이 이루어져서 다행이다.

10 ㉠을 설명한 방식으로 적절한 것은?

현대 사회는 스마트폰, 카페, 블로그, 페이스북, 트위터 등 인터넷 미디어의 발달로 어느 때보다 소통의 통로가 다양하면서 활발하게 열려 있다. 하지만 과유불급이란 말이 있듯 대화의 채널이 많다고 해서 좋은 대화가 이루어지고 있다는 것은 아니다. 소통의 매체는 다양해졌을지 모르지만, 일방적인 소통이거나 피상적인 소통, 즉 ㉠소통의 불균형이 곳곳에서 발생하고 있다.

인터넷을 통한 사이버 테러는 최첨단 매스 미디어 사회가 안고 있는 소통 불균형의 대표적인 사례다. 얼굴이 드러나지 않고 익명이라는 이유로, 성숙하지 못한 네티즌들은 한 사람의 인생을 재미 삼아 무차별적으로 위협하기도 한다. 검증되지 않은 루머나 흥미만 자극하는 선정적인 댓글 등 사생활마저 노골적으로 파헤쳐 유포하는 행동은 개인의 생명마저도 무참히 빼앗아 가는 무서운 파괴력을 갖고 있다. 사이버 언어 테러는 남과의 원활한 의사소통을 유도하기는커녕 사회적 소통을 초토화하는 말 폭탄이다.

① 인과
② 예시
③ 유추
④ 묘사

11 다음 글에서 설명한 '분류'에 가장 적절한 것은?

어떤 대상들을 공통적인 성질이나 특성에 근거하여 종류별로 묶어서 설명하는 방식을 분류라고 한다. 분류는 다양한 대상을 체계적이고 분명한 범주로 나누고자 할 때 사용된다. 이때 분류는 명확한 기준을 바탕으로 그 기준을 일관성 있게 적용해야 하며, 분류하는 대상들의 속성을 모두 밝힐 수 있어야 한다. 참고로 하나의 대상을 그것을 이루는 구성 요소로 나누어 설명하는 분석과 분류를 혼동하는 경우가 많으므로 유의해야 한다.

① 인공 위성은 크게 군사용과 평화용으로 나눌 수 있다.
② 석가탑은 기단부, 탑신부, 상륜부의 세 부분으로 나뉜다.
③ 집 안의 가구는 탁상시계, 피아노, 의자로 분류될 수 있다.
④ 고양이, 사자, 표범, 호랑이 등은 송곳니가 발달하여 육식에 적합한 동물로 볼 수 있다.

12 다음 글의 내용으로 적절하지 않은 것은?

무제한의 자유는 강자가 약자를 위협하여 약자의 자유를 강탈할 자유가 있다는 것을 의미한다. 따라서 법이 만인의 자유를 보호하는 범위만큼 국가는 자유를 제한해야 한다. 어느 누구도 타인의 자비심에 내맡겨져서는 안 된다. 모든 사람은 국가의 보호를 받을 권리가 있다. 시민이 물리적인 폭력에 시달리지 않도록 보호하더라도 경제적 권력의 오용에서 시민을 보호하지 못한다면 국가는 목적을 달성하지 못한다. 그런 나라에서는 경제적 강자가 약자를 괴롭히고 약자의 자유를 강탈할 수 있다. 경제적 권력은 물리적 폭력만큼이나 위험하다. 국가는 어느 누구도 굶어죽거나 경제적 파멸이 두려워 불평등한 관계 속에 빠지지 않도록 보살펴야 한다. 방만한 자본주의는 경제적 간섭주의에 굴복해야 한다.

① 법과 국가는 인간의 자유를 조절한다.
② 국가는 경제적 권력을 이용하여 약자를 보호해야 한다.
③ 국가는 자유로운 경제 활동을 일정 부분 제한해야 한다.
④ 국가의 목적은 각종 폭력으로부터 시민을 보호하는 것이다.

13 ㉠~㉣의 예를 추가할 때 가장 적절한 것은?

논증의 오류는 자료적 오류와 심리적 오류, 언어적 오류로 나눌 수 있는데, 이때 자료적 오류에는 성급한 일반화의 오류, 흑백논리의 오류, 원인 오판의 오류, 무지에의 호소, 잘못된 유추의 오류 등이 있다.

우선 ㉠<u>성급한 일반화의 오류</u>는 제한되거나 불충분한 자료, 또는 대표성이 결여된 사례 등을 근거로 삼아 성급하게 일반화함으로써 발생하는 오류를 말한다. ㉡<u>흑백논리의 오류</u>는 어떤 주장에 대한 선택지가 두 가지밖에 없다고 생각하거나 다른 가능성이 허용됨에도 불구하고 그를 인정하지 않음으로써 발생하는 오류이다. 원인 오판의 오류는 인과 혼동의 오류라고도 하는데, 어떤 사건의 인과를 혼동하거나, 단순한 선후 관계를 원인과 결과의 관계로 혼동함으로써 발생하는 오류이다. ㉢<u>무지에의 호소</u>는 반증된 적이 없으므로 어떤 주장을 받아들여야 한다고 말하거나, 증명된 적이 없으므로 어떤 결론이 거절되어야 한다고 주장하는 오류이다. 마지막으로 ㉣<u>잘못된 유추의 오류</u>는 부당하게 적용된 유추로 인해 잘못된 결론을 이끌어 내는 오류로, 일부분이 유사하다고 해서 나머지도 유사할 것이라고 생각하는 오류이다. 적절하지 않은 비유를 사용하여 발생하는 경우가 많다.

① ㉠ - 오늘 아침 회사에 늦었어. 출근길부터 까마귀를 봤기 때문이야.
② ㉡ - 한국인은 앞차가 조금만 늦게 출발해도 경적을 울리고, 음식점에서 음식이 30분만 늦어도 화를 낸다. 따라서 한국인은 조급한 성격을 가진 민족이라고 할 수 있다.
③ ㉢ - 그 사람이 범죄를 저지르는 것을 본 사람은 없다. 따라서 그는 범인이 아니다.
④ ㉣ - 국이 너무 차다고요? 그렇다면 당신은 펄펄 끓는 국을 좋아하겠군요.

14 다음 글의 내용을 적절하게 이해한 것은?

동양과 서양은 오랫동안 서로 격리되어 있었기 때문에 동·서양의 만남은 극히 최근까지도 놀라움과 몰이해와 갈등으로 점철된 역사를 만들어냈다. 마르코 폴로가 발견한 중국은 '경이'의 대상이었으나 페리 제독이 만난 일본은 남녀가 함께 목욕하는 '야만'의 모습으로 격하되었다.

페리 제독 이후 미국을 처음 방문한 일본인은 백주대로에서 키스하는 미국인들의 무도덕함에 경악을 금치 못하였으며, 중국 역시 전통적으로 서양을 '야만'의 한 형태로 간주했다.

19세기에 이르러 서구 열강의 제국주의적 팽창은 동양에게는 커다란 충격이었으며, 과학·기술에 뒤진 동양의 자존심은 크게 유린되었다. 19세기 말 이후 동·서양의 만남은 '동도서기(東道西器)', 즉 동양의 정신과 서양의 기술이라는 구분으로 곧잘 합리화되었으나 서구적 과학기술은 오늘에 이르기까지 동양에 압도적인 영향을 미치고 있다. 그래서 이제 외형상으로 동양과 서양은 많이 닮아지게 되었다.

그럼에도 불구하고 동양과 서양 간의 진정한 만남은 아직도 이루어지지 않았다. 왜냐하면 사고방식과 행동양식의 차이가 크기 때문이다. 쌍방 간의 다양한 교류에서 나타나는 문화적 소통의 어려움이 이를 잘 말해 준다.

전통이 서로 다른 나라끼리 교류를 할 때는 먼저 상대를 이해하려는 노력을 해야 함이 상식일 것이다. 이는 물론 서로의 근본적인 차이점이 무엇인가를 알아야 함을 뜻한다.

그렇다면 동양과 서양의 근본적인 차이점은 과연 무엇인가? 동양과 서양이 다르다는 말은 동양과 서양의 사회가 다르다는 말이고, 이는 다시 쌍방 사회의 사람들 즉 동양인과 서양인의 사고방식과 행동양식이 다르다는 말이 된다.

이와 같은 문제에 접근하는 방식은 여러 가지 방법이 있지만 중국이나 미국과 같은 사회를 선정해 비교해 보는 것도 하나의 방법이 될 수 있을 것이다. 물론 이는 문화의 비교연구를 담당하고 있는 인류학자들의 몫이 된다.

① 서양 기술의 영향으로 동양인과 서양인의 외모가 점점 비슷해지고 있다.

② 동양과 서양의 근본적인 차이를 줄이기 위해 인류학자들의 노력이 요구된다.

③ 동양과 서양은 정신과 기술의 교류를 통해 서로 간의 차이를 줄여나가고 있다.

④ 동양과 서양의 진정한 교류는 서로의 삶의 방식을 이해하는 것에서 출발해야 한다.

15 교사들의 토의 주제로 가장 적절한 것은?

교사 1: 교실 안에서 학습도 중요하지만, 교실 밖으로 나가 학생들에게 다양한 직업 체험 활동의 기회를 제공한다면 학생들이 더욱 즐거운 학교생활을 할 수 있을 것입니다.

교사 2: 즐거운 학교생활은 무엇보다도 교사가 학생들에게 관심과 애정을 줄 때 이루어지는 것 아닐까요? 교사가 학생들을 더욱 세심하게 신경 쓸 수 있도록 적은 인원의 학급을 구성하는 것이 중요합니다.

교사 3: 요즘 학생들이 성적에 대해 얼마나 민감한지 아십니까? 학생들은 자신의 수준에 맞지 않는 학습이 이루어질 때 학교생활에 흥미를 잃습니다. 직업 체험 활동 기회의 제공이나 적은 인원의 학급 구성도 중요하지만, 학생마다 수준별 학습이 가능하도록 교육 프로그램을 마련하는 것이 우선입니다.

① 소규모 학급 구성 방안

② 학생들의 성적 향상 방안

③ 학생들을 위한 진로 교육 방안

④ 학생들의 행복한 학교생활을 위한 방안

16 밑줄 친 안긴 문장의 종류로 옳지 않은 것은?

최근 들어 ㉠맑은 하늘을 보기 힘든 이유는 바로 미세 먼지 때문이다. 미세 먼지는 ㉡국외로부터 대기오염물질이 유입됨에 따라 발생한다.

24시간 평균 먼지 농도가 250㎍/㎥ 이상 지속될 때 기상청에서 ㉢미세먼지 주의보를 발령하도록 제도화되었는데, 요즘은 매일 같이 기상청에서 ㉣실외 활동을 자제하고 마스크를 착용하라고 안내하는 미세먼지 주의보를 발령하고 있다. 호흡기 질환자나 노약자, 어린이뿐만 아니라 건강한 성인들도 미세먼지를 주의해야 한다.

① ㉠ 관형절 ② ㉡ 명사절

③ ㉢ 부사절 ④ ㉣ 서술절

17 (가)에 들어갈 한자 성어로 적절한 것은?

단천령은 태종 별자의 익령군의 증손이요, 글 잘하고 거문고 잘하던 수천부정의 손자니 이름은 억순이요, 자는 주경이다. 그 적형 함천부수 억재와 형제가 난형난제로 음률에 정통한 중에 형은 거문고를 잘 타고 아우는 피리를 용하게 불었다. 함천의 거문고는 조부의 계적으로 (가) 이란 정평이 있었고, 단천의 피리는 자기의 장기로 고금무쌍이란 칭찬을 받았다. 피리는 득음하기 어려운 거문고와 달라서 누가 불든지 소리가 나는 악기라 곡조만 배워서 불면 고만 다 될 것 같지만, 사람의 입술과 피리의 혀가 서로 합하여 둘이 하나 되어서 소리의 신통한 지경이 생기는 것은 가르칠 수도 없고 배울 수도 없는 것이다.

– 홍명희, '임꺽정'

① 방약무인(傍若無人) ② 청출어람(青出於藍)
③ 일기당천(一騎當千) ④ 목불식정(目不識丁)

18 〈보기〉 중 시조를 읽고 쓴 감상으로 적절하지 않은 것은?

一曲은 어디ᄆᆡ고 冠巖에 ᄒᆡ 빗췬다.
平蕪에 ᄂᆡ ㉠거든이 遠近이 글림이로다.
松間에 綠樽을 녹코 벗 온 양 보노라. 〈제1곡〉

二曲은 어드ᄆᆡ고 花巖에 春晩커다.
碧波에 곳츨 ᄯᅴ워 野外에 보내노라
살ᄅᆞᆷ이 勝地를 몰온이 알게 ᄒᆞᆫ들 엇더리. 〈제2곡〉

– 이이, '고산구곡가'

보기
ㄱ. 자연을 탐미하는 화자의 모습이 인상적이었다.
ㄴ. 나도 화자처럼 다른 사람들과 즐거움을 나눌 줄 아는 사람이 되고 싶다.
ㄷ. 물에 꽃을 띄워 자연에서의 만족스러운 삶이 임금의 은혜임을 표현하는 화자의 모습에서 매사에 감사할 줄 아는 태도를 본받아야겠다고 다짐했다.
ㄹ. 자연과 조화로운 삶을 추구하는 화자의 자세는 자연을 인간의 도구로 인식하는 우리 세대에게 필요한 자세인 것 같다.

① ㄱ ② ㄴ
③ ㄷ ④ ㄹ

19 다음 중 필자의 견해와 일치하는 것은?

눈처럼 깨끗한 깃털은 티끌 하나 묻지 않았고, 이놈이 울면 저놈이 따라서 우는 것이 마치 서로 이야기를 나누는 듯하고, 물을 마시고 모이를 쪼는 것도 반드시 함께 하였다. 또 그놈들이 마당을 빙빙 돌며 춤추듯 뛰어다니는 모양이 마치 서로를 위로해 주는 듯했다. 나는 모이와 물을 주며 정성을 다해 돌보았고, 그들은 늘 내 주위를 맴돌면서 나를 매우 따랐는데, 뜻밖에도 그 해 시월 열나흗날 밤에 그중 한 마리가 죽어버렸다.

아침에 일어나서 거위 우리를 살펴보니 살아 있는 거위가 죽은 놈을 품고서 날개를 치며 애처롭게 울고 있었다. 그 울음소리가 온 집안으로 퍼져 하늘까지 사무치니 보는 사람마다 안타까워했다. 마을 아이들이 죽은 놈을 가져가자, 산 놈은 바로 일어나 이리저리 배회하기 시작했다. 원망 어린 소리로 울어대며 지난날 저희들이 놀고 모이를 쪼아 먹던 곳을 따라 사방으로 왔다 갔다하는 것이 마치 죽은 놈을 찾는 것 같았다. 그 후 열흘이 지나자 결국 목이 쉬어 소리조차 제대로 내지 못했다.

나는 이 거위를 보며 생각했다. 저 거위는 하찮은 미물인데도 주인에게 그렇게 충성스러웠고, 친구에게도 저렇게 의로우니 이 얼마나 아름다운가. 내가 보기에는 세상에는 자신의 이익을 위해 친구를 팔기도 하고 자신까지도 팔아넘기는 사람이 열에 다섯은 더 되는데, 하물며 나라의 충성하는 이는 몇이나 될 것인가?

천지 사이의 많은 무리 가운데 오직 인간이 가장 존귀한 존재이다. 그런데 저 꽉 막힌 미물인 거위는 군자의 지조를 지녔고, 신령스럽다는 인간은 도리어 미물만도 못하니, 그렇다면 사람의 옷을 입고도 말이나 소처럼 행동하는 자를 사람이라고 하는 것이 과연 옳은 일일까? 반대로 깃털로 몸을 감쌌지만 어질고 의로운 마음을 가진 짐승을 그냥 미물이라고 천하게 여기는 것이 과연 옳은 일일까?

– 주세붕, '의로운 거위 이야기'

① 거위와 인간의 생명의 가치는 동등하다.
② 모든 짐승에게서 삶의 지혜를 배워야 한다.
③ 세상에는 거위보다도 어질지 못한 사람이 많다.
④ 거위는 가장 군자다운 짐승이라고 말할 수 있다.

20 다음 글에서 추론할 수 있는 것은?

보호 무역주의란 국가가 관세 등 여러 가지의 수단으로 외국과의 무역에 개입하여 자국 산업을 보호하는 것이다. 1930년대 대공황 당시 보호 무역주의는 주로 수입품에 대한 관세 인상과 같은 직접적인 수입 제한 방법이 사용되었다. 그러나 1947년에 출범한 GATT 체제로 인해 관세 장벽을 사용하기 어려워지자 1970~80년대 들어서는 비관세 장벽이 보호 무역주의의 주요 수단으로 새롭게 등장하였다. 그리고 글로벌 경제 위기 이후로는 여기서 더 나아가 기존의 비관세 장벽 이외의 새로운 전략들이 무역 장벽을 강화하기 위해 활용되기 시작했다. 선진국을 중심으로 사용되는 이러한 형태의 보호 무역주의를 가리켜 '신(新)보호 무역주의'라고 한다.

신보호 무역주의의 가장 큰 특징은 그 수단이 다양해졌다는 점이다. 반덤핑이나 상계 관세처럼 여전히 널리 사용되는 기존의 방법과 함께 지식 재산권과 경쟁법, 환경 규제 등이 새롭게 등장하였다. 흔히 지적 재산권으로 알려진 지식 재산권은 신보호 무역주의의 가장 효과적인 무기 중 하나이다. 첨단 기술과 문화 산업이 발전하면서 지식 재산권이라는 이름 아래 포괄되는 범위가 계속 늘어남에 따라 기업들 사이에서 특허를 놓고 벌어지는 국제 소송들이 매년 증가하고 있으며, 각국은 지식 재산권을 보호 무역의 수단으로 적극 활용하고 있다. 한편 가격 밀약이나 독점, 인수·합병 등에 대한 경쟁법이나 환경에 대한 규제는 과거에도 있었지만, 주요국들이 이를 보호 무역의 수단으로 활용하기 시작하면서 그 적용 범위가 대폭 확대되고 규제 강도가 더욱 강화되고 있다. 신보호 무역주의의 또 다른 방법으로는 국산 우대 정책이 있는데, 이는 미국에서 처음 시작된 것으로 정부가 정책적으로 자국산 제품의 구매 및 사용과 자국 인력의 고용을 촉진하는 것이다.

제2차 세계 대전 이후 세계 각국은 자유 무역 체제의 확립을 추진하였고, 이를 위한 오랜 기간의 협상 끝에 1995년 세계무역기구(WTO)가 출범하였다. 그러나 2008년 글로벌 금융 위기 이후 세계 수출 시장의 부진이 장기화되면서 여러 나라가 자국 시장과 산업에 대한 보호를 명목으로 세계무역기구의 규정을 피하여 다양한 보호 무역 조치들을 시행하기 시작하였으며, 이러한 기조는 갈수록 확산되고 있다. 신보호 무역주의가 지속된다면, 세계 경제는 큰 타격을 받을 것이다. 1930년대 대공황 시기에도 미국을 필두로 여러 나라가 높은 관세 장벽을 구축하면서 국제 교역이 붕괴되었고, 이는 세계 경기 침체를 더욱 가속화했다. 아마도 오늘날 신보호 무역주의로 인해 예상되는 결과 역시 크게 다르지 않을 것이다. 일차적으로는 무역 의존도가 높은 나라들이 먼저 타격을 입겠지만, 그 뒤를 이어 국제 교역 자체가 붕괴되고, 그에 따라 경기 침체가 심화되어 결국 모두가 더 큰 어려움을 겪게 될 것이다.

① 신보호 무역주의 시대에 무역 의존도가 높은 나라는 지식 재산권을 확보할 필요가 없을 것이다.
② 환경 규제와 경쟁법은 2008년 글로벌 금융 위기 이후 보호 무역의 수단으로 적극 사용되었을 것이다.
③ 1930년대 대공황 시기에 많은 국가들이 사용한 비관세 장벽은 경기 침체의 가속화를 야기했을 것이다.
④ 보호 무역주의로는 효과적인 자국의 산업 보호가 어려웠기 때문에 선진국들을 중심으로 자유 무역 체제가 확립되었다.

정답·해설 _해설집 p.84

16회 핵심 어휘 마무리 체크

☑ 잘 외워지지 않는 어휘 및 표현은 박스에 체크하여 한 번 더 확인하세요.

고유어

□ **지청구** 1. 아랫사람의 잘못을 꾸짖는 말
2. 까닭 없이 남을 탓하고 원망함

□ **곰기다** 곪은 자리에 딴딴한 멍울이 생기다

□ **숫접다** 순박하고 진실하다

□ **사무치다** 깊이 스며들거나 멀리까지 미치다

한자 성어

□ **傍若無人** **방약무인 (곁 방, 같을 약, 없을 무, 사람 인)**
곁에 사람이 없는 것처럼 아무 거리낌 없이 함부로 말하고 행동하는 태도가 있음

□ **靑出於藍** **청출어람 (푸를 청, 날 출, 어조사 어, 쪽 람)**
쪽에서 뽑아낸 푸른 물감이 쪽보다 더 푸르다는 뜻으로, 제자나 후배가 스승이나 선배보다 나음을 비유적으로 이르는 말

□ **一騎當千** **일기당천 (한 일, 말 탈 기, 마땅 당, 일천 천)**
한 사람의 기병이 천 사람을 당한다는 뜻으로, 싸우는 능력이 아주 뛰어남을 이르는 말

□ **目不識丁** **목불식정 (눈 목, 아닐 부, 알 식, 고무래 정)**
아주 간단한 글자인 '정(丁)' 자를 보고도 그것이 '고무래'인 줄을 알지 못한다는 뜻으로, 아주 까막눈임을 이르는 말

한자어

□ **論駁** **논박 (논할 논, 논박할 박)**
어떤 주장이나 의견에 대하여 그 잘못된 점을 조리 있게 공격하여 말함

□ **論難** **논란 (논할 논, 어려울 란)**
여럿이 서로 다른 주장을 내며 다툼

□ **論議** **논의 (논할 논, 의논할 의)**
어떤 문제에 대하여 서로 의견을 내어 토의함. 또는 그런 토의

□ **論題** **논제 (논할 논, 제목 제)**
논설이나 논문, 토론 등의 주제나 제목

□ **沒理解** **몰이해 (빠질 몰, 다스릴 이, 풀 해)**
이해함이 전혀 없음

□ **發展** **발전 (필 발, 펼 전)**
더 낫고 좋은 상태나 더 높은 단계로 나아감

□ **混同** **혼동 (섞을 혼, 한가지 동)**
구별하지 못하고 뒤섞어서 생각함

□ **交流** **교류 (사귈 교, 흐를 류)**
문화나 사상 등이 서로 통함

관용구

□ **귀가 여리다**
속는 줄도 모르고 남의 말을 그대로 잘 믿다

□ **남에 없는**
남다르게 아주 특별하거나 극심한

□ **동곳을 빼다**
(비유적으로) 힘이 모자라서 복종하다

□ **손이 짜이다**
딱 어울려 잘 들어맞다

Quiz 각 어휘 및 표현의 알맞은 뜻을 찾아 연결하세요.

01 겸연쩍다	㉠ 다수가 서로 다른 의견을 내며 다툼	06 숫접다	㉥ 순진하고 참됨
02 남에 없는	㉡ 속아 넘어가는 줄 모르고 타인의 말을 믿음	07 發展	㉦ 분간하지 못하고 뒤섞어서 생각함
03 論難	㉢ 남다르게 매우 각별하거나 극심한	08 지청구	㉧ 힘이 모자라서 순종함
04 귀가 여리다	㉣ 부끄럽거나 송구하여 어색하다	09 混同	㉨ 우월한 상태나 더 높은 단계로 나아감
05 論駁	㉤ 시비를 이유를 들어 밝힘. 또는 그 이유	10 동곳을 빼다	㉩ 아랫사람의 잘못을 나무람

정답 | 01 ㉣ 02 ㉢ 03 ㉠ 04 ㉡ 05 ㉤ 06 ㉥ 07 ㉨ 08 ㉩ 09 ㉦ 10 ㉧

MEMO

MEMO

MEMO

해커스공무원 실전동형모의고사 국어 2

정답지

1회 실전동형모의고사

문번	제1과목			
01	❶	②	③	④
02	①	②	❸	④
03	①	②	❸	④
04	①	❷	③	④
05	①	②	❸	④
06	①	②	③	❹
07	①	②	❸	④
08	❶	②	③	④
09	①	②	③	❹
10	❶	②	③	④
11	①	②	❸	④
12	①	②	❸	④
13	①	❷	③	④
14	①	❷	③	④
15	①	❷	③	④
16	①	②	❸	④
17	①	❷	③	④
18	①	②	❸	④
19	❶	②	③	④
20	①	❷	③	④
O: 개	Δ: 개	X: 개		

2회 실전동형모의고사

문번	제1과목			
01	①	②	❸	④
02	❶	②	③	④
03	❶	②	③	④
04	①	②	❸	④
05	❶	②	③	④
06	❶	②	③	④
07	❶	②	③	④
08	①	②	③	❹
09	①	❷	③	④
10	❶	②	③	④
11	①	②	③	❹
12	①	❷	③	④
13	①	②	❸	④
14	①	②	③	❹
15	①	❷	③	④
16	①	②	❸	④
17	①	❷	③	④
18	①	❷	③	④
19	①	②	❸	④
20	①	②	③	❹
O: 개	Δ: 개	X: 개		

3회 실전동형모의고사

문번	제1과목			
01	①	❷	③	④
02	①	②	❸	④
03	①	❷	③	④
04	①	❷	③	④
05	①	②	❸	④
06	❶	②	③	④
07	①	❷	③	④
08	❶	②	③	④
09	❶	②	③	④
10	①	❷	③	④
11	①	❷	③	④
12	①	❷	③	④
13	❶	②	③	④
14	❶	②	③	④
15	①	②	③	❹
16	①	❷	③	④
17	①	❷	③	④
18	❶	②	③	④
19	①	②	❸	④
20	①	②	③	❹
O: 개	Δ: 개	X: 개		

4회 실전동형모의고사

문번	제1과목			
01	①	❷	③	④
02	①	②	❸	④
03	①	②	③	❹
04	①	②	❸	④
05	①	②	❸	④
06	①	❷	③	④
07	①	❷	③	④
08	①	②	③	❹
09	①	②	③	❹
10	❶	②	③	④
11	①	②	❸	④
12	①	❷	③	④
13	①	②	③	❹
14	①	②	③	❹
15	①	❷	③	④
16	①	②	❸	④
17	①	②	❸	④
18	①	②	❸	④
19	❶	②	③	④
20	①	②	③	❹
O: 개	Δ: 개	X: 개		

5회 실전동형모의고사

문번	제1과목			
01	①	②	③	❹
02	①	②	③	❹
03	①	②	❸	④
04	❶	②	③	④
05	①	②	③	❹
06	①	②	❸	④
07	❶	②	③	④
08	①	②	❸	④
09	①	②	③	❹
10	①	❷	③	④
11	①	②	❸	④
12	❶	②	③	④
13	❶	②	③	④
14	①	②	❸	④
15	①	②	❸	④
16	①	②	③	❹
17	①	❷	③	④
18	①	②	③	❹
19	①	②	③	❹
20	①	②	③	❹
O: 개	Δ: 개	X: 개		

6회 실전동형모의고사

문번	제1과목			
01	❶	②	③	④
02	①	②	❸	④
03	①	②	③	❹
04	①	②	③	❹
05	❶	②	③	④
06	①	②	③	❹
07	①	②	③	❹
08	①	②	❸	④
09	①	❷	③	④
10	①	②	③	❹
11	①	②	③	❹
12	❶	②	③	④
13	①	❷	③	④
14	①	❷	③	④
15	①	②	③	❹
16	①	❷	③	④
17	①	❷	③	④
18	❶	②	③	④
19	①	②	③	❹
20	①	②	③	❹
O: 개	Δ: 개	X: 개		

7회 실전동형모의고사

문번	제1과목			
01	①	②	③	❹
02	❶	②	③	④
03	①	❷	③	④
04	①	②	❸	④
05	①	②	❸	④
06	①	②	③	❹
07	①	❷	③	④
08	❶	②	③	④
09	①	②	❸	④
10	①	②	③	❹
11	❶	②	③	④
12	①	②	❸	④
13	①	②	❸	④
14	①	②	③	❹
15	①	❷	③	④
16	①	②	❸	④
17	①	②	③	❹
18	①	②	❸	④
19	①	❷	③	④
20	①	②	❸	④
O: 개	Δ: 개	X: 개		

8회 실전동형모의고사

문번	제1과목			
01	①	②	❸	④
02	①	❷	③	④
03	①	②	③	❹
04	①	②	③	❹
05	①	②	③	❹
06	①	②	❸	④
07	①	②	❸	④
08	①	②	❸	④
09	①	②	③	❹
10	①	❷	③	④
11	①	②	❸	④
12	①	❷	③	④
13	①	②	③	❹
14	❶	②	③	④
15	①	❷	③	④
16	①	❷	③	④
17	❶	②	③	④
18	①	②	③	❹
19	①	②	③	❹
20	①	②	③	❹
O: 개	Δ: 개	X: 개		

해커스공무원 실전동형모의고사 국어 2

정답지

9회 실전동형모의고사

문번	제1과목			
01	❶	②	③	④
02	①	②	③	❹
03	①	②	❸	④
04	①	②	❸	④
05	①	②	③	❹
06	①	②	❸	④
07	①	❷	③	④
08	①	②	③	❹
09	①	②	❸	④
10	①	②	❸	④
11	①	②	③	❹
12	①	❷	③	④
13	①	②	③	❹
14	①	②	③	❹
15	❶	②	③	④
16	①	②	③	❹
17	①	❷	③	④
18	①	②	❸	④
19	①	②	③	❹
20	①	❷	③	④
O: 개	Δ: 개	X: 개		

10회 실전동형모의고사

문번	제1과목			
01	①	②	③	❹
02	❶	②	③	④
03	❶	②	③	④
04	❶	②	③	④
05	①	❷	③	④
06	①	②	③	❹
07	①	②	❸	④
08	①	❷	③	④
09	①	②	③	❹
10	①	❷	③	④
11	①	❷	③	④
12	①	❷	③	④
13	①	②	❸	④
14	①	②	③	❹
15	①	②	❸	④
16	①	②	❸	④
17	①	②	③	❹
18	❶	②	③	④
19	①	②	③	❹
20	①	②	❸	④
O: 개	Δ: 개	X: 개		

11회 실전동형모의고사

문번	제1과목			
01	①	②	③	❹
02	①	❷	③	④
03	①	②	③	❹
04	①	②	③	❹
05	①	②	❸	④
06	①	②	③	❹
07	❶	②	③	④
08	①	②	❸	④
09	①	❷	③	④
10	①	②	③	❹
11	①	❷	③	④
12	❶	②	③	④
13	①	②	❸	④
14	①	②	❸	④
15	①	②	③	❹
16	①	❷	③	④
17	①	②	❸	④
18	①	❷	③	④
19	①	❷	③	④
20	①	②	❸	④
O: 개	Δ: 개	X: 개		

12회 실전동형모의고사

문번	제1과목			
01	①	②	③	❹
02	①	❷	③	④
03	①	②	③	❹
04	①	②	③	❹
05	①	②	❸	④
06	①	❷	③	④
07	①	❷	③	④
08	❶	②	③	④
09	①	②	③	❹
10	①	②	③	❹
11	①	②	❸	④
12	❶	②	③	④
13	❶	②	③	④
14	①	❷	③	④
15	①	②	③	❹
16	①	②	❸	④
17	①	②	❸	④
18	①	②	❸	④
19	①	②	③	❹
20	①	②	③	❹
O: 개	Δ: 개	X: 개		

13회 실전동형모의고사

문번	제1과목			
01	①	②	③	❹
02	①	②	③	❹
03	①	❷	③	④
04	①	❷	③	④
05	①	②	③	❹
06	①	②	③	❹
07	①	②	③	❹
08	①	②	❸	④
09	①	②	③	❹
10	①	②	③	❹
11	①	❷	③	④
12	①	②	❸	④
13	①	❷	③	④
14	①	②	③	❹
15	①	②	③	❹
16	①	❷	③	④
17	①	❷	③	④
18	①	❷	③	④
19	①	②	③	❹
20	①	②	❸	④
O: 개	Δ: 개	X: 개		

14회 실전동형모의고사

문번	제1과목			
01	①	❷	③	④
02	①	❷	③	④
03	①	②	③	❹
04	①	②	❸	④
05	①	②	③	❹
06	①	②	③	❹
07	❶	②	③	④
08	①	②	❸	④
09	❶	②	③	④
10	①	❷	③	④
11	①	②	❸	④
12	①	②	❸	④
13	①	②	❸	④
14	①	❷	③	④
15	①	❷	③	④
16	①	②	③	❹
17	①	❷	③	④
18	①	②	③	❹
19	①	❷	③	④
20	❶	②	③	④
O: 개	Δ: 개	X: 개		

15회 실전동형모의고사

문번	제1과목			
01	①	②	❸	④
02	❶	②	③	④
03	①	②	③	❹
04	❶	②	③	④
05	①	②	❸	④
06	①	②	③	❹
07	①	②	③	❹
08	①	②	❸	④
09	①	❷	③	④
10	①	②	③	❹
11	❶	②	③	④
12	①	②	❸	④
13	①	②	③	❹
14	①	②	③	❹
15	①	②	③	❹
16	①	②	❸	④
17	①	②	❸	④
18	①	②	❸	④
19	①	②	③	❹
20	①	❷	③	④
O: 개	Δ: 개	X: 개		

16회 실전동형모의고사

문번	제1과목			
01	①	❷	③	④
02	①	②	③	❹
03	①	②	③	❹
04	①	②	❸	④
05	❶	②	③	④
06	①	②	❸	④
07	①	②	❸	④
08	①	❷	③	④
09	①	❷	③	④
10	①	❷	③	④
11	①	②	③	❹
12	①	❷	③	④
13	①	②	❸	④
14	①	②	③	❹
15	①	②	③	❹
16	①	②	③	❹
17	①	❷	③	④
18	①	②	❸	④
19	①	②	❸	④
20	①	❷	③	④
O: 개	Δ: 개	X: 개		

해커스공무원 실전동형모의고사 국어 2 답안지

컴퓨터용 흑색사인펜만 사용

책 형

[필적감정용 기재]

*아래 예시문을 옳게 적으시오

본인은 OOO(응시자성명)임을 확인함

기 재 란

성명	
자필성명	본인 성명 기재
응시직렬	
응시지역	
시험장소	

응 시 번 호						
	⓪	⓪	⓪	⓪	⓪	⓪
	①	①	①	①	①	①
	②	②	②	②	②	②
	③	③	③	③	③	③
	④	④	④	④	④	④
	⑤	⑤	⑤	⑤	⑤	⑤
⑥	⑥	⑥	⑥	⑥	⑥	⑥
⑦	⑦	⑦	⑦	⑦	⑦	⑦
	⑧	⑧	⑧	⑧	⑧	⑧
	⑨	⑨	⑨	⑨	⑨	⑨

생 년 월 일					
⓪	⓪	⓪	⓪	⓪	⓪
	①	①	①	①	①
	②		②	②	②
	③		③	③	③
	④		④		④
	⑤		⑤		⑤
⑥	⑥		⑥		⑥
⑦	⑦		⑦		⑦
⑧	⑧		⑧		⑧
⑨	⑨		⑨		⑨

※ 시험감독관 서명

(성명을 정자로 기재할 것)

적색 볼펜만 사용

문번	회	문번	회	문번	회	문번	회	문번	회	문번	회
01	① ② ③ ④	01	① ② ③ ④	01	① ② ③ ④	01	① ② ③ ④	01	① ② ③ ④	01	① ② ③ ④
02	① ② ③ ④	02	① ② ③ ④	02	① ② ③ ④	02	① ② ③ ④	02	① ② ③ ④	02	① ② ③ ④
03	① ② ③ ④	03	① ② ③ ④	03	① ② ③ ④	03	① ② ③ ④	03	① ② ③ ④	03	① ② ③ ④
04	① ② ③ ④	04	① ② ③ ④	04	① ② ③ ④	04	① ② ③ ④	04	① ② ③ ④	04	① ② ③ ④
05	① ② ③ ④	05	① ② ③ ④	05	① ② ③ ④	05	① ② ③ ④	05	① ② ③ ④	05	① ② ③ ④
06	① ② ③ ④	06	① ② ③ ④	06	① ② ③ ④	06	① ② ③ ④	06	① ② ③ ④	06	① ② ③ ④
07	① ② ③ ④	07	① ② ③ ④	07	① ② ③ ④	07	① ② ③ ④	07	① ② ③ ④	07	① ② ③ ④
08	① ② ③ ④	08	① ② ③ ④	08	① ② ③ ④	08	① ② ③ ④	08	① ② ③ ④	08	① ② ③ ④
09	① ② ③ ④	09	① ② ③ ④	09	① ② ③ ④	09	① ② ③ ④	09	① ② ③ ④	09	① ② ③ ④
10	① ② ③ ④	10	① ② ③ ④	10	① ② ③ ④	10	① ② ③ ④	10	① ② ③ ④	10	① ② ③ ④
11	① ② ③ ④	11	① ② ③ ④	11	① ② ③ ④	11	① ② ③ ④	11	① ② ③ ④	11	① ② ③ ④
12	① ② ③ ④	12	① ② ③ ④	12	① ② ③ ④	12	① ② ③ ④	12	① ② ③ ④	12	① ② ③ ④
13	① ② ③ ④	13	① ② ③ ④	13	① ② ③ ④	13	① ② ③ ④	13	① ② ③ ④	13	① ② ③ ④
14	① ② ③ ④	14	① ② ③ ④	14	① ② ③ ④	14	① ② ③ ④	14	① ② ③ ④	14	① ② ③ ④
15	① ② ③ ④	15	① ② ③ ④	15	① ② ③ ④	15	① ② ③ ④	15	① ② ③ ④	15	① ② ③ ④
16	① ② ③ ④	16	① ② ③ ④	16	① ② ③ ④	16	① ② ③ ④	16	① ② ③ ④	16	① ② ③ ④
17	① ② ③ ④	17	① ② ③ ④	17	① ② ③ ④	17	① ② ③ ④	17	① ② ③ ④	17	① ② ③ ④
18	① ② ③ ④	18	① ② ③ ④	18	① ② ③ ④	18	① ② ③ ④	18	① ② ③ ④	18	① ② ③ ④
19	① ② ③ ④	19	① ② ③ ④	19	① ② ③ ④	19	① ② ③ ④	19	① ② ③ ④	19	① ② ③ ④
20	① ② ③ ④	20	① ② ③ ④	20	① ② ③ ④	20	① ② ③ ④	20	① ② ③ ④	20	① ② ③ ④

해커스공무원 실전동형모의고사 국어 2 답안지

컴퓨터용 흑색사인펜만 사용

책 형

[필적감정용 기재]
*아래 예시문을 옮게 적으시오
본인은 OOO(응시자성명)임을 확인함
기 재 란

성명	
자필성명	본인 성명 기재
응시직렬	
응시지역	
시험장소	

응 시 번 호						
	⓪	⓪	⓪	⓪	⓪	⓪
	①	①	①	①	①	①
	②	②	②	②	②	②
	③	③	③	③	③	③
	④	④	④	④	④	④
	⑤	⑤	⑤	⑤	⑤	⑤
⑥	⑥	⑥	⑥	⑥	⑥	⑥
⑦	⑦	⑦	⑦	⑦	⑦	⑦
	⑧	⑧	⑧	⑧	⑧	⑧
	⑨	⑨	⑨	⑨	⑨	⑨

생 년 월 일					
⓪	⓪	⓪	⓪	⓪	⓪
	①	①	①	①	①
	②		②	②	②
	③		③	③	③
	④		④		④
	⑤		⑤		⑤
⑥	⑥		⑥		⑥
⑦	⑦		⑦		⑦
⑧	⑧		⑧		⑧
⑨	⑨		⑨		⑨

※ 시험감독관 서명
(서명을 정자로 기재할 것)
적색 볼펜만 사용

문번	회	문번	회	문번	회	문번	회	문번	회	문번	회
01	① ② ③ ④	01	① ② ③ ④	01	① ② ③ ④	01	① ② ③ ④	01	① ② ③ ④	01	① ② ③ ④
02	① ② ③ ④	02	① ② ③ ④	02	① ② ③ ④	02	① ② ③ ④	02	① ② ③ ④	02	① ② ③ ④
03	① ② ③ ④	03	① ② ③ ④	03	① ② ③ ④	03	① ② ③ ④	03	① ② ③ ④	03	① ② ③ ④
04	① ② ③ ④	04	① ② ③ ④	04	① ② ③ ④	04	① ② ③ ④	04	① ② ③ ④	04	① ② ③ ④
05	① ② ③ ④	05	① ② ③ ④	05	① ② ③ ④	05	① ② ③ ④	05	① ② ③ ④	05	① ② ③ ④
06	① ② ③ ④	06	① ② ③ ④	06	① ② ③ ④	06	① ② ③ ④	06	① ② ③ ④	06	① ② ③ ④
07	① ② ③ ④	07	① ② ③ ④	07	① ② ③ ④	07	① ② ③ ④	07	① ② ③ ④	07	① ② ③ ④
08	① ② ③ ④	08	① ② ③ ④	08	① ② ③ ④	08	① ② ③ ④	08	① ② ③ ④	08	① ② ③ ④
09	① ② ③ ④	09	① ② ③ ④	09	① ② ③ ④	09	① ② ③ ④	09	① ② ③ ④	09	① ② ③ ④
10	① ② ③ ④	10	① ② ③ ④	10	① ② ③ ④	10	① ② ③ ④	10	① ② ③ ④	10	① ② ③ ④
11	① ② ③ ④	11	① ② ③ ④	11	① ② ③ ④	11	① ② ③ ④	11	① ② ③ ④	11	① ② ③ ④
12	① ② ③ ④	12	① ② ③ ④	12	① ② ③ ④	12	① ② ③ ④	12	① ② ③ ④	12	① ② ③ ④
13	① ② ③ ④	13	① ② ③ ④	13	① ② ③ ④	13	① ② ③ ④	13	① ② ③ ④	13	① ② ③ ④
14	① ② ③ ④	14	① ② ③ ④	14	① ② ③ ④	14	① ② ③ ④	14	① ② ③ ④	14	① ② ③ ④
15	① ② ③ ④	15	① ② ③ ④	15	① ② ③ ④	15	① ② ③ ④	15	① ② ③ ④	15	① ② ③ ④
16	① ② ③ ④	16	① ② ③ ④	16	① ② ③ ④	16	① ② ③ ④	16	① ② ③ ④	16	① ② ③ ④
17	① ② ③ ④	17	① ② ③ ④	17	① ② ③ ④	17	① ② ③ ④	17	① ② ③ ④	17	① ② ③ ④
18	① ② ③ ④	18	① ② ③ ④	18	① ② ③ ④	18	① ② ③ ④	18	① ② ③ ④	18	① ② ③ ④
19	① ② ③ ④	19	① ② ③ ④	19	① ② ③ ④	19	① ② ③ ④	19	① ② ③ ④	19	① ② ③ ④
20	① ② ③ ④	20	① ② ③ ④	20	① ② ③ ④	20	① ② ③ ④	20	① ② ③ ④	20	① ② ③ ④

해커스공무원 실전동형모의고사 국어 2 답안지

컴퓨터용 흑색사인펜만 사용

책 형

[필적감정용 기재]

*아래 예시문을 옮게 적으시오

본인은 OOO(응시자성명)임을 확인함

기 재 란

성명	
자필성명	본인 성명 기재
응시직렬	
응시지역	
시험장소	

응시번호						
⑥ ⑦	⓪ ① ② ③ ④ ⑤ ⑥ ⑦ ⑧ ⑨	⓪ ① ② ③ ④ ⑤ ⑥ ⑦ ⑧ ⑨	⓪ ① ② ③ ④ ⑤ ⑥ ⑦ ⑧ ⑨	⓪ ① ② ③ ④ ⑤ ⑥ ⑦ ⑧ ⑨	⓪ ① ② ③ ④ ⑤ ⑥ ⑦ ⑧ ⑨	⓪ ① ② ③ ④ ⑤ ⑥ ⑦ ⑧ ⑨

생 년 월 일					
⓪ ⑥ ⑦ ⑧ ⑨	⓪ ① ② ③ ④ ⑤ ⑥ ⑦ ⑧ ⑨	⓪ ①	⓪ ① ② ③ ④ ⑤ ⑥ ⑦ ⑧ ⑨	⓪ ① ② ③	⓪ ① ② ③ ④ ⑤ ⑥ ⑦ ⑧ ⑨

※ 시험감독관 서명
(서명을 정자로 기재할 것)

적색 볼펜만 사용

문번	회	문번	회	문번	회	문번	회	문번	회	문번	회
01	① ② ③ ④	01	① ② ③ ④	01	① ② ③ ④	01	① ② ③ ④	01	① ② ③ ④	01	① ② ③ ④
02	① ② ③ ④	02	① ② ③ ④	02	① ② ③ ④	02	① ② ③ ④	02	① ② ③ ④	02	① ② ③ ④
03	① ② ③ ④	03	① ② ③ ④	03	① ② ③ ④	03	① ② ③ ④	03	① ② ③ ④	03	① ② ③ ④
04	① ② ③ ④	04	① ② ③ ④	04	① ② ③ ④	04	① ② ③ ④	04	① ② ③ ④	04	① ② ③ ④
05	① ② ③ ④	05	① ② ③ ④	05	① ② ③ ④	05	① ② ③ ④	05	① ② ③ ④	05	① ② ③ ④
06	① ② ③ ④	06	① ② ③ ④	06	① ② ③ ④	06	① ② ③ ④	06	① ② ③ ④	06	① ② ③ ④
07	① ② ③ ④	07	① ② ③ ④	07	① ② ③ ④	07	① ② ③ ④	07	① ② ③ ④	07	① ② ③ ④
08	① ② ③ ④	08	① ② ③ ④	08	① ② ③ ④	08	① ② ③ ④	08	① ② ③ ④	08	① ② ③ ④
09	① ② ③ ④	09	① ② ③ ④	09	① ② ③ ④	09	① ② ③ ④	09	① ② ③ ④	09	① ② ③ ④
10	① ② ③ ④	10	① ② ③ ④	10	① ② ③ ④	10	① ② ③ ④	10	① ② ③ ④	10	① ② ③ ④
11	① ② ③ ④	11	① ② ③ ④	11	① ② ③ ④	11	① ② ③ ④	11	① ② ③ ④	11	① ② ③ ④
12	① ② ③ ④	12	① ② ③ ④	12	① ② ③ ④	12	① ② ③ ④	12	① ② ③ ④	12	① ② ③ ④
13	① ② ③ ④	13	① ② ③ ④	13	① ② ③ ④	13	① ② ③ ④	13	① ② ③ ④	13	① ② ③ ④
14	① ② ③ ④	14	① ② ③ ④	14	① ② ③ ④	14	① ② ③ ④	14	① ② ③ ④	14	① ② ③ ④
15	① ② ③ ④	15	① ② ③ ④	15	① ② ③ ④	15	① ② ③ ④	15	① ② ③ ④	15	① ② ③ ④
16	① ② ③ ④	16	① ② ③ ④	16	① ② ③ ④	16	① ② ③ ④	16	① ② ③ ④	16	① ② ③ ④
17	① ② ③ ④	17	① ② ③ ④	17	① ② ③ ④	17	① ② ③ ④	17	① ② ③ ④	17	① ② ③ ④
18	① ② ③ ④	18	① ② ③ ④	18	① ② ③ ④	18	① ② ③ ④	18	① ② ③ ④	18	① ② ③ ④
19	① ② ③ ④	19	① ② ③ ④	19	① ② ③ ④	19	① ② ③ ④	19	① ② ③ ④	19	① ② ③ ④
20	① ② ③ ④	20	① ② ③ ④	20	① ② ③ ④	20	① ② ③ ④	20	① ② ③ ④	20	① ② ③ ④

2024 최신개정판

해커스공무원 실전동형 모의고사 국어 2

개정 8판 1쇄 발행 2024년 4월 4일

지은이	해커스 공무원시험연구소
펴낸곳	해커스패스
펴낸이	해커스공무원 출판팀
주소	서울특별시 강남구 강남대로 428 해커스공무원
고객센터	1588-4055
교재 관련 문의	gosi@hackerspass.com 해커스공무원 사이트(gosi.Hackers.com) 교재 Q&A 게시판 카카오톡 플러스 친구 [해커스공무원 노량진캠퍼스]
학원 강의 및 동영상강의	gosi.Hackers.com
ISBN	979-11-6999-762-1 (13710)
Serial Number	08-01-01

이 책의 내용 중 일부는 국립국어원이 제공하는 '표준국어대사전', '한국어 어문 규범'을 참고하였습니다.

2024 최신개정판

해커스공무원

실전동형 모의고사

국어 2

약점 보완 해설집

해커스공무원

해커스공무원

실전동형 모의고사

국어 2

약점 보완 해설집

해커스공무원

01회 실전동형모의고사

정답 p.14

01	① 어법	08	① 어휘	15	② 어휘
02	③ 비문학	09	④ 비문학	16	③ 비문학
03	③ 비문학	10	① 어휘	17	② 비문학
04	② 비문학	11	③ 혼합(어법+비문학)	18	③ 비문학
05	③ 비문학	12	③ 비문학	19	① 비문학
06	④ 비문학	13	② 문학	20	② 문학
07	③ 어법	14	② 문학		

취약영역 분석표

영역	틀린 답의 개수
어법	/ 2
비문학	/ 11
문학	/ 3
어휘	/ 3
혼합	/ 1
TOTAL	20

* 취약영역 분석표를 이용해 1개라도 틀린 문제가 있는 영역은 그 영역의 문제만 골라 해설을 다시 한번 꼼꼼히 학습하세요.

01 어법 단어 (조사의 구분) 난이도 중 ●●○

정답 설명

① 동물에게(○): 유정 명사 뒤에 붙어 어떤 행동이 미치는 대상을 나타내는 격 조사 '에게'가 바르게 쓰였다.

오답 분석

②④ 수사 당국에게(×) → 수사 당국에(○), 경쟁자에(×) → 경쟁자에게(○): '에'와 '에게'는 어떤 행동이 미치는 대상을 나타내는 부사격 조사로, 선행하는 체언이 무정 명사일 경우 '에'가 쓰이며 유정 명사일 경우 '에게'가 쓰인다. 따라서 ②의 '수사 당국'은 무정 명사이므로 격 조사 '에'를, ④의 '경쟁자'는 유정 명사이므로 격조사 '에게'를 사용하는 것이 적절하다.

③ 신청자에게(×) → 신청자에(○): '한하다'가 '어떤 조건, 범위에 제한되거나 국한되다'를 뜻할 때에는 '-에 한하다'의 형태로 쓰이므로 격 조사 '에'를 사용하는 것이 적절하다.

02 비문학 화법 (공손성의 원리) 난이도 하 ●○○

정답 설명

③ 제시된 대화는 학생이 공지사항을 듣지 못해 선생님께 재설명을 요구하는 상황임을 보여 준다. 밑줄 친 부분에서 '학생'은 공지사항을 듣지 못한 책임을 자신에게 돌림으로써 상대(선생님)에게 부담을 주는 표현을 최소화하고 있다. 따라서 공손성의 원리 중 '관용의 격률'에 해당하는 ③이 답이다.

오답 분석

① 겸양의 격률에 대한 설명이다.

② 동의의 격률에 대한 설명이다.

④ 요령의 격률에 대한 설명이다.

이것도 알면 합격!

공손성의 원리

요령의 격률	상대방에게 부담이 되는 표현은 최소화하고, 상대방의 이익을 최대화함
관용의 격률	화자 자신에게 주는 혜택은 최소화하고, 자신에게 부담을 주는 표현은 최대화함
찬동의 격률	다른 사람에 대한 비방은 최소화하고, 칭찬은 최대화함
겸양의 격률	자신에 대한 칭찬은 최소화하고, 비방은 최대화함
동의의 격률	자신의 의견과 다른 사람의 의견 사이의 다른 점을 최소화하고, 일치점을 최대화함

03 비문학 작문 (자료를 활용한 글쓰기) 난이도 하 ●○○

정답 설명

③ 약물 복용으로 인한 다이어트 성공 후기 수가 많다는 내용의 통계 자료는 '다이어트 약물 중독의 현황과 문제 해결'이라는 주제를 뒷받침할 수 없는 자료이다. 따라서 답은 ③이다.

오답 분석

① 식욕억제제에 중독되어 사망한 사례는 다이어트 약물 부작용의 현황을 보여주므로 글의 내용으로 제시하기에 적절하다.

② 다이어트 약물 중독이 야기하는 부정적 현상을 언급함으로써 '다이어트 약물 중독' 문제의 심각성을 환기하는 것은 적절하다.

④ '심리 상담 프로그램의 개설 및 운영'은 다이어트 약물 중독 문제를 해결하는 방안 중의 하나가 될 수 있으므로 이와 관련된 전문가의 의견을 제시하며 적극적인 문제 해결을 요구하는 것은 적절하다.

이것도 알면 **합격!**

내용 생성을 위한 자료의 요건
1. 주제를 뒷받침할 수 있는 내용이어야 함
2. 사실과 의견이 분명하게 구분되어야 함
3. 객관적이고 구체적이며 근거가 확실해야 함
4. 독자의 관심을 끌 수 있도록 독창적이며 새로워야 함
5. 풍부하고 다양해야 함

04 비문학 글의 구조 파악 (문장 배열) 난이도 중 ●●○

정답 설명

② 논리적으로 'ㄱ - ㄷ - ㄴ - ㅁ - ㄹ'의 순서가 가장 자연스럽다.

순서	중심 내용	순서 판단의 단서와 근거
ㄱ	일본 에도카와 시의 한 슈퍼마켓에서는 물을 무료로 줌	접속어나 지시 표현으로 시작하지 않으며 핵심 화제인 '물을 공짜로 주는 일본의 어느 도시'를 제시함
ㄷ	공짜 마케팅 전략의 일환으로 슈퍼에 방문하는 고객에게 물을 공짜로 줌	ㄱ에서 제시된 중심 화제에 대해 부연 설명함
ㄴ	• 물을 공짜로 나눠주는 슈퍼마켓에 사람들이 몰려듦 • 물을 공짜로 나눠줘도 될지, 팔지는 않는지를 자문함	지시 표현 '이를': ㄷ에서 언급한 '마이너스 이온수를 공짜로 주었던 것'을 가리키며 물을 공짜로 줘도 될지에 의문을 제기함
ㅁ	• 물을 팔기도 하는 슈퍼마켓 • 공짜로 나눠 주는 물이 인기가 더 많음에도 물을 제공하는 이유에 대해 의문을 제기함	ㄴ의 물음에 대한 답을 제시함
ㄹ	공짜 마케팅을 통해 사람들을 끌어 모았음	지시 표현 '그것': ㅁ에서 언급한 '이유'를 가리키며 공짜 마케팅을 통해 사람을 모은 전략이었음을 설명함

05 비문학 적용하기 난이도 하 ●○○

정답 설명

③ 서로의 생활 습관이 다를 수 있다는 전제하에, 상대방의 어려움을 인정하고 자신의 의견을 일방적으로 강요하지 않는 배려가 담긴 표현을 하고 있으므로 글쓴이의 견해에 부합하는 표현은 ③이다.

오답 분석

①②④ 모두 나와 다른 상대방의 생각이나 생활 습관, 판단 등을 인정하지 않고 자신의 생각만이 옳다는 전제하에 이야기하는 자기중심적인 표현이다.

06 비문학 주제 및 중심 내용 파악 난이도 하 ●○○

정답 설명

④ 제시문은 철학이 없는 과학, 지혜가 없는 지식은 절망으로부터 인간을 구할 수 없다고 주장하며, 과학은 인간에게 지식을 주지만 철학은 삶을 살아가는 데 필요한 지혜를 제공함을 말하고 있다. 따라서 글의 주장으로 가장 적절한 것은 ④이다.

오답 분석

① 1문단 끝에서 2~4번째 줄을 통해 과학은 사물의 상태를 밝히는 데 만족하며 사물의 성질과 과정에 관심을 둔다고 하였음을 알 수 있다. 그러나 1문단 3~4번째 줄에서 과학은 가치를 탐구하지 않는다고 하였으므로 제시문의 주장으로 보기 어렵다.

[관련 부분]
- 과학은 사물의 현상과 작용을 밝히는 데 만족하고, 현존하는 사물의 성질과 과정에만 시야를 국한한다.
- 과학은 사물의 가치나 이상적 가능성을 탐구하지 않으며

② 1문단 끝에서 1~2번째 줄을 통해 알 수 있으나, 제시문을 포괄하는 주장으로는 적절하지 않다.

[관련 부분] 과학자는 천재의 창조적 진통뿐만 아니라 벼룩의 다리에도 흥미를 느낀다.

③ 2문단 1~3번째 줄을 통해 철학자는 사실의 기술만으로 만족하지 못하며 사실과 경험의 관계를 확정하여 의미와 가치를 발견한다고 하였으므로 적절하지 않다.

[관련 부분] 철학자는 사실의 기술만으로는 만족하지 못한다. 철학자는 사실과 경험의 관계를 확정함으로써 그 의미와 가치를 찾아내려고 한다.

07 어법 단어 (용언의 활용) 난이도 중 ●●○

정답 설명

③ 어질러서(×) → 어질어서(○): '어질다'의 어간 '어질-'에 어미 '-어서'가 결합한 것이다. 이때 '어질다'는 규칙 활용을 하는 형용사이므로 '어질어서'로 활용한다.

오답 분석

①②④ '거슬러서', '머물러서', '추슬러서'는 모두 어간의 끝음절 '르'가 모음 어미 앞에서 'ㄹㄹ'로 바뀌는 '르' 불규칙 활용을 하고 있다.

① 거슬러서(○): 거스르-(용언의 어간) + -어서(어미)

② 머물러서(○): 머무르-(용언의 어간) + -어서(어미)

④ 추슬러서(○): 추스르-(용언의 어간) + -어서(어미)

08 어휘 한자 성어 난이도 중 ●●○

정답 설명

① 제시문은 회사원 A가 회사 기밀을 유출하는 조건으로 타 회사로의 이직 제안을 받았음에도 의리를 지키고 있는 상황을 서술하고 있다. 이러한 회사원 A의 상황을 가장 적절하게 표현한 한자 성어는 ① '見利思義(견리사의)'이다.

• 見利思義(견리사의): 눈앞의 이익을 보면 의리를 먼저 생각함

오답 분석

② 艱難辛苦(간난신고): 몹시 힘들고 어려우며 고생스러움

③ 事必歸正(사필귀정): 모든 일은 반드시 바른길로 돌아감

④ 犬猿之間(견원지간): '개와 원숭이의 사이'라는 뜻으로, 사이가 매우 나쁜 두 관계를 비유적으로 이르는 말

09 비문학 주제 및 중심 내용 파악 난이도 중 ●●○

정답 설명

④ 제시문은 1문단에서 라메트리로 대표되는 실증주의적 인간관을 설명하고 2문단에서는 이러한 인간관이 지닌 심각한 결점으로 인간 존재의 다양성을 간과하고 있음을 주장하고 있다. 따라서 제시문에서 결론적으로 주장하는 바로 적절한 것은 ④이다.

[관련 부분] 하지만 이런 인간관은 심각한 결함을 지니고 있다. 물론 자연과학의 방법으로 인간의 면면을 파악할 수 있는 지점이 있겠지만, 그런 성과를 너무 확대하다보니 인간 존재가 지니는 다양성은 짓밟히거나 간과되고 있는 점이다.

오답 분석

① 제시문을 통해 알 수 없는 내용이다.

② 1문단 끝에서 2~4번째 줄을 통해 감각이 뇌에 물질적 작용을 미치게 함으로써 의식의 다양한 현상이 나타난다고 하였음을 알 수 있으나 이는 라메트리의 인간관으로 제시된 내용일 뿐 제시문의 결론에 해당하지 않는다.

[관련 부분] 모든 정신 작용의 근원인 감각은 물질적인 기능이며, 이것이 뇌에 물질적 작용을 미치게 함으로써 의식의 여러 현상이 발생한다.

③ 인간을 초월론적인 존재라고 설명한 부분은 제시문에서 찾아볼 수 없다.

10 어휘 한자어 (한자어의 표기) 난이도 중 ●●○

정답 설명

① 한자 표기가 옳은 것은 ㉠ '技術(기술)'이다.

• 技術(재주 기, 재주 술)(○): 과학 이론을 실제로 적용하여 사물을 인간 생활에 유용하도록 가공하는 수단

오답 분석

② ㉡ 異解(다를 이, 풀 해)(×) → 理解(다스릴 이, 풀 해)(○): '깨달아 앎. 또는 잘 알아서 받아들임'을 뜻하는 '이해'의 '이'는 '理(다스릴 이)'를 써야 한다.

③ ㉢ 柱役(기둥/버틸 주, 부릴 역)(×) → 主役(임금 주, 부릴 역)(○): '주된 역할. 또는 주된 역할을 하는 사람'을 뜻하는 '주역'의 '주'는 '主(주인 주)'를 써야 한다.

④ ㉣ 官係(벼슬 관, 맬 계)(×) → 關係(관계할 관, 맬 계)(○): '둘 이상의 사람, 사물, 현상 등이 서로 관련을 맺거나 관련이 있음. 또는 그런 관련'을 뜻하는 '관계'의 '관'은 '關(관계할 관)'을 써야 한다.

11 어법+비문학 올바른 문장 표현, 작문 난이도 중 ●●○

정답 설명

③ ㉢의 앞뒤 문장은 거북목증후군이 나타나는 원인에 대해 설명하고 있어 글의 맥락상 ㉢은 관련 없는 문장이므로 삭제하는 것이 적절하다. 따라서 답은 ③이다.

오답 분석

① ㉠ '보여지고'는 '보다'의 피동사 '보이다'에 피동 표현 '-어지다'가 붙은 이중 피동 표현이므로 '보이고'로 수정하는 것이 적절하다.

② ㉡이 포함된 문장은 거북목증후군이 나타나게 된 요인에 대해 설명하고 있다. 따라서 '어떤 사물이나 상태를 변화시키거나 일으키게 하는 근본이 된 일이나 사건'을 뜻하는 '원인'을 쓰는 것이 적절하다.

• 이유: 1. 어떤 결론이나 결과에 이른 까닭이나 근거 2. 구실이나 변명

④ ㉣의 앞 문장은 거북목증후군을 예방하는 방법으로 어깨를 펴고 항상 정면을 보려는 노력을 해야 함을 나타내고 있으며, 이어서 목 스트레칭 관련된 다른 방법을 제시하고 있다. 따라서 ㉣을 '또한'으로 수정하는 것이 적절하다.

• 한편: 어떤 일에 대하여, 앞에서 말한 측면과 다른 측면을 말할 때 쓰는 말

12 비문학 세부 내용 파악 난이도 하 ●○○

정답 설명

③ 2문단을 통해 프레리도그는 한 마리가 먼저 짖기 시작하면 다른 개체가 차례로 일어서 소리를 지름을 알 수 있다. 따라서 프레리도그가 동시에 일어나 소리를 지른다는 ③은 적절하지 않다.

오답 분석

① 1문단을 통해 동물들의 공동체 생활은 감염성 질환에 노출되거나 서열에 따른 사회적 불이익을 겪을 수 있다는 단점을 수반함에도 먹이를 찾거나 적으로부터 자신을 보호하는 데 장점이 있음을 알 수 있다.

② 1문단을 통해 확인할 수 있다.

④ 3문단을 통해 확인할 수 있다.

13 문학 내용 추리 난이도 중 ●●○

정답 설명

② 1번째 줄에서 방의 생김새를 테두리는 둥글고 그 안에는 구멍이 모나게 뚫려 있다고 묘사하고 있으므로 '돈'을 의인화하고 있음을 알 수 있다.
[관련 부분] 방의 위인이 밖은 둥글고 안은 모나며

이것도 알면 합격!

임춘, '공방전'의 주제 및 특징
1. 주제: 돈에 대한 탐욕 비판
2. 특징
(1) 사물을 의인화하여 전기 형식으로 서술함
(2) 돈에 대한 작가의 부정적·비판적 가치관이 드러남

14 문학 작품의 종합적 감상 (시) 난이도 중 ●●○

정답 설명

② '차라리, 아예, 마침내, 차마'와 같은 부사어는 암울한 현실 속에서도 저항 정신을 지키려는 화자의 단호한 의지를 강조하기 위해 사용한 것이므로 적절하지 않은 설명은 ②이다.

오답 분석

① 화자는 '세월에 불타고 우뚝 남아 서서' 있는 교목에 빗대어 암담한 시대 현실에 맞서고자 하는 굳은 의지를 드러내고 있다.

③ 바람에 흔들리지 않는 '교목'과 시련 속에서도 의지를 굽히지 않을 것을 다짐하는 화자의 내면 세계가 동일시되고 있으며, 교목은 화자의 굳은 의지를 형상화한 객관적 상관물이다.

④ '말아라, 아니라, 못해라'와 같은 부정 종결 어미를 사용하여 화자의 굳건한 저항 의지를 드러내고 있으며, '-라'의 반복을 통해 리듬감을 형성하고 있다.

이것도 알면 합격!

이육사, '교목'의 특징과 시어의 의미
1. 특징
(1) 강인하고 저항적인 어조가 나타남
(2) 부정 종결 어미를 사용하여 화자의 의지를 드러냄
2. 시어의 의미

시어	의미
세월	고통, 시련
낡은 거미집	화자가 처한 어려운 현실
검은 그림자	암담한 시대적 상황
호수	죽음의 이미지
바람	외부의 힘(일제의 탄압)

15 어휘 혼동하기 쉬운 어휘 난이도 중 ●●○

정답 설명

② 홀몸(×) → 홑몸(○): '임신하고 있다'라는 뜻으로는 '홑몸이 아니다'를 써야 하므로 ② '홀몸'은 쓰임이 옳지 않다.
• 홑몸: 1. 딸린 사람이 없는 혼자의 몸 2. 아이를 배지 않은 몸
• 홀몸: 배우자나 형제가 없는 사람

오답 분석

① 뒤져(○): '무엇을 찾으려고 샅샅이 들추거나 헤치다'를 뜻할 때는 '뒤지다'가 옳다.

③ 고샅(○): '시골 마을의 좁은 골목길. 또는 골목 사이'를 뜻할 때는 '고샅'이 옳다.

④ 결딴나(○): '살림이 망하여 거덜 나다'를 뜻할 때는 '결딴나다'가 옳다.

이것도 알면 합격!

혼동하기 쉬운 어휘의 구분
1. '고샅'과 '고삿'의 구분

고샅	1. 시골 마을의 좁은 골목길. 또는 골목 사이 2. 좁은 골짜기의 사이 예 깊은 고샅을 바라보았다. 3. '사타구니'를 비유적으로 이르는 말
고삿	초가지붕을 일 때 쓰는 새끼

2. '결딴'과 '결단'의 구분

결딴	1. 어떤 일이나 물건 등이 아주 망가져서 도무지 손을 쓸 수 없게 된 상태 2. 살림이 망하여 거덜 난 상태
결단	결정적인 판단을 하거나 단정을 내림. 또는 그런 판단이나 단정 예 과감하게 결단을 내렸다.

16 비문학 논지 전개 방식 난이도 하 ●○○

정답 설명

③ 1~3번째 줄과 끝에서 1~3번째 줄에서 미주신경성 실신이 일어나는 과정을 설명하고 있으나, 그 과정을 구체적으로 묘사하고 있지는 않으므로 적절하지 않은 것은 ③이다.

오답 분석

① 1~3번째 줄에서 미주신경성 실신을 정의하고 있다.
[관련 부분] 미주신경성 실신은 ~ 저혈압과 뇌 혈류 감소로 인해 일시적으로 의식을 잃는 현상을 의미한다.

② 3~5번째 줄에서 미주신경성 실신의 원인을 밝히고 있다.
[관련 부분] 미주신경성 실신은 ~ 극심한 육체적 스트레스나 감정적 긴장이 근본적인 원인으로 꼽힌다.

④ 끝에서 3~6번째 줄에서 미주신경성 실신을 유발하는 직접적인 사례를 나열하고 있다.
[관련 부분] 직접적인 사례로는 피를 보는 것, ~ 정맥 주사를 맞는 것 등이 가장 흔하며

17 비문학 내용 추론 난이도 하 ●○○

정답 설명

② 5문단 1~2번째 줄을 통해 뇌의 노화가 시작되면 오래된 것은 기억하나 새로운 기억은 유지되기 어렵다고 하였다. 따라서 뇌의 노화를 알려주는 신호는 새로운 기억을 유지하지 못하는 증상이므로 ②의 추론은 적절하지 않다.
[관련 부분] 뇌의 노화가 진행되면 오래된 것은 기억하나 새로운 기억은 유지되지 않는다. 그래서 금방 한 일도 모르게 된다.

오답 분석

① 4문단 끝에서 1번째 줄에서 뇌신경세포의 감소로 건망증이 먼저 생긴다고 하였으므로 ①의 추론은 적절하다.
[관련 부분] 뇌신경세포가 감소하면 먼저 건망증이 생긴다.

③ 4문단 2~3번째 줄을 통해 마음의 질병은 뇌의 작용의 불완전성에서 기인한다고 하였으므로 ③의 추론은 적절하다.
[관련 부분] 마음의 질병은 모든 뇌의 작용이 완전하지 않기 때문에 생긴다.

④ 3문단 1~3번째 줄에 따르면 자극과 빛에 반응하지 못하거나 자발 호흡이 정지된 경우 뇌사 판정 기준에 해당하므로 ④의 추론은 적절하다.
[관련 부분] 뇌사 판정 기준은 깊은 혼수상태로 강한 통증이나 자극에도 반응이 없고, 동공이 열려 있어서 빛에 반응하지 못하며, 자발 호흡 정지

18 비문학 내용 추론 난이도 중 ●●○

정답 설명

③ 5문단에 따르면 우울한 사람들은 증거가 없거나 반대되는 증거가 있음에도 부정적으로 해석하는 임의적 추론 경향을 띤다고 하였다. 하지만 이를 바탕으로 '우울감이 있는 사람들은 증거를 통해 미래에 대한 부정적 판단을 내리는 경향이 있다'라고 추론하기는 어려우므로 답은 ③이다.

오답 분석

① 3문단 끝에서 2~4번째 줄을 통해 우울감이 있는 사람들은 시련을 성장의 기회로 여기기보다는 자기 자신을 괴롭히는 수단으로 인식함을 알 수 있으므로 적절한 추론이다.
[관련 부분] 시련을 통해 성장할 수 있다고 생각하기보다는 자기가 처한 여건들은 자기를 괴롭히기 위해 존재하는 것처럼 생각한다.

② 1문단을 통해 우울감이 있는 사람들은 자기 자신, 타인, 세상, 미래에 대해 부정적으로 왜곡하여 생각하는 경향이 있음을 알 수 있으므로 적절한 추론이다.
[관련 부분] 우울증에 쉽게 빠지는 사람들은 자신과 타인(세상), 그리고 미래를 부정적으로 왜곡시켜 해석하는 경향이 있다.

④ 2문단을 통해 우울감이 있는 사람들은 자기 자신의 가치를 낮게 평가하며 스스로를 부적절하다고 여기는 경향이 있음을 알 수 있으므로 적절한 추론이다.
[관련 부분] 자기 자신을 결점이 많고, 부적절하며, 무가치하게 평가한다. 불쾌한 경험을 하면 그것은 자신의 문제 때문이라고 생각하며 자신을 평가절하하고 스스로를 비난한다.

19 비문학 관점과 태도 파악 난이도 중 ●●○

정답 설명

① 필자는 예술의 미적 기능과 사회적 기능이 항상 결부되어 있다고 본다. 따라서 이와 부합하는 견해로 가장 적절한 것은 문학은 독자에게 감동(미적 기능)과 교훈(사회적 기능)을 모두 줄 수 있어야 한다는 ①이다.

오답 분석

② 문학의 사회적 기능만을 제시한 견해이다.

③④ 문학의 미적 기능만을 제시한 견해이다.

20 문학 글의 내용 파악 난이도 중 ●●○

정답 설명

② 행위의 주체가 같은 것은 ㉡, ㉢이다.
- ㉡: ㉡이 포함된 문장을 통해 신단수 아래로 내려온 행위의 주체는 '환웅'임을 알 수 있다.
- ㉢: ㉢이 포함된 문장과 앞 문장을 통해 모든 인간의 삼백예순여 가지의 일을 주관하는 행위의 주체는 '환웅 천왕'임을 알 수 있다.

오답 분석

㉠: ㉠이 포함된 문장과 앞 문장을 통해 천부인 세 개를 준 행위의 주체는 '아버지(환인)'임을 알 수 있다.

㉣: ㉣이 포함된 문장과 앞 문단의 내용을 통해 햇빛을 보지 않은 행위의 주체는 '너희들(곰과 범)'임을 알 수 있다.

㉤: ㉤이 포함된 문장에서 웅녀가 아이를 갖게 해 달라고 빌고 있으므로 아이 배기를 축원한 행위의 주체는 '웅녀'임을 알 수 있다.

㉥: ㉥이 포함된 문장은 단군이 고조선을 다스리다가 산신이 되었음을 말하고 있으므로, 산신이 된 주체는 '단군'임을 알 수 있다.

02회 실전동형모의고사

정답 p.22

01	③ 비문학	08	④ 어휘	15	② 비문학
02	① 비문학	09	② 어법	16	③ 비문학
03	① 어법	10	① 비문학	17	② 비문학
04	③ 문학	11	④ 비문학	18	② 비문학
05	① 비문학	12	② 문학	19	③ 어휘
06	① 어법	13	③ 어휘	20	④ 비문학
07	① 문학	14	④ 문학		

취약영역 분석표

영역	틀린 답의 개수
어법	/ 3
비문학	/ 10
문학	/ 4
어휘	/ 3
혼합	– / 0
TOTAL	20

* 취약영역 분석표를 이용해 1개라도 틀린 문제가 있는 영역은 그 영역의 문제만 골라 해설을 다시 한번 꼼꼼히 학습하세요.

01 비문학 작문 (고쳐쓰기) 난이도 중 ●●○

정답 설명

③ 제시문의 중심 내용은 디지털 기기로 인해 뉴스 생태계가 공급자 중심에서 소비자 중심으로 변화하고 있다는 설명이다. 하지만 ⓒ은 인터넷 상의 불확실한 정보 확산에 대해 이야기하고 있으므로 글의 통일성에 위배된다. 따라서 ⓒ은 삭제하는 것이 바람직하다.

02 비문학 글의 전략 파악 난이도 하 ●○○

정답 설명

① 암소와 황소라는 서로 다른 두 대상의 특성을 대조의 방식을 통해 설명하고 있으므로 답은 ①이다.

오답 분석

②③④ 제시문에서 확인할 수 없는 내용이다.

03 어법 한글 맞춤법 (사이시옷 표기) 난이도 중 ●●○

정답 설명

① 농사일(○): '농사일'은 '농사(農事) + 일'이 결합한 한자어와 순우리말 합성어이다. 앞말이 모음 'ㅏ'로 끝나고 뒷말의 첫소리가 모음 'ㅣ'로 시작하지만 발음상 [농사일]로 발음되어 'ㄴㄴ' 소리가 덧나지 않으므로 사이시옷을 받쳐 적는 조건에 해당되지 않는다. 따라서 어법에 맞는 것은 ①이다.

오답 분석

② 예사일(×) → 예삿일(○): '예삿일'은 '예사(例事) + 일'이 결합한 한자어와 순우리말 합성어이다. 앞말이 모음 'ㅏ'로 끝나고 뒷말의 첫소리 모음 'ㅣ' 앞에서 'ㄴㄴ' 소리가 덧나므로 사이시옷을 받쳐 적어야 한다.

③ 대포집(×) → 대폿집(○): '대폿집'은 '대포 + 집'이 결합한 순우리말 합성어이다. 앞말이 모음 'ㅗ'로 끝나고 뒷말의 첫소리 'ㅈ'이 된소리 [ㅉ]으로 발음되므로 사이시옷을 받쳐 적어야 한다.

④ 머릿말(×) → 머리말(○): '머리말'은 '머리 + 말'이 결합한 순우리말 합성어지만, 표기대로 [머리말]로 발음하므로 사이시옷을 받쳐 적지 않는다. 참고로, 사이시옷 현상은 수의적인 현상이므로 표준국어대사전의 표준 발음을 참고하여 학습해야 한다.

이것도 알면 합격!

사이시옷 표기

1. 사이시옷이 쓰이는 조건
   (1) 순우리말로 된 합성어로서 앞말이 모음으로 끝난 경우
      ① 뒷말의 첫소리가 된소리로 나는 것
         예 고랫재[고래째/고랟째], 귓밥[귀빱/귇빱], 나룻배[나루빼/나룯빼]
      ② 뒷말의 첫소리 'ㄴ, ㅁ' 앞에서 [ㄴ] 소리가 덧나는 것
         예 멧나물[멘나물], 아랫니[아랜니], 텃마당[턴마당]
      ③ 뒷말의 첫소리 모음 앞에서 [ㄴㄴ] 소리가 덧나는 것
         예 도리깻열[도리깬녈], 뒷윷[뒨:뉻], 두렛일[두렌닐]
   (2) 순우리말과 한자어로 된 합성어로서 앞말이 모음으로 끝난 경우
      ① 뒷말의 첫소리가 된소리로 나는 것
         예 귓병(-病)[귀뼝/귇뼝], 머릿방(-房)[머리빵/머릳빵]
      ② 뒷말의 첫소리 'ㄴ, ㅁ' 앞에서 [ㄴ] 소리가 덧나는 것
         예 곗날(契-)[곈:날/겐:날], 제삿날(祭祀-)[제:산날]
      ③ 뒷말의 첫소리 모음 앞에서 [ㄴㄴ] 소리가 덧나는 것
         예 사삿일(私私-)[사산닐], 가욋일(加外-)[가왼닐/가웬닐]
2. 사이시옷이 쓰이지 않는 조건
   (1) 사잇소리 현상이 일어나지 않는 경우
      예 머리말[머리말], 예사말[예:사말]
   (2) 뒷말이 된소리나 거센소리로 시작하는 경우
      예 뒤뜰, 뒤꿈치, 위쪽, 뒤편, 뒤통수, 뒤처리, 위층
   (3) 외래어가 결합된 합성어의 경우
      예 핑크빛, 피자집

(4) 한자로만 이루어진 단어의 경우. 단 아래의 6개 단어는 예외로서 사이시옷을 받쳐 적는다.

곳간(庫間), 툇간(退間), 찻간(車間), 숫자(數字), 횟수(回數), 셋방(貰房)

04 문학 문학 감상의 관점 난이도 하 ●○○

정답 설명

③ (나)의 3연에서는 고향과 같은 안식처를 잃어버린 화자의 모습이 드러난다. 이는 국권 상실 이후 꿈에 그리던 고향에 돌아와도 안정감을 느끼지 못하는 작가의 경험이 반영된 것으로 볼 수 있다. 따라서 '과거와는 다른 모습의 고향을 보고 느낀 작가의 상실감이 느껴지는군'이라는 감상은 작품과 작가의 관계에 초점을 두고 해석한 것이므로 답은 ③이다.

오답 분석

①②④ 작가의 체험, 사상, 감정 등에 대한 고려를 배제하고, 작품의 어조와 형식, 구성 등 작품 내부적 요소를 분석하고 있으므로 내재적 관점으로 작품을 감상하였다.

이것도 알면 합격!

문학 감상(비평)의 관점

1. 내재적 관점(절대주의적 관점)
   작품 이외의 사실에 대한 고려를 배제하고 언어, 문체, 운율, 구성, 표현 기법, 미적 가치, 어조 등 작품의 내부적 요소를 분석하는 관점
2. 외재적 관점

표현론적 관점 (생산론적 관점)	• 작품이 작가와 맺는 관계를 중시하는 관점 • 작품 속에 작가의 체험, 사상, 감정 등이 표현되어 있다고 봄
효용론적 관점 (수용론적 관점)	• 작품과 독자의 관계를 중시하는 관점 • 작품이 독자에게 주는 의미, 감동, 교훈 등에 초점을 맞추어 감상함
반영론적 관점	• 작품과 작품의 대상이 되는 현실 세계와의 관계를 중시하는 관점 • 작품이 현실 세계를 반영한다고 봄

05 비문학 세부 내용 파악 난이도 중 ●●○

정답 설명

① 1~3번째 줄을 통해 독서는 '나'와 '이 시대'가 가지고 있는 틀에 박힌 문맥에서 벗어나, 더 넓은 세계로 나아갈 수 있도록 해주는 자유의 여정임을 알 수 있다. 이는 독서가 우리가 가진 사고를 더 넓게 해주는 확장(擴張)의 과정이라는 의미이므로, 글에 대한 이해로 가장 적절한 것은 ①이다.

오답 분석

② 제시문에 나타나지 않는 내용이다.

③ 끝에서 4~5번째 줄에서 회한과 눈물(고난)이 쌓여도 어느 순간 그것이 꽃으로 피어난다는 것을 말하고 있을 뿐, 이를 위해 고난(苦難)이 필요하다고 이야기하는 것이 아니다.
[관련 부분] 회한과 눈물이 어느 순간 빛나는 꽃으로 피어오릅니다.

④ 3~4번째 줄에서 독서를 통해 넓은 세계로 나아가는 과정에서 얻어야 하는 것은 자기 자신에 대한 애정이라고 말하고 있을 뿐, 자신에 대한 애정이 있어야 좋은 책을 발견(發見)할 수 있다는 내용은 확인할 수 없다.
[관련 부분] 우리에게 필요한 것은 이 여정에서 길어 올려야 하는 우리들 자신에 대한 애정입니다.

06 어법 올바른 문장 표현 난이도 중 ●●○

정답 설명

① 이 일은 나로써 시작되었다(×) → 이 일은 나로서 시작되었다(○): 어떤 동작이 일어나거나 시작되는 곳을 나타낼 때는 조사 '로서'를 사용하므로 '나로서'가 적절한 표현이다.

오답 분석

② 믿기지 않는다(○): '믿겨지지'는 '믿다'의 피동사 '믿기다'에 피동 표현 '- 어지다'가 결합한 이중 피동 표현이므로 '믿기지'로 적절하게 고쳐 썼다.

③ 목표 의식을 가지고 사기를 높여(○): '목표 의식'과 서술어 '높여'의 호응이 자연스럽지 않으므로 '목표 의식'에 호응하는 서술어 '가지고'를 넣어 적절하게 고쳐 썼다.

④ 웃는 모습이 예쁜, 정흠이의 동생은(○): '웃는 모습이 예쁜'이 수식하는 대상이 정흠이인지 동생인지 모호한 문장이므로 수식하는 대상이 동생임을 분명히 하기 위해 쉼표(,)를 넣어 적절하게 고쳐 썼다.

07 문학 수사법 난이도 중 ●●○

정답 설명

① (가)는 중장 '어디가 다롤고'에 사용된 설의적 표현을 통해 늙은이와 어른을 공경하는 아랫사람의 도리인 장유유서를 강조하고 있음을 확인할 수 있다. 그러나 (가)에서 대화 형식을 사용한 부분은 확인할 수 없으므로 답은 ①이다.

오답 분석

② (나)의 '강호(江湖)'는 강과 호수를 통해 자연 전체를 나타내는 대유법이 사용된 표현으로, 이를 통해 자연에 은거하고 싶은 마음을 드러냄과 동시에 화자가 지향하는 공간을 그려내고 있다.

③ (다)의 초장에서 '어져 내 일이야'라는 영탄적 표현을 통해 임과 이별한 상황을 안타까워하는 화자의 심리를 나타내고 있다.

④ (라)의 종장을 통해 '가마귀'와 '스롬'을 대비하여 인간의 불효를 비판하고 효를 다할 것을 드러내며 효의 실천이라는 주제 의식을 강조하고 있다.

지문 풀이

(가) 늙은이는 부모님 같고, 어른은 형님 같으니,
이와 같은데 공손하지 않으면 (짐승과) 어디가 다를 것인가?
나로서는 (노인과 어른들을) 맞이하게 되면 절하고야 말 것입니다.
(나) 강호에서 놀자 하니 임금[聖主]을 버려야 하고
임금을 섬기자 하니 (내가) 즐기는 것을 어기게 되네.
혼자 갈림길에 서서 갈 데 몰라 하노라.
(다) 아아! 내가 한 일이 참으로 후회스럽구나. 그리워 할 줄을 몰랐단 말인가?
있으라고 말했다면 가셨으랴마는 제가 구태여
보내고 나서 그리워하는 내 마음을 나도 모르겠구나.
(라) 누가 까마귀를 검고 흉하다 하였던가.
반포 보은이 그 아니 아름다운가.
사람이 저 새만 같지 못함을 못내 슬퍼하노라.

이것도 알면 **합격!**

제시된 작품의 주제 및 특징

작가, 작품	주제 및 특징
(가) 주세붕, '오륜가'	1. 주제: 삼강오륜(三綱五倫)에 대한 교훈 강조 2. 특징 (1) 조선 시대에서 추구하던 인간관을 강조함 (2) 교훈적이고 도덕적인 설교로 구성됨
(나) 권호문, '한거십팔곡'	1. 주제: 유교적 깨달음의 실천과 안빈낙도에 대한 소망 2. 특징 (1) 시간적 순서에 따라 현실 세계로부터의 일탈과 자연 속으로의 침잠까지의 과정을 그려냄 (2) 후기 강호가도의 전형적인 작품임
(다) 황진이, '어져 내 일이야'	1. 주제: 이별의 한과 임에 대한 그리움 2. 특징 (1) 고려 가요 '가시리'와 '서경별곡', 현대 시인 김소월의 '진달래꽃'을 연결하는 이별가로 평가받음 (2) 도치법과 영탄법을 통해 화자의 안타까운 정서를 강조함
(라) 박효관, '뉘라셔 가마귀를'	1. 주제: 까마귀를 통한 효심(孝心)의 강조 2. 특징: 우의적 표현을 통한 인간과 자연물의 대비하여 주제를 강조함

08 어휘 표기상 틀리기 쉬운 어휘, 혼동하기 쉬운 어휘 난이도 중 ●●○

정답 설명

④ 허구헌(×) → 허구한(○): '날, 세월 따위가 매우 오래다'를 뜻하는 말은 '허구하다'이므로 '허구한'이 바른 표기이다.

오답 분석

① 웃옷(○): '맨 겉에 입는 옷'을 뜻하는 '웃옷'이 바르게 쓰였다. 참고로 '윗옷(상의)'은 '위에 입는 옷'을 뜻하므로, '윗옷'과 혼동하지 않도록 주의한다.

② 갈음(○): '다른 것으로 바꾸어 대신함'을 뜻하는 '갈음'이 바르게 쓰였다. 참고로 '가름'은 '쪼개거나 나누어 따로따로 되게 하는 일' 또는 '승부나 등수 등을 정하는 일'을 뜻하므로, '가름'과 혼동하지 않도록 주의한다.

③ 뒤치다꺼리(○): '뒤에서 일을 보살펴서 도와주는 일'을 뜻하는 '뒤치다꺼리'가 바르게 쓰였다. 참고로 '뒤치닥거리'는 '뒤치다꺼리'의 잘못된 표기이므로 바르게 쓰도록 주의한다.

09 어법 의미 (다의어의 의미) 난이도 하 ●○○

정답 설명

② ㉡ '장기를 두다가 한눈파는 사이에 내 마가 죽었다'에서 '죽다'는 '경기나 놀이 등에서, 상대편에게 잡혀 제 기능을 하지 못하다'라는 뜻으로 쓰였으므로 제시된 단어의 의미에 맞지 않다.

10 비문학 주제 및 중심 내용 파악 난이도 중 ●●○

정답 설명

① 제시문은 갈릴레오가 망원경을 통해 천체를 관측하여 우주의 실체를 밝혀냈음을 이야기하고 있다. 또한 이를 통해 당시 사람들이 우주에 대해 가지고 있던 기존의 관념을 깨뜨렸음을 설명하고 있으므로 답은 ①이다.

오답 분석

② 1문단 끝에서 1~2번째 줄을 통해 갈릴레오는 별과 지구와의 거리를 파악함으로써 '무한우주'의 관념을 뒷받침했을 뿐, 갈릴레오가 '무한우주'를 발견했음을 의미하는 것은 아니므로 '무한우주를 발견한 갈릴레오의 위대함'은 제시문의 제목으로 적절하지 않다.
[관련 부분] 그것은 별이 지구로부터 멀리 떨어져 있음을 의미하는 것으로서 '무한우주'의 관념을 뒷받침했다.

③ 제시문을 통해 확인할 수 없는 내용이다.

④ 1문단 2~3번째 줄과 2문단 끝에서 1~3번째 줄을 통해 갈릴레오의 관측 결과는 코페르니쿠스가 주장한 우주론을 지지함을 알 수 있으므로, '코페르니쿠스와 갈릴레오의 상이한 우주론'은 제시문의 제목으로 적절하지 않다.
[관련 부분]
- 그는 곧 관측 사실을 바탕으로 코페르니쿠스 우주론의 적합성을 선전하여
- 그의 관측은 ~ 코페르니쿠스의 우주론을 쉽게 받아들이게 했다.

11 비문학 화법 (말하기 전략) 난이도 하 ●○○

정답 설명

④ 기자가 교수의 주장이 현실성이 결여되었음을 지적하며 반문하는 부분은 제시된 대화에서 확인할 수 없으므로 ④는 적절하지 않다.

오답 분석

① 기자는 세 번째 발화에서 교수가 설명한 다문화주의의 목적에 대해 이해한 바를 정리하고 있음을 확인할 수 있다.

[관련 부분] 말씀을 들어보니 다문화주의는 이론에 그치지 않고, 국가가 정책을 수립하는 데 적극적으로 영향을 끼치기도 하겠네요.

② 기자는 네 번째, 다섯 번째 발화에서 다문화주의가 필요한 이유와 다문화주의 정책 마련 시 중요한 일에 대해 질문하며 교수에게 추가 의견을 요구하고 있음을 확인할 수 있다.

[관련 부분]

- 그런 가운데에도 우리 시대에 다문화주의가 필요하다면, 그 이유는 뭘까요?
- 그러면 이 시점에서 다문화주의를 정책으로 마련해 나가는 데에 무엇이 가장 중요하다고 생각하십니까?

③ 기자의 첫 번째 발화를 통해 중심 화제인 '다문화주의'의 의미를 물으며 인터뷰를 시작하고 있음을 확인할 수 있다.

[관련 부분] 교수님, 다문화주의가 뭐죠?

12 문학 작품의 종합적 감상 (고전 소설) 난이도 중 ●●○

정답 설명

② 춘풍은 평양에서 만난 비장이 자신의 아내라는 사실을 모른 채, 비장(아내)의 말과 행동에 어쩔 줄 몰라 하고 있다. 따라서 답은 ②이다.

[관련 부분] 춘풍이 깜짝 놀라 버선발로 뛰어 내달아 엎드려 말하기를,

오답 분석

① 비장은 춘풍에게 평양에서의 모습을 환기시키며 지난 과거를 반성하게 하려고 한다.

[관련 부분] 네 평양에서 추월의 집 사환할 제, 모습도 참혹하고 걸인 중 상거지라, 추월의 하인 되어 봉두난발 헌 누더기 어떻더냐?

③ 서술자는 춘풍의 행동에 대해 '그 거동은 차마 못 볼러라'와 같이 말하며 춘풍에 대한 자신의 견해를 직접 드러내고 있다.

④ 자신이 돈을 번 것처럼 의기양양하며 좋은 안주와 술을 요구하는 춘풍의 태도를 통해 당대 허위적인 남성의 모습을 드러내고 있음을 알 수 있다.

[관련 부분]

- 춘풍이 이십 바리 돈을 여기저기 벌이고 장사에서 남긴 듯이 의기양양하니
- 안주도 좋지 않고 술 맛도 무미하다. 평양서는 좋은 안주로 매일 취하여 입맛이 높았으니, 평양으로 다시 가고싶다. 아무래도 못 있겠다.

이것도 알면 합격!

작자 미상, '이춘풍전'의 줄거리

서울에 사는 춘풍은 방탕한 생활을 하며, 가산을 탕진한다. 그러다 아내인 김 씨가 굶주린 채로 거동도 못하고 누워 있는 모습을 보고 자신의 생활을 반성한다. 이에 감복한 아내는 품팔이를 하며 돈을 모은다. 하지만 춘풍은 다시 교만해지고 호조에서 빌린 돈과 아내가 모은 돈을 챙겨 평양으로 장사를 하러 떠난다. 춘풍은 그곳에서 만난 기생 추월에게 미혹되어 돈을 빼앗기고 결국 박대와 수모를 받으며 추월의 집에서 하인 노릇까지 하게 된다. 남편의 소식을 듣게 된 아내는 이웃에 사는 참판이 평양 감사로 부임하게 되자, 요청하여 남장한 후 비장(裨將)으로 평양에 간다. 추월의 집을 찾아가 모든 상황을 확인한 아내는 추월을 문책하고, 돈을 춘풍에게 돌려주게 한다. 돈을 찾은 춘풍은 허세를 부리며 집으로 돌아왔으나 비장이 변장한 아내인 줄 모른 채, 다시 마주친 비장 앞에서 어쩔 줄 몰라 한다. 이후 춘풍은 비장이 아내인 사실을 알게 되고 개과천선하여 아내와 화목한 가정을 이룬다.

13 어휘 한자 성어 난이도 중 ●●○

정답 설명

③ 가난한 흥부의 처지를 설명하고 있는 제시문의 내용에 따라 괄호 속에 들어갈 한자 성어로 적절한 것은 ③ '上漏下濕(상루하습)'이다.

- 上漏下濕(상루하습): '위에서는 비가 새고 아래에서는 습기가 오른다'라는 뜻으로, 매우 가난한 집을 비유적으로 이르는 말

오답 분석

① 黍離之歎(서리지탄): '나라가 멸망하여 옛 궁궐 터에는 기장만이 무성한 것을 탄식한다'라는 뜻으로, 세상의 영고성쇠가 무상함을 탄식하며 이르는 말

② 安貧樂道(안빈낙도): 가난한 생활을 하면서도 편안한 마음으로 도를 즐겨 지킴

④ 我田引水(아전인수): '자기 논에 물 대기'라는 뜻으로, 자기에게만 이롭게 되도록 생각하거나 행동함을 이르는 말

14 문학 작품의 종합적 감상 (현대 소설) 난이도 중 ●●○

정답 설명

④ 민 노인의 북 소리는 다른 악기 소리에 묻히지만, 민 노인은 '북'을 치며 스스로 흥을 느끼고 있으므로 '북'이 흥겨운 분위기를 이끈다는 설명은 적절하지 않다. 또한 '북'을 침으로써 민 노인과 아들 내외의 갈등이 해소되었음은 제시된 부분을 통해 확인할 수 없다. 따라서 '북'에 대한 이해로 적절하지 않은 것은 ④이다.

오답 분석

① 4~9번째 줄을 통해 북을 치러 가는 민 노인은 부담감과 어색함, 그리고 적막감을 느꼈지만 북을 치기 위한 춤판에 도착했을 때 민 노인은 머뭇거림을 별 것 아닌 것으로 생각한다. 또한 끝에서 6~8번째 줄을 통해 북을 치는 중에는 북 소리가 다른 악기 소리에 묻혀도 신경쓰지 않고 모든 걱정을 잊어 버렸음을 알 수 있다. 따라서 '북'이 민 노인의 심리를 변화하게 만듦을 알 수 있다.

② 끝에서 1~3번째 줄에서 민 노인은 부담감을 떨쳐내고 손자와 함께 한 공연에서 점차 신명을 느끼며 무아지경의 상태에 빠지고 있다. 이를 통해 '북'은 그동안 정체되어 있던 민 노인의 삶에 새로운 의욕을 갖게 함을 알 수 있다.

③ 4~5번째 줄을 통해 수십 명의 아이들이 모이는 춤판에 민 노인이 북을 치러 간다는 것을 알 수 있다. 이를 통해 '북'은 전통 세대인 '민 노인'과 신세대인 '아이들'이 춤판이라는 한 공간에서 화합할 수 있도록 해주는 계기로 작용함을 알 수 있다.

이것도 알면 **합격!**

최일남, '흐르는 북'의 주제 및 특징

1. 주제: 삶과 예술에 대한 세대 간 인식의 차이로 인한 갈등 극복
2. 특징
   (1) 중심 소재인 '북'을 통해 세대 간 갈등 양상을 보여줌
   (2) 갈등의 해소를 제시하지 않은 채 결말을 마무리 지음으로써 독자들에게 여운을 줌

15 비문학 글의 구조 파악 (논증 구조) 난이도 중 ●●○

정답 설명

② ㉢은 ㉡에서 제시한 정보에 대한 부연 설명일 뿐, ㉡이 ㉢의 전제 조건이 되는 것은 아니므로 답은 ②이다. ㉡에서 이신론의 정의를 제시하고, ㉢에서는 이신론에서 말하는 신(기계적인 신)에 대해 부연하여 설명하고 있다.

오답 분석

① ㉠은 영국 계몽주의의 특징이라는 제시문의 핵심 화제를 제시하고 있다.

③ ㉡과 ㉤은 각각 이신론과 자유주의에 대한 설명으로, 영국 계몽주의의 두 가지 특징이 병렬 구조로 제시되어 있다.

④ ㉢에서 이신론의 신은 초자연적인 것을 행할 자유가 없다는 내용을 언급하고 있는데, ㉣은 이에 덧붙여 기독교에서 말하는 초자연적인 현상에 대해 부연하여 설명하고 있다.

16 비문학 세부 내용 파악 난이도 중 ●●○

정답 설명

③ 2문단 끝에서 1~2번째 줄을 통해 르네 마그리트는 상상 속의 장면과 생각 깊은 곳에 묻혀있는 자신의 생각을 그림으로 그렸음을 알 수 있다. 그러나 상상 속에 있는 자신의 깊은 생각을 그림으로 표현했다는 내용은 제시문을 통해 확인할 수 없다. 따라서 글에 대한 이해로 적절하지 않은 것은 ③이다.
[관련 부분] 르네 마그리트는 상상속의 장면과 생각 깊은 곳에 묻혀있는 것을 꺼내어 화폭에 옮긴다.

오답 분석

① 2문단 3~4번째 줄을 통해 확인할 수 있다.
[관련 부분] 미술가라는 타이틀보다 생각하는 사람이기를 고집한다.

② 2문단 끝에서 2~3번째 줄을 통해 확인할 수 있다.
[관련 부분] 전통적인 경계를 뛰어 넘으려는 시도를 하며, 실재하지 않는 현실을 묘사한다.

④ 3문단 2~4번째 줄을 통해 확인할 수 있다.
[관련 부분] 언어란 현실의 그림이 아니라 많은 용도를 지닌 도구이기 때문에 재현의 방법은 관습의 문제

17 비문학 세부 내용 파악 난이도 중 ●●○

정답 설명

② 1문단을 통해 태풍은 최대 풍속이나 강풍이 부는 범위에 따라 분류됨을 알 수 있으므로 강우량에 따라 태풍이 분류된다는 ②는 적절하지 않다.

오답 분석

① 2문단을 통해 확인할 수 있다.

③ 3문단을 통해 엄청난 바람과 폭우를 동반한 태풍은 특정 생물이 지나치게 번성하는 것을 막아 생태계를 복원시켜 줌을 알 수 있다.

④ 1문단을 통해 태풍은 남반구(적도 이남)에서 불어오는 남동풍과 북반구(적도 이북)에서 불어오는 북동풍이 만나 발생함을 알 수 있으므로 적절하다.

18 비문학 관점과 태도 파악 난이도 중 ●●○

정답 설명

② 1문단 1~5번째 줄을 통해 '데이터마이닝'이란 단순한 검색이나 서핑과 구별되는 발견 과정이며, 데이터를 단순히 축적시키는 것이 아니라, 축적된 데이터들을 연결시켜 의미 있는 해석 방법을 찾아내려는 시도임을 알 수 있다.
[관련 부분] 단순한 검색이나 서핑과 구별되는 발견 과정을 '데이터마이닝(data mining)'이라고 부른다. ~ 축적된 디지털 데이터들을 어떻게든 연결시켜 의미 있는 해석 방법을 찾아내려는 시도다.

오답 분석

① 2문단 1~2번째 줄과 끝에서 3~4번째 줄을 통해 알 수 있다.

[관련 부분]

- 21세기에는 지식의 옳고 그름을 따지는 것 자체가 그리 중요한 사안이 아니다.
- 좋은 지식의 기준은 '편집 가능성'에 있다.

③ 1문단 끝에서 1~4번째 줄을 통해 알 수 있다.

[관련 부분] 전혀 예상치 못했던 데이터들의 상관관계를 찾아내는 '빅 데이터 큐레이터'라는 새로운 직업이 미래의 유망 직종으로 점쳐지기도 한다.

④ 2문단 끝에서 1~3번째 줄을 통해 알 수 있다.

[관련 부분] 현재 진행형의 세계와 상호 작용하며 변화를 가능케 하는 주체적 행위가 가능한 지식이 좋은 지식이다. 편집 가능성이 있는 지식이 좋은 지식인 것이다.

19 어휘 한자어 (한자어의 표기) 난이도 상 ●●●

정답 설명

③ 한자 표기가 옳은 것은 ③이다.

- 素朴(본디/흴 소, 순박할 박): 꾸밈이나 거짓이 없고 수수함

오답 분석

① 等用(무리 등, 쓸 용)(×) → 登用(오를 등, 쓸 용)(○): 인재를 뽑아서 씀

② 極明(극진할/다할 극, 밝을 명)(×) → 克明(이길 극, 밝을 명)(○): 매우 분명함

④ 公存(공평할 공, 있을 존)(×) → 共存(한가지 공, 있을 존)(○): 서로 도와서 함께 존재함

20 비문학 내용 추론 난이도 중 ●●○

정답 설명

④ 1문단 1~3번째 줄과 5~6번째 줄을 통해 농민시장의 농작물은 재래식 방법으로 키운 것이며, 원거리 시장의 수요를 충족시키기 위해 생산된 것이 아님을 확인할 수 있다. 따라서 먼 거리의 도시 사람들에게 농작물을 제공하기 위한 기술을 도입해야 한다는 내용은 추론할 수 없다.

[관련 부분]

- 농민시장에 나와 있는 먹을거리는 모두 건강하고 꾸준한 재래식 방법으로 키운 것이다.
- 농민시장에 나와 있는 농산물은 원거리 시장의 수요를 충족시키려고 생산한 것이 아니다.

오답 분석

① 1문단 끝에서 5~9번째 줄을 통해 동일하지 않고 제멋대로인 농산물이더라도 엄선된 재래 종자로 접목했기 때문에 최고의 맛을 지닌 음식이 될 수 있음을 확인할 수 있다. 따라서 음식의 맛은 농작물의 모양으로 결정되는 것이 아님을 추론할 수 있다.

[관련 부분] 같은 모양만 골라낸 것도 아니며, ~ 생긴 것은 제멋대로이고 오래 보존할 수도 없다. 그러나 엄선된 재래 종자로 접목했기 때문에 그 지역 사람들에겐 최고의 맛을 지닌 전통 음식이 된다.

② 2문단 1~3번째 줄을 통해 슈퍼마켓과 다르게 농민시장은 철마다 다른 재료를 볼 수 있는 공간임을 확인할 수 있다. 따라서 농민시장에서는 사계절 내내 동일한 농작물을 볼 수 없음을 추론할 수 있다.

[관련 부분] 농민시장은 또한 계절 감각을 누리기에 더없이 좋은 장소다. 시도 때도 없이 사철 음식이 쌓여 있는 슈퍼마켓이 아니라 철마다 다른 재료를 실감하는 장소다.

③ 1문단 1~4번째 줄을 통해 농민시장의 먹을거리는 해로운 농약이나 호르몬을 사용하지 않은 재래식 방법으로 재배된 것임을 확인할 수 있다. 따라서 농민시장의 작물을 재배할 때 최신 농업 기술의 사용을 지양했음을 추론할 수 있다.

[관련 부분] 농민시장에 나와 있는 먹을거리는 모두 건강하고 꾸준한 재래식 방법으로 키운 것이다. 땅에도 좋지 않고 농민과 소비자에게도 해로운 농약이나 호르몬은 사용하지 않는다.

03회 실전동형모의고사

정답 p.30

01	② 비문학	08	① 비문학	15	④ 어휘
02	③ 비문학	09	① 어법	16	② 문학
03	② 혼합(어법+어휘)	10	② 비문학	17	② 비문학
04	② 문학	11	② 비문학	18	① 문학
05	③ 비문학	12	② 문학	19	③ 비문학
06	① 비문학	13	① 혼합(문학+어휘)	20	④ 비문학
07	② 비문학	14	① 어법		

취약영역 분석표

영역	틀린 답의 개수
어법	/ 2
비문학	/ 11
문학	/ 4
어휘	/ 1
혼합	/ 2
TOTAL	20

* 취약영역 분석표를 이용해 1개라도 틀린 문제가 있는 영역은 그 영역의 문제만 골라 해설을 다시 한번 꼼꼼히 학습하세요.

01 비문학 화법 (말하기 전략) 난이도 하 ●○○

정답 설명

② 진행자 'A'는 PD와 관련된 정보를 이끌어낼 수 있는 다양한 질문을 하고 있으나, 개인적인 경험을 토대로 궁금했던 점을 물어보고 있지는 않으므로 적절하지 않은 것은 ②이다.

오답 분석

① 진행자 'A'의 첫 번째 발화를 통해 확인할 수 있다.
[관련 부분] 오늘은 PD를 준비하시는 분들께 도움이 되는 정보를 전해 드리고자 방송국에서 근무하고 계신 김명수 PD님을 모시고 대화 나눠 보도록 하겠습니다.

③ 진행자 'A'의 두 번째와 네 번째 발화를 통해서 확인할 수 있다.
[관련 부분]
- PD가 하는 일에 대해 자세하게 설명해 주실 수 있을까요?
- 체력적으로 힘들다는 것은 어떤 뜻일까요?

④ 진행자 'A'의 마지막 발화를 통해서 확인할 수 있다.
[관련 부분] PD를 준비하시는 분들뿐만 아니라 저에게도 아주 의미 있는 시간이었던 것 같습니다. 감사합니다.

02 비문학 작문 (개요 작성) 난이도 하 ●○○

정답 설명

③ '식자재 관리 및 조리 전문 인력의 부재'는 Ⅰ-1의 원인에 해당하므로 ⓒ에 들어갈 말로 적절하지 않다. ⓒ에는 '식자재 구매 예산 추가 확보'와 같이 Ⅱ-1에 대한 해결 방안이 들어가는 것이 적절하다.

03 어법 + 어휘 한글 맞춤법, 혼동하기 쉬운 어휘 난이도 중 ●●○

정답 설명

② 푹 졸인 찌개(○): 문맥상 '찌개, 국, 한약 따위의 물을 증발시켜 분량을 적어지게 하다'를 뜻하는 '졸이다'가 어법이 맞게 쓰였다.
- 조리다: 양념을 한 고기나 생선, 채소 따위를 국물에 넣고 바짝 끓여서 양념이 배어들게 하다.

오답 분석

① 분을 삭혔다(×) → 분을 삭였다(○): 문맥상 '긴장이나 화를 풀어 마음을 가라앉히다'를 뜻하는 '삭이다'를 써야 한다.
- 삭히다: 김치나 젓갈 따위의 음식물을 발효시켜 맛이 들게 하다.

③ 안개가 거쳤다(×) → 안개가 걷혔다(○): 문맥상 '구름이나 안개 따위가 흩어져 없어지다'를 뜻하는 '걷히다'를 써야 한다.
- 거치다: 무엇에 걸리거나 막히다.

④ 조공을 받치게(×) → 조공을 바치게(○): 문맥상 '신이나 웃어른에게 정중하게 드리다'를 뜻하는 '바치다'를 써야 한다.
- 받치다: 물건의 밑이나 옆 따위에 다른 물체를 대다.

04 문학 작품의 종합적 감상 (현대 소설) 난이도 중 ●●○

정답 설명

② 제시된 작품은 작품 속 서술자 '나'가 주인공 '황 진사'를 객관적으로 관찰하는 1인칭 관찰자 시점이다. '나'는 '황 진사'의 말과 행동을 있는 그대로 보여줄 뿐, 인물에 대해 직접 평가하는 부분은 확인할 수 없다. 따라서 답은 ②이다.

오답 분석

① '나'는 생계를 위해 약을 팔고 있는 황 진사의 모습을 연민의 시선으로 바라보지만, 다른 한편으로는 궁핍한 삶임에도 불구하고 현실을 파악하지 못하고 과거 자신의 가문의 권위에 연연하는 모습을 드러내어 황 진사의 시대착오적인 모습을 보여주고 있다. 이를 통해 '나'는 황 진사를 풍자와 연민의 두 가지 시선으로 바라보고 있음을 알 수 있다.

③ 4~6번째 줄에서 전통적인 것인 두루마기와 개화 문물인 인조견 조끼, 맥고모(밀짚모자)를 함께 착용한 황 진사의 옷차림을 통해 당시 사회가 근대 사회로 이행하는 전환기임을 알 수 있다.

④ 황 진사의 초라하고 지저분한 옷차림과 끝에서 1~6번째 줄의 황 진사가 약을 팔고 있는 모습을 통해 황 진사는 경제적으로 궁핍하다는 것을 확인할 수 있다. 이러한 경제적 궁핍에도 황 진사는 자신의 가문이 화랑의 후예임을 알고 '감개해서 못 견디는' 모습을 드러내며 문벌 의식과 양반으로서의 허세가 있음을 보여주고 있다. 이를 통해 황 진사가 자신의 현실을 파악하지 못하고 훌륭한 조상의 과거에서 위안을 찾는 시대착오적인 인물임을 알 수 있다.

05 비문학 작문 (조건에 맞는 글쓰기) 난이도 하 ●○○

정답 설명

③ 동료의 미소가 자신의 인사로부터 비롯된다는 내용으로 '인사의 중요성'을 강조하고 있으며, '아닐까요?'와 같은 의문형 어미를 통해 설의의 표현 방식이 쓰였음을 알 수 있다. 또한 인사에서 비롯된 긍정적 효과인 동료의 미소를 '꽃'에 비유하였으므로 제시된 조건을 모두 만족시키는 표어는 ③이다.

- 설의법: 쉽게 판단할 수 있는 사실을 의문의 형식으로 표현하여 상대방이 스스로 결론을 내리게 하는 수사법

오답 분석

① 아침 인사의 중요성을 강조하였으며, '우호적인 관계'라는 인사의 긍정적인 효과가 드러나지만 이를 비유적으로 표현하지는 않았다. 또한 설의법을 활용하고 있지 않으므로 두 번째, 세 번째 조건을 만족시키지 않는다.

②④ '자신 있으십니까?'와 '자격 있으십니까?'에서 설의법이 사용되었으므로 두 번째 조건은 만족하지만 인사의 중요성을 강조하는 내용은 찾아볼 수 없다. 또한 행위의 긍정적 효과를 비유적으로 표현하지 않았으므로 첫 번째, 세 번째 조건을 만족시키지 않는다.

06 비문학 내용 추론 난이도 중 ●●○

정답 설명

① 독점 기업은 생산량을 줄여 높은 가격을 받고 판매하는 전략을 사용하므로, 독과점 체제가 물가 상승에 영향을 미칠 수 있다는 사실을 추론할 수 있다.

[관련 부분] 이윤 극대화를 추구하는 독점 기업은 생산량을 적당히 줄여 높은 가격을 받고 판매하는 전략을 사용하게 된다.

오답 분석

② 완전 경쟁 시장에서 공급과 수요가 적정 수준에서 유지된다는 내용은 제시문을 통해 알 수 없다.

③ 1문단 3~5번째 줄을 통해 시장에 진입하는 신제품이 많을수록 상품의 가격이 떨어짐을 알 수 있으므로 소비자의 효용은 늘어난다고 볼 수 있다.

[관련 부분] 시장에 공급되는 상품의 양이 많아지면 가격은 떨어지게 마련이고

④ 2문단 4~7번째 줄을 통해 독점 기업은 이윤을 얻기 위해 상품의 생산량을 줄이므로 생산량이 최적 수준에 이르지 못함을 알 수 있다.

[관련 부분] 독점화되어 있는 시장에서는 생산량이 사회적으로 최적인 수준에 미치지 못하는 결과가 나타난다. 독점 기업이 이윤을 더 크게 만들기 위해 상품 생산량을 스스로 줄이기 때문이다.

07 비문학 세부 내용 파악 난이도 중 ●●○

정답 설명

② 1문단 1~3번째 줄에서 지도자가 사사로운 인정이 많으면 공적인 일을 그르친다고 하였으나, 사리사욕으로 일을 그르치는 경우가 많다는 사실은 제시문을 통해 알 수 없다.

[관련 부분] 지도자가 인정이 많다고 해서 나무랄 일은 아니다. 하지만 그것이 사사로운 정일 경우는 공적인 일을 크게 그르치기 십상이다.

오답 분석

① 1문단 끝에서 3~4번째 줄을 통해 알 수 있다.

[관련 부분] 리더의 판단이 공사분별의 기준이 될 수 없다.

③ 1문단 3~5번째 줄을 통해 알 수 있다.

[관련 부분] 지금 우리 사회가 그 뿌리부터 흔들리고 있는 가장 큰 원인도 바로 공사분별의 자세와 정신이 무너졌기 때문이다.

④ 2문단 2~4번째 줄을 통해 알 수 있다.

[관련 부분] 능력도 덕도 자질도 검증하지 않은 채 오로지 나와 가깝다는 이유만으로 그들을 중요한 자리에 앉히고 물려주는 사리사욕이 우리 사회를 망치고 있다.

08 비문학 세부 내용 파악 난이도 중 ●●○

정답 설명

① 끝에서 5~6번째 줄을 통해 4세기 초에 등자가 금동으로 제작되었던 사실은 알 수 있으나, 그 밖의 다른 재료로 만들어진 등자가 있는지는 제시문에서 확인할 수 없으므로 ①의 설명은 적절하지 않다.

[관련 부분] 고구려 전기의 수도인 국내성 근교에서 4세기 초의 작품으로 평가되는 금동제 등자가 출토된 바 있다.

오답 분석

② 끝에서 1~3번째 줄을 통해 알 수 있다.
[관련 부분] 등자는 아랍을 거쳐 유럽에도 전래되었고, 유럽의 경우에는 7~8세기에 등자가 처음 도입된 것으로 알려져 있다.

③ 2~3번째 줄을 통해 알 수 있다.
[관련 부분] 등자에 관한 가장 오래된 기록은 인도의 여러 지역에서 발견되었는데

④ 6~7번째 줄과 끝에서 4~5번째 줄을 통해 알 수 있다.
[관련 부분]
- 우리나라에서는 3세기경부터 등자를 사용한 것으로 추정되며
- 중국의 경우에는 4세기 초에 허난성에서 사용된 등자와

09 어법 표준어 사정 원칙 난이도 하 ●○○

정답 설명

① '살쾡이, 나팔꽃, 털어먹다'는 모두 예사소리나 된소리가 거센소리로 변한 경우, 그 변한 형태를 표준어로 삼는 경우의 예에 해당한다. 따라서 <보기>에 공통적으로 적용되는 표준어 규정으로 가장 옳은 것은 ①이다.
- 살쾡이: 동물 '삵'과 '고양이'의 준말인 '괭이'가 결합한 '삵괭이'는 표준 발음법에 따라 [삭꽹이]가 되어야 하지만, 실제 발음은 [살꽹이]이므로 '살쾡이'를 표준어로 삼음
- 나팔꽃: '나팔꽃'은 이 표준어 규정이 공표되기 전에 일반화되었던 형태로, 이미 거센소리로 변한 형태가 뿌리를 내린 경우임. 참고로 '나발꽃'이 '나팔꽃'으로 바뀐 형태이나, 모든 '나발'을 '나팔'로 바꾸어야 하는 것은 아님
- 털어먹다: '털다'와 '떨다'는 '재물'이 목적어일 경우 유사한 의미로 쓰이는데, 이때 '먹다'와 결합해 합성어로 쓰이는 경우에는 거센소리의 형태인 '털어먹다'로 씀

오답 분석

② '돌(돐×)', '둘째(두째×)', '빌리다(빌다×)' 등이 이에 해당한다. 참고로 '둘째'는 '열두째'와 같은 십 단위 이상의 서수사에는 '두째'로 쓴다.

③ '강낭콩(강남콩×)', '고삿(고샅×)', '사글세(삭월세×)' 등이 이에 해당한다.

④ '깡충깡충(깡총깡총×)', '발가숭이(발가송이×)', '오뚝이(오똑이×)' 등이 이에 해당한다.

10 비문학 논지 전개 방식 난이도 중 ●●○

정답 설명

② <보기>와 ②에는 모두 대상 간의 차이점을 중심으로 설명하는 '대조'의 방식이 사용되었으므로 답은 ②이다.
- <보기>: 바이올린과 거문고, 가야금의 차이점을 중심으로 서술하고 있다.
- ②: 희곡과 시나리오의 차이점을 설명하고 있다.

오답 분석

① 구분: 상위 항목인 '표음 문자'를 하위 항목인 '음절 문자'와 '음운 문자'로 나누어 설명하고 있다.

③ 정의: '시장 이자율'이라는 용어의 뜻을 설명하고 있다.

④ 비유: 생각을 형님에, 말을 동생에 빗대어 생각과 말의 관계를 간접적으로 설명하고 있다.

이것도 알면 합격!

논지 전개 방식

인과	어떤 결과를 가져온 원인과 그로 인해 초래된 결과에 초점을 두는 진술 방식 예 경제 성장이 둔화되었기 때문에 일자리가 늘지 않았다.
정의	용어의 뜻을 분명하게 규정하는 방식 예 초는 불빛을 내는 데 쓰는 물건이다.
예시	사례를 들어 일반적이거나 추상적인 원리, 법칙, 진술을 구체화하는 방식 예 개미는 냄새로 서로 의사소통을 한다. 예를 들어, 먼 장소에 먹이가 있다면 개미는 '페로몬'이라는 화학 물질을 이용하여 냄샛길을 만들고 다른 개미가 그 길을 따라 오도록 만든다.
서사	일정한 시간 내에 일어나는 일련의 행동이나 시간의 흐름에 따라 전개되는 사건에 초점을 두는 방식 예 나는 살금살금 발소리를 죽여 가며 창가로 다가가서, 누군지 모를 여학생의 팔을 살짝 꼬집었다. 그러고는 얼른 창문에 바짝 붙어 섰다.
묘사	대상을 그림 그리듯이 구체적으로 진술하는 방식 예 친구의 얼굴은 달걀형이고 귀가 크며 곱슬머리이다.
비교	사물의 비슷한 점을 밝혀내어 설명하는 방식 예 야구는 축구처럼 공을 가지고 하는 경기이다.
대조	사물의 차이점을 밝혀내어 설명하는 방식 예 동사와 형용사는 모두 용언이지만 동사는 주어의 동작을, 형용사는 주어의 성질을 나타낸다.
분석	하나의 관념이나 대상을 그 구성 요소로 나누어 진술하는 방식 예 식물은 뿌리, 줄기, 잎, 꽃으로 구성되어 있다.
유추	친숙한 대상의 특징을 제시하고 이와 일부 속성이 일치하는 다른 대상도 그러한 특징을 가질 것이라고 비교하여 설명하는 방식 예 척박한 환경에서는 몇몇 특별한 종들만이 득세한다는 점에서 자연 생태계와 우리 사회는 닮았다.

11 비문학 내용 추론 난이도 하 ●○○

정답 설명

② 제시문은 사회 복지 정책에서 추구하는 평등 가치를 구현하기 위해 사람들마다 불평등하게 소유하고 있는 자원의 재분배가 필요함을 강조하고 있다. 이때, 더 많은 자원을 소유한 사람의 자원을 빼앗아 다른 사람에게 주는 과정에서 특정 사람들의 자유가 제한될 수 있다고 하였으므로 문맥상 괄호 안에 들어갈 말로 가장 적절한 것은 ②이다.

12 문학 표현상의 특징과 효과 난이도 상 ●●●

정답 설명

② 제시된 작품에서 고사를 인용하여 봉선화의 아름다움을 예찬하는 부분은 확인할 수 없으므로 답은 ②이다. 참고로 2문단 끝에서 1~3번째 줄의 '쪽 잎에서 나온 푸른 물이 쪽빛보다 푸르다(청출어람)'라는 뜻의 관용적 표현을 사용하여 손톱에 물든 봉선화의 붉은 빛이 실제 봉선화 꽃의 붉은색보다 선명하고 더 아름답다는 것을 강조하고 있다.

[관련 부분] 숏 압희 나아가서 두 빗촐 비교(比較)ᄒᆞ니, 쪽닙희 푸른 물이 쪽의여서 푸르단 말이 아니 오롤손가.

오답 분석

① 1문단 5~6번째 줄의 '흰 구슬을 가루마아 빙옥(氷玉) 굿흔 손 가온듸 난만(爛漫)이 개여닉여'는 '백반을 갈아서 옥 같은 손 가운데 개어 낸다'라는 뜻으로, 과정을 드러내어 손톱에 봉선화를 물들이는 모습을 표현하고 있음을 확인할 수 있다.

③ 2문단 끝에서 1~3번째 줄에서 손톱에 물들인 봉선화의 색이 봉선화 꽃의 색보다 더 선명하고 아름답다는 것을 설의법으로 표현하여 손톱에 물든 봉선화 색의 아름다움을 강조하고 있다.

[관련 부분] 숏 압희 나아가서 두 빗촐 비교(比較)ᄒᆞ니, 쪽닙희 푸른 물이 쪽의여서 푸르단 말이 아니 오롤손가.

④ 붉은 산호 궁궐을 뜻하는 '홍산궁(紅珊宮)'과 붉은 도마뱀을 뜻하는 '홍수궁(紅守宮)'에 빗대어 봉선화를, 서왕모에게 보내는 편지인 '단단히 봉ᄒᆞᆫ 모양 춘라옥자(春羅玉字) 일봉서(一封書)'에 빗대어 봉선화를 손톱에 묶은 모습을 그려내고 있다.

지문 풀이

옥난간에서 긴긴 날 아무리 보아도 다 못 보아, 창문을 반쯤 열고 계집종을 불러내어, 다 핀 봉선화를 캐어다가 수놓은 상자에 담아 놓고, 바느질을 마친 후 안채에 밤이 깊고 촛불이 밝혀져 있을 때, 천천히 자세를 세우고 앉아 흰 백반을 갈아 바수어, 옥같이 고운 손 가운데 흠뻑 개어 내니, 페르시아 제후가 좋아하는 붉은 산호궁을 헤쳐 놓은 듯하며, 깊은 궁궐에서 절구에 붉은 도마뱀을 빻아 놓은 듯하다. 가늘고 고운 열 손가락에 수실로 감아 내니, 종이 위에 붉은 물은 희미하게 스며드는 듯하고, 미인의 고운 뺨 위에 붉은 이슬을 뿌린 듯하며, 단단히 묶은 모양은 비단에 옥으로 쓴 편지를 서왕모에게 부치는 듯하다.
봄잠을 늦게 깨어 열 손가락을 차례로 풀어 놓고 거울 앞에서 눈썹을 그리려고 하니, 난데없이 붉은 꽃이 가지에 붙어 있는 듯하여, 그것을 손으로 잡으려 하니 어지럽게 흩어지고 입으로 불려고 하니 입김에 가리워 보이지 않는다. 여자 친구를 불러서 즐겁게 자랑하고 봉선화 앞에 가서 꽃과 손톱을 비교하니, 쪽 잎에서 나온 푸른 물이 쪽빛보다 푸르단 말, 이것이 아니 옳겠는가? – 작자 미상, '봉선화가(鳳仙花歌)'

이것도 알면 **합격!**

작자 미상, '봉선화가(鳳仙花歌)'의 주제 및 특징

1. 주제: 한 여인의 봉선화에 대한 정감
2. 특징
   (1) 의인법과 직유법의 표현 방식을 사용함
   (2) 문답법을 사용하여 내용을 전개함

13 문학 + 어휘 인물의 태도, 한자 성어 난이도 중 ●●○

정답 설명

① 제시된 작품에서 옹고집은 냉돌방에 누워 탄식하는 모친에게 '오래 살아 무엇하리', '오래 살아 쓸데없네'와 같은 불효의 말을 태연하게 내뱉고 있다. 따라서 옹고집의 태도와 관련된 한자 성어로는 ① '厚顔無恥(후안무치)'가 가장 적절하다.

- 厚顔無恥(후안무치): 뻔뻔스러워 부끄러움이 없음

오답 분석

② 面從腹背(면종복배): 겉으로는 복종하는 체하면서 내심으로는 배반함

③ 指鹿爲馬(지록위마): 1. 윗사람을 농락하여 권세를 마음대로 함을 이르는 말 2. 모순된 것을 끝까지 우겨서 남을 속이려는 짓을 비유적으로 이르는 말

④ 得隴望蜀(득롱망촉): 농(隴)을 얻고서 촉(蜀)까지 취하고자 한다는 뜻으로, 만족할 줄 모르고 계속 욕심을 부리는 경우를 비유적으로 이르는 말

14 어법 문장 (문장 성분) 난이도 중 ●●○

정답 설명

① '물건이'는 보어이고, ② '반가움이', ③ '마음이', ④ '책들이'는 주어이므로, 문장 성분이 다른 하나는 ①이다.

- 이 물건이 아니라 저것이다: 이때 '물건이'는 '명사 + 보격 조사'로 이루어진 보어이다. 참고로 '이'는 일반적으로 주격 조사로 사용되지만, '되다', '아니다' 앞에 쓰여 바뀌게 되는 대상이나 부정하는 대상임을 나타낼 때는 보격 조사로 쓰인다.

오답 분석

②③④ '명사 + 주격 조사'로 이루어진 주어이다. 이때 '이'는 어떤 상태를 보이는 대상이나 일정한 상태나 상황을 겪는 경험주 또는 일정한 동작의 주체임을 나타낸다.

15 어휘 한자 성어 난이도 중 ●●○

정답 설명

④ '염화미소(拈華微笑)'와 '염화시중(拈花示衆)'은 모두 '말로 통하지 않고 마음에서 마음으로 전하는 일'을 뜻하는 말이다. 참고로 또 다른 유사한 의미의 한자 성어로 '심심상인(心心相印)', '이심전심(以心傳心)' 등이 있다.

오답 분석

① • 구여현하(口如懸河): '입이 급히 흐르는 물과 같다'라는 뜻으로, 거침없이 말을 잘하는 것
  • 구상유취(口尙乳臭): '입에서 아직 젖내가 난다'라는 뜻으로, 말이나 행동이 유치함을 이르는 말

② • 면종복배(面從腹背): 겉으로 복종하는 체하면서 내심으로는 배반함
  • 면장우피(面張牛皮): '얼굴에 쇠가죽을 발랐다'라는 뜻으로, 몹시 뻔뻔스러움을 비유적으로 이르는 말

③ • 농와지경(弄瓦之慶): 딸을 낳은 즐거움
  • 농장지경(弄璋之慶): 아들을 낳은 즐거움

16 문학 표현상의 특징과 효과 난이도 중 ●●○

정답 설명

② <보기>는 역설법에 대한 설명으로, 이 표현 방법이 적용된 시구는 ②이다. ②의 화자는 실제로는 임이 떠났지만 자신은 임을 떠나보내지 않았다고 하며 논리적으로 모순된 표현을 사용하고 있다. 이를 통해 화자는 임과 이별했지만 다시 만날 수 있다는 강한 믿음을 드러내고 있다.

오답 분석

① 반어법: ①의 화자는 떠나간 임을 잊지 못하고 있으나, 표면적으로는 먼 훗날 임과 다시 만났을 때 잊었다고 말하겠다며 반대로 표현하고 있다.

③ 감정 이입: ③의 화자는 자신의 모습에 부끄러움을 느끼고 있는데, 이를 '밤을 새워 우는 벌레'에게 화자의 감정을 이입시켜 마치 '벌레'가 부끄러움을 느끼는 것처럼 표현하고 있다.

④ 대조법: 사람의 가변성과 산의 불변성의 대비를 통해 화자의 자연 지향적인 삶의 태도를 표현하고 있다.

17 비문학 글의 구조 파악 (접속어의 사용) 난이도 중 ●●○

정답 설명

② ㉠의 앞의 내용은 뒤의 내용의 근거가 되므로 앞의 내용이 뒤의 내용의 원인이나 근거, 조건 등이 될 때 쓰는 접속 부사인 ② '그래서'가 들어가는 것이 적절하다.
  • 첫 번째 ㉠의 앞뒤 내용: 유럽의 위세가 높았던 시절에 아시아의 소국이 유럽의 대국에 이기는 것은 상상할 수 없는 일이었으나(근거), 일본이 유럽에 승리하여 유럽의 압제에 시달리던 사람들에게 충격과 용기를 줌
  • 두 번째 ㉠의 앞뒤 내용: 반세기 동안 유럽의 제국주의에 깊이 물든 일본의 모습이 큰 재앙과도 같았기 때문에(근거), 이는 존 풀러가 역사상 몇 안 되는 큰 사건들 중 하나라고 평한 '여순 함락'의 뜻을 잊혀지게 만듦

18 문학 시구의 의미 난이도 중 ●●○

정답 설명

① ㉠은 갈매기에게 자신이 던진 낚시대는 갈매기를 잡기 위한 의도가 아님을 표현하며 갈매기를 안심시키는 부분일 뿐, ㉠에서 유배 생활이 끝나길 바라는 기대감은 찾아볼 수 없다.

오답 분석

② ㉡은 갈매기에게 '聖上(성상)'인 임금에게 내쳐져 여기(추자도)로 왔다는 말을 건네는 부분으로 유배를 오게 된 화자의 처지가 드러난다.

③ ㉢은 갈매기에게 자신의 마음을 믿지 못하겠으면 부리로 가슴을 쪼아 보라고 하는 부분으로 여기서 화자는 자신의 '胸中(흉중)의 붉은 마음'을 드러낸다. 이는 다음 구절인 '功名(공명)도 다 던지고 聖恩(성은)을 갚으려니'를 통해 임금에 대한 충성심을 의미한다는 것을 알 수 있다.

④ ㉣은 갈매기에게 떠나지 말고 자신의 벗이 되어 달라고 부탁하는 부분으로 자신의 벗이 되어 달라는 내용을 통해 자연과 더불어 살고자 하는 화자의 자연 친화적인 태도가 드러난다.

지문 풀이

> 낚시대를 떨치니 사면에 잠든 백구 ㉠<u>내 낚싯대 그림자에 저 잡는 줄로만 여겨</u> 다 놀라 나는구나. 백구야 날지 마라. ㉡<u>성상(임금)이 버리시니 너를 좇아 예 왔노라.</u> 네 본래는 영물이라 내 마음 모르느냐. 〈중 략〉 그래도 못 믿겠거든 네게 있는 긴 부리로 ㉢<u>내 가슴 쪼아 헤쳐 가슴속의 붉은 마음</u> 내어 놓고 자세히 살펴보면 네가 응당 알 것이로다. 공명(功名)도 다 던지고 임금의 은혜를 갚으려니 갚을 법도 있거니와 이 사이 일없으니, 태평성대에 한가로운 백성이 되어 너 좇아 다니려니, ㉣<u>날 보고 가지 마라. 네 벗이 되겠노라.</u>
> — 안조환, '만언사(萬言詞)'

이것도 알면 합격!

안조환, '만언사(萬言詞)'의 특징
1. 7편의 연작으로 구성되어 있으며, 유배 생활을 중심으로 일관성 있는 내용 전개가 나타남
2. 억울함을 토로하는 조선 전기의 유배 가사들과는 달리 유배 생활의 고통을 사실적으로 묘사하는데 초점을 둠
3. 작품의 초반부에는 유배 생활의 고초를 직접적으로 토로하다가 후반부에는 방면에 대한 간절한 기대감이 드러남

19 비문학 내용 추론 난이도 중 ●●○

정답 설명

③ 일란성 쌍둥이와 입양아를 대상으로 한 실험 결과를 통해 인간의 지능은 성장 환경에 영향을 받기도 하나 상당 부분 유전에 의해 결정된다는 것을 알 수 있으므로 (가)에 들어갈 말로 가장 적절한 것은 ③이다.

[관련 부분]

- 일란성 쌍둥이를 대상으로 한 연구 결과를 보면 ~ 나이를 먹어갈수록 서로 닮아가면서 동일한 취미와 습관을 갖는다.
- 입양아를 대상으로 한 연구 결과 역시 이와 유사해서 어렸을 때는 환경에 따라 달라지지만 나이를 먹어가면서 양부모가 아닌 친부모의 지능을 닮아간다.

20 비문학 적용하기 난이도 중 ●●○

정답 설명

④ 제시문에 근거한 판단으로 적절한 것은 'ㄷ'이다.

- "커피를 마시면 잠을 잘 이루지 못한다"라는 전제가 참이더라도 "잠이 오지 않는다면 커피를 마셨기 때문이다"라는 결론은 커피를 마신 것 외에 다른 원인을 상정할 수 있으므로 반드시 참이 되는 것은 아니다. 그러나 전제가 참일 경우 결론이 참일 가능성이 높으므로 해당 추론은 개연성이 높은 추론이라 말할 수 있다.

오답 분석

- ㄱ: "비가 오기 전에는 새가 낮게 난다"라는 전제가 참이더라도 비가 오는 것 외에 새가 낮게 나는 다른 이유를 상정할 수 있으므로 "새가 낮게 날면 비가 온다"라는 결론은 거짓일 가능성이 있다. 따라서 ㄱ은 타당한 추론이 아니다.
- ㄴ: "모든 돌고래는 알을 낳아 번식한다"라는 전제가 참이라면 "돌고래는 알에서 태어난다"라는 결론은 반드시 참이 되므로 타당한 추론이다. 그러나 전제가 실제로 참이 아니기 때문에 ㄴ은 건전한 추론이 아니다.

04회 실전동형모의고사

정답 p.38

01	② 어법	08	④ 비문학	15	② 문학
02	③ 어휘	09	④ 비문학	16	③ 어법
03	④ 혼합(어법+비문학)	10	① 비문학	17	③ 문학
04	③ 어휘	11	③ 문학	18	③ 비문학
05	③ 어법	12	② 어휘	19	① 비문학
06	② 비문학	13	④ 비문학	20	④ 비문학
07	② 문학	14	④ 비문학		

취약영역 분석표

영역	틀린 답의 개수
어법	/ 3
비문학	/ 9
문학	/ 4
어휘	/ 3
혼합	/ 1
TOTAL	20

* 취약영역 분석표를 이용해 1개라도 틀린 문제가 있는 영역은 그 영역의 문제만 골라 해설을 다시 한번 꼼꼼히 학습하세요.

01 어법 문장 (문장 성분) 난이도 중 ●●○

정답 설명

② '해설도'는 목적어이며, '생각만은', '이유는', '빵만'은 모두 주어이므로 문장 성분이 다른 것은 ②이다.
- 해설(명사) + 도(보조사): '명사 + 보조사'로 이루어진 목적어로, 목적격 조사 '을'이 생략되고 보조사가 사용되었다.

오답 분석

①③④는 모두 '명사 + 보조사'로 이루어진 주어이다. 이때 '생각만은', '이유는', '빵만'은 주격 조사 '이' 또는 '가'가 생략되고 보조사가 사용되었다.

① 생각(명사) + 만(보조사) + 은(보조사)

③ 이유(명사) + 는(보조사)

④ 빵(명사) + 만(보조사)

02 어휘 고유어 난이도 중 ●●○

정답 설명

③ '카랑하다'는 '목소리가 쇳소리처럼 맑고 높다' 또는 '하늘이 맑고 밝으며 날씨가 차다'를 뜻하므로 고유어에 대한 풀이가 옳지 않은 것은 ③이다.

03 어법 + 비문학 올바른 문장 표현, 작문 (고쳐쓰기) 난이도 상 ●●●

정답 설명

④ ㉠~㉧을 고쳐 쓰기 위한 방안으로 적절하지 않은 것은 ④이다.
- ㉤ 진즉에(O): '진즉에'는 '진즉, 진작, 진작에'와 복수 표준어로 '좀 더 일찍이'를 뜻한다. 따라서 고쳐 쓸 필요가 없다.
- ㉥ 있을른지(×) → 있을는지(O): 앎이나 판단, 추측 따위의 대상이 되는 명사절에서 어떤 불확실한 사실의 실현 가능성에 대한 의문을 나타내는 종결 어미는 '-을는지'이다. '-을른지/-을런지'는 '-을는지'의 잘못된 표기이므로 '있을런지'로 고쳐 쓰는 것은 적절하지 않다.

오답 분석

① • ㉠ 지난∨봄(×) → 지난봄(O): '지난봄'은 한 단어이므로 붙여 쓴다.
- ㉧ 닿는대로(×) → 닿는∨대로(O): '대로'가 '어떤 상태나 행동이 나타나는 그 즉시'를 뜻할 때는 의존 명사이므로 앞말과 띄어 쓴다.

② • ㉢ 알량하지 못한(×) → 알량한(O): '알량하다'는 '시시하고 보잘것없다'라는 뜻이므로 문맥상 '알량한'으로 써야 한다.
- ㉦ 이런(×) → 최대한(O): 이때 '이런'은 관형어이므로 형용사 '솔직한'을 수식할 수 없다. 따라서 '솔직한'을 수식할 수 있는 부사어이자 문맥상에도 어울리는 '최대한'으로 수정하는 것이 적절하다.

③ • ㉡ 드릴려고(×) → 드리려고(O): 어떤 행동을 할 의도나 욕망을 가지고 있음을 나타내는 연결 어미는 '-려고'이다. '-ㄹ려고'는 '-려고'의 잘못된 표기이다. 참고로 '-ㄹ려면/-ㄹ래야'도 '-려면/-려야'의 잘못된 표기이므로 주의해야 한다.
- ㉣ 선배님이(×) → 선배님께서(O): 필자는 '선배님'께 사과를 드리는 상황이고, '선배님'은 높임의 대상이므로 문장의 주어를 높이는 조사 '께서'를 붙여 '선배님께서'로 쓰는 것이 적절하다.

04 어휘 속담, 한자 성어 난이도 중 ●●○

정답 설명

③ '물이 깊어야 고기가 모인다'와 '同氣相求(동기상구)'는 서로 의미가 유사하지 않으므로 답은 ③이다.
- 물이 깊어야 고기가 모인다: 1. 자기에게 덕망이 있어야 사람들이 따르게 됨을 비유적으로 이르는 말 2. 일정한 바탕이나 조건이 갖추어져야 그것에 합당한 내용이 따르게 됨을 비유적으로 이르는 말
- 同氣相求(동기상구): '같은 소리끼리는 서로 응하여 울린다'라는 뜻으로, 같은 무리끼리 서로 통하고 자연히 모인다는 말

오답 분석

① • 굿 보고 떡 먹기: 한 가지 일을 하여 두 가지 이상의 이익을 보게 됨을 비유적으로 이르는 말
 • 一擧兩得(일거양득): 한 가지 일을 하여 두 가지 이익을 얻음

② • 까마귀 날자 배 떨어진다: 아무 관계 없이 한 일이 공교롭게도 때가 같아 어떤 관계가 있는 것처럼 의심을 받게 됨을 비유적으로 이르는 말
 • 烏飛梨落(오비이락): '까마귀 날자 배 떨어진다'라는 뜻으로, 아무 관계도 없이 한 일이 공교롭게도 때가 같아 억울하게 의심을 받거나 난처한 위치에 서게 됨을 이르는 말

④ • 빈대 잡으려고 초가삼간 태운다: 손해를 크게 볼 것을 생각지 않고 자기에게 마땅치 않은 것을 없애려고 그저 덤비기만 하는 경우를 비유적으로 이르는 말
 • 矯角殺牛(교각살우): '소의 뿔을 바로잡으려다가 소를 죽인다'라는 뜻으로, 잘못된 점을 고치려다가 그 방법이나 정도가 지나쳐 오히려 일을 그르침을 이르는 말

05 어법 표준 언어 예절 난이도 중 ●●○

정답 설명

③ 자신의 성(姓)이나 본관(本貫)을 소개하는 경우에는 'OO[본관] O가(哥)'라고 하는 것이 올바른 표현이다. 이는 전통적인 관습에 따라 자신의 성씨를 겸양하여 표현한 것이다. 참고로 남의 성(姓)이나 본관(本貫)을 소개할 때는 'OO[본관] O씨(氏)'로 표현해야 한다.

오답 분석

① '좋은 아침!'은 외국어 'Good morning'을 직역한 말이므로 적절하지 않은 표현이다. 직장에서 직급이 같은 동료나 아래 직원에게 인사할 때는 '안녕하십니까?' 또는 '안녕하세요?'와 같은 인사말이 적절하다.

② 시청자나 청취자는 다양한 계층의 사람들이므로 그 방송을 보거나 듣는 사람이 소개 받는 사람보다 윗사람일 수 있다. 따라서 'OOO 씨를 소개하겠습니다'와 같이 표현하는 것이 적절하다.

④ 편지를 받을 단체나 기관을 높일 때 붙여 쓰는 말은 '귀중(貴中)'이다. '좌하(座下)'는 편지를 받을 대상이 높여야 할 사람일 때 쓰는 말이다.

06 비문학 적용하기 난이도 중 ●●○

정답 설명

② 제시문과 ②에서는 모두 개인에게 발생하는 문제의 원인을 사회에서 찾고 있다.
 • 제시문: 필자는 학교에서 질문에 대한 대답이 없거나 여간해서 질문을 하지 않는 학생들의 태도는 집단주의 문화와 관련이 있다고 언급하고 있다.
 • ②: 결혼 후 직장을 그만 둔 여성들이 재취업을 하지 못하는 이유는 사회 구조적인 문제에 의한 것임을 말하고 있다.

07 문학 작품의 종합적 감상 (시조) 난이도 중 ●●○

정답 설명

② 제시된 작품은 자연물을 통해 봄날 밤에 느끼는 애상적 정서를 표현하고 있다. 초장에서 작품의 배경이 달빛 밝은 봄날의 한밤중임을 알 수 있다. 이때 '이화(梨花)'는 배꽃으로 봄을 상징하는데, 실제로 배꽃이 피는 5월경 밤에 은하수가 하늘을 가로지르는 현상을 발견할 수 있다. 따라서 작가는 자연의 모습을 피상적으로 묘사한 것이 아닌, 자신이 직접 관찰한 것을 사실적으로 그려낸 것임을 확인할 수 있다.
[관련 부분] 이화(梨花)에 월백(月白)ᄒᆞ고 은한(銀漢)이 삼경(三更)인 제

오답 분석

① 초장의 '이화(梨花)'와 '월백(月白)'을 통해 시간적 배경을 드러내고 있다. 먼저 '이화'는 '배꽃'으로, 배꽃이 피는 시기(5월)인 봄과 관련이 있다. 또한 '월백'은 '환한 달빛'을 의미하는 것으로 밤과 관련이 있다. 따라서 꽃과 달이라는 자연물을 통해 봄밤이라는 시간적 배경을 드러내고 있음을 확인할 수 있다.

③ 중장의 '일지 춘심(一枝春心)'은 나뭇가지를 의인화한 표현으로, 배나무 가지에 봄날의 기운이 어려 있다는 의미이다. 따라서 의인화 표현을 통해 애상적 분위기를 자아내고 있음을 확인할 수 있다.

④ 중장의 '자규(子規)'는 소쩍새로, 봄날 밤에 느끼는 애상적 정한으로 인해 잠을 이루지 못하는 화자의 감정을 '자규'의 울음이라는 청각적 심상을 통해 표현하고 있다.

지문 풀이

하얀 배꽃에 달이 환하게 비치고 은하수는 자정을 알리는 때에, / 배나무 한 가지에 어려 있는 봄날의 정서를 소쩍새가 알고서 우는 것이랴마는, / 정이 많은 것도 병인 듯싶어 잠을 이루지 못하노라.

이것도 알면 **합격!**

이조년, '이화(梨花)에 월백(月白)ᄒᆞ고'에 나타난 시어의 이미지

시각적 심상	'이화', '월백', '은한'은 흰색의 이미지로, 순수와 애상을 의미함
청각적 심상	'자규'의 처절한 울음소리는 고독과 한(恨)을 드러냄

08 비문학 세부 내용 파악 난이도 중 ●●○

정답 설명

④ 2문단 끝에서 1~7번째 줄을 통해 땅 아래 세계를 다스리는 장승인 지하여장군은 지상의 생명과 농사도 관장했음을 알 수 있다.
[관련 부분] 땅 아래 세계를 다스리는 여장군이 ~ 지상의 온갖 생명력과 농사를 관장하는 힘, 그 자체이기도 했던 것이다.

오답 분석

① 장승의 주재료가 지역마다 차이가 있는지는 제시문을 통해 알 수 없다.

② 2문단 1~2번째 줄을 통해 장승의 얼굴과 머리 모양이 사람과 같다는 것을 알 수 있으나, 몸통의 모양에 대한 것은 알 수 없다.
[관련 부분] 머리며 얼굴 모양은 사람과 같았지만

③ 2문단 6~7번째 줄을 통해 천하대장군의 소임이 지상의 사람들을 지켜주는 것임을 알 수 있고, 2문단 끝에서 1~3번째 줄을 통해 지하여장군은 지상의 생명력과 농사를 관장함을 알 수 있다. 따라서 천하대장군과 지하여장군은 모두 지상 세계의 일에 관여한다는 것을 알 수 있다.
[관련 부분]
- 하늘 아래 지상 세계에서 대장군으로서 사람들을 지켜주는 것이 천하대장군의 소임이며
- 지하여장군은 지상의 온갖 생명력과 농사를 관장하는 힘, 그 자체이기도 했던 것이다.

09 비문학 글의 구조 파악 난이도 중 ●●○

정답 설명

④ (다) - (라) - (나) - (가)의 순서가 가장 자연스럽다.

순서	중심 내용	순서 판단의 단서와 근거
(다)	과거보다 경영 환경의 불확실성과 복잡성이 증가하였기 때문에 기업들은 경영 전략의 지속적 변화를 추구해야 함	제시문의 중심 화제인 '기업의 효과적인 인재 경영 전략'을 설명하기에 앞서, 기업에 새로운 경영 전략이 필요해진 배경을 제시함
(라)	조직의 혁신과 기업의 지속적 발전에 기여할 수 있는 인재 채용의 중요성	접속어 '이에 따라': (다)에서 언급된 배경으로 인해 기업이 선호하는 인재상이 과거와 달라졌음을 설명함
(나)	국적과 업종의 경계를 뛰어넘은 인재 채용의 중요성	키워드 '인재': (라)에 이어서 다양한 인재를 확보함으로써 얻을 수 있는 기대 효과를 설명함
(가)	인재 확보 이후 업무 배치의 중요성	접속어 '이렇게': (라)와 (나)에서 언급된 인재 채용의 중요성만큼 인사 관리 또한 중요함을 설명함

10 비문학 내용 추론 난이도 중 ●●○

정답 설명

① 제시문은 '진정한 연민'과 '감성적 연민'을 대비하여 차이점을 서술하고 있다. '진정한 연민'은 고통을 없애기 위한 연대로 나아가게 하고 '감성적 연민'은 연대는 멀리하며 은연중에 자신과 고통 받는 사람들을 두 집단으로 분할한다. 따라서 고통 받는 사람들과 자신들을 분리하기 위해 쌓는 '방화벽'과 그 방화벽 안의 '안전지대', 그리고 안전지대에서 가진 것의 일부를 던져 주며 자족하는 '동정'은 '감성적 연민'과 문맥적 의미가 유사하다. 반면, 고통의 원인을 없애기 위해 함께 '행동'하는 것은 '연대'를 의미하므로 '진정한 연민'과 의미적으로 상통한다. 따라서 문맥적 의미가 다른 하나는 ① '행동'이다.

11 문학 시어의 의미 난이도 중 ●●○

정답 설명

③ ㉢ '잠착하다'는 '한 가지 일에만 정신을 골똘하게 쓰다'를 의미하는 '참척하다'의 원말이다. 따라서 ㉢ '잠착하다'를 '침착해지다'로 옮긴 것은 적절하지 않다.

이것도 알면 합격!

정지용, '인동차'의 주제 및 특징
1. 주제: 초연히 부정적 현실을 견디는 삶의 태도
2. 특징
   (1) 감정을 절제하여 객관적으로 표현함
   (2) 시각적 이미지가 많이 쓰였으며, 붉은색과 푸른색, 흰색의 색채 대비가 드러남
   (3) 방 안과 바깥의 풍경을 감각적으로 묘사하였으며, 관조적 태도로 노주인의 모습을 바라보고 있음

12 어휘 한자어 (한자어의 표기) 난이도 상 ●●●

정답 설명

② ㉡ 참패(斬敗: 벨 참, 패할 패)(×) → 참패(慘敗: 참혹할 참, 패할 패)(○): 싸움이나 경기 등에서 참혹할 만큼 크게 패배하거나 실패함. 또는 그런 패배나 실패.

오답 분석

① ㉠ 격차(隔差: 사이 뜰 격, 다를 차): 빈부, 임금, 기술 수준 등이 서로 벌어져 다른 정도

③ ㉢ 책임(責任: 꾸짖을 책, 맡길 임): 어떤 일에 관련되어 그 결과에 대하여 지는 의무나 부담. 또는 그 결과로 받는 제재

④ ㉣ 투지(鬪志: 싸울 투, 뜻 지): 싸우고자 하는 굳센 마음

13 비문학 글의 구조 파악 난이도 중 ●●○

정답 설명

④ <보기>는 부르주아들이 국가의 통일성 유지를 위해 수도의 언어를 중심으로 표준어를 확대시키고 국어를 확립해야 한다고 믿었다는 내용을 담고 있다. 이때 ㉣의 앞 문장에서 수도의 언어는 도시를 중심으로 영향력을 확대하던 부르주아의 말이었음을 알 수 있다. 또한 ㉣의 뒤 문장은 국가의 통일성을 유지하기 위한 부르주아의 믿음 덕분에 이들이 사전 편찬의 가장 든든한 후원자가 되었음을 부연 설명하고 있으므로 <보기>는 ㉣에 들어가는 것이 가장 적절하다. 따라서 답은 ④이다.

14 비문학 세부 내용 파악 난이도 중 ●●○

정답 설명

④ 3문단 끝에서 2~4번째 줄에서 겉모습이 떨어지더라도 자신 있게 말하는 사람에게 호감을 느낀다고 하였으므로, 자신감 있는 말투가 외양의 단점을 상쇄할 수 있을 만큼 중요하다고 볼 수 있다.

[관련 부분] 겉모습이 조금 떨어지더라도 당당한 모습으로 자신 있게 말하는 사람을 보면 우리는 호감을 느끼고

오답 분석

① 1문단 2~4번째 줄과 2문단 1~3번째 줄에서 첫인상을 좌우하는 것이 겉모습(외모)이라는 일반적인 생각은 오해임을 밝히고 있다.

[관련 부분]

- 첫인상을 좌우하는 것은 아무래도 겉모습일 것이라 생각하기 때문이다. 하지만 이것은 오해이다.
- 첫인상의 형성에서 겉모습보다는 ~ 청각적 요인이 보다 큰 영향을 미치고 있었다.

② 제시문을 통해서 알 수 없는 내용이다.

③ 2문단 1~3번째 줄에서 첫인상을 형성할 때 목소리나 말투와 같은 청각적 요인이 큰 영향을 미친다고 하였다.

[관련 부분] 첫인상의 형성에 겉모습보다는 오히려 목소리라든지 말투, 대화 내용 등의 청각적 요인이 보다 큰 영향을 미치고 있었다.

15 문학 내용 추리 난이도 중 ●●○

정답 설명

② ㉠과 ㉡에는 각각 '훈장, 도덕적인 결함'이 순서대로 들어가므로 답은 ②이다.

- ㉠: 2문단 3~4번째 줄을 통해 '나'는 '너우네 아저씨'가 자물쇠를 훈장처럼 달고 다녔다고 생각했음을 알 수 있다.
- ㉡: 2문단 1번째 줄을 통해 '너우네 아저씨'는 자기 자식을 뿌리치고 장조카만 데리고 나왔음을 확인할 수 있다. 이러한 '너우네 아저씨'에 대해 '나'는 2문단 끝에서 1~2번째 줄을 통해 제 자식을 버리고 나와 살며 고생한 것으로 자식을 뿌리쳤다는 자신의 도덕적 결함을 은폐하려 든다고 생각함을 알 수 있다.

이것도 알면 **합격!**

박완서, '아저씨의 훈장'의 줄거리

너우네 아저씨는 죽은 형 대신 장조카인 성표를 거두고 아들 은표보다 더한 정성으로 성표를 키우며 이를 자랑스럽게 생각한다. 이후 6·25 전쟁과 1·4 후퇴로 인해 피란을 가야만 하는 상황에서 아저씨는 은표가 아닌 성표만 데리고 피란을 가고, 가족들과 이별한다. 하지만 아저씨는 성표를 데리고 온 것을 후회하지 않고 오히려 자랑으로 여겼으며 동향 사람들은 이러한 그의 모습을 칭찬한다. 그러나 세월이 흘러 성표가 돈을 많이 번다는 소문이 돎에도 아저씨의 차림은 더 초라해지기만 한다. 또한 세대교체가 되자 장조카를 택한 아저씨의 선택은 비난받는다. 어느 날, 은표 친구인 '나'는 쓸쓸히 죽음을 기다리는 아저씨를 찾아간다. 삶의 마지막에 은표의 이름을 간절하게 부르는 아저씨를 보며, '나'는 아저씨가 자랑스럽게 달고 다니던 자물쇠가 훈장이 아님을 깨달으며 아저씨를 이해하게 된다.

16 어법 한글 맞춤법 (맞춤법에 맞는 표기, 띄어쓰기) 난이도 중 ●●○

정답 설명

③ 붙여, 붙혀(×) → 부쳐(○): '어떤 문제를 다른 곳이나 다른 기회로 넘기어 맡기다'를 뜻하는 말은 '부치다'이다. ③의 '붙여', '붙혀'는 모두 틀린 표기이다.

- 붙이다: 맞닿아 떨어지지 않게 하다.

오답 분석

① 발생∨시에(○): '시'는 '어떤 일이나 현상이 일어날 때나 경우'를 의미하는 의존 명사이므로 앞말과 띄어 쓴다.

② 팀별로(○): '-별'은 '그것에 따른'의 뜻을 더하는 접미사이므로 앞말에 붙여 쓴다.

④ 팀장∨및(○): '및'은 '그리고', '그 밖에', '또'의 뜻으로, 문장에서 같은 종류의 성분을 연결할 때 쓰는 부사이므로 앞말과 띄어 쓴다.

17 문학 주제 및 중심 내용 파악 난이도 중 ●●○

정답 설명

③ <보기>와 ③ 모두 자식 된 도리로써 부모에게 효를 다해야 한다는 내용을 담고 있다.

- <보기>: 자식은 정성을 다해 어버이를 섬겨야 한다는 내용이다.
- ③: 박인로의 '조홍시가' 중 제2수로, 시적 화자는 '왕상', '맹종', '노래자', '증자'와 같이 효를 실천했던 옛 사람들의 고사를 인용하여 어버이께 효도하고자 하는 마음을 표현했다.

오답 분석

① 임금을 향한 충심과 부모님에 대한 그리움을 표현한 윤선도의 '견회요' 중 제4수이다.

② 자연에 묻혀 사는 즐거움을 표현한 윤선도의 '만흥' 중 제5수이다.

④ 자연에 묻혀 사는 어부의 한정을 표현한 이현보의 '어부사' 중 제5수이다.

지문 풀이

① 산은 길고 길고 물은 멀고 멀고.
어버이 그리워하는 뜻은 많기도 많다.
어디서 외기러기는 슬피 울며 가는가.
② 내 천성이 게으른 것이 하늘이 아셔서
인간 세상의 수많은 일을 한 가지도 맡기지 않고
다만 다툴 이 없는 강산을 지키라 하시는구나.
③ 왕상의 잉어를 낚고 맹종의 죽순을 꺾어,
검었던 머리가 희어지도록 노래자의 옷을 입고,
내 평생에 정성껏 효도함을 증자와 같이 하겠노라.
④ 멀리 서울을 돌아보니 경복궁이 천 리나 떨어져 있구나.
고깃배에 누워 있은들 (나랏일을) 잊은 적이 있으랴.
두어라, 내 걱정할 바 아니로다. 세상을 구할 어진 사람이 없겠는가?

18 비문학 글의 전략 파악 난이도 하 ●○○

정답 설명

③ 3문단에서 자문자답의 형식을 사용해 선택의 기본 원리는 어려운 것이 아니라 대부분 본능적으로 따르게 되는 것임을 전달하고 있다.
[관련 부분] 이 원리가 어렵다고 생각하는가? 하지만 ~ 경제 원리라는 것 자체가 보통 사람들의 본능을 정리한 것에 불과하다.

19 비문학 글의 전략 파악 난이도 중 ●●○

정답 설명

① 1문단 끝에서 2~3번째 줄을 통해 글쓴이는 변화의 시대에도 변하지 않고, 변할 수 없는 것이 있으며 변화의 중요성을 강조하는 사람들일수록 불변하는 것에 대한 통찰과 감각이 필요하고 말하고 있다. 따라서 변화의 중요성이 커질수록 불변하는 것들에 대한 깨달음이 필요하다는 ①의 내용이 글쓴이의 입장과 가장 부합한다.

오답 분석

②④ 제시문을 통해 알 수 없는 내용이다.
③ 2문단 끝에서 1~4번째 줄을 통해 교육받은 인간의 네 가지 기본 능력은 시대 변화와 관련 없이 교육을 통해 성장시켜야 하는 능력임을 알 수 있다. 따라서 교육받은 인간의 기본 능력이 시대마다 다르게 요구된다는 내용은 적절하지 않다.
[관련 부분] 사고력, 판단력, 집중력, 상상력, 이 네 가지는 시대 변화에 관계없이 교육이 성장 세대에게 반드시 길러주고 함양해야 하는, 이른바 '교육받은 인간'의 기본 능력이다.

20 비문학 적용하기 난이도 중 ●●○

정답 설명

④ 1문단 1~2번째 줄을 통해 문학 교육으로 배양한 향수 능력과 감식력을 바탕으로 문학을 주체적으로 취사선택 할 수 있으며 선택의 이유에 대해 설명할 수 있는 사람이 '주체적 독자'임을 알 수 있다. 여기서 향수 능력이란 '예술적인 아름다움이나 감동 따위를 음미하고 즐길 수 있는 능력'을 뜻하므로 감동을 준 작품의 작가를 확인하여 해당 작가의 다른 작품집을 선택하여 감상하는 ④의 내용이 '주체적 독자'와 가장 유사한 속성을 지녔다.

05회 실전동형모의고사

정답 p.46

01	④ 비문학	08	③ 비문학	15	③ 어법
02	④ 어법	09	④ 문학	16	④ 비문학
03	③ 비문학	10	② 비문학	17	② 비문학
04	① 문학	11	③ 비문학	18	④ 비문학
05	④ 어휘	12	① 어휘	19	④ 문학
06	③ 비문학	13	① 비문학	20	④ 문학
07	① 어휘	14	③ 문학		

취약영역 분석표

영역	틀린 답의 개수
어법	/ 2
비문학	/ 10
문학	/ 5
어휘	/ 3
혼합	- / 0
TOTAL	20

* 취약영역 분석표를 이용해 1개라도 틀린 문제가 있는 영역은 그 영역의 문제만 골라 해설을 다시 한번 꼼꼼히 학습하세요.

01 비문학 글의 전략 파악 난이도 중 ●●○

정답 설명

④ 제시문에서 건축 사조의 흐름에 따라 대상을 정의한 부분은 찾을 수 없으므로 적절하지 않다.

오답 분석

① 2문단에서 '정통 모더니즘'과 '뉴 브루털리즘'의 건축 기법을 대조하여 차이를 나타내고 있다.

② 2문단에서 '브루털리즘'이 '노출 콘크리트'에서 기인한 말임을 설명하여 골조를 노출시켜 골조의 재료가 마감재가 되도록 한 '브루털리즘'의 건축적 특성을 표현하고 있다.

③ 1문단에서 2차 세계대전 이후 현대 건축이 나아갈 방향과 현대 문명의 의미를 폭넓게 탐색한 '브루털리즘'의 건축사적 의의를 구체적인 요소(반미학 예술 운동, 모더니즘의 재해석, 일상성의 가치, 도시 환경 요소, 형태와 재료에 대한 고민)를 나열하여 드러내고 있다.

02 어법 말소리 (음운의 변동) 난이도 중 ●●○

정답 설명

④ 밭일[반닐]: 대치, 첨가(○)
'밭일'은 받침 'ㅌ'이 [ㄷ]으로 바뀌어 발음되는 대치 현상(음절의 끝소리 규칙)이 나타난다. 그리고 합성어에서 뒤 단어의 첫음절이 'ㅣ'인 경우 'ㄴ' 음을 첨가하여 발음하는 첨가 현상('ㄴ' 첨가)이 나타난다. 마지막으로 앞말의 받침 [ㄷ]이 뒤 단어의 초성 [ㄴ]의 영향으로 [ㄴ]으로 바뀌는 대치 현상(비음화)이 나타난다.

오답 분석

① 낡다[낙따]: 탈락, 첨가(×) → 탈락, 대치(○)
'낡다'는 음절 끝의 겹받침 'ㄺ'에서 'ㄹ'이 탈락하는 현상(자음군 단순화)이 나타난다. 그리고 '다'의 첫소리 'ㄷ'은 [낙]의 받침 'ㄱ'의 영향으로 [ㄸ]로 바뀌어 발음되는 대치 현상(된소리되기)이 나타난다.

② 앓는[알른]: 축약, 대치(×) → 탈락, 대치(○)
'앓는'은 음절 끝의 겹받침 'ㅀ'에서 'ㅎ'이 탈락하는 현상(자음군 단순화)이 나타난다. 그리고 '는'의 첫소리 'ㄴ'은 [알]의 받침 'ㄹ'의 영향으로 [ㄹ]로 바뀌어 발음되는 대치 현상(유음화)이 나타난다.

③ 섞자[석짜]: 대치, 탈락(×) → 대치(○)
'섞자'는 음절 끝의 받침 'ㄲ'이 [ㄱ]으로 바뀌는 대치 현상(음절의 끝소리 규칙)이 나타난다. 그리고 뒤 음절의 초성 'ㅈ'은 앞말의 받침인 안울림소리 'ㄱ'의 영향으로 [ㅉ]으로 발음되는 대치 현상(된소리되기)이 나타난다.

이것도 알면 합격!

음운 변동의 유형

교체 (대치)	원래의 음운이 다른 음운으로 바뀜 예 음절의 끝소리 규칙, 자음 동화, 구개음화, 모음 동화, 된소리되기
탈락	원래 있던 음운이 없어짐 예 'ㄹ' 탈락, 'ㅎ' 탈락, 'ㅡ' 탈락, 동음 탈락
축약	두 개의 음운이나 음절이 하나의 음운이나 음절로 합쳐짐 예 자음 축약, 모음 축약
첨가	이미 있는 것에 새로운 음운이 덧붙음 예 사잇소리 현상

03 비문학 작문 (개요 수정) 난이도 하 ●○○

정답 설명

③ '아동 보호 시설에 대한 국가의 지원 확대'는 'Ⅱ-1'과 관련된 근본적인 해결 방안이라고 볼 수 없으므로 적절하지 않다. ⓒ에는 'Ⅱ-1-다'를 고려하여 '아동 보호 시설의 수용 아동에 대한 정보 제공 의무화'와 같은 내용이 들어가는 것이 좋다.

오답 분석

① 'Ⅱ-2- 다'에 '국민 관심 제고'가 언급되어 있으므로, '실종 아동 찾기에 대한 관심 부족'을 ㉠의 하위 항목으로 추가하는 것은 적절하다.

② ㉡ '부모에게 의존적인 아동의 태도'는 '아동 실종 사건이 해결되기 어려운 이유'와는 관련이 없으므로 ㉡을 삭제하는 것은 적절하다.

④ 아동 실종 문제가 누구에게나 일어날 수 있는 일임을 부각하여 공감대를 형성하는 것은 국민들의 관심을 제고하는 방안이 될 수 있으므로 ㉣에 제시될 내용으로 적절하다.

04 문학 글의 내용 파악 난이도 중 ●●○

정답 설명

① ㉡㉢㉣은 '부자'를 가리키는 반면 ㉠은 '양반'을 가리키는 것이므로, 가리키는 사람이 다른 것은 ①이다. 이때 ㉠은 양반이 환곡을 갚기 위해 자신의 신분을 동리의 부자에게 팔고 난 후, 군수와 대화하며 본인을 가리킨 것이다.

오답 분석

② ㉡ 부자: 양반을 매매한 '부자'를 가리키는 말이다.

③ ㉢ 양반: 양반이 가난하여 환곡을 갚기 어려운 상황에서 남을 도왔다며 군수가 부자를 '진짜 양반'이라고 부르며 칭송하는 대목이므로, ㉢의 '양반'은 '부자'를 가리키는 말임을 알 수 있다.

④ ㉣ 너: 군수가 부자에게 말을 하고 있으므로, '너'는 부자를 가리키는 말이다.

이것도 알면 **합격!**

박지원, '양반전'에서 '양반'과 '아내'의 성격

양반	• 어질고 독서를 좋아하나 무능하여 가난함 • 현실 적응 능력이 없는 양반의 전형으로, 풍자의 대상이 됨
아내	• 실리적이고 경제적인 인식을 가지고 있는 인물 • 신분 질서가 붕괴되고 상공업의 발달로 평민 부호가 출현하던 조선 후기의 사회 변동에 민감하게 반응함

05 어휘 속담 난이도 하 ●○○

정답 설명

④ 제시문은 늦잠을 자서 급한 상황이라 해도 잠옷을 입고 나갈 수 없다는 내용이므로 이와 관련된 속담으로는 ④가 가장 적절하다.
- 아무리 바빠도 바늘허리 매어 쓰지는 못한다: 아무리 급하다 하여도 꼭 갖추어야 할 것은 갖추어야 일을 할 수 있음을 비유적으로 이르는 말

오답 분석

① 못 먹는 감 찔러나 본다: 제 것으로 만들지 못할 바에야 남도 갖지 못하게 못쓰게 만들자는 뒤틀린 마음을 이르는 말

② 송충이가 갈잎을 먹으면 죽는다: 1. '솔잎만 먹고 사는 송충이가 갈잎을 먹게 되면 땅에 떨어져 죽게 된다'라는 뜻으로, 자기 분수에 맞지 않는 짓을 하다가는 낭패를 봄을 비유적으로 이르는 말 2. 제 할 일은 안 하고 딴마음을 먹었다가는 낭패를 봄을 비유적으로 이르는 말

③ 하루 죽을 줄은 모르고 열흘 살 줄만 안다: 언제 죽을지 모르는 덧없는 세상에서 자기만은 얼마든지 오래 살 것처럼 행동하는 사람을 보고 이르는 말

06 비문학 세부 내용 파악 난이도 중 ●●○

정답 설명

③ 1문단과 2문단 1~2번째 줄을 통해 사람에 따라서 과학의 가치 중립성의 첫 번째 의미는 수긍하지만 두 번째 의미에 대해 반론을 제기함을 알 수 있다. 그러나 가치 중립성의 첫 번째 의미인 '과학이 결론을 취사선택할 수 없다'에 대한 반론은 제시문에서 찾아볼 수 없으므로 적절하지 않은 것은 ③이다.

오답 분석

① 2문단 끝에서 5~7번째 줄을 통해 확인할 수 있다.
[관련 부분] 유전학적 지식이 말해 주는 것은 단순히 어떤 질병이 유전한다는 것일 뿐

② 2문단 5~7번째 줄과 4문단 끝에서 1~3번째 줄을 통해 확인할 수 있다.
[관련 부분]
- 과학적 지식이 인간의 문제에 관하여 결정을 내려 준다고 생각한다. 그러나 더 주의 깊게 살펴보면 이것이 착각이라는 것은 분명하다.
- 상대성 이론과 원자 물리학이 원자탄의 투하를 가져왔다고 믿는 것은 이러한 오류(誤謬)의 전형적인 예이다.

④ 1문단 끝에서 1~3번째 줄과 3문단 끝에서 1~3번째 줄을 통해 확인할 수 있다.
[관련 부분]
- 둘째는(과학이 가치 중립적이라는 말의 두 번째 의미는), 과학으로부터 얻은 결론, 즉 과학 지식이 그 자체로서 가치에 관한 판단이나 결정을 내리지 못한다는 점이다.
- 생명의 연장과 고통의 제거, 이 둘 중에서 어느 것이 더 중요한 것인가는 결국 사람이(이 경우에는 의사가) 내린 결정이다.

07 어휘 한자 성어 난이도 중 ●●○

정답 설명

① ㉠은 젊은 시절 선비들이 학문에 뜻을 두고 밤낮을 가리지 않은 채 열심히 책을 읽고 글을 짓는 상황을 말하고 있다. 이와 같은 상황에 어울리는 한자 성어는 '옥이나 돌 등을 갈고 닦아서 빛을 낸다'라는 뜻으로, 부지런히 학문과 덕행을 닦음을 이르는 말인 '절차탁마(切磋琢磨)'이다.

오답 분석

② 心心相印(심심상인): 말없이 마음과 마음으로 뜻을 전함

③ 空理空論(공리공론): 실천이 따르지 않는, 헛된 이론이나 논의

④ 馬耳東風(마이동풍): '동풍이 말의 귀를 스쳐 간다'라는 뜻으로, 남의 말을 귀담아듣지 않고 지나쳐 흘려버림을 이르는 말

08 비문학 글의 구조 파악 난이도 중 ●●○

정답 설명

③ (라) - (나) - (가) - (다)의 순서가 가장 자연스럽다.

순서	중심 내용	순서 판단의 단서와 근거
(라)	연금 제도의 목적과 국가의 공적 연금 제도 실시	제시문의 중심 화제(연금 제도)를 제시하고, 국가가 공적 연금 제도를 실시하는 이유에 대해 질문하며 주의를 환기함
(나)	국가가 공적 연금 제도를 실시하는 이유와 사적 연금의 부작용	지시 표현 '그것은': (라)에서 언급한 국가가 공적 연금 제도를 실시하는 이유(사적 연금과 공공 부조의 부작용)를 밝힘
(가)	공공 부조의 부작용과 공적 연금 제도의 운영 방식	접속어 '한편': (나)에 이어서 국가가 공적 연금 제도를 실시하는 다른 측면의 이유인 공공 부조의 부작용에 대해 설명함
(다)	공적 연금 제도의 운영에 대한 두 입장	(가)에서 설명한 공적 연금 제도의 운영 방식에 이어 (다)에서는 우리나라의 공적 연금 제도에 대한 두 관점을 제시하며 화제를 전환함

09 문학 작품의 종합적 감상 (현대 시) 난이도 중 ●●○

정답 설명

④ '가난한 노래의 씨'를 뿌린다는 것은 부정적이고 암울한 현실을 극복하려는 화자의 구체적 행동이다. 따라서 '가난한 노래의 씨'는 화자가 처한 부정적 현실을 나타낸 것이 아니라 암담한 현실을 이겨내기 위한 자기희생의 의지를 드러낸다. 참고로 부정적 현실을 드러내는 시어는 '눈'이다.

오답 분석

① 1연 1행의 '까마득한 날'은 광야가 처음 열린 과거를 나타내고, 4연의 눈이 내리는 '지금'은 광야에 시련이 찾아온 현재를 뜻한다. 그리고 5연 1행의 '천고의 뒤'는 아직 실현되지 않았지만 부정적 현실을 극복한 광야의 미래를 의미하므로 시간의 흐름에 따라 시상이 전개되고 있음을 확인할 수 있다.

② 2연 1~2행의 산맥이 바다를 연모해 휘달린다는 표현이나 2연 3행의 산맥이 이곳(광야)을 범하진 못했을 것이라는 표현을 통해 의인화 기법이 사용된 것을 확인할 수 있다. 또한 이런 의인화 기법을 통해 산맥도 함부로 범하지 못한 시적 대상(광야)의 신성함을 드러내고 있다.

③ 4연 3행의 '내 여기 가난한 노래의 씨를 뿌려라'와 5연 3행의 '이 광야에서 목놓아 부르게 하리라'에서 문장을 명령형으로 종결함으로써 부정적 현실을 이겨내려는 화자의 강인한 의지를 드러내고 있음을 확인할 수 있다.

이것도 알면 **합격!**

이육사, '광야'의 주제 및 특징

1. 주제: 조국 광복에 대한 의지와 염원
2. 특징
   (1) 내면의 신념을 독백적 어조를 통해 드러냄
   (2) 시간의 흐름(과거 - 현재 - 미래)에 따라 시상을 전개함
   (3) 속죄양 모티프를 담은 상징적 시어를 통해 주제를 강조함

10 비문학 화법 (말하기 전략) 난이도 하 ●○○

정답 설명

② '한울'은 첫 번째 발화에서 '현하'가 계속 말을 이어갈 수 있도록 질문을 던지며 관심을 표현하고 있다. 또한 '한울'의 두 번째 발화에서 '한울'이 '현하'의 상황과 감정에 대해 공감해 주고 있으므로 정답은 ②이다.

[관련 부분]

- 왜? 무슨 일 있어?
- 갑자기 일정이 생겨서 많이 당황했겠다.

11 비문학 관점과 태도 파악 난이도 중 ●●○

정답 설명

③ 제시문의 필자는 루카치의 견해에 따라 자본주의 사회의 특성인 물신화, 상품화를 비판하며 이러한 물신화의 이면을 파악할 수 있는 것은 노동임을 설명하고 있다. 또한 제시문의 5~6번째 줄에서 노동자가 자신의 예속 상태를 알아차릴 수 있는 수단이 신성한 노동의 힘이라고 하였으므로, '인간의 노동'은 비판의 대상이 아님을 알 수 있다.

[관련 부분] 루카치에 의하면 그런 인식은 '신성한' 노동의 힘에서 나온다.

12 어휘 한자어 (한자어의 표기) 난이도 중 ●●○

정답 설명

① 한자 표기가 옳은 것은 ① ㉠ '苦悶(고민)'이다.
- 苦悶(쓸 고, 답답할 민): 마음속으로 괴로워하고 애를 태움

오답 분석

② ㉡ 挑出(돋울 도, 날 출)(×) → 導出(인도할 도, 날 출)(○): '판단이나 결론 따위를 이끌어 냄'을 뜻하는 '도출'의 '도'는 '導(인도할 도)'를 써야 한다.
- 挑出(돋울 도, 날 출): 시비나 싸움을 겲

③ ㉢ 看週(볼 간, 돌 주)(×) → 看做(볼 간, 지을 주)(○): '상태, 모양, 성질 따위가 그와 같다고 봄. 또는 그렇다고 여김'을 뜻하는 '간주'의 '주'는 '做(지을 주)'를 써야 한다.

④ ㉣ 志向(뜻 지, 향할 향)(×) → 指向(가리킬 지, 향할 향)(○): '작정하거나 지정한 방향으로 나아감. 또는 그 방향'을 뜻하는 '지향'의 '지'는 '指(가리킬 지)'를 써야 한다.
- 志向(뜻 지, 향할 향): 어떤 목표로 뜻이 쏠리어 향함. 또는 그 방향이나 그쪽으로 쏠리는 의지

13 비문학 세부 내용 파악 난이도 하 ●○○

정답 설명

① 2문단 끝에서 2~3번째 줄을 통해 국중대회는 농사가 잘 되기를 기원하며 노래를 부르고 춤을 추는 행사였음을 알 수 있다.
[관련 부분] 국중대회는 농사가 잘되게 해달라고 굿을 하면서 노래 부르고 춤을 춘 행사이면서

오답 분석

② 1문단 끝에서 1~3번째 줄을 통해 마한은 5월과 10월 두 번에 걸쳐 농경 의식을 치렀음을 알 수 있다.
[관련 부분] 마한에는 5월에 씨를 뿌리고 난 후와 10월에 농사를 끝내고 신에게 제사 지내는 농경 의식이 있었다.

③ 2문단 끝에서 1~2번째 줄을 통해 제천 의식은 정치적 기능도 수행했음을 알 수 있다.
[관련 부분] (국중대회는) 국가 단합을 위한 정치적인 기능도 수행한 것으로 보인다.

④ 1문단 3~4번째 줄을 통해 나라마다 제천 의식의 명칭이 다름을 알 수 있으나, 제천 의식이 비슷한 시기에 행해졌음을 제시문을 통해 알 수 없다.
[관련 부분] 부여의 영고(迎鼓), 고구려의 동맹(東盟), 예(濊)의 무천(舞天)은 제천 의식이었다.

14 문학 문학 감상의 관점 난이도 중 ●●○

정답 설명

③ <보기>는 김영랑의 '모란이 피기까지는'을 읽은 독자가 작품을 통해 느낀 감동에 대해 서술한 글이므로, 제시문에 나타난 작품 감상의 관점은 ③ '수용론적 관점'이다. '수용론적 관점(효용론적 관점)'은 작품의 외부적인 요인과 작품의 관계를 연관 짓는 외재적 관점 중의 하나로, 작품이 독자에게 주는 의미를 중심으로 작품을 감상하는 관점이다.

오답 분석

① 생산론적 관점(표현론적 관점): 외재적 관점 중의 하나로, 작품이 작가와 맺는 관계를 중시하는 관점이다.

② 절대론적 관점: 작품의 외부적인 요인을 배제한 채 언어, 문체, 구성 등의 작품 내부적 요소를 분석하는 관점이다.

④ 반영론적 관점: 외재적 관점 중의 하나로, 작품과 현실과의 관계를 중시하는 관점이다.

15 어법 단어 (품사의 구분) 난이도 중 ●●○

정답 설명

③ 모든 국민이 평등한 나라를 만들어야 한다: 이때 '모든'은 체언 '국민'을 수식하며 활용하지 않고 서술성이 없으므로 품사는 관형사이다. 하지만 ① ② ④의 밑줄 친 단어는 모두 형용사이므로 품사가 다른 하나는 ③이다.
- 모든: 빠짐이나 남김이 없이 전부의

오답 분석

① ② ④ 모두 품사는 형용사이다.

① 새로운 기술: 이때 '새로운'은 '기술이 새롭다'와 같이 서술성이 있으며 기본형 '새롭다'가 활용한 것이므로 품사는 형용사이다.

② 밝은 불빛: 이때 '밝은'은 '불빛이 밝다'와 같이 서술성이 있고, 기본형 '밝다'가 활용한 것이므로 품사는 형용사이다.

④ 성격은 다른: 이때 '다른'은 '성격이 다르다'와 같이 서술성이 있고, 기본형 '다르다'가 활용한 것이므로 품사는 형용사이다.

이것도 알면 **합격!**

형용사의 관형사형과 관형사의 차이점

형용사의 관형사형	기본형이 존재하여 활용하고, 서술성을 지님 예 • 눈이 큰 사람이다. (기본형: 크다) • 굳은 결심을 했다. (기본형: 굳다)
관형사	활용하지 않고, 서술성이 없음 예 • 헌 옷 • 아빠는 타지에서 갖은 고생을 했다.

16 비문학 주제 및 중심 내용 파악 난이도 중 ●●○

정답 설명

④ 제시문은 경주 최 부잣집의 사례를 비롯한 다양한 역사적 실천 사례들을 바탕으로 '노블레스 오블리주'의 개념과 이것이 사회에 미친 긍정적인 영향을 설명하고 있다. 따라서 글의 제목으로 가장 적절한 것은 ④이다.

17 비문학 글의 전략 파악 난이도 중 ●●○

정답 설명

② 2~4번째 줄에서 '입자물리학'이라는 용어를 정의의 방식으로 서술하고 있으므로 답은 ②이다.

[관련 부분] 원자보다도 더 작으면서 더 이상 쪼개지지 않는 근본 물질을 찾는 것인데, 이런 연구를 '입자물리학'이라고 부른다.

오답 분석

① ③ ④ 모두 제시문과 관련 없는 내용이므로 적절하지 않다.

18 비문학 내용 추론 난이도 중 ●●○

정답 설명

④ 2문단 4~6번째 줄에서 갈릴레오는 샹들리에의 흔들리는 폭과 상관없이 샹들리에가 한 번 왕복하는 데 걸리는 시간은 언제나 동일하다는 것을 발견했다고 하였다. 따라서 (가)에는 진폭과 관계없이 진동의 주기가 일정할 것이라는 내용이 들어가야 하므로 답은 ④이다.

[관련 부분] 샹들리에의 흔들리는 폭은 점점 줄어들었으나, 흔들림이 크건 작건 한 번 왕복하는 데 걸리는 시간은 동일했던 것이다.

오답 분석

① 2문단 끝에서 3~5번째 줄을 통해 진동 폭과 진자의 운동 시간이 정비례한다는 것은 그 당시 통용되던 생각임을 알 수 있다. 그러나 문맥상 갈릴레오가 일반적인 통념을 깬 새로운 발견을 했다는 추론이 가능하므로 ①은 (가)에 들어갈 내용으로 적절하지 않다.

[관련 부분] 그 당시만 해도 흔들거리는 물체의 폭이 좁을수록 시간이 적게 걸린다는 것이 일반적인 생각이었다.

② ③ 제시문을 통해 추론할 수 없다.

19 문학 작품의 종합적 감상 (현대 소설) 난이도 하 ●○○

정답 설명

④ 제시된 작품은 정돈된 건우네 집 안팎의 모습이 구체적으로 묘사되고 있다. 이를 통해 건우 어머니의 부지런한 성격을 알 수 있으므로 적절한 설명은 ④이다.

오답 분석

① ② 제시된 작품에서 확인할 수 없는 내용이다.

③ 첫 문장을 제외하고는 문장을 길게 서술하고 있는 것을 확인할 수 있으며, 특별한 사건이 전개되고 있지도 않으므로 적절하지 않다.

20 문학 작품의 종합적 감상 (현대 소설) 난이도 중 ●●○

정답 설명

④ '화개 장터' 삼거리 길은 성기가 살아온 곳으로 향하는 길과 계연이 떠나간 길, 그리고 성기가 떠나갈 길로 나뉘어 있다. 이는 헤어짐과 방랑의 삶을 나타낸다. 이 중 '하동' 쪽으로 난 길이 성기가 주어진 운명에 순응한 것임을 의미할 뿐, '화개 장터' 삼거리 길이 모두 주어진 운명에 수용하는 삶을 상징하는 것은 아니다. 따라서 답은 ④이다.

오답 분석

① 성기가 옥화에게 떠돌이의 삶을 상징하는 '엿판'을 맞춰 달라고 말하는 장면에서 결국 방랑을 택한 성기에게 충격받은 옥화의 모습이 드러나 있다.

② 마지막 문단에서 한 걸음씩 발을 옮길수록 성기의 마음이 가벼워졌다는 내용과 성기가 콧노래까지 흥얼거리며 간다는 내용을 통해 자신의 운명을 받아들인 성기가 홀가분해하고 있음을 알 수 있다.

③ 성기는 옥화에게 '엿판'을 맞춰달라고 하고 집을 떠나는데, 이를 통해 '엿판'이 성기가 운명에 순응하고 떠돌이의 삶을 살아갈 것을 의미함을 알 수 있다.

이것도 알면 합격!

김동리, '역마'의 '세 갈래 길' 의미

- 화갯골로 난 길: 주인공 '성기'가 살아온 곳으로, '성기'의 과거의 삶을 의미함
- 구례로 난 길: '계연'이 떠나간 길로, 자신의 운명을 거부하는 삶을 의미함
- 하동 쪽으로 난 길: 운명에 순응하여 자신의 역마살을 받아들이는 삶을 의미함

06회 실전동형모의고사

정답

p.54

01	① 비문학	08	③ 비문학	15	④ 비문학
02	③ 어법	09	② 문학	16	② 어법
03	④ 비문학	10	④ 어휘	17	② 비문학
04	④ 문학	11	④ 문학	18	① 비문학
05	① 비문학	12	① 비문학	19	④ 비문학
06	④ 어법	13	② 문학	20	④ 비문학
07	④ 어휘	14	② 비문학		

취약영역 분석표

영역	틀린 답의 개수
어법	/ 3
비문학	/ 11
문학	/ 4
어휘	/ 2
혼합	– / 0
TOTAL	20

* 취약영역 분석표를 이용해 1개라도 틀린 문제가 있는 영역은 그 영역의 문제만 골라 해설을 다시 한번 꼼꼼히 학습하세요.

01 비문학 화법 (말하기 전략) 난이도 하 ●○○

정답 설명

① 유정은 강아지를 입양하고 싶다는 은수의 말에 버려지는 반려동물에 대한 수치를 근거로 들어 다시 생각해 볼 것을 권하고 있으므로 답은 ①이다.

[관련 부분] 한국에서는 연간 5,000마리 이상의 반려동물이 주인으로부터 버림받고, 그중 20%는 입양되지 못해 안락사를 당한다고 해.

02 어법 문장 (관계 관형절과 동격 관형절) 난이도 중 ●●○

정답 설명

③ 밑줄 친 절 중 ③은 동격 관형절이고, ① ② ④는 모두 관계 관형절이므로 성격이 나머지 셋과 다른 것은 ③이다.

- 재희가 사진을 본 까닭은 무엇일까: '재희가 사진을 보다'라는 문장이 관형절로 안겨 있는 문장으로, 피수식어 '까닭'과 관형절이 동일한 의미를 가진다.

오답 분석

① 나는 재희가 쓴 편지를 읽었다: '재희가 (편지를) 쓰다'라는 문장이 관형절로 안겨 있는 문장으로, 피수식어 '편지'가 관형절 내의 목적어가 되는 관계 관형절이다.

② 재희가 물어본 문제는 매우 쉬웠다: '재희가 (문제를) 물어보다'라는 문장이 관형절로 안겨 있는 문장으로, 피수식어 '문제'가 관형절 내의 목적어가 되는 관계 관형절이다.

④ 재희가 탄 차는 속도가 엄청 빨랐다: '재희가 (차를) 타다'라는 문장이 관형절로 안겨 있는 문장으로, 피수식어 '차'가 관형절 내의 목적어가 되는 관계 관형절이다.

03 비문학 세부 내용 파악 난이도 중 ●●○

정답 설명

④ 1문단 5~6번째 줄과 2문단 1~2번째 줄을 통해 유기물이 석유로 변환되는 지층은 근원암이며, 비전통 가스는 근원암에 갇혀 있는 가스를 추출한 것임을 알 수 있다.

[관련 부분]

- 유기물이 석유로 변환되는 지층을 근원암이라고 하는데
- 비전통 가스는 저류암이 아닌 근원암에 갇혀 있는 가스를 추출한 것이다.

오답 분석

① 2문단 끝에서 1~3번째 줄을 통해 비전통 가스가 전통 가스에 비해 채굴 방식이 복잡함을 알 수 있다.

[관련 부분] 대표적인 비전통 가스인 셰일가스는 ~ 전통 가스와 같은 방식으로 채굴할 수 없으며 높은 기술력이 요구된다.

② 1문단 1~2번째 줄을 통해 천연가스는 가스를 채취하는 지층의 특성에 따라 전통 가스와 비전통 가스로 구분됨을 알 수 있으나, 전통 가스와 비전통 가스의 성분이 다르다는 점은 제시문을 통해 알 수 없다.

[관련 부분] 천연가스는 가스를 채취하는 지층의 특성에 따라 전통 가스와 비전통 가스로 나뉜다.

③ 1문단 끝에서 3~6번째 줄을 통해 석유는 입자가 조밀한 근원암으로부터 빠져나와 비교적 입자가 큰 저류암으로 흐른다는 사실을 알 수 있다.

[관련 부분] 근원암은 석유가 잘 흐를 수 없을 정도로 입자가 조밀하다. 여기에서 생성된 석유의 일부는 높은 압력으로 인해 근원암에서 빠져나와 비교적 입자가 큰 저류암으로 흐르게 되며

04 문학 소재 및 문장의 의미 난이도 중 ●●○

정답 설명

④ 행위의 주체가 같은 것은 ㉤, ㉥이다.
- ㉤: 대왕이 나라를 세우고 집안을 이루라고 아이(석탈해)에게 축원했다는 내용을 통해 집안을 이루는 주체는 '아이(석탈해)'임을 알 수 있다.
- ㉥: 아이(석탈해)가 호공의 집을 빼앗으려 계책을 냈다는 내용을 통해 호공의 집에 숯을 묻은 주체는 '아이(석탈해)'임을 알 수 있다.

오답 분석

- ㉠: 아진의선이 배를 묶어두고 길흉을 알 수 없어 하늘을 향해 고했다는 내용을 통해 해당 행위의 주체는 '아진의선'임을 알 수 있다.
- ㉡: 아진의선이 남자아이를 발견했다는 내용을 통해 그 남자아이를 잘 보살핀 주체는 '아진의선'임을 알 수 있다.
- ㉢: 적녀국 왕의 딸인 왕비가 아들을 얻기 위해 7년간 빌었다는 내용을 통해 알을 낳은 주체는 '왕비'임을 알 수 있다.
- ㉣: 대왕이 아이를 넣은 궤짝, 칠보와 노비를 배에 실었다는 내용을 통해 배를 띄워 보낸 주체는 '대왕'임을 알 수 있다.

05 비문학 내용 추론 난이도 하 ●○○

정답 설명

① 1문단 8~10번째 줄에서 동양인은 자신이 속한 내집단에 강한 애정을 보인다고 하였으므로 소속 집단의 가치가 올라갈수록 개인의 행복감도 증진될 것이라는 사실을 추론할 수 있다.
[관련 부분] 동양인은 집합주의적인 성향이 강해 자신이 속한 내집단에 강한 애정을 보이며, 자신이 속하지 않은 외집단에 대해 거리감을 둔다.

오답 분석

② 1문단 3~7번째 줄에서 동양인은 자신을 소개할 때 가정이나 사회에서 자신이 어떤 위치인지를 먼저 설명한 반면 서양인은 자신의 행동이나 성격을 중점적으로 서술했다고 하였으므로, 동양인의 자기 개념은 역할이나 관계 중심으로 형성되어 있음을 추론할 수 있다.
[관련 부분] 동양인은 자신이 속한 가정이나 학교, 직장 등을 언급한 후 그 안에서 자신이 어떤 일을 하는지, 자신의 위치가 어느 정도 되는지를 주로 표현한 반면 ~ 서양인은 자신의 성격이나 행동을 중점적으로 서술했다.

③ 서양인이 대화 상황에서 의도와 맥락을 중시하는지는 제시문을 통해 추론할 수 없다.

④ 1문단 끝에서 6~11번째 줄에서 동양인은 내집단에 애정을 가지고 외집단에 거리감을 두는 반면 서양인은 내집단과 외집단을 크게 구별하지 않는다고 하였으므로 외부의 적을 이용해 집단의 결속력을 강하게 만드는 전략은 서양보다 동양에서 효과적일 것이다.
[관련 부분] 동양인은 ~ 내집단에 강한 애정을 보이며, ~ 외집단에 대해 거리감을 둔다. ~ 서양인은 ~ 내집단원과 외집단원을 크게 구별하지 않음을 의미한다.

06 어법 표준어 사정 원칙 난이도 중 ●●○

정답 설명

④ 애시당초(×) → 애당초(○): '일의 맨 처음'이라는 뜻으로, '당초'를 강조하여 이르는 말의 표준어는 '애당초'이다. '애시당초'는 '애당초'의 잘못된 표기이다.

오답 분석

① 조그맣네(○): '조그맣네'는 '조금 작거나 적다'를 뜻하는 '조그맣다'의 어간 '조그맣-'에 종결 어미 '-네'가 결합한 것이다. 참고로 기존에는 '조그마네'만 표준 활용형으로 인정받았으나, 2015년에 현실의 쓰임을 반영하여 '조그맣네'도 표준 활용형으로 인정되었다.

② 걸판지게(○): '걸판지다'는 '매우 푸지다'를 뜻하는 표준어이다. 기존 표준어 '거방지다'와 뜻이나 어감이 달라 2016년에 별도의 표준어로 인정한 것이다.

③ 삐지니(○): '삐지다'는 '성나거나 못마땅해서 마음이 토라지다'를 뜻하는 표준어로, 2014년에 기존 표준어 '삐치다'에 추가로 인정된 복수 표준어이다.

07 어휘 한자어 (한자어의 표기) 난이도 중 ●●○

정답 설명

④ ㉣ 선양(煽揚: 부채질할 선, 날릴 양)(×) → 선양(宣揚: 베풀 선, 날릴 양)(○): 문맥상 ㉣ '선양'은 '명성이나 권위 등을 널리 떨치게 함'을 뜻하며, 이때 '선양'의 '선'은 '宣(베풀 선)'을 쓴다. 따라서 한자 표기가 옳지 않은 것은 ④이다.
- 선양(煽揚): 부추기어 일으킴

오답 분석

① ㉠ 흥행(興行: 일 흥, 다닐 행): 공연 상영 등이 상업적으로 큰 수익을 거둠

② ㉡ 환영(歡迎: 기쁠 환, 맞을 영): 오는 사람을 기쁜 마음으로 반갑게 맞음

③ ㉢ 공감(共感: 한가지 공, 느낄 감): 남의 감정, 의견, 주장 등에 대하여 자기도 그렇다고 느낌. 또는 그렇게 느끼는 기분

08 비문학 주제 및 중심 내용 파악 난이도 중 ●●○

정답 설명

③ 제시문은 군자는 언행을 삼가는 것도 중요하지만 때로는 예교의 속박에서 벗어날 줄도 알아야 하며, 수양을 한다는 이유로 스스로를 괴롭히는 것은 바람직하지 않다고 말하고 있다. 따라서 글의 주장으로 가장 적절한 것은 ③이다.
[관련 부분]
- 이보다 더 중요한 것은 때로 예교의 속박을 훌훌 벗어 던질 줄도 아는 시원스런 풍취를 지녀야 한다는 점이다.
- 수양을 한다면서 공연히 자기 자신을 들들 볶는 사람들 ~ 그렇게 해서 그가 이뤄낸 것이 제아무리 아름답다 해도 나는 그것을 가벼이 여기련다.

09 문학 글의 구조 파악 난이도 중 ●●○

정답 설명

② 괄호 안에 들어갈 접속어는 순서대로 '또 - 그리고 - 그러나 - 그래서'이므로 답은 ②이다.

- ㉠: ㉠의 앞은 영채가 두자미, 소동파의 세상을 근심하는 시구를 생각하는 장면이고, ㉠의 뒤는 영채가 월화와 함께 대성 학교장의 연설을 듣던 것을 회상하는 장면이다. 따라서 영채의 회상이라는 점에서 유사한 두 상황을 연결해주는 '또'가 들어가는 것이 적절하다.
- ㉡: ㉡의 앞은 영채가 대성 학교장의 연설과 형식의 말의 공통점을 생각하는 것을 나타내며, ㉡의 뒤는 형식을 쳐다보는 장면을 나타낸다. 따라서 두 상황을 병렬적으로 연결해주는 '그리고'가 들어가는 것이 적절하다.
- ㉢: ㉢의 앞은 선형이 조선 민중을 교육과 실행으로 가르치고 인도해야 함을 언급하였으며, ㉢의 뒤는 그것을 형식 혼자 하는 것이 아닌 우리가 해야 함을 깨닫게 하기 위한 말이 나타난다. 따라서 앞의 내용과 뒤의 내용이 양보적으로 대립되므로 '그러나'가 들어가는 것이 적절하다.
- ㉣: ㉣의 앞은 선형이 형식, 영채와 민족 계몽을 함께하는 동지애를 나타내며, ㉣의 뒤는 선형이 형식과 영채를 모두 사랑하겠다고 다짐한 후 그들을 바라보는 장면을 나타내고 있다. 따라서 앞의 내용이 뒤의 내용의 원인일 때 쓰이는 '그래서'가 들어가는 것이 적절하다.

10 어휘 한자 성어 난이도 중 ●●○

정답 설명

④ '공휴일궤(功虧一簣)'는 '산을 쌓아 올리는데 한 삼태기의 흙을 게을리하여 완성을 보지 못한다'라는 뜻으로, 거의 이루어진 일을 중지하여 오랜 노력이 아무 보람도 없게 됨을 비유적으로 이르는 말이다. 하지만 ① ② ③은 모두 노력하면 끝내 이룰 수 있음을 의미하는 한자 성어이므로 뜻이 가장 다른 하나는 ④이다.

오답 분석

① 수적천석(水滴穿石): '물방울이 바위를 뚫는다'라는 뜻으로, 작은 노력이라도 끈기 있게 계속하면 큰 일을 이룰 수 있음을 의미한다.

② 우공이산(愚公移山): '우공이 산을 옮긴다'라는 뜻으로, 어떤 일이든 끊임없이 노력하면 반드시 이루어짐을 이르는 말이다.

③ 마부작침(磨斧作針): '도끼를 갈아서 바늘을 만든다'라는 뜻으로, 아무리 어려운 일이라도 끊임없이 노력하면 반드시 이룰 수 있음을 이르는 말이다.

11 문학 작품의 종합적 감상 (시) 난이도 상 ●●●

정답 설명

④ 제시된 작품은 근대 문명을 상징하는 기차를 통해 문명개화에 대한 긍정적 시선을 드러내고 있다. 1절에서는 기차의 빠른 모습을 예찬적 태도로 묘사하고 있으며, 2절에서는 '우리네와 외국인'이 함께 앉아 있는 기차 안의 풍경을 통해 외국의 문물을 받아들이고 새로운 사회로 나아가는 모습을 표현하고 있다.

오답 분석

① 문명개화를 위해 민중을 계몽하고자 한 의도는 있으나, 근대식 교육의 필요성에 대한 내용은 드러나지 않으므로 적절하지 않은 반응이다.

② 전통과 신문물의 조화에 대한 내용은 제시되어 있지 않으므로 적절하지 않은 반응이다.

③ 기차가 개통되고 외국인과 함께 기차를 타는 모습을 통해 조선이 이미 외국의 기술과 사람을 받아들여 문호를 개방했음을 알 수 있으므로 적절하지 않은 반응이다.

이것도 알면 **합격!**

최남선, '경부 철도 노래'의 주제 및 특징

1. 주제: 문명개화에 대한 예찬
2. 특징
   (1) 개화 가사의 4·4조 4음보의 전통적 율격을 탈피하여 7·5조 3음보 형식을 취함
   (2) 각 절이 4행으로 이루어진 창가임
   (3) 직유법, 영탄법, 과장법이 쓰임

12 비문학 작문 (고쳐쓰기) 난이도 하 ●○○

정답 설명

① ㉠의 앞에서 기존에는 님비 현상이 혐오 시설에 대해서만 일어났다는 점을 언급한 뒤 ㉠의 뒤에서 혐오 시설이 아닌 시설에 대해서도 님비 현상이 확산되고 있다는 내용을 설명하고 있으므로 역접의 접속어 ㉠ '그러나'가 적절하게 쓰였다. 따라서 '그러나'를 '그러므로'로 고쳐 써야 한다는 ①은 적절하지 않다.

오답 분석

② 제시문은 님비 현상에 대한 내용이나, ㉡은 님비 현상과 반대되는 핌피 현상에 대해 설명하고 있으므로 글의 통일성에 위배된다. 따라서 ㉡은 삭제하는 것이 적절하다.

③ ㉢에는 서술어 '반대하는'과 호응하는 목적어가 생략되어 있으므로 '요양 병원 건립을'과 같은 목적어를 넣어 주어야 한다.

④ ㉣의 앞뒤 문맥상 이해관계만을 추구한다는 뜻이므로 ㉣ '쫓아'는 '목표, 이상, 행복 따위를 추구하다'를 뜻하는 '좇아'로 고쳐 써야 한다.
- 쫓다: 어떤 대상을 잡거나 만나기 위하여 뒤를 급히 따르다.

13 문학 표현상의 특징과 효과 난이도 중 ●●○

정답 설명

② 제시된 작품에 관념적 표현이 사용된 부분은 없으며, '대쵸(대추), 밤, 벼' 등 구체적인 시어를 통해 농촌의 가을 풍경을 사실적으로 묘사하였다. 따라서 설명이 옳지 않은 것은 ②이다.

오답 분석

① 초장과 중장이 비슷한 구조로 대구를 이루어 운율을 형성하였다.

③ '대추, 밤, 벼, 게, 술' 등 가을 농촌과 관련된 시어들을 나열하여 농촌 생활의 풍요로움을 표현하였다.

④ 다양한 감각적 표현이 사용되었다.
- 대쵸 볼 불근: 시각적 심상
- 뜻드르며: 청각적 심상
- 술 닉쟈: 후각적 심상

지문 풀이

> 대추가 발갛게 익은 골짜기에 밤은 어찌 뚝뚝 떨어지며,
> 벼를 베고 난 그루터기에 게는 어찌 내려와 기어다니는가?
> 술이 익자마자 체 장수가 체를 팔고 돌아가니 아니 먹고 어찌하겠는가
> – 황희

14 비문학 관점과 태도 파악 난이도 중 ●●○

정답 설명

② 갑은 감각을 통해 대상을 있는 그대로 경험할 수 있다고 주장하며, 을은 감각을 통해 느끼는 세계는 환경이나 조건에 따라 달라진다고 주장하고 있다. 갑의 주장에 따르면 관찰자가 다르더라도 동일한 대상을 관찰했을 때의 결과는 같아야 하므로, 동일한 대상을 관찰한 결과가 다르다면 을의 주장을 뒷받침하는 증거가 된다.

오답 분석

① 갑은 감각과 실재 세계가 일치한다고 생각하므로 감각적 경험을 신뢰하고 있다고 볼 수 있다.
[관련 부분] 인간은 감각이 있기 때문에 세계를 경험할 수 있고, 그 세계는 당연히 우리의 느낌과 동일하게 실재하는 세계야.

③ 을은 감각 경험이 불완전하다고 보고 있으며, 이 때문에 감각으로 느끼는 정보와 실재 세계 간의 차이가 발생한다고 생각한다.
[관련 부분]
- 감각으로 느끼는 정보는 환경이나 조건에 따라 달라지기 쉬워.
- 인간이 감각을 통해 경험하는 세계는 언제나 불완전한 것이고

④ 갑은 인간이 감각으로 경험하는 세계가 곧 실재하는 세계라고 생각하며, 을은 지각된 세계가 실재 세계와 동일한 것은 아니라고 생각한다.
[관련 부분]
- 인간은 감각이 있기 때문에 세계를 경험할 수 있고, 그 세계는 당연히 우리의 느낌과 동일하게 실재하는 세계야.
- 인간이 감각을 통해 경험하는 세계는 언제나 불완전한 것이고, 지각된 세계가 실재 세계라고 맹신하기 어려운 거야.

15 비문학 글의 구조 파악 (문장 배열) 난이도 중 ●●○

정답 설명

④ ㄴ - ㄹ - ㅁ - ㄱ - ㄷ의 순서가 가장 자연스럽다.

순서	중심 내용	순서 판단의 단서와 근거
ㄴ	'가짜'에 대한 통념: 가짜는 진짜의 가치를 빛나게 함	지시어나 접속어로 시작하지 않으면서 '가짜'라는 중심 화제를 제시함
ㄹ	'클레시 페이크'의 인기	접속어 '그러나': ㄴ에 제시된 가짜에 대한 부정적인 인식과 상반된 소비 형태를 보이는 '클래시 페이크'를 소개함
ㅁ	'클레시 페이크'의 어원과 사례	지시어 '이는': ㄹ에서 언급한 '클레시 페이크'를 가리킴
ㄱ	과거에는 가짜(인조 모피)가 진짜(천연 모피)의 가치를 뛰어넘지 못하였음	키워드 '인조 모피': ㅁ에서 제시된 '클레시 페이크'의 사례를 이어 받아 설명함
ㄷ	소비자의 인식 변화와 기술의 발달로 가짜가 진짜를 앞서게 됨	접속어 '하지만': ㄱ과 상반되는 상황과 그 이유가 제시됨

16 어법 단어 (동사와 형용사의 구분) 난이도 중 ●●○

정답 설명

② 이때 '굳다'는 '흔들리거나 바뀌지 않을 만큼 힘이나 뜻이 강하다'라는 뜻으로, 주어의 상태를 나타내며 현재 시제 선어말 어미 '-는-'이 결합할 수 없으므로 (의지가 굳는다 ×) 형용사이다.

오답 분석

① 이때 '굳다'는 '근육이나 뼈마디가 뻣뻣하게 되다'라는 뜻으로, 주어의 동작을 나타내며 현재 시제 선어말 어미 '-는-'과 결합할 수 있으므로 동사이다.

③ 이때 '굳다'는 '표정이나 태도 등이 부드럽지 못하고 딱딱하여지다'라는 뜻으로, 주어의 동작을 나타내며 현재 시제 선어말 어미 '-는-'과 결합할 수 있으므로 동사이다.

④ 이때 '굳다'는 '돈이나 쌀 등이 헤프게 없어지지 않고 자기의 것으로 계속 남게 되다'라는 뜻으로, 주어의 동작을 나타내며 현재 시제 선어말 어미 '-는-'과 결합할 수 있으므로 동사이다.

이것도 알면 **합격!**

동사와 형용사의 구분 방법

의미로 구분	동작이나 과정을 나타내면 동사이고, 성질이나 상태를 나타내면 형용사임	
어미 결합 여부로 구분	현재 시제 선어말 어미 '-는-/-ㄴ-'과 관형사형 어미 '-는-'	→ 결합할 수 있으면 동사 → 결합할 수 없으면 형용사
	의도의 어미 '-려', 목적의 어미 '-러'	
	명령형 어미 '-아라/-어라', 청유형 어미 '-자'	

17 비문학 세부 내용 파악 난이도 하 ●○○

정답 설명

② 1문단 끝에서 1~3번째 줄을 통해 우리말은 중국말을 뒤섞어 사용하는 지배층의 언어와 토박이말을 사용하는 일반 백성의 언어로 이원화되었음을 알 수 있다. 또한 1문단 끝에서 5~6번째 줄을 통해 이러한 언어의 이원화로 수많은 백성들이 아픔과 괴로움에 시달렸다는 것을 알 수 있다.

[관련 부분]

- 우리말 또한 중국말을 함부로 끌어다 뒤섞어 쓰는 지배층의 것과 우리 토박이말로만 살아가는 백성의 것으로 갈라졌다.
- 수많은 백성들은 중국 글말에 앞이 막혀 장님처럼 살면서 온갖 아픔과 괴로움에 시달렸다.

오답 분석

① 1문단 끝에서 2~3번째 줄을 통해 지배층은 토박이말과 중국말을 뒤섞어 사용했다는 것을 알 수 있다.
[관련 부분] 중국말을 함부로 끌어다 뒤섞어 쓰는 지배층의 것

③ 토박이말이 지배층의 제재로 인해 영향력이 위축되었는지는 제시문을 통해 알 수 없다.

④ 1문단 5~7번째 줄을 통해 지배층이 토박이말이 아닌 중국말을 중심으로 하여 나라를 다스렸음을 알 수 있다.
[관련 부분] 왕조 세상이 무너질 때까지 이천 년 동안 중국 글말을 아는 사람들만 중국 글말로 겨레를 이끌고,

18 비문학 글의 전략 파악 난이도 하 ●○○

정답 설명

① 제시문은 '적운형 구름'과 '층운형 구름'이 발생하는 차이를 비교하여 각 구름의 특징을 설명하고 있다. 따라서 답은 ①이다.

19 비문학 적용하기 난이도 상 ●●●

정답 설명

④ 제시문은 사전 편찬자가 사전에 단어를 등재할 때 관습화된 표기를 선택할지, 맞춤법에 맞는 낯선 표기를 선택할지 고민해야 한다는 내용이다. '귀밑머리'는 본래 방언이었으나 표준어 '귓머리'보다 더 널리 쓰이게 됨에 따라 표준어로 삼은 예이므로 관습적 표기보다 맞춤법을 우선하여 표준어로 삼았다는 ④는 적절하지 않다.

오답 분석

① 맞춤법에 따른 표기인 '대갚음'보다 관습적으로 더 널리 쓰이는 표기인 '되갚음'을 표제어로 추가하는 것을 고려해 볼 수 있으므로 제시문의 사례로 적절하다.

② 본래 '자장면'이 표준어였으나, 관습적 표기인 '짜장면'이 널리 쓰이자 이를 반영하여 추가로 사전에 등재된 것은 제시문의 사례로 적절하다.

③ '동탯국'은 맞춤법에 따른 표기로, 언중들에게 '동태국'이라는 표기가 더 익숙하다면 표제어로 추가하는 것을 고려해 볼 수 있으므로 제시문의 사례로 적절하다.

20 비문학 내용 추론 난이도 하 ●○○

정답 설명

④ 2문단과 3문단을 통해 부정적인 것에 초점을 맞추면 행복할 수 없고, 부정적인 생각에서 벗어나는 유일한 방법은 긍정적인 생각을 하는 것임을 알 수 있다. 이러한 내용을 바탕으로 긍정적인 생각을 하면 행복해질 수 있음을 추론할 수 있다.

[관련 부분]

- 세상의 부정적인 점에 초점을 맞추면 결코 행복할 수 없다.
- 부정적인 생각에서 벗어나는 유일한 방법은 그것을 긍정적인 생각으로 대치하는 것이다.

오답 분석

①② 제시문을 통해 알 수 없는 내용이다.

③ 3문단 끝에서 1~2번째 줄을 통해 부정적인 생각에서 벗어날 수 있는 방법을 알 수 있다. 따라서 부정적인 성향은 바꿀 수 있음을 추론할 수 있으므로 적절하지 않다.
[관련 부분] 부정적인 생각에서 벗어나는 유일한 방법은 그것을 긍정적인 생각으로 대치하는 것이다.

07회 실전동형모의고사

정답 p.62

01	④ 어법	08	① 어휘	15	② 비문학
02	① 혼합(비문학+어휘)	09	③ 문학	16	③ 비문학
03	② 어휘	10	④ 비문학	17	④ 문학
04	③ 비문학	11	① 비문학	18	③ 비문학
05	③ 어법	12	③ 어법	19	② 비문학
06	④ 비문학	13	③ 비문학	20	③ 비문학
07	② 문학	14	④ 어법		

취약영역 분석표

영역	틀린 답의 개수
어법	/ 4
비문학	/ 10
문학	/ 3
어휘	/ 2
혼합	/ 1
TOTAL	20

* 취약영역 분석표를 이용해 1개라도 틀린 문제가 있는 영역은 그 영역의 문제만 골라 해설을 다시 한번 꼼꼼히 학습하세요.

01 어법 한글 맞춤법 (띄어쓰기) 난이도 상 ●●●

정답 설명

④ 띄어쓰기가 옳은 것은 ④이다.
- 저녁내(○): '저녁내'는 '저녁 동안 줄곧'이라는 뜻의 한 단어이므로 붙여 쓴다.
- 이퇴계∨선생(○): '이퇴계'는 '퇴계 이황'의 성과 호를 이르는 말로, 성과 호는 붙여 쓴다. 또한 뒤에 덧붙는 '선생'은 호칭어이므로 앞말에 띄어 쓴다. 참고로 성과 이름, 성과 호를 분명히 구분할 필요가 있을 경우에는 띄어 쓸 수 있다.

오답 분석

① • 김∨군(○): 이때 '군'은 친구나 아랫사람을 친근하게 부르거나 이르는 의존 명사이자 호칭어이므로 앞말인 '김'과 띄어 쓴다.
- 오는데(×) → 오는∨데(○): 이때 '데'는 '일'이나 '것'의 뜻을 나타내는 말로 쓰이는 의존 명사이기 때문에 앞말인 '오는'과 띄어 써야 한다.
- 두∨시간정도(×) → 두∨시간∨정도(○): 이때 '시간'은 하루의 24분의 1이 되는 동안을 세는 단위성 의존 명사로, 앞말인 '두'와 띄어 쓴다. 또한 '정도'는 수량을 나타내는 말 뒤에 쓰여 '그만큼가량의 분량'이라는 뜻하는 명사이므로 앞말과 띄어 써야 한다.

② 동해∨발(×) → 동해발(○): 이때 '발'은 '그곳에서 떠남 또는 그 시간에 떠남'의 뜻을 더하는 접미사이므로 앞말 '동해'에 붙여 써야 한다.

③ 에베레스트∨산(×) → 에베레스트산(○): 둘 이상의 단어로 이루어진 고유 명사는 띄어 쓰는 것이 원칙이나, '에베레스트산'은 합성어로서 하나의 단어로 굳어진 것이므로 붙여 써야 한다.

02 비문학 + 어휘 내용 추론, 한자어 난이도 중 ●●○

정답 설명

① 제시문에서 ㉠ '인간의 언어'는 학습되기 때문에 대(代)를 거쳐 축적되며, ㉡ '동물의 언어'는 학습되지 않기 때문에 대(代)를 거쳐 이어지지 못함을 알 수 있다. 따라서 ㉠의 특징은 '連續性(연속성)'이, ㉡의 특징으로는 '停滯性(정체성)'이 적절하다.
- ㉠ 連續性(연속성): 끊이지 아니하고 죽 이어지거나 지속되는 성질이나 상태
- ㉡ 停滯性(정체성): 사물이 발전하거나 앞으로 나아가지 못하고 한곳에 머물러 있는 특성

오답 분석

② • ㉠ 積極性(적극성): 긍정적이고 능동적으로 활동하는 성질
- ㉡ 消極性(소극성): 소극적인 성질이나 상태

③ • ㉠ 自律性(자율성): 자기 스스로의 원칙에 따라 어떤 일을 하거나 자기 스스로 자신을 통제하여 절제하는 성질이나 특성
- ㉡ 強制性(강제성): 권력이나 위력(威力)으로 남의 자유의사를 억눌러 원하지 않는 일을 억지로 시키는 성질

④ • ㉠ 明確性(명확성): 명백하고 확실한 성질
- ㉡ 模糊性(모호성): 여러 뜻이 뒤섞여 있어서 정확하게 무엇을 나타내는지 알기 어려운 말의 성질

03 어휘 고유어 난이도 중 ●●○

정답 설명

② '곰삭다'는 '두 사람의 사이가 스스럼없이 가까워지다'를 뜻하므로 뜻풀이가 옳지 않은 것은 ②이다. 참고로 '서로서로 시기하고 미워하다'는 '반목하다'의 뜻풀이이다.

04 비문학 내용 추론 난이도 중 ●●○

정답 설명

③ 2문단 끝에서 1~4번째 줄을 통해 겨우 몇 쪽의 신문 지면에 방대하고 풍부한 현실 세계를 담기 힘듦을 알 수 있다. 이를 통해 편집이 신문의 물리적 한계 때문에 삶의 현실과 신문 지면 사이에 불가피하게 놓이게 된 여과 장치임을 추론할 수 있다.

[관련 부분] 방대하고 풍부한 현실 세계를 겨우 몇 쪽의 지면에 다 담을 수 없음은 명백한 일이다. 그래서 삶의 현실과 신문 지면 사이에 불가피하게 놓이게 된 여과 장치가 바로 편집인 셈이다.

오답 분석

① 2문단 2~4번째 줄을 통해 신문의 제한된 지면에 풍부한 현실 세계를 다 담아내는 것은 불가능하므로 편집이 반드시 필요함을 알 수 있다. 따라서 신문은 궁극적으로 방대한 현실 세계를 최대한 담아내려 한다는 추론은 적절하지 않다.

[관련 부분] 비록 하루치의 것일망정 그 엄청나게 방대하고 풍부한 현실 세계를 겨우 몇 쪽의 지면에 다 담을 수 없음은 명백한 일이다.

② 1문단 3~4번째 줄을 통해 자신이 현장에서 본 것과 다른 기사가 보도되기도 함을 알 수 있으므로 신문 기사가 객관성을 보장한다는 추론은 적절하지 않다.

[관련 부분] 자신이 현장에서 본 것과는 다르게 기사가 보도되는 당혹감

④ 2문단 끝에서 1~2번째 줄을 통해 편집은 현실과 신문 지면 사이에 불가피하게 놓이게 된 장치임을 알 수 있으므로 기자의 능력과는 상관없이 반드시 거쳐야 하는 작업임을 추론할 수 있다.

[관련 부분] 삶의 현실과 신문 지면 사이에 불가피하게 놓이게 된 여과 장치가 바로 편집인 셈이다.

05 어법 말소리 (음운의 변동) 난이도 중 ●●○

정답 설명

③ 맑다 탈락, 교체(○): '맑다'는 [막따]로 발음되는데, 먼저 음절 끝의 겹받침 'ㄺ'에서 'ㄹ'이 탈락하는 현상(자음군 단순화)이 나타난다. 그리고 안울림소리 'ㄱ'과 'ㄷ'이 만나 뒤의 예사소리 'ㄷ'이 [ㄸ]으로 발음되는 교체 현상(된소리되기)이 나타난다.

오답 분석

① 낱개 교체, 첨가(×) → 교체(○): '낱개'는 [낟:깨]로 발음되는데, 먼저 받침 'ㅌ'이 [ㄷ]으로 바뀌는 교체 현상(음절의 끝소리 규칙)이 나타난다. 그리고 안울림소리 'ㄷ'이 뒤 음절 첫소리 'ㄱ'과 만나 [ㄲ]으로 발음되는 교체 현상(된소리되기)이 나타난다.

② 싫고 교체, 축약(×) → 축약(○): '싫고'는 [실코]로 발음되는데, 받침 'ㅎ'이 뒤 음절 첫소리 'ㄱ'과 만나 [ㅋ]으로 발음되는 축약 현상(거센소리되기)이 나타난다.

④ 닦는 탈락, 첨가(×) → 교체(○): '닦는'은 [당는]으로 발음되는데, 먼저 받침 'ㄲ'이 [ㄱ]으로 바뀌는 교체 현상(음절의 끝소리 규칙)이 나타난다. 그리고 'ㄱ'은 뒤 음절 첫소리 'ㄴ'의 영향으로 [ㅇ]으로 바뀌어 발음되는 교체 현상(비음화)이 나타난다.

06 비문학 글의 구조 파악 (문단 배열) 난이도 중 ●●○

정답 설명

④ (나) - (다) - (라) - (가)의 순서가 가장 자연스럽다.

순서	중심 내용	순서 판단의 단서와 근거
(나)	문인들의 인문적 교양 및 감성을 표현하는 중요한 수단이었던 묵란화	제시문의 중심 화제인 '묵란화'를 제시함
(다)	추사 김정희가 25세에 그린 묵란화는 청나라에서 유행하던 전형적 양식을 따랐으며, 당시 문인들의 공통적 이상이 드러남	키워드 '추사 김정희': 묵란화가 문인들의 인문적 교양과 감수성을 드러내는 수단이었다는 (나)의 뒤에서 문인 '추사 김정희'의 묵란화에 대해 설명하고 있음
(라)	장기간의 유배 생활 이후 젊은 시절과는 달라진 김정희의 서풍과 화풍	키워드 '49세': 젊은 시절과 달리 49세 이후 변화된 김정희의 서풍과 화풍에 대해 제시하고 있으므로, 젊은 시절의 김정희의 그림을 설명한 (다)의 바로 뒤에 오는 것이 적절함
(가)	김정희가 생을 마감하기 전인 69세 때 그린 그림에 나타나는 화풍의 변화 양상	키워드 '69세': 김정희가 생을 마감하기 전 69세 때 그린 그림에 나타나는 변화 양상에 대해 제시하고 있으므로, 김정희의 49세 이후의 화풍에 대해 설명한 (라)의 바로 뒤에 오는 것이 적절함

07 문학 작품의 내용 파악 난이도 하 ●○○

정답 설명

② 4문단 1~3번째 줄을 통해 다른 사람들은 고된 군역으로 외모가 변해버린 가실을 알아보지 못했으나, 설씨는 헤어지기 전에 나누어 가졌던 거울을 보고 가실을 알아보았음을 확인할 수 있다.

오답 분석

①④ 2문단 3~6번째 줄을 통해 설씨는 여자의 몸으로 군에 갈 수 없는 현실에 괴로워하였고, 가실이 아버지를 대신해 군역을 가겠다고 청하여 혼인을 허락받은 것임을 확인할 수 있으므로 적절하지 않은 설명이다.

③ 3문단 1~2번째 줄을 통해 가실이 군역 기한이 지났음에도 돌아오지 못한 까닭은 나라에 변고가 생겨 사람을 교대해 주지 못했기 때문임을 확인할 수 있으므로 적절하지 않은 설명이다.

08 어휘 한자 성어, 한자어 난이도 상 ●●●

정답 설명

① 밑줄 친 말을 한자로 표기하면 각각 ㉠'症候群', ㉡'靑山流水', ㉢'供物'이므로 답은 ①이다.

- ㉠ 症候群(증세 증, 기후 후, 무리 군): 몇 가지 증후가 늘 함께 나타나지만, 그 원인이 명확하지 아니하거나 단일하지 아니한 병적인 증상들을 통틀어 이르는 말
- ㉡ 靑山流水(푸를 청, 메 산, 흐를 유, 물 수): 푸른 산에 흐르는 맑은 물이라는 뜻으로, 막힘없이 썩 잘하는 말을 비유적으로 이르는 말
- ㉢ 供物(이바지할 공, 물건 물): 신령이나 부처 앞에 바치는 물건

오답 분석

- 征(칠 정)
- 淸(맑을 청)
- 恭(공손할 공)

09 문학 작품의 종합적 감상 (수필) 난이도 중 ●●○

정답 설명

③ 1문단과 2문단에서 '군(임현)'과 관련된 일화를 요약적으로 서술하며 '군'의 인물됨을 직접적으로 제시하고 있으나, 바람직한 인간상을 제시하고 있는 것은 아니므로 ③은 적절하지 않은 설명이다.

오답 분석

① 3문단 끝에서 1~2번째 줄에서 '부인 민씨'의 부탁으로 글을 쓰게 되었음을 밝히고 있다.

② 2문단 1~2번째 줄에서 '군'의 됨됨이를 평가하고 있으며, 2문단 끝에서 2~3번째 줄에서 '군'의 효성이 드러나는 사례를 제시하고 있다.

④ '군'과 함께 시험을 관장했던 일 등을 회상하며 그의 죽음에 대한 자신의 슬픈 심정을 '이에 울면서 쓰노라'라고 직접적으로 토로하고 있다.

10 비문학 화법 (말하기 전략) 난이도 중 ●●○

정답 설명

④ '김 대표'는 먹거리 관광 상품으로 황토 고구마의 활용을 고려하고 있는 '박 본부장'의 의견에 대해 황토 고구마를 재료로 먹거리 상품을 개발했지만 인접 지역과 차별성이 없어서 실패했던 경험을 들어 '박 본부장'의 의견에 대한 자신의 생각을 드러낸다. 따라서 답은 ④이다.

오답 분석

① '사회자'는 참여자들에게 질문하고 있을 뿐 토의 참여자들의 의견을 요약하지 않고 있다.

② '박 본부장'은 비언어적인 표현을 사용하지 않고 있다.

③ '이 교수'는 다른 전문가의 견해를 인용하지 않고 있다.

11 비문학 관점과 태도 파악 난이도 하 ●○○

정답 설명

① ㉠은 생명을 박탈하는 것이 범죄를 예방하는 가장 효과적인 방법이라는 점을 근거로 사형 제도의 유지를 주장하고 있다. 따라서 생명형 이외에 범죄를 억제할 수 있는 방안을 제시하는 것은 ㉠의 주장과는 상반된 내용이므로 적절하지 않은 비판이다.

오답 분석

② ㉠은 국민 다수가 사형 제도의 필요성을 인정한다고 주장하고 있으므로 이를 증명하는 자료를 제시해야 한다는 것은 적절한 비판이다.

③ ㉡은 사형 제도를 폐지한 나라들의 선례를 따를 것을 주장하고 있으므로 관련 사례를 제시해야 한다는 것은 적절한 비판이다.

④ ㉡은 사형 제도가 범죄 억제 효과가 크지 않다고 주장하고 있으므로 이를 뒷받침할 자료를 제시해야 한다는 것은 적절한 비판이다.

12 어법 한글 맞춤법 (사이시옷 표기) 난이도 중 ●●○

정답 설명

③ '헛소리'는 접두사 '헛-'과 어근 '소리'가 결합한 파생어이므로 사이시옷 규정과 관련이 없다.

오답 분석

① 탯줄: '태(胎) + 줄'이 결합한 순우리말과 한자어로 된 합성어이면서 앞말이 모음으로 끝난다. 또한 뒷말의 첫소리 'ㅈ'이 된소리 [ㅉ]으로 발음되므로 사이시옷을 받쳐 적는다.

② 욧잇: '요 + 이'가 결합된 순우리말 합성어로, 앞말이 모음으로 끝나고 앞말 끝소리와 뒷말 첫소리에 'ㄴ' 소리가 덧나므로 사이시옷을 받쳐 적는다.

④ 사삿일: '사사(私私) + 일'이 결합한 순우리말과 한자어로 된 합성어이면서 앞말이 모음으로 끝난다. 또한 앞말 끝소리와 뒷말 첫소리에 'ㄴ' 소리가 덧나므로 사이시옷을 받쳐 적는다.

13 비문학 논지 전개 방식 난이도 중 ●●○

정답 설명

③ 제시문은 프랑스의 대학 입학 시험인 '바칼로레아'의 변화 과정을 시간의 순서대로 설명함으로써 통시적으로 논지를 전개하고 있다. 따라서 제시문의 논지 전개 방식으로 적절한 것은 ③이다.

오답 분석

① 2문단 끝에서 1~6번째 줄을 통해 1960년대에 이르러 대학 진학에 대한 도시와 농촌 지역의 구분이 사라짐(원인)에 따라 전국의 모든 학생들이 바칼로레아를 통해 대학에 입학했음(결과)을 제시하여 인과적 연결이 사용되었음을 알 수 있다. 하지만 특정 대상의 전망을 예측하고 있지는 않다.

[관련 부분] 1960년대에 이르러 큰 변화가 찾아왔다. 이때까지 대학은 대부분 도시 상층민에게만 ~ 농촌 지역에서는 초등교육 수준을 크게 벗어나지 못했다. 1960년대에 이러한 사실상의 구분이 사라져서 모든 학생이 바칼로레아를 거쳐 대학에 가는 길을 택하게 됐다.

② 1문단 2~3번째 줄에서 '바칼로레아'의 개념을 정의하고 있으나, 기존의 통념을 반박하는 부분은 확인할 수 없다.

[관련 부분] 이것은 중등교육과정을 잘 수료하여 대학에 입학할 수 있는 능력을 갖추었는지 검정하는 시험

④ 2문단 3~6번째 줄에서 1808년 첫해와 제1차 세계대전 전에 바칼로레아를 통해 배출된 자격자의 수를 제시하고 있음을 확인할 수 있다. 그러나 특정 대상에 대한 문제의 심각성을 강조하고 있지는 않다.

[관련 부분] 1808년 첫해에는 ~ 31명의 자격자(bachelier)만 배출했다. 제1차 세계대전 전에만 해도 여전히 자격자는 7천 명에 불과할 정도로 소수였으나

14 어법 올바른 문장 표현 난이도 중 ●●○

정답 설명

④ 방역 당국이 정한 방침에 맞게 모든 사람들은 공원에서 마스크를 써야 한다(○): 문장의 필수 성분인 주어(모든 사람들은), 목적어(마스크를), 서술어(써야 한다)가 모두 포함되어 있으며 각각의 문장 성분의 호응이 자연스러우므로 답은 ④이다.

오답 분석

① "현실성 없는 출산 정책은 재고해야 한다"고 외쳤다(×) → "현실성 없는 출산 정책은 재고되어야 한다"라고 외쳤다(○): 인용 조사 '고'의 사용이 적절하지 않아 어법상 자연스럽지 않다. 직접 인용에는 조사 '라고'를 사용하므로 '고'를 '라고'로 고쳐 쓰는 것이 적절하다. 또한 '출산 정책'은 무정물이기 때문에 '어떤 일이나 문제 등에 대해 다시 생각하다'의 뜻을 가진 '재고하다'의 주어가 될 수 없다. 따라서 주어와 서술어가 호응할 수 있도록 서술어를 피동형인 '재고되다'로 고쳐 쓰는 것이 적절하다.

② 정신적인 지원과 행운을 빌어주셔서(×) → 정신적인 지원을 해주시고 행운을 빌어주셔서(○): 조사 '과'로 연결되는 '정신적인 지원'과 '행운을 빌어주셔서'가 각각 구와 절로 제시되어 어법상 자연스럽지 않다. 문법적 형태가 동일하게 대응되도록 '정신적인 지원을 해주시고'로 고쳐 쓰는 것이 적절하다.

③ 반드시 발설하지 말아야 한다(×) → 절대로 발설하지 말아야 한다(○): 부사어 '반드시'와 부정의 서술어 '말아야 한다'가 호응하지 않아 자연스럽지 않다. 서술어 '말아야 한다'와 호응하는 '절대로'로 고쳐 쓰는 것이 적절하다.

15 비문학 세부 내용 파악 난이도 중 ●●○

정답 설명

② 2문단 끝에서 1~3번째 줄을 통해 유럽의 중부와 북부 지역의 사람들이 다른 지역과 달리 어른이 돼서도 우유를 소화시킬 수 있는 이유는 1만 년 전부터 가축을 키움에 따라 유전적으로 적응하여 성인이 되어도 락타아제가 몸에서 생성되기 때문임을 알 수 있다. 따라서 답은 ②이다.

[관련 부분] 이들은 마지막 빙하기가 끝난 1만 년 전쯤부터 가축을 키워 왔기 때문에 유전적으로 적응한 것으로 보인다.

오답 분석

① 2문단 1번째 줄을 통해 젖당을 소화하는 능력은 유전적, 체질적으로 타고나야 함을 알 수 있다.

[관련 부분] 젖당을 소화하는 능력은 유전적, 체질적으로 타고난다.

③ 1문단 4~5번째 줄을 통해 아기나 어린아이들은 대부분 젖당을 소화할 수 있음을 알 수 있다.

[관련 부분] 아기나 어린아이들은 거의 대부분 젖당을 잘 소화하는 반면

④ 1문단 1~2번째 줄을 통해 락토오스가 '젖당'임을 알 수 있고, 2문단 1~4번째 줄을 통해 유제품을 먹고 소화가 되지 않는 이유가 '락타아제'라는 효소를 체내에서 생성할 수 없기 때문임을 알 수 있다.

[관련 부분]

- 락토오스, 즉 젖당은 인간의 젖이나 소의 젖에 들어 있는 탄수화물이다.
- 젖당을 소화해서 분해하기 위해서는 락타아제라는 효소가 촉매 작용을 해야 하는데, 어른이 되면 대부분 이러한 효소가 몸에서 생성되지 않는다.

16 비문학 세부 내용 파악, 적용하기 난이도 중 ●●○

정답 설명

③ 밑줄 친 부분은 한 사회의 문화가 외래문화와 결합하여 제3의 문화가 나타나는 현상에 대한 설명으로, 서양 음식인 핫도그에 우리나라 음식인 김치와 불고기를 넣어 만든 퓨전 요리는 문화 융합의 사례에 해당한다.

오답 분석

① 일제의 창씨개명은 강제적 문화 접변의 사례에 해당한다.

② 한의원과 서양식 병원의 병존은 문화 공존의 사례에 해당한다.

④ 아스피린의 개발은 문화 변동이 발생하는 원인 중 하나인 발명에 해당한다.

17 문학 화자의 정서 및 태도 난이도 중 ●●○

정답 설명

④ 제시된 작품과 ④의 화자 모두 사랑하는 임과 떨어져 외로워하고 임을 그리워하는 정서를 표현하고 있다. 따라서 답은 ④이다.

- 제시된 작품: 정철의 '사미인곡' 중 일부분으로, 평생 임과 함께 하고자 했던 화자의 바람과 달리 임과 이별한 후 임을 그리워한다.
- ④: 월령체 노래인 '동동'의 11월령으로, 사랑하는 임과 헤어져 각기 살아가는 화자의 슬픔이 드러난다.

오답 분석

① 서경덕의 시조로, 화자인 '나'가 '젊은 마음'을 의미하는 청자인 '너'에게 말을 걸며 자신의 늙음을 한탄하고 있다.

② 송순의 시조로, 화자는 풍상(바람과 서리)을 이겨내고 꽃을 피워낸 황국화와 쉽게 변하는 성질의 도리(복숭아꽃과 오얏꽃)을 대조하여 임금에 대한 변치않는 절개를 표현하였다.

③ 이황의 시조로, 화자는 청량산의 아름다운 경치를 예찬하고 있다. 이 작품은 조선 시대 사대부의 '강호가도(江湖歌道)'를 보여주는 노래이다.

지문 풀이

〈제시된 작품〉
(조물주께서) 이 몸 만드실 때 임을 좇아서 만드시니, 한평생 인연임을 하늘이 모를 일이던가? 나는 젊어 있고 임은 오직 나를 사랑하시니 이 마음과 이 사랑 견줄 데가 전혀 없다. 평생에 원하건대 (임과) 함께 살아가고자 하였더니, 늙어서야 무슨 일로 외따로 두고 그리워하는가. 엊그제까지는 임을 모시고 광한전에 오르고는 했는데, 그 사이에 어찌하여 속세에 내려오게 되니 떠나올 적에 빗은 머리가 헝클어진 지 삼 년이구나. 연지분 있지만 누구를 위하여 곱게 단장할까? 마음에 맺힌 시름이 겹겹이 쌓여 있어 짓는 것은 한숨이고, 떨어지는 것은 눈물이구나. 인생은 유한한데 근심도 끝이 없다. – 정철, '사미인곡'

① 마음아, 너는 어찌 늘 젊었느냐?
내가 늙으면 너는 늙지 않을 것 같으냐?
아마도 너를 좇아다니다가 남을 웃길까 걱정되는구나.
– 서경덕, '무음아 너는 어이'

② 바람 불고 서리가 내린 날에 막 피어난 황국화를
좋은 화분에 담아 홍문관에 보내 주시니
복숭아꽃과 오얏꽃아! 꽃인 척도 하지 마라. 임금의 뜻을 알겠구나.
– 송순, '풍상이 섯거 친 날에'

③ 청량산 열두 봉우리를 아는 사람이 나와 흰 갈매기뿐이로다.
흰 갈매기야 야단스럽게 떠들겠냐마는 복숭아꽃은 믿지 못하겠구나.
복숭아꽃아, 떠나지 마렴. 어부가 너를 보고 이곳을 알까 걱정되는구나. – 이황, '청량산 육륙봉을'

④ 11월에 봉당 자리에 아아, 홑적삼을 덮고 누워
슬픈 일이구나. 사랑하는 임과 갈라져 각기 살아가는구나.
– 작자 미상, '동동'

18 비문학 내용 추론 난이도 하 ●○○

정답 설명

③ 개구리의 눈동자는 고정되어 있어 움직이는 대상만 인식할 수 있다고 하였으므로 신경 신호를 만들지 못하는 것, 즉 개구리가 인식할 수 없는 대상은 ③ '움직이지 않는 것'임을 추론할 수 있다.

19 비문학 세부 내용 파악 난이도 중 ●●○

정답 설명

② 4문단 끝에서 1~4번째 줄을 통해 인간 유전자의 변이가 쉽게 일어나는 특성 때문에 표적 분자에 대한 약효가 뚜렷하게 강화되거나 약화될 수 있음을 알 수 있다. 따라서 인간 유전자의 특성이 표적 분자에 대한 약효의 뚜렷한 감소만을 일으킨다는 것은 적절하지 않으므로 답은 ②이다.

[관련 부분] 염기 하나가 변이를 일으키기만 해도 유전자 산물의 기능이 심하게 바뀔 수 있고, 그 결과 표적 분자에 대한 약효가 뚜렷하게 강화되거나 약화될 수 있다.

오답 분석

① 1문단 끝에서 2~5번째 줄을 통해 확인할 수 있다.
[관련 부분] 단백질 표적 분자는 종양 같은 조직에서는 고밀도로 나타나지만 건강한 조직에서는 전혀 나타나지 않거나 흔적만 찾아볼 수 있다.

③ 5문단 끝에서 1~3번째 줄을 통해 확인할 수 있다.
[관련 부분] 따라서 개인과 사회에 대한 개인적인 정보 보호, 게놈의 특허 가능성이나 경제적인 약탈, 특정한 유전적 특징을 지닌 인간의 관리에 대한 질문들이 제기된다.

④ 2문단 끝에서 1~3번째 줄을 통해 확인할 수 있다.
[관련 부분] 신약 개발 기간도 2년으로 단축할 수 있다. 지금은 새로운 의약품이 공식 허가가 날 때까지 대개 12년에서 15년이 걸린다.

20 비문학 주제 및 중심 내용 파악 난이도 중 ●●○

정답 설명

③ 제시문은 나 자신이 몸에 지니고 있는 '이것'의 가치를 발견하고 이를 소중히 여기는 태도의 중요성을 강조하고 있다. 필자는 '천하에 지금 눈앞의 처지만큼 즐거운 것이 없다'고 하였으므로 필자가 궁극적으로 강조하는 내용은 ③ '현재를 소중히 여기는 삶을 살아야 한다'이다.

08회 실전동형모의고사

정답 p.70

01	③ 어법	08	③ 문학	15	② 문학
02	② 혼합(어법+어휘)	09	④ 혼합(비문학+어휘)	16	② 비문학
03	④ 비문학	10	② 문학	17	① 비문학
04	④ 문학	11	③ 비문학	18	④ 비문학
05	④ 어휘	12	② 비문학	19	④ 어법
06	③ 비문학	13	④ 어휘	20	④ 비문학
07	③ 비문학	14	① 문학		

취약영역 분석표

영역	틀린 답의 개수
어법	/ 2
비문학	/ 9
문학	/ 5
어휘	/ 2
혼합	/ 2
TOTAL	20

* 취약영역 분석표를 이용해 1개라도 틀린 문제가 있는 영역은 그 영역의 문제만 골라 해설을 다시 한번 꼼꼼히 학습하세요.

01 어법 의미 (다의어의 의미) 난이도 상 ●●●

정답 설명

③ 공적을 쌓아: 이때 '쌓다'는 '경험, 기술, 업적, 지식 등을 거듭 익혀 많이 이루다'를 뜻한다. 이와 같은 의미로 사용된 것은 ③ '삶의 경험을 쌓기도 한다'의 '쌓다'이다.

오답 분석

① 명성을 쌓을: 이때 '쌓다'는 '재산, 명예 또는 불명예, 신뢰 또는 불신 등을 많이 얻거나 가지다'를 뜻한다.

② 둑을 쌓기로: 이때 '쌓다'는 '물건을 차곡차곡 포개어 얹어서 구조물을 이루다'를 뜻한다.

④ 토대를 쌓았다: 이때 '쌓다'는 '밑바탕을 닦아서 든든하게 마련하다'를 뜻한다.

02 어법 + 어휘 한글 맞춤법, 혼동하기 쉬운 어휘 난이도 중 ●●○

정답 설명

② 넘어(×) → 너머(○): 문맥상 '높이나 경계로 가로막은 사물의 저쪽. 또는 그 공간'을 뜻하는 말인 '너머'가 쓰이는 것이 적절하다. 따라서 어법에 맞지 않는 것은 ②이다.

오답 분석

① 맞혔다(○): '문제에 대한 답을 틀리지 않게 하다'를 뜻하는 '맞히다'가 적절하게 쓰였다. 참고로 '맞추다'는 '둘 이상의 일정한 대상들을 나란히 놓고 비교하여 살피다'를 뜻하는 말로 잘못 사용하지 않도록 주의해야 한다.

③ 만두소(○): '만두 속에 넣는 재료'를 뜻하는 '만두소'가 적절하게 쓰였다. 참고로, '만둣속'은 '만두소'의 잘못된 표기이다.

④ 되뇌고(○): '같은 말을 되풀이하여 말하다'를 뜻하는 '되뇌다'가 적절하게 쓰였다. 참고로 '되뇌이다'는 '되뇌다'의 잘못된 표기이다.

03 비문학 세부 내용 파악 난이도 중 ●●○

정답 설명

④ 3문단 끝에서 1~3번째 줄과 4문단 끝에서 1~3번째 줄을 통해 '전을 지었다'라는 표현에 주목해야 하는 이유가 설화의 기록이 단순히 자료 보고에 그치지 않고 '작품 창작' 또는 '문학 창작'으로 이해되었기 때문임을 알 수 있으므로 답은 ④이다.

[관련 부분]

- 설화 기록이 자료 보고에 그치지 않고 작품 창작이기도 하다고 여긴 것이 여기서 특별히 관심을 가져야 할 사항이다.
- 전을 지었다는 것은 주목할 만한 말이다. 설화를 기록하는 행위가 문학 창작으로 이해되었다는 증거이다.

오답 분석

① 3문단 3~5번째 줄을 통해 이미 기록된 설화를 옮겼다고 밝혀놓은 <삼국유사>를 통해 원래의 설화 기록 작업이 어떠했는지를 짐작할 수 있음을 알 수 있다.

[관련 부분] 그 가운데 상당수는 이미 있는 기록을 옮겼으리라고 생각되고 그 점을 밝힌 경우도 적지 않아 원래의 작업이 어떠했는지 짐작할 수 있다.

② 1문단을 통해 삼국이나 통일신라시대에 사람들이 설화를 글로 기록하는 데 관심이 있었을 것이라 짐작할 수는 있지만, 기록되어 전해지는 설화는 전해지지 않음을 알 수 있다.

③ 2문단 1~3번째 줄을 통해 <수이전>은 설화 기록본 중 가장 오래된 것으로 책 자체는 소실되었지만 거기서 옮겨 놓은 글이 여기저기에 있음을 알 수 있다.

[관련 부분] 지금 남아 있는 설화 기록본 가운데 가장 오랜 것은 <수이전>이다. 책 자체는 없어졌지만 거기서 옮겨 놓은 글이 여기저기에 보인다.

04 문학 화자의 정서 및 태도 난이도 중 ●●○

정답 설명

④ '나'는 '당신'을 기다리면서 시련(바람, 눈비)을 겪고 날마다 낡아 가지만, 자기 연민이 드러나 있지는 않으므로 답은 ④이다.

오답 분석

① 3연의 3행을 통해, '나'는 '당신'이 돌아올 것을 절대적으로 믿고 있음을 알 수 있다.

② 3연의 2행을 통해, '당신'은 순간의 어려움이 해결되면 나를 외면하는 무심한 인물이며, '나'는 그러한 '당신'에 대해 서운함을 느끼고 있음을 알 수 있다.

③ '나'는 '당신'을 안으면 깊거나 얕거나 급한 여울도 건너가고, 바람을 쐬고 눈비를 맞으면서도 '당신'을 기다린다. 이는 모두 임을 위해 고난과 역경을 인내하는 '나'의 자기희생적 자세를 보여 준다.

이것도 알면 합격!

한용운, '나룻배와 행인'의 표현상 특징

1. '아니 오시면, 가십니다그려' 등의 경어체 표현을 통해 화자의 태도를 강조함
2. 1연과 4연의 수미 상관 구조를 통해 시상 전개에 안정감을 부여함
3. '나'는 '나룻배', '당신'은 '행인'으로 비유하여 주제를 효과적으로 형상화함. 이때 '나'는 시인 자신이나 불도(佛道), 민족, 영원한 모성을, '당신'은 중생(衆生)이나 일반 민중, 또는 삶에 지친 영혼을 가리키는 것으로 이해할 수 있음

05 어휘 한자어 (한자어의 표기) 난이도 상 ●●●

정답 설명

④ ㉠, ㉡은 각각 '沒落, 離別'로 표기하므로 답은 ④이다.

- ㉠ 沒落(몰락: 빠질 몰, 떨어질 락): 재물이나 세력 등이 쇠하여 보잘것 없이 됨
- ㉡ 離別(이별: 떠날 이, 나눌 별): 서로 갈리어 떨어짐

오답 분석

㉠ 諾(허락할 락), ㉡ 異(다를 이)

06 비문학 글의 구조 파악 (문단 배열) 난이도 상 ●●●

정답 설명

③ (라) - (다) - (가) - (나)의 순서가 가장 자연스럽다.

순서	중심 내용	순서 판단의 단서와 근거
(라)	생태는 우주를 구성하는 다양한 존재 방식 중 일부이며, 생태 운동은 자연 속 포괄적 전체 구도의 일부로 접근해야 함	지시어나 접속어로 시작하지 않으면서 '자연', '생태' 등의 핵심어를 제시하고 '생태'의 개념을 설명함
(다)	자연은 모든 학문 분야의 대상이 된다는 점에서 포괄적이며, 이러한 포괄성을 이해하는 것은 생태 사상을 이해하는 첫 번째 전제 조건임	키워드 '포괄성': (라)에서 언급한 '포괄적 전체 구도'와 연결되어 자연이 가진 포괄성에 대해 구체적으로 설명함
(가)	최근의 생태 관련 연구는 자연을 수단으로만 보는 편협한 시각에서 지엽적인 방향으로만 진행되고 있으며, 이는 인간중심적이고 이기적인 태도임을 지적함	지시어 '이는': (다)의 마지막 부분에서 언급한 '포괄성을 이해하는 것'을 지칭하며, 최근 생태 경향과 관련해 포괄성이 해답을 줌을 설명함
(나)	생태적인 삶이란 기술에 국한된 수단적 행위에 그치는 것이 아니라, 인간 스스로의 본성과 존재 위치를 확인하는 방향으로 나아가는 것임	(가)에서 말한 내용을 요약·정리하며 생태적으로 사는 삶에 대한 필자의 생각을 제시하고 있음

07 비문학 세부 내용 파악 난이도 중 ●●○

정답 설명

③ 1문단 끝에서 1~2번째 줄과 2문단 끝에서 6~8번째 줄을 통해 나일강 유역은 농경 지대이며, 봄이 되면 나일강 주변에 붉은 꽃인 '화염수'가 피어남을 알 수 있다. 따라서 이집트에 식물이 살기에 적합한 지역이 존재한다는 ③의 설명은 적절하다.

[관련 부분]
- 나일강 유역의 농경 지대로
- 봄이 되면 타오르는 불꽃처럼 빨간 꽃이 피는 화염수(火焰樹)가 나일 강변을 붉게 물들인다.

오답 분석

① 2문단 3번째 줄을 통해 이집트는 봄과 가을이 매우 짧음을 알 수 있을 뿐 봄이 상대적으로 가을에 비해 길다는 내용은 알 수 없다.
[관련 부분] 봄과 가을이 매우 짧다.

② 1문단 4~5번째 줄을 통해 이집트 지역의 5% 정도밖에 되지 않는 나일강 유역에 인구의 99%가 살고 있음을 알 수 있으므로 인구가 전 국토에 고르게 분포한다는 설명은 적절하지 않다.
[관련 부분] 국토의 ~ 나머지 5%만이 나일강 유역의 농경 지대로 인구의 99%가 이곳에 산다.

④ 2문단 끝에서 4~7번째 줄을 통해 빨간 꽃(화염수)이 피는 시기부터 5월 초까지 사하라 사막에서 뜨겁고 건조한 모래바람이 불어옴을 알 수 있다. 따라서 건조한 바람이 불면 붉은 꽃이 피기 시작한다는 설명은 선후 관계가 뒤바뀐 것이므로 적절하지 않다.
[관련 부분] 빨간 꽃이 피는 화염수(火焰樹)가 나일 강변을 붉게 물들인다. 이때부터 5월 초까지 ~ 뜨겁고 건조한 모래바람이 사하라 사막에서 심하게 불어온다.

08 문학 작품의 종합적 감상 (고전 소설, 가사) 난이도 중 ●●○

정답 설명

③ (나)의 '달이 밝아 못 오던가'를 통해 화자와 이별한 임이 돌아오지 못하는 이유가 밝은 달 때문이라고 생각함을 알 수 있다. 그러나 (가)의 '십오야 밝은 달은 뜬구름에 묻혀 있고, 서울 계신 우리 낭군 삼청동에 묻혔으니'를 통해 서울로 떠나가 만날 수 없는 낭군(몽룡)을 뜬구름으로 인해 보이지 않는 '달'에 빗대어 표현한 것이므로 (나)에서는 달을 대상을 방해하는 장애물로 인식하지 않는다. 따라서 답은 ③이다.

오답 분석

① (가)의 '임 계신 곳을 나는 어찌 못 보느냐?'와 (나)의 '자네 어이 그리 하야 아니 오던고'를 통해 대상을 그리워하는 정서가 드러남을 알 수 있다. 참고로 (나)의 '지어자 좋을시고'는 임을 그리워하는 내용과는 이질적인 조음구로, 내용과 관계없이 반복되는 후렴구이다.

② (가)의 춘향의 말을 통해 매의 숫자 '십'과 '십오'를 이용한 언어유희를 사용하였음을 알 수 있다. 이러한 언어유희를 통해 춘향은 절개를 지키다 죽어 귀신이 될 자신의 처지에 대한 연민과 몽룡에 대한 그리움을 드러내고 있다.

④ (나)의 1~3구를 통해 병풍에 그려 놓은 닭이 실제로 살아서 울면 돌아오겠냐는 불가능한 상황을 설정하여 임에 대한 간절한 그리움을 드러내고 있음을 알 수 있다.
[관련 부분] 병풍(屛風)에 그린 황계(黃溪) 수탉이 두 나래 두덩 치고 / 짜른 목을 길게 빼어 긴 목을 에후리어 / 사경(四更) 일 점(一點)에 날 새라고 꼬끼요 울거든 오랴는가

지문 풀이

(나) 병풍에 그린 누런 수탉이 두 나래 두덩 치고 짧은 목을 길게 빼어 긴 목을 에후리어 새벽녘에 날 새라고 꼬끼오 울거든 오려는가. 자네 어떻게 그렇게도 아니 오던가. 너는 죽어서 황하수 되고 나는 죽어서 나룻배 되어 밤이나 낮이나 낮이나 밤이나 바람 불고 물결치는 대로 어하 둥덩실 떠서 놀자꾸나. 저 달아 보느냐, 임 계신 데 밝은 기운을 빌리거든 나도 보자, 이 아해야 말을 듣소. 가을 달이 오래도록 밝으니 달이 밝아 못 오던가. 어디를 가고서 네 아니 노느냐. 지화자 좋을시고.

이것도 알면 합격!

제시된 작품의 주제 및 특징

작가, 작품	주제 및 특징
(가) 작자 미상, '춘향전'	1. 주제 (1) 신분을 초월한 사랑 (2) 유교적인 정조 관념의 강조 (3) 일반 민중의 신분 상승의 욕구 (4) 부패한 권력자들에 대한 민중의 저항과 반성 계고 2. 특징 (1) 풍자적이고 해학적인 특성이 드러남 (2) 4·4조의 율문이나 문체의 양면성과 같은 판소리적 특성이 나타남
(나) 작자 미상, '황계사(黃鷄詞)'	1. 주제: 떠나간 임을 기다리며 느끼는 그리움 2. 특징 (1) 유사한 정서를 드러내는 사설을 나열함 (2) 일정한 운율을 형성하여 가창의 특성을 나타냄 (3) 자연물에 의탁하여 화자의 정서를 드러냄

09 비문학 + 어휘 내용 추론, 한자 성어 난이도 중 ●●○

정답 설명

④ 장록이 왕에게 진나라의 현재 상황이 위태롭다고 말하고 있으므로 괄호 안에 들어갈 답은 ④ '累卵之勢(누란지세)'가 적절하다.
- 累卵之勢(누란지세): '층층이 쌓아 놓은 알의 형세'라는 뜻으로, 몹시 위태로운 형세를 비유적으로 이르는 말이다.

오답 분석

① 傍若無人(방약무인): 곁에 사람이 없는 것처럼 아무 거리낌 없이 함부로 말하고 행동하는 태도가 있음

② 韋編三絶(위편삼절): '공자가 주역을 즐겨 읽어 책의 가죽끈이 세 번이나 끊어졌다'라는 뜻으로, 책을 열심히 읽음을 이르는 말

③ 角者無齒(각자무치): '뿔이 있는 짐승은 이가 없다'라는 뜻으로, 한 사람이 여러 가지 재주나 복을 다 가질 수 없다는 말

10 문학 인물의 태도 난이도 하 ●○○

정답 설명

② 국성의 자식인 ㉣ '자식 셋'이 제 마음대로 행동한 까닭은 자신의 아버지가 ㉢ '폐하'의 사랑을 받았기 때문이지, 자신들이 ㉢ '폐하'의 신임을 얻었기 때문은 아니다.

오답 분석

① 모영의 글 1번째 줄을 통해 ㉡ '행신(倖臣)'은 ㉢ '폐하'의 사랑을 독차지했음을 알 수 있다.

③ ㉠'모영(毛穎)'은 ㉡'행신(倖臣)'을 만백성에게 해독을 주는 '도둑'에 비유하며 ㉡'행신(倖臣)'이 끼치는 부정적인 영향들을 언급하여 고발하고 있다.

④ ㉡'행신(倖臣)'이 ㉢'폐하'의 총애를 얻는 것에 대해 천하의 사람들이 그것을 '병통'으로 여긴다는 점에서 많은 사람들이 ㉡'행신(倖臣)'과 ㉢'폐하'의 관계를 우려하고 있음을 알 수 있다.

이것도 알면 합격!

이규보, '국선생전'의 주제 및 특징

1. 주제: 위국충절에 대한 교훈과 임금으로서의 처신에 대한 경계
2. 특징
   (1) 일대기 형식으로 사물을 의인화하여 그려냄
   (2) 임춘의 '국순전'의 영향을 받음
   (3) '도입 – 전개 – 비평'의 구성임

11 비문학 적용하기 난이도 중 ●●○

정답 설명

③ 2문단 끝에서 2~4번째 줄을 통해 혈액형이 A형인 사람이 대범하게 행동하는 것은 대수롭지 않게 여겨지고 이는 기억에서 쉽게 사라짐을 알 수 있다. 따라서 제시문의 내용을 잘못 이해한 사람은 ③'연지'이다.

[관련 부분] A형의 사람이 대범하게 행동하는 것을 보더라도 대수롭지 않게 받아들인다. 그리고 그것은 기억에서 사라진다.

오답 분석

① 1문단 1~3번째 줄을 통해 사람들은 자신의 판단을 미리 옳다고 생각하고 그것을 증명해 줄 정보만을 취사선택함을 알 수 있다. 따라서 사람들은 혈액형 성격학의 내용과 일치하는 정보만을 취사선택하여 상대의 성격을 파악한다는 내용은 적절하다.

[관련 부분] 우리들은 자신의 판단이 옳은가의 여부를 판단할 경우에 우선은 자신의 판단이 옳다고 미리 생각해 버린다. 그리고 그것을 증명해줄 수 있는 정보만을 취사선택해 가는 것이다.

② 2문단 4~5번째 줄을 통해 혈액형 성격학을 믿는 사람은 혈액형에 부합한다고 여겨지는 성격이나 행동만 의도적으로 수집함을 알 수 있다. 따라서 혈액형 성격학을 신뢰하는 사람은 A형 혈액형을 가진 사람의 성격을 파악할 때 내성적인 면을 의도적으로 수용한다는 내용은 적절하다.

[관련 부분] 혈액형에 부합한다고 여겨지는 성격이나 행동만 의도적으로 수집되고

④ 3문단 2~5번째 줄을 통해 실제 사람의 성격은 매우 다양하며 같은 사람도 때와 경우에 따라 다른 성격이 나타남을 알 수 있다.

[관련 부분] 5백55라는 숫자가 말해주듯이 사람의 성격에는 다양한 측면이 있다. 게다가 사람의 성격이란 때와 경우에 따라 서로 다른 모습으로 나타날 때가 많다.

12 비문학 화법 (말하기 전략) 난이도 중 ●●○

정답 설명

② 제시된 대화는 약속 시간에 늦은 '혜진'에게 친구들이 사과를 요구하는 상황을 다루고 있다. 그런데 '정훈'이는 약속 시간을 지키지 않은 '혜진'의 행동을 보고 매번 그랬다며 일반화하고, '혜진'의 평소 태도에 대해 언급하며 대화 맥락에서 벗어난 내용을 지적하고 있다. 따라서 답은 ②이다.

오답 분석

① '민수'는 약속 시간보다 늦었음에도 불구하고 사과를 하지 않고 변명만 하는 '혜진'에게 사과할 것을 정중하게 요구하고 있다. 따라서 '혜진'에게 사과를 하라고 위협적인 분위기를 조성한다는 설명은 적절하지 않다.

③ '혜진'은 과제 모임이 끝난 후 다 같이 저녁을 먹을 장소를 살피고 오느라 늦었다고 이야기하고 있을 뿐, 자신이 늦은 이유를 이해해주지 못하는 친구들에게 서운함을 드러내고 있지는 않다.

④ '현주'는 '혜진'이 오지 않은 상황에 약속 시간을 재차 확인하고 있을 뿐, 다른 친구들에게 시간 약속을 엄수할 것을 심리적으로 압박하고 있지 않다.

13 어휘 관용 표현 난이도 하 ●○○

정답 설명

④ '몸이 달다'는 '마음이 조급하여 안타까워하다'라는 뜻의 관용구이므로, 밑줄 친 부분과 바꿔 쓸 수 있는 관용 표현으로 적절하지 않은 것은 ④이다. ④의 '겁이 났다'는 '손에 땀을 쥐게 되었다, 간이 콩알만 해졌다' 등의 관용 표현으로 바꾸어 쓸 수 있다.

오답 분석

① 학을 떼다: 괴롭거나 어려운 상황을 벗어나느라고 진땀을 빼거나, 그것에 거의 질려 버리다.

② 입이 되다: 맛있는 음식만 먹으려고 하는 버릇이 있어 음식에 매우 까다롭다.

③ 목이 곧다: 남에게 호락호락 굽히지 아니하며 억지가 세다.

14 문학 소재의 의미 난이도 중 ●●○

정답 설명

① ㉡'잡초', ㉢'눈 속에서도 피는 꽃' ㉣'샛노란 꽃'은 모두 '복수초'를 의미하는 반면, ㉠'새의 깃털'은 '복수초 잎'을 비유적으로 표현한 것이므로 지시하는 대상이 다른 것은 ㉠이다.

15 문학 서술상의 특징 난이도 중 ●●○

정답 설명

② 제시된 작품은 전반적으로 전지적 작가 시점으로 서술되어 인물들이 서술자에 의해 직접 제시되지만 동시에 인물의 대사를 통해 인물의 심리나 특성을 간접적으로 제시하기도 한다. 따라서 김 첨지의 대사를 통해 사회 빈민층인 그의 특성을 간접적으로 전달하므로 답은 ②이다.

오답 분석

①③ 제시된 부분에서 확인할 수 없다.

④ 김 첨지의 대사에 비속어가 사용되었지만, 이를 통해 세태에 대한 비판적 인식을 드러내지는 않는다.

이것도 알면 합격!

현진건, '운수 좋은 날'의 반어적 성격

평소와 다르게 돈(작은 것)을 더 벌었으나 아내를 잃음(더 중요한 것)으로써 '운수 좋은 날'이라는 표현이 비극성을 더욱 고조시키는 역할을 함

표면적 의미	평소와 달리 돈을 많이 번 날
심층적 의미	병든 아내가 세상을 떠난 날

16 비문학 내용 추론 난이도 중 ●●○

정답 설명

② 동일한 소리로 여러 개념을 지칭할 수 있고 여러 소리로 동일한 개념을 지칭할 수 있으므로, 언어의 소리와 의미 간의 결합은 필연적이지 않으며 일정한 규칙이 없음을 알 수 있다. 따라서 ㉠과 ㉡에 들어갈 수 있는 말은 '자의적(恣意的)', '임의적(任意的)', '우연적(偶然的)', '수의적(隨意的)'이므로 답은 ②이다.

17 비문학 작문 (조건에 맞는 글쓰기) 난이도 중 ●●○

정답 설명

① '그 고통은 누군가를 눈물짓게 만들지만, 그 눈물은 지금 웃고 있는 어떤 이가 경험하지 못할 놀라운 성장의 바탕이 된다'에서 눈물짓는 누군가와 웃고 있는 누군가를 대조하고 있다. 또한 '눈물'이 '성장의 동력'이 된다는 역설적인 표현으로 삶의 교훈을 드러냈으므로 답은 ①이다.

오답 분석

② 한 가지 일에 집중하는 삶의 태도의 중요성을 말하는 내용이다. '하나밖에 모르는 바보가 성공한다'라는 부분에서 역설적 표현을 통해 삶의 교훈을 전달한 것은 확인할 수 있지만 대조의 기법이 사용된 부분은 찾을 수 없다.

③ 독서의 중요성을 강조한 내용이다. '꿈'의 여러 가지 의미를 활용하여 삶의 교훈을 전달했으나, 대조의 기법과 역설적 표현이 나타난 부분은 찾을 수 없다.

④ 성장하는 아이들에게 폭력을 행사해선 안 된다는 내용이다. '사랑에 익숙했던 아이들과 달리 폭력을 경험한 아이들은 평생 아물지 않는 상처를 안고 살아간다'라는 부분을 통해 사랑에 익숙했던 아이들과 폭력을 경험한 아이들을 대조하여 삶의 교훈을 전달하고 있으나, 역설적 표현이 사용된 부분은 찾을 수 없다.

18 비문학 화법 (말하기 전략) 난이도 중 ●●○

정답 설명

④ 발화 의도를 파악할 때 '상황'을 고려하지 않아도 되는 것은 문장의 유형과 발화 의도가 일치하는 직접 발화인 경우이다. ④는 결혼기념일 일정을 확인하는 상황에서 결혼기념일에 방문할 장소에 대해 아내가 남편에게 질문하는 내용이므로 문장의 유형과 발화 의도가 일치하는 직접 발화에 해당한다.

오답 분석

① 발화 의도는 '수업 시간에 지각을 하지 마라'이므로 문장 유형과 발화 의도가 불일치하는 간접 발화에 해당한다.

② 발화 의도는 '깨끗하게 청소하자'이므로 문장 유형과 발화 의도가 불일치하는 간접 발화에 해당한다.

③ 발화 의도는 '집에 가지 말고 좀 더 같이 있자'이므로 문장 유형과 발화 의도가 불일치하는 간접 발화에 해당한다.

19 어법 올바른 문장 표현 난이도 중 ●●○

정답 설명

④ '했다가'의 '-다가'는 어떤 일을 하는 과정이 다른 일이 이루어지는 원인이나 근거 등이 됨을 나타내는 연결 어미로 그 쓰임이 적절하다. '-어서'는 이유나 근거를 나타내는 연결 어미이므로 제시된 문장의 '했다가'를 '해서'로 고쳐 써야 한다는 ④의 설명은 적절하지 않다.

오답 분석

①②③ 모두 문장을 올바르게 수정한 예에 해당한다.

20 비문학 관점과 태도 파악, 세부 내용 파악 난이도 중 ●●○

정답 설명

④ 밑줄 친 부분은 백성과 수령을 보좌하는 사람들이 죄를 짓는 것을 두려워하지 않음을 뜻한다. 이에 대해 필자는 1문단 1~2번째 줄과 2문단 1~4번째 줄을 통해 과거와 달리 수령의 임기가 짧고 오히려 수령을 보좌하는 사람들의 지위가 세습되기 때문이라고 그 이유를 말하고 있다. 따라서 지방 관리의 지위 세습이 문제가 되는 것은 아니므로, 밑줄 친 부분의 이유에 대한 필자의 견해로 볼 수 없는 것은 ④이다.

[관련 부분]

- 과거의 제후는 아버지에게 그 지위를 물려받아 그 지위가 대를 이어 세습되었다.
- 지금의 수령들은 길어야 2년까지만 역임할 수 있고 그게 아니라면 몇 달 만에 교체될 수 있다. ~ 보좌하는 사람들이나 종들은 모두 아버지에게 물려받는다.

오답 분석

① 2문단 1~2번째 줄과 끝에서 3~5번째 줄을 통해 지금의 수령은 임기가 최대 2년, 짧으면 몇 달이므로 죄인들은 수령(나그네)의 임기가 끝나기 전까지 도망쳐 있다가, 수령의 임기가 끝나면 주인이 집으로 돌아오는 것처럼 다시 편하게 돌아옴을 알 수 있다. 이를 통해 필자는 수령의 짧은 임기가 상황을 더욱 악화시켰다고 생각함을 알 수 있다.

[관련 부분]

- 지금의 수령들은 길어야 2년까지만 역임할 수 있고, 그게 아니라면 몇 달 만에 교체될 수 있다.
- 죄인은 도망쳐 있다가 나그네가 떠나가면 주인이 집으로 돌아온 것처럼 편히 행동하면 된다.

② 2문단 3~5번째 줄을 통해 수령을 보좌하는 이나 종들은 과거의 제후와 같이 그 지위가 세습됨을 알 수 있다. 따라서 수령을 보좌하는 이들은 자신의 지위가 세습됨을 믿고 수령을 두려워하지 않을 수 있으므로, 필자는 수령을 보좌하는 사람들이 초래한 문제가 밑줄 친 부분의 이유라고 생각함을 알 수 있다.

[관련 부분] 이것과 달리 그를 보좌하는 사람들이나 종들은 모두 아버지에게 물려받는다. 이는 여관 주인과 비슷하고, 과거의 제후와 같다.

③ 1문단을 통해 옛날에는 명분과 의리를 중시했기 때문에 죄를 지으면 평생 등용되지 못하거나 대를 이어서 벼슬을 하지 못했음을 알 수 있다. 이로 인해 간악한 사람들도 이를 두려워했으나, 2문단에서는 수령의 임기가 짧아서 죄인들은 수령을 두려워하지 않음을 알 수 있다. 따라서 필자는 더 이상 명분과 의리가 중시되지 않는 세태의 영향을 받았다고 생각함을 알 수 있다.

09회 실전동형모의고사

정답 p.78

01	① 비문학	08	④ 문학	15	① 비문학
02	④ 문학	09	③ 비문학	16	④ 비문학
03	③ 비문학	10	③ 어휘	17	② 비문학
04	③ 어법	11	④ 비문학	18	③ 비문학
05	④ 비문학	12	② 문학	19	④ 문학
06	③ 어휘	13	④ 어법	20	② 어법
07	② 문학	14	④ 비문학		

취약영역 분석표

영역	틀린 답의 개수
어법	/ 3
비문학	/ 10
문학	/ 5
어휘	/ 2
혼합	- / 0
TOTAL	20

* 취약영역 분석표를 이용해 1개라도 틀린 문제가 있는 영역은 그 영역의 문제만 골라 해설을 다시 한번 꼼꼼히 학습하세요.

01 비문학 세부 내용 파악 난이도 중 ●●○

정답 설명

① 1문단 끝에서 1~3번째 줄을 통해 최북은 가난한 이에게는 적은 돈을 받고도 자신의 그림을 선뜻 내주었지만, 많은 돈을 받을 수 있는 세도가의 트집에 반기를 드는 모습을 보였음을 알 수 있다. 이를 통해 최북은 그림으로 많은 돈을 벌고자 하는 욕심이 없었음을 알 수 있다.

오답 분석

② 1문단 1~3번째 줄을 통해 독주와 과도한 그림 노동 때문에 반 고흐의 발작이 일어났음은 알 수 있으나, 그림을 그리지 않는 날에 매일 독한 술을 마셨음은 확인할 수 없다.

[관련 부분] 반 고흐의 발작은 뜨거운 아를의 태양 아래에서 마시던 독주 압생트와 초주검에 이르는 하루 열네 시간의 그림 노동에서 비롯됐다고 한다.

③ 2문단 끝에서 1번째 줄을 통해 최북이 중국산 꿩보다 토종 메추리 그리기를 즐겼음을 알 수 있으나, 중국에 대해 비판적인 인식을 드러내는 그림을 그렸음은 확인할 수 없다.

[관련 부분] 그는 중국산 꿩보다 토종 메추리 그리기를 좋아했다.

④ 2문단 1~2번째 줄의 반 고흐의 풍경화가 진한 색으로 이루어져 이를 감상하는 사람들의 정신을 흔들었다는 내용을 통해 반 고흐가 풍경화도 그렸음을 확인할 수 있다. 또한 2문단 3~5번째 줄의 반 고흐의 말을 통해 반 고흐는 영혼이 있는 삶 전체를 그렸을 뿐, 인간의 삶을 다루는 그림만 그렸음은 확인할 수 없다.

[관련 부분]

- 반 고흐의 풍경화는 ~ 사람의 넋을 흔든다.
- 예쁜 초상화나 세련된 풍경화는 내 것이 아니니 거칠더라도 영혼이 있는 인생을 그리겠다.

02 문학 작품의 내용 파악 난이도 중 ●●○

정답 설명

④ '부네'는 '양반'에게 자신이 왔다고 말을 하는 대신에 '복'과 같은 소리를 내며 자신의 존재를 알리고 있으므로 ④의 이해는 적절하다.

오답 분석

① '양반'의 이를 잡는 것은 '부네'이며, '초랭이'는 그것을 보고 '양반'도 이가 있냐며 놀리고 있을 뿐이므로 적절하지 않은 설명이다.

② '이메'가 '초랭이'의 촐랑거리는 모습을 따라하다가 넘어진 것이므로 적절하지 않은 설명이다.

③ '양반'의 첫 번째 대사를 통해 '양반'이 직접 '부네'를 찾으러 간 것이 아닌 '초랭이'에게 '부네'를 찾아오라고 하고 있음을 확인할 수 있으므로 적절하지 않은 설명이다.

이것도 알면 합격!

작자 미상, '하회 별신굿 탈놀이'의 주제와 특징

1. 주제: 양반의 이중적인 모습을 풍자
2. 특징
   - 농촌형 탈춤의 대표적인 작품임
   - 소탈하고 원초적인 내용을 담음
   - 난잡한 표현과 언어유희가 많음

03 비문학 비판적 이해 난이도 중 ●●○

정답 설명

③ 필자는 '서로가 누군지 알 수 없는' 인터넷의 특성과 '익명성에 기댄 무분별한 언어폭력'과 같은 인터넷 댓글의 부작용이 익명성에서 기인한 것임을 밝히며 댓글 기능의 완전한 폐지를 주장한다. 그러므로 필자가 근거로 내세운 인터넷 익명성의 부작용을 예방할 수 있는 방안을 제시하면서 댓글 기능의 완전 폐지를 반대하는 내용인 ③이 주장에 대한 반론으로 가장 적절하다.

오답 분석

① 댓글 기능을 대체할 수 있는 시스템을 개발해야 한다는 내용의 전제는 결국 제시문의 필자가 주장하고 있는 익명성으로 인한 인터넷 댓글의 문제점을 인정하고 있는 것이므로 반론으로 적절하지 않다.

② 댓글 기능을 폐지할 수 없다는 내용은 댓글 기능을 폐지해야 한다는 주장에 대한 반론으로 적절하다. 하지만 제시문은 댓글 기능을 폐지해야 하는 이유를 익명성에서 비롯된 언어폭력 때문임을 근거로 내세우고 있으나, ②는 댓글 기능을 폐지하면 안 되는 이유를 단순히 댓글 기능이 포털 사이트가 등장할 때부터 도입된 기능이기 때문임을 근거로 내세우고 있으므로 적절하지 않다.

④ 제시문의 주장과 관련이 없는 반론이다.

04 어법 표준 발음법 난이도 중 ●●○

정답 설명

③ ㉠~㉢에 해당하는 예를 바르게 연결한 것은 ③이다.
- ㉠ 여덟[여덜](○): '덟'의 겹받침 'ㄼ'이 어말에서 [ㄹ]로 발음된 예이다.
- ㉡ 읊고[읍꼬](○): '읊-'의 겹받침 'ㄿ'이 자음 'ㄱ' 앞에서 [ㅂ]으로 발음된 예이다.
- ㉢ 않던[안턴](○): '않-'의 받침 'ㄶ'이 뒤 음절의 첫소리 'ㄷ'과 만나 [ㅌ]으로 발음된 예이다.

오답 분석

① • 밟다[밥:따]: 겹받침 'ㄼ'은 자음 앞에서 [ㄹ]로 발음하지만, 예외적으로 '밟-'은 자음 앞에서 [밥]으로 발음하므로 ㉠의 예로 적절하지 않다.
- 닭과[닥꽈]: 겹받침 'ㄺ'은 자음 앞에서 [ㄱ]으로 발음하므로 ㉡의 예로 적절하다.
- 놓고[노코]: 받침 'ㅎ' 뒤에 'ㄱ'이 결합되면, 뒤 음절 첫소리와 합쳐져서 [ㅋ]으로 발음하므로 ㉢의 예로 적절하다.

② • 핥다[할따]: 겹받침 'ㄾ'은 자음 앞에서 [ㄹ]로 발음하므로 ㉠의 예로 적절하다.
- 묽게[물께]: 용언의 어간 말음 'ㄺ'은 'ㄱ' 앞에서 [ㄹ]로 발음하므로 ㉡의 예로 적절하지 않다.
- 쌓지[싸치]: 받침 'ㅎ' 뒤에 'ㅈ'이 결합되면, 뒤 음절 첫소리와 합쳐져서 [ㅊ]으로 발음하므로 ㉢의 예로 적절하다.

④ • 넋과[넉꽈]: 겹받침 'ㄳ'은 자음 앞에서 [ㄱ]으로 발음하므로 ㉠의 예로 적절하다.
- 굶지[굼:찌]: 겹받침 'ㄻ'은 자음 앞에서 [ㅁ]으로 발음하므로, ㉡의 예로 적절하다.
- 싫증[실쯩]: 겹받침 'ㅀ' 뒤에 'ㅈ'이 결합되었으나, 'ㅈ'이 [ㅊ]으로 줄지 않고 [ㅉ]으로 발음되는 경우에 해당하므로 ㉢의 예로 적절하지 않다. 참고로, '염증[염쯩], 건조증[건조쯩]'과 같이 '증(症)'이 단어의 둘째 음절 이하에 놓일 때에는 경음화가 잘 일어나므로, '싫증'도 이러한 경향에 따라 [실쯩]으로 발음한다.

05 비문학 작문 (주제문) 난이도 하 ●○○

정답 설명

④ 제시된 개요는 본론에서 일회용품 소비의 원인을 분석한 후 그로 인해 발생하는 문제점과 해결 방안을 제시하고 있다. 따라서 개요의 내용을 모두 포괄할 수 있는 ④가 주제문으로 가장 적절하다.

오답 분석

①②③은 모두 본론에서 제시하고 있는 내용이지만, 제시문 전체를 포괄할 수 있는 주제문으로는 적절하지 않다.

06 어휘 한자 성어, 속담 난이도 상 ●●●

정답 설명

③ '개미 금탑 모으듯'이라는 속담과 의미상 거리가 먼 것은 ③ '滄海一粟'이다.
- 개미 금탑 모으듯: 재물 등을 조금씩 조금씩 알뜰히 모아 감을 비유적으로 이르는 말
- 滄海一粟(창해일속): '넓고 큰 바닷속의 좁쌀 한 알'이라는 뜻으로, 아주 많거나 넓은 것 가운데 있는 매우 하찮고 작은 것을 이르는 말

오답 분석

① 積土成山(적토성산): 작거나 적은 것도 쌓이면 크게 되거나 많아짐

② 磨斧爲針(마부위침): '도끼를 갈아 바늘을 만든다'라는 뜻으로, 아무리 이루기 힘든 일도 끊임없는 노력과 끈기 있는 인내로 성공하고야 만다는 뜻

④ 실도랑 모여 대동강이 된다: 아무리 작은 것이라도 모이고 모이면 나중에 큰 덩어리가 됨을 비유적으로 이르는 말

07 문학 작품의 내용 파악 난이도 하 ●○○

정답 설명

② 파수꾼 다는 흰 구름이 내일이면 사라지는 것이냐고 묻는 촌장의 질문에 아니라고 대답하고 있으며, 내일 흰 구름의 존재를 함께 외치겠다는 촌장의 회유와 협박에 설득당하고 있다. 따라서 파수꾼 다가 시간이 지나면 흰 구름이 사라질 것이라고 믿고 있다는 ②의 설명은 옳지 않다.

오답 분석

① 촌장의 4번째 대사에서 알 수 있다.

③ 파수꾼 다는 왜 이리 떼가 있다고 거짓말을 했는지 촌장에게 의문을 표하며 흰 구름의 존재를 마을 사람들에게 알리고 싶어 한다.

④ 촌장은 지배 이념을 통해 마을 사람들을 통제하려는 인물로, 진실을 알리고자 했던 파수꾼 다를 회유하고 설득해 결국 권력에 굴복하게 만든다. 이러한 과정이 촌장과 파수꾼 다의 대화를 통해 제시되며 이는 권력자가 나약한 민중들을 통제하는 모습을 보여주는 것이다.

이것도 알면 **합격!**

이강백, '파수꾼'의 주제와 특징

1. 주제: 진실이 은폐된 사회의 비극과 지배 계급에 대한 비판
2. 특징
   (1) 이솝 이야기인 '양치기 소년'을 모티프로 한 작품으로 1970년대 정치 상황을 풍자함
   (2) 현실을 우의적으로 표현하기 위해 상징성이 강한 인물들과 소재가 사용됨

08 문학 작품의 종합적 감상 (시) 난이도 하 ●○○

정답 설명

④ 마지막 연의 내용을 통해 화자는 지금 이별을 하게 되더라도 온 마음을 다해 사랑했기 때문에 그 사실 자체만으로 행복을 느끼고 있음을 알 수 있다. 따라서 이별의 아픔이 느껴진다는 ④의 설명은 적절하지 않다.

오답 분석

① 1연과 4연이 수미 상관식 구조를 이뤄 사랑함으로써 얻게 되는 행복의 의미를 강조하고 있다.

② '연연하다'는 '빛이 엷고 산뜻하며 곱다' 또는 '아름답고 어여쁘다'라는 의미이다.

③ 부드러운 어조를 통해 사랑을 받을 때보다 줄 때 느낄 수 있는 진정한 행복을 강조하며 주제를 효과적으로 형상화하고 있다.

이것도 알면 **합격!**

유치환, '행복'의 주제와 특징

1. 주제: 사랑을 베풂으로써 느낄 수 있는 행복
2. 특징
   (1) 수미 상관식 구성으로 의미를 강조함
   (2) 부드러운 어조를 통해 주제를 효과적으로 형상화함

09 비문학 세부 내용 파악 난이도 하 ●○○

정답 설명

③ 1문단 1~4번째 줄을 통해 예술 작품은 창작자와 창작된 시기, 문화적 환경과의 관계 속에서 창작되며, 창작과 관련된 요소에는 사회 규범, 예술 전통, 그리고 작가의 개성 등이 포함되어 있음을 알 수 있다. 따라서 예술 작품이 작가와 관련된 여러 요소들 간의 관계 속에서 제작됨을 알 수 있으므로 답은 ③이다.

[관련 부분] 예술 작품은 창작자와 창작된 시간, 문화적 환경과의 관계 속에서 창작되는데, 예술 작품의 창작과 관계되는 이 요소들에는 사회 규범과 예술 전통, 작가의 개성 등이 포함되어 있다.

오답 분석

① 1문단 2~4번째 줄을 통해 예술 작품의 창작과 관련된 요소에는 예술 전통이 포함되어 있음을 확인할 수 있으나, 예술 작품이 예술의 전통을 이어갈 수 있도록 하는 매개체임은 제시문을 통해 확인할 수 없다.

[관련 부분] 예술 작품의 창작과 관계되는 이 요소들에는 사회 규범과 예술 전통, 작가의 개성 등이 포함되어 있다.

② 1문단 1~2번째 줄과 끝에서 1~2번째 줄을 통해 예술 작품이 창작자와 창작 시기, 그리고 문화적 환경의 관계 속에서 창작됨을 확인할 수 있으나, 이는 작가에 의해 변형되어 작품 속에 나타남을 알 수 있다. 따라서 예술 작품이 창작된 시대의 문화적 환경이 작품에 그대로 나타난다는 설명은 적절하지 않다.

[관련 부분]
- 예술 작품은 창작자와 창작된 시간, 문화적 환경과의 관계 속에서 창작되는데
- 그런 것들은 창작자에 의해 텍스트로 조직되면서 변형되어

④ 2문단 1~3번째 줄을 통해 예술 작품은 특정 역사의 순간에 있는 감상자에 의해 해석되며, 해석 시 일정한 준거틀을 바탕으로 작품을 감상해야 함을 확인할 수 있다. 그러나 역사를 감상의 준거로 삼아야 한다는 내용은 제시문을 통해 확인할 수 없다.

[관련 부분] 예술 작품의 의미는 역사의 특정한 순간에 만나게 되는 감상자에 의해 해석된다. 그런데 의미를 해석하기 위해서는 반드시 일정한 준거틀이 있어야 한다.

10 어휘 한자어 (한자어의 표기) 난이도 상 ●●●

정답 설명

③ 干涉(간섭: 방패 간, 건널 섭)(O): '직접 관계가 없는 남의 일에 부당하게 참견함'을 뜻하는 '干涉(간섭)'은 문맥상 적절하게 사용되었으므로 답은 ③이다.

오답 분석

① 褒貶(포폄: 기릴 포, 낮출 폄)(×) → 捕捉(포착: 잡을 포, 잡을 착): '어떤 기회나 정세를 알아차림'을 뜻하는 '捕捉(포착)'을 써야 한다.
- 褒貶(포폄): 옳고 그름이나 선하고 악함을 판단하여 결정함

② 接觸(접촉: 이을 접, 닿을 촉)(×) → 抵觸(저촉: 막을 저, 닿을 촉)(○): '법률이나 규칙 등에 위반되거나 어긋남'을 뜻하는 '저촉'의 '저'는 '低(막을 저)'를 써야 한다.
- 接觸(접촉): 1. 서로 맞닿음 2. 가까이 대하고 사귐

④ 剛烈(강렬: 굳셀 강, 매울 렬)(×) → 強烈(강렬: 강할 강, 매울 렬)(○): '강하고 세참'을 뜻하는 '강렬'의 '강'은 '強(강할 강)'을 써야 한다.
- 剛烈(강렬): 성질이 억세고 사나움

11 비문학 글의 전략 파악 난이도 하 ●○○

정답 설명

④ 제시문은 18세기 절대주의 시대의 국왕들이 자신의 권력을 과시하고자 화려한 건축물을 짓고자 했음을 설명하고 있다. 이러한 국왕의 권세를 상징하는 건축물인 베르사유 궁과 쇤브룬 궁을 사례로 들어 소개하고 있으므로 <보기>에 대한 설명으로 옳은 것은 ④이다.

[관련 부분] 베르사유 궁, 쇤브룬 궁은 각기 부르봉 왕가와 합스부르크 왕가의 권세를 상징하는 건축물이다. ~ 베르사유 궁을 지을 동안 "매일 밤마다 죽은 사람들을 가득 실은 수레가 지나갔다"는 기록이 남을 정도로 루이 14세는 사람들을 혹사시키며 자신의 여름 별장을 화려하고 웅대하게 건설했다.

오답 분석

①② 제시문에서 해당 내용을 확인할 수 없다.

③ 베르사유 궁을 지을 당시를 기록한 역사적 자료를 통해 궁궐을 짓기 위해 수많은 인력이 희생되었음을 알 수 있으나, 권력이 세습되는 문화를 비판하지는 않았다.

12 문학 작품의 종합적 감상 (시조) 난이도 중 ●●○

정답 설명

② (가)의 화자는 종장에서 자연 속에서 느끼는 한가한 흥취를 뜻하는 '임천한흥(林泉閑興)'과 견줄만한 것이 없다고 노래하며 강호 한정의 삶에 대해 자부심을 느끼고 있음을 알 수 있다. 따라서 답은 ②이다.

[관련 부분] 아마도 임천한흥(林泉閑興)을 비길 곳이 업세라

오답 분석

① (나)에서 띠풀로 엮어 만든 집인 '초당(草堂)'을 통해 화자가 소박한 전원생활을 하고 있음을 확인할 수 있으나, (가)에서는 소박한 삶의 태도를 확인할 수 없다.

③ (나)의 화자는 자연을 즐기는 한가한 삶에 대해 '이 몸이 서늘하옴도 역군은(亦軍恩)이샷다'라고 하며 임금의 은혜에 대해 감사함을 드러내고 있을 뿐, 멀리 떨어진 임금을 걱정하고 있지는 않다.

④ (가)는 자연과 더불어 유유자적하며 살아가는 삶의 즐거움을 그리고 있을 뿐, 속세를 벗어난 데에 대한 기쁨을 드러낸 것은 아니다. (나)는 강호에서 자연을 즐기며 느끼는 여름날의 한가로운 정취를 그리고 있다.

지문 풀이

(가) 누가 (자연이) 삼정승보다 낫다더니 만승천자가 이만하겠는가?
이제 생각해 보니 소부와 허유가 영리하도다.
아마도 자연 속에서 느끼는 한가한 흥취는 비할 데가 없으리라.
(나) 강호에 여름이 찾아오니 초당에 있는 이 몸은 할 일이 없다.
신의 있는 강 물결은 보내는 것이 시원한 바람이로다.
이 몸이 이렇듯 시원하게 지내는 것도 역시 임금님의 은덕이시도다.

이것도 알면 **합격!**

제시된 작품의 주제 및 특징

작가, 작품	주제 및 특징
(가) 윤선도, '만흥(漫興)'	1. 주제: 자연에 묻혀 사는 즐거움과 임금님의 은혜 2. 특징 (1) 화자의 안분지족의 삶의 자세와 자연 친화적 태도가 드러남 (2) 자연과 속세를 대비하여 유유자적한 삶에 대한 즐거움을 드러냄
(나) 맹사성, '강호사시가(江湖四時歌)'	1. 주제: 강호 한정 및 임금님의 은혜 2. 특징 (1) 사계절에 따라 시상을 전개함 (2) 대구법, 대유법, 의인법 등 다양한 표현법이 드러남 (3) 종장에 형식적 통일감을 부여하여 주제를 효과적으로 드러냄

13 어법 의미 (다의어의 의미) 난이도 하 ●○○

정답 설명

④ '그와 오랫동안 지내다 보니 좋은 사람임을 느꼈다'의 '보다'는 앞말이 뜻하는 행동을 하는 과정에서 뒷말이 뜻하는 사실을 새로 깨닫게 되거나, 뒷말이 뜻하는 상태로 됨을 나타내는 보조 동사이다. 반면 ①②③의 '보다'는 앞말이 뜻하는 상태나 뒷말의 이유나 원인이 됨을 나타내는 보조 형용사이다. 따라서 밑줄 친 단어 중 그 의미가 나머지 셋과 다른 것은 ④이다.

14 비문학 내용 추론 난이도 중 ●●○

정답 설명

④ 6~8번째 줄을 통해 특정 집단 임의로 법을 지키거나 폐기한다면, 그 법은 구속력을 잃게 됨을 알 수 있다. 따라서 특정 집단에만 일시적으로 무력화된 법이 있다면 그 법은 구속력을 잃을 것이라는 추론은 적절하다.
[관련 부분] 한 집단에 의해서 그때그때 마음대로 지켜지거나 폐기될 수 있다면, 모든 법은 구속력이 없어지고, 구속력이 없는 법은 법이 아니다.

오답 분석

① 제시문을 통해 추론할 수 없는 내용이다.

② 끝에서 1~2번째 줄을 통해 법이 권위를 갖기 위해서는 정당성을 갖추어야 함을 알 수 있다. 그러나 법 자체의 정당성이 아닌 법 집행 과정에서 정당성을 잃게 될 경우 법의 권위를 잃게 되는지는 추론할 수 없다.
[관련 부분] 법은 권위를 갖추어야 하며, 권위를 갖추려면 정당성을 갖추어야 한다.

③ 1~2번째 줄을 통해 권리는 법의 테두리 안에서 그 의미를 갖게 됨을 알 수 있다. 따라서 정해진 법에서 벗어난 권리를 요구할 경우 그 권리는 무의미한 것이므로 보장받을 수 없음을 추론할 수 있다.
[관련 부분] 권리라는 낱말은 규범으로서의 법의 테두리 안에서만 비로소 그 의미를 갖는다.

15 비문학 내용 추론 난이도 상 ●●●

정답 설명

① 6~7번째 줄을 통해 사회를 구성하고 있는 각 부분 사이에는 우열이 없음을 알 수 없다. 따라서 사회에 미치는 영향력이 클수록 그 우월성을 인정받을 것이라는 내용은 추론할 수 없으므로 답은 ①이다.

오답 분석

② 8~10번째 줄을 통해 비교적 많은 재산이나 권력을 가진 사람이 있는 것은 타인에 비해 더 힘들고 중요한 기능을 담당하기 때문임을 확인할 수 있다. 따라서 상류 계층이 사회를 유지하는 데 막중한 역할을 수행할 것이라는 추론은 적절하다.
[관련 부분] 다른 사람에 비하여 더 많은 재산이나 권력을 가진 사람이 있는 것은 그가 다른 사람에 비하여 더 힘들고 중요한 기능을 맡고 있기 때문에

③ 9~11번째 줄을 통해 타인에 비해 더 힘들고 중요한 기능을 맡는다면 사회적 보상을 더 많이 받음을 확인할 수 있다. 따라서 최저 임금을 받는 직군이 상대적으로 수월한 업무를 수행할 것이라는 추론은 적절하다.
[관련 부분] 다른 사람에 비하여 더 힘들고 중요한 기능을 맡고 있기 때문에 사회적 보상을 더 많이 받고

④ 3~6번째 줄을 통해 사회의 각 부분은 서로 의존하여 사회의 질서를 유지하며, 안정이 깨지면 회복을 위해 노력함을 알 수 있다. 따라서 재난과 같은 사회의 불안정을 초래하는 상황이 발생할 경우 사회의 각 부분이 서로를 도와 안정을 되찾을 것이라는 추론은 적절하다.
[관련 부분] 사회의 각 부분은 상호의존적이다. 사회는 항상 안정을 유지하려는 속성을 지니고 있으며 어떤 충격에 의하여 안정이 깨뜨려지면 이를 회복하기 위한 노력을 전개한다.

16 비문학 관점과 태도 파악 난이도 하 ●○○

정답 설명

④ 밑줄 친 문장은 역사 연구의 목적이 진실을 밝히는 것이 아니라 인간이 자기 인식을 통해 삶에 의미를 부여하는 것임을 강조하고 있다. 따라서 이와 가장 가까운 것은 ⓔ'의미'이다.

17 비문학 내용 추론 난이도 중 ●●○

정답 설명

② ㉠에는 '개인'이, ㉡에는 '강화'가 들어가는 것이 적절하므로 답은 ②이다.

- ㉠: ㉠이 포함된 문장에서 한국 정치의 부패는 개인의 욕심에서 비롯된 문제가 아닌 정치와 경제가 유착되어 있는 구조적인 문제라는 점을 말하고 있다. 따라서 ㉠에는 한국 정치 부패의 특성과 반대되는 '개인'이 들어가는 것이 적절하다.
- ㉡: ㉡ 앞 문장에서 입법부와 행정부 간의 관계가 동등하지 못하고 권력이 행정부에 쏠려 있는 상황이 한국의 정치 부패를 부추기고 있음을 말하고 있다. 이러한 부패 문제를 해결하기 위해서는 문맥상 국회의 대행정부의 권한을 높여야 한다는 것이 적절하므로 '강화'가 들어가는 것이 적절하다.

18 비문학 적용하기 난이도 중 ●●○

정답 설명

③ 1문단 1~3번째 줄을 통해 '사회 비교 이론'은 유사한 능력이나 의견을 가진 사람들과 스스로를 비교하는 특징을 보인다는 것을 알 수 있다. 또한 2문단을 통해 비교하는 대상이 자신보다 우월하면 '상향 비교'에 해당함을 알 수 있다. 따라서 육상 유망주가 자신보다 우월한 같은 종목의 국가 대표 선수를 비교 대상으로 설정한 것은 '사회 비교 이론'에 해당한다.

오답 분석

① 1문단 1~3번째 줄의 '사회 비교 이론'에 따르면 자신의 능력을 정확히 평가하기 위해 자신과 유사한 측면을 많이 공유한 사람들과 자신을 비교함을 알 수 있다. 따라서 자신이 집필한 전공 서적의 평가를 위해 유사한 측면이 없는 다른 전공 교재와 비교한 것은 '사회 비교 이론'에 해당하지 않는다.

② 1문단 1~3번째 줄의 '사회 비교 이론'에 따르면 자신의 의견을 평가하기 위해 자신과 유사한 의견을 가지고 있는 사람과 스스로를 비교함을 알 수 있다. 따라서 자신과 다른 의견을 가진 반대편의 토론문과 자신의 토론문을 비교한 것은 '사회 비교 이론'에 해당하지 않는다.

④ 1문단 3~6번째 줄의 '사회 비교 이론'에 따르면 자신과 유사한 측면을 공유한 사람들과 비교하여 자신을 타인과 유사해지도록 노력함을 알 수 있다. 따라서 같은 품목을 생산하는 경쟁 업체와 비교를 하는 것은 이에 해당하지만, 비교를 통해 다른 회사와 유사해지도록 노력하는 것이 아닌 차별성 있는 생산 방법을 개발하는 것은 '사회 비교 이론'에 해당하지 않는다.

19 문학 작품의 종합적 감상 (시조) 난이도 중 ●●○

정답 설명

④ (가)와 (나) 모두 감정 이입이 사용된 부분은 확인할 수 없다.

오답 분석

① 초장의 '말'과 '태(態)', '청산(靑山)'과 '유수(流水)', 중장의 '갑'과 '님즈', '청풍(淸風)'과 '명월(明月)'이 대구를 이루어 운율을 형성하고 있음을 알 수 있다.

② 초장과 중장의 '엇더ᄒᆞ료'와 종장의 'ᄆᆞᄉᆞᆷᄒᆞ료'라는 설의적 표현을 사용하여 '자연에 순응하여 순리대로 사는 삶'이라는 주제를 드러내고 있다.

③ (가)의 종장에서 자연 속에서 아무 걱정 없이 늙겠다는 부분과 (나)의 초장에서 이런들 저런들 상관없다는 부분을 통해 달관적인 삶의 태도를 확인할 수 있다.

[관련 부분]

- 이 몸이 분별(分別) 업시 늘그리라.
- 이런ᄃᆞᆯ 엇더ᄒᆞ며 뎌런ᄃᆞᆯ 엇더ᄒᆞ료

지문 풀이

(가) 말이 없는 청산이요, 모양이 없는 흐르는 물이로다.
값이 없는 맑은 바람이요, 주인이 없는 밝은 달이로다.
이 가운데 병 없는 이 몸이 아무 걱정 없이 늙으리라.
(나) 이런들 어떠하며 저런들 어떠하랴?
시골에 묻혀 사는 어리석은 사람이 이렇게 산다고 해서 어떠하랴?
더구나 자연을 버리고는 살 수 없는 마음을 고쳐 무엇하랴?

이것도 알면 **합격!**

제시된 작품의 주제 및 특징

작가, 작품	주제 및 특징
(가) 성혼, '말 업슨 청산이오'	1. 주제: 자연과 함께 살아가는 즐거운 삶 2. 특징 (1) 대구법을 사용하여 주제를 강조함 (2) 시어를 반복하여 운율감을 드러냄
(나) 이황, '도산십이곡'	1. 주제: 자연에 순응하며 살아가는 삶의 추구와 학문 수양에 대한 의지 2. 특징 (1) 자연 관조적 태도와 학문 수양에 대한 도학자의 자세를 드러냄 (2) 어려운 한자어가 많이 사용됨 (3) 반복법, 대구법, 설의법을 통해 주제를 강조함

20 어법 단어 (조사의 구분) 난이도 상 ●●●

정답 설명

② '내일은 신나는 토요일이다'의 '은'은 주격 조사가 아닌 어떤 대상이 화제임을 나타내는 보조사이며, '이 집이 깨끗은 하지만, 낡았다'의 '은'은 어떤 대상이 다른 것과 대조됨을 나타내는 보조사이다.

오답 분석

① • 길에 사람이 많다: 이때 '이'는 어떤 상태를 보이는 대상이나 일정한 상태나 상황을 겪는 경험주 또는 일정한 동작의 주체임을 나타내는 주격 조사이다.
• 언니는 대학생이 되었다: 이때 '이'는 '되다', '아니다' 앞에 쓰여 바뀌게 되는 대상이나 부정하는 대상임을 나타내는 보격 조사이다.

③ • 혼자서 초밥을 먹으러 갔다: 이때 '서'는 주어임을 나타내는 주격 조사이다.
• 어제 어디서 온 것인지 물어봤다: 이때 '서'는 앞말이 출발점의 뜻을 갖는 부사어임을 나타내는 부사격 조사로, '에서'의 준말이다.

④ • 나는 가희랑 속초에 갔다: 이때 '랑'은 어떤 행동을 함께 하거나 상대로 하는 대상임을 나타내는 부사격 조사이다.
• 시장에 가서 조기랑 고등어랑 샀다: 이때 '랑'은 둘 이상의 사물을 같은 자격으로 이어 주는 접속 조사이다.

10회 실전동형모의고사

정답 p.86

01	④ 어휘	08	② 어법	15	③ 혼합(어법+어휘)
02	① 비문학	09	④ 비문학	16	③ 어휘
03	① 비문학	10	② 비문학	17	④ 어법
04	① 비문학	11	② 비문학	18	① 문학
05	② 문학	12	② 혼합(어법+비문학)	19	④ 비문학
06	④ 어휘	13	③ 문학	20	③ 비문학
07	③ 비문학	14	④ 비문학		

취약영역 분석표

영역	틀린 답의 개수
어법	/ 2
비문학	/ 10
문학	/ 3
어휘	/ 3
혼합	/ 2
TOTAL	20

* 취약영역 분석표를 이용해 1개라도 틀린 문제가 있는 영역은 그 영역의 문제만 골라 해설을 다시 한번 꼼꼼히 학습하세요.

01 어휘 표기상 틀리기 쉬운 어휘 난이도 중 ●●○

정답 설명

④ 단취(O): '집안 식구나 친한 사람들끼리 화목하게 한자리에 모임'을 뜻하는 단어는 '단취'이므로 ④는 옳은 표기이다.

오답 분석

① 괘리(×) → 괴리(O): '서로 어그러져 동떨어짐'을 뜻하는 단어는 '괴리'이다.

② 농호(×) → 농후(O): '맛, 빛깔, 성분 등이 매우 짙음'을 뜻하는 단어는 '농후'이다.

③ 무개(×) → 무계(O): '근거가 없음'을 뜻하는 단어는 '무계'이다.

02 비문학 세부 내용 파악 난이도 중 ●●○

정답 설명

① 2문단 1~5번째 줄을 통해 시나리오를 작성할 때 극적 구조를 설정해야 한다는 것을 알 수 있으나, 제시문에서 좋은 시나리오에 대한 조건이나 기준은 언급하고 있지 않으므로 적절하지 않은 설명이다.

[관련 부분] 이야기를 하려면 등장인물을 설정하고 극적 전제(무엇에 관한 이야기인가)와 극적 상황(행위를 둘러싼 상황)을 도입해야 하며, 인물이 맞서거나 극복해야 할 장애물을 창조해야 하고 이야기를 해결해야 한다.

오답 분석

② 1문단 1~3번째 줄에서 알 수 있다.

[관련 부분] 기술의 진화는 문자 그대로 우리가 영화를 보는 방식을 변화시켰다. 그리하여 필연적으로 기술은 우리가 영화를 쓰는 방식을 변화시켰다.

③ 1문단 4~5번째 줄에서 시나리오의 속성은 언제나 동일함을 알 수 있고, 2문단 끝에서 1~3번째 줄에서 지금까지 창작된 모든 이야기에는 공통적으로 적용되는 극적 원칙이 있다는 것을 알 수 있으므로 적절하다.

[관련 부분]

- 재료를 다루는 방식에서 어떤 변화가 일어났든, 시나리오의 속성은 늘 같다.
- 아리스토텔레스에서 시작해 모든 문명을 거쳐 존재해 온 모든 이야기는 동일한 극적 원칙을 구체화한 것들이다.

④ 1문단 끝에서 3~4번째 줄에서 알 수 있다.

[관련 부분] 시나리오란 대사와 묘사를 이미지로 이야기하는 것이며, 극적 구조의 맥락에서 설정된다.

03 비문학 내용 추론 난이도 중 ●●○

정답 설명

① 교수는 아동 학대에 주의를 기울이는 사회 분위기가 형성되어, 학대 속에 방치되어 있는 아이들을 구하는 것이 중요하다고 말하고 있다. 이러한 대답을 이끌어 내기 위한 적절한 질문은 아동 학대를 근절하기 위한 방안을 묻는 것이어야 하므로 답은 ①이다.

04 비문학 관점과 태도 파악, 세부 내용 파악 난이도 하 ●○○

정답 설명

① 1문단 끝에서 2~6번째 줄을 통해 빈민 구제 활동이나 국가 복지 정책이 대중의 빈곤과 사회악을 더욱 심화시킨다고 주장한 사람은 경제학자 맬서스이며, 이러한 맬서스의 주장은 적자생존 이론과 관련됨을 알 수 있다. 따라서 답은 ①이다.

[관련 부분] 빈민 구제 활동과 국가의 공중 보건 정책이 대중의 빈곤과 사회악을 더 심화시킨다고 한 경제학자 맬서스의 주장이나 식민지를 획득하기 위한 세계 침략을 옹호했던 제국주의 시대의 지배 이데올로기는 모두 적자생존 이론과 연결되어 있다.

오답 분석

② 1문단 1~4번째 줄을 통해 도킨스는 『이기적 유전자』에서 경쟁과 자연선택은 개인(개체)이나 집단이 아닌 유전자 수준에서 일어난다고 주장했음을 알 수 있다.

[관련 부분] 유전자 연구를 토대로 다윈의 진화론을 재창조한 도킨스는 『이기적 유전자』에서 진화에 결정적인 역할을 하는 경쟁과 자연선택이 개인이나 집단이 아니라 유전자 수준에서 벌어진다는 이론을 펼쳤다.

③ 2문단 4~6번째 줄을 통해 도킨스는 유전자가 개체 속에 함께 존재하는 다른 유전자들과 잘 협동해야만 성공한다고 했음을 알 수 있으며, 2문단 7~9번째 줄을 통해 유전자처럼 개체 역시 같은 집단에 속한 다른 개체와 잘 협동해야만 성공할 수 있다고 주장했음을 알 수 있다.

[관련 부분]

- 개체의 유전자 풀에 함께 존재하는 다른 유전자들과 잘 협동하여 개체의 생존 능력을 높이는 유전자가 성공한다.
- 유전자가 그런 것처럼 개체도 같은 집단에 속한 다른 개체와 잘 협동해야 성공할 수 있다.

④ 2문단 끝에서 4~6번째 줄을 통해 도킨스는 집단이 이타적인 행동과 협동을 통해 더 큰 이익을 얻는 방법을 배우는 것이 유리하다고 주장했음을 알 수 있다.

[관련 부분] 개체든 집단이든 이타 행동과 협동을 통해 더 큰 이익을 얻는 방법을 배우는 게 유리하다는 것이다.

05 문학 작품의 종합적 감상 (현대 시) 난이도 하 ●○○

정답 설명

② <보기>는 강은교의 '우리가 물이 되어'의 일부분으로, '물'과 '불'의 대립적인 이미지를 통해 생명력이 넘치고 조화로운 공동체적 삶을 살고자 하는 화자의 염원을 전달하고 있다. ㉠은 갈등과 대립이라는 부정적인 것들이 '불'로 다 타버린 후에, 평화와 화합을 의미하는 '흐르는 물'로 만나고자 하는 화자의 간절한 소망으로 볼 수 있다. 따라서 ㉠에 대한 이해로 가장 적절한 것은 ②이다.

오답 분석

①③④ 제시된 작품에서 확인할 수 없는 내용이다.

이것도 알면 합격!

강은교, '우리가 물이 되어'의 주제 및 특징

1. 주제: 생명력이 충만하고 화합과 조화로 완전한 합일이 이루어진 세계에 대한 소망
2. 특징
   (1) 가정법 형태를 통해 간절한 소망을 표출함
   (2) '물'과 '불'의 대립적 이미지를 통해 주제 의식을 전달함

이미지	시어	의미
물	물, 비 오는 소리, 강물, 바다	생명력, 화합, 포용력, 긍정적
불	불, 숯, 불타는 것들	죽음, 갈등, 대립, 부정적

06 어휘 한자 성어 난이도 중 ●●○

정답 설명

④ '경전하사(鯨戰蝦死)'는 '고래 싸움에 새우 등 터진다'라는 뜻으로, 강한 자끼리 서로 싸우는 통에 아무 상관도 없는 약한 자가 해를 입음을 비유적으로 이르는 말이다. 따라서 한자 성어의 뜻풀이로 옳지 않은 것은 ④이다. 참고로, '강한 자가 약한 자를 희생시켜서 번영하거나, 약한 자가 강한 자에게 끝내는 멸망됨을 이르는 말'을 뜻하는 한자 성어는 '약육강식(弱肉強食)'이다.

07 비문학 화법 (공감적 듣기) 난이도 하 ●○○

정답 설명

③ 제시문의 설명에 따르면 '격려하기'는 상대의 말에 맞장구를 치며 반응하고 격려하는 방법으로, 상대가 말한 어휘, 표현을 반복하거나 내용 이해를 위한 질문하기 등의 방법으로 실현된다고 하였다. ③은 '정말?'이라고 하며 민지의 말에 맞장구를 쳐 주었고, '학회의 논문 발표를 망쳤다는 거야?'라며 민지가 말한 내용을 반복하고 있다. 따라서 답은 ③이다.

오답 분석

①② 상대의 말에 대해 부정적으로 반응하고 있으므로 공감적 듣기에 해당하지 않는다.

④ 공감적 듣기 중 상대방이 객관적인 관점에서 문제에 접근하도록 말을 요약, 정리해 주는 '반영하기'에 해당한다. 학회에서 한 논문 발표가 엉망이었다는 '민지'의 말을 듣고 열심히 준비한 발표를 망쳐 마음이 좋지 않겠다고 요약 및 정리해 주는 것이다.

08 어법 단어 (명사형 전성 어미와 명사 파생 접미사의 구분) 난이도 중 ●●○

정답 설명

② 밑줄 친 부분은 용언이 명사의 역할을 할 수 있도록 기능을 바꾸어 주는 어미인 '명사형 전성 어미'를 말한다. '명사형 전성 어미'는 '명사 파생 접미사'와 다르게 서술성을 가지므로 밑줄 친 부분에 해당하는 것은 ②이다.

- 영어는 배우기가 어렵다: 이때 '배우기'는 동사 '배우다'의 어간 '배우-'에 명사형 전성 어미 '-기'가 붙은 말로, 주어인 '영어'에 대해 서술성을 갖는다(영어를 배우다).

오답 분석

①③④ 용언의 어간에 명사 파생 접미사 '-기'가 결합한 말로, 서술성을 갖지 않는다.

① 펜의 굵기를 조절했다: 굵-(용언의 어간) + -기(명사 파생 접미사)

③ 생선의 크기가 클수록 비쌌다: 크-(용언의 어간) + -기(명사 파생 접미사)

④ 사람들은 명절에 과일 사재기에 열을 올렸다: 사재-(용언의 어간) + -기(명사 파생 접미사)

09 비문학 글의 구조 파악 (문단 배열) 난이도 중 ●●○

정답 설명

④ (가) - (라) - (다) - (나)의 순서가 가장 자연스럽다.

순서	중심 내용	순서 판단의 단서와 근거
(가)	• 과학자들은 머피의 법칙을 '선택적 기억'이라 생각함 • 대부분의 일상 속 경험은 기억의 형태로 남아 있지 않지만, 안 좋은 일은 기억에 남음	지시어나 접속어로 시작하지 않으면서, '머피의 법칙'이라는 화제를 제시함
(라)	선택적 기억만으로 설명하기 어려운 머피의 법칙을 로버트 매슈스가 과학적으로 증명함	접속어 '그러나': (가)에서 제시한 내용과 달리 '머피의 법칙'을 '버터 바른 토스트'로 증명하고자 함
(다)	영국의 한 방송에서 '버터 바른 토스트'에 대해 반증하기 위해 실험을 한 결과, 머피의 법칙은 우리의 착각이었음을 결론 내림	키워드 '버터 바른 토스트': (라)에 나온 로버트 매슈스의 '버터 바른 토스트'에 대해 반박하는 실험을 통해 확률적으로 큰 차이가 없음을 보여줌
(나)	로버트 매슈스는 일상에서 머피의 법칙이 들어맞는 이유가 과학적으로 입증할 수 있는 물리 현상의 결과임을 증명함	접속어 '그러나': (다)의 실험 상황에서 머피의 법칙을 '버터 바른 토스트'로 증명한 것과 달리 일상에서 벌어지는 실제 상황에서 머피의 법칙을 과학적으로 증명함

10 비문학 세부 내용 파악 난이도 중 ●●○

정답 설명

② 2문단에서 ㉠'조선 후기 화가들'이 그린 '진경산수화'는 중국의 송, 명 시기의 산수화풍을 기리던 관념미에서 벗어나 조선 땅의 현실미를 담아내었다고 하였으며, 이는 당대 조선의 현실과 조선적인 것을 중시하던 경향과 함께한다는 것을 설명하고 있다. 따라서 ㉠'조선 후기 화가들'은 수묵산수화를 그린 ㉡'왕유'와 달리 조선적인 것과 현실을 그려내는 것을 중시했다는 ②의 설명은 적절하다.

오답 분석

① 2문단 1~4번째 줄을 통해 ㉠은 관념미에서 벗어나 우리 땅의 현실미를 나타낸 진경산수화를 그렸음을 확인할 수 있다. 그러나 5문단 4~6번째 줄을 통해 ㉡은 중국에 원류를 두고 이상향을 꿈꾸거나 자연과 벗하고자 하는 문인들의 사상을 담은 수묵산수화를 그렸음을 확인할 수 있다. 따라서 ㉡은 우리 땅과 관련된 그림을 그리지 않았으므로 ①은 적절하지 않은 설명이다.

[관련 부분]
- 진경산수화는 역사적으로 의미가 크다. 그 이유는 중국의 송(宋)·명(明) 시기의 산수화풍을 기리던 관념미에서 벗어나 우리 땅의 현실미를 찾았기 때문이다.
- 중국에 그 원류가 존재한다. 이들처럼 이상향을 꿈꾸거나 자연과 벗하고자 했던 문인들의 삶과 사상이 고스란히 밴 수묵산수화는

③ 6문단 끝에서 1~2번째 줄을 통해 ㉢이 성리학 사회와 문화를 단단하게 만드는 밑거름이 되었음을 알 수 있으므로 ③은 적절하지 않은 설명이다.

[관련 부분] 그 이상(理想)은 조선 500년 성리학 사회와 문화를 형성하는 데 단단한 디딤돌이었다.

④ 5문단 1~5번째 줄을 통해 중국에 원류를 두고 있는 것은 ㉡을 종조로 삼은 수묵산수화뿐이므로 ④는 적절하지 않은 설명이다.

[관련 부분] 죽림칠현(竹林七賢), 도연명(陶淵明)의 무릉도원(武陵桃源)과 귀거래(歸去來), 왕유(王維)의 망천(輞川), 소동파(蘇東坡)의 서호(西湖)나 적벽(赤壁), 주희(朱熹)의 무이구곡(武夷九曲), 이적(李迪)이 처음 그렸다는 소상팔경(瀟湘八景) 등 중국에 그 원류가 존재한다.

11 비문학 글의 전략 파악 난이도 하 ●○○

정답 설명

② 1문단 1~2번째 줄을 통해 가르치는 것의 어려움과 앎의 수준이 교수 능력과 비례하는 것은 아니라는 사회적 통념을 제시하여 화제에 대한 독자의 흥미를 불러일으키고 있다.

오답 분석

① 제시문에서 용어의 정의를 밝힌 부분은 찾을 수 없다.

③ 제시문에서 교육의 현재 상황을 살피며 학교 교육이 나아가야 할 방향을 제시한 부분을 찾을 수 없다.

④ 가르치는 방법으로 연설법, 문답법 등을 활용했음을 예로 들고 있으나, 비유를 통해 설명한 부분은 찾을 수 없다.

12 어법 + 비문학 올바른 문장 표현, 작문 (고쳐쓰기) 난이도 중 ●●○

정답 설명

② 편지글을 올바르게 고쳐 쓰기 위한 방안으로 적절한 것은 ②이다.
- ㉡ 둘껄(×) → 둘걸(○): 혼잣말에 쓰여, 그렇게 했으면 좋았을 것이나 하지 않은 어떤 일에 대해 가벼운 뉘우침이나 아쉬움을 나타내는 종결어미는 '-ㄹ걸'이므로 '둘걸'로 수정해야 한다.
- ㉢ 겸연적기도(×) → 겸연쩍기도(○): '쑥스럽거나 미안하여 어색하다'를 뜻하는 말은 '겸연쩍다'이므로 '겸연쩍기도'로 수정해야 한다.

오답 분석

① • ㉠ 졸업한∨지(○): '졸업한지'는 용언의 어간 '졸업하-'에 관형사형 전성어미 '-ㄴ'이 결합한 한 단어이고, '지'는 '어떤 일이 있었던 때로부터 지금까지의 동안'을 뜻하는 의존 명사이므로 '졸업한'과 '지'는 띄어 써야 한다.
- ㉥ 아낌없이(○): '주거나 쓰는 데 아까워하는 마음이 없이'를 뜻하는 '아낌없이'는 한 단어이므로 붙여 써야 한다.

③ • ㉣ 선배님은(×) → 선배님께서는(○): '선배님'은 높임의 대상이므로 문장의 주어를 높이는 조사 '께서'를 붙여 '선배님께서는'으로 고쳐 쓰는 것이 적절하다.
• ㉦ 되었던지(○): '-(으)시-'는 문장의 주어를 높일 때 사용하는 주체 높임 선어말 어미이다. ㉦이 포함된 문장에서는 주어가 '필자'이므로 '되셨던지'로 수정해야 한다는 설명은 적절하지 않다.

④ • ㉤ 못 잡은(○): 문맥상 일의 방향을 잡지 못하고 갈팡질팡했다는 내용이므로 '못 잡은'으로 쓰는 것이 적절하다.
• ㉧ 미리 준비(×) → 준비(○): '준비하다'는 '미리 마련하여 갖추다'를 뜻한다. 따라서 '미리'라는 의미가 중복되었으므로 '미리'를 삭제하는 것이 적절하다.

13 문학 시어의 의미 난이도 하 ●○○

정답 설명

③ ㉢ '혀거를'은 '켜는 것을'이라는 뜻이므로 의미가 적절하지 않은 것은 ③이다.

지문 풀이

> 살겠노라 살겠노라. 바다에 살겠노라.
> ㉠ 나문재, 굴, 조개를 먹고, 바다에 살겠노라.
> 가다가 가다가 듣노라. ㉡ 외딴 부엌을 지나가다가 듣노라.
> 사슴이 장대에 올라가서 해금(奚琴)을 ㉢ 켜는 것을 듣노라.
> 가더니 불룩한 술독에 진한 ㉣ 독한 술을 빚는구나.
> 조롱박꽃 모양의 누룩이 매워 (나를) 붙잡으니, 나는 어찌하리.
> – 작자 미상, '청산별곡'

14 비문학 글의 구조 파악 (접속어의 사용) 난이도 하 ●○○

정답 설명

④ 괄호 안에 들어갈 접속어는 순서대로 '하지만 - 또한 - 그래서'이므로 답은 ④이다.
• ㉠: ㉠의 앞에서 전기 압력 밥솥에는 전통 가마솥 뚜껑의 무게가 솥 전체 무게의 3분의 1이라는 원리가 적용되어 있음을 밝히고, ㉠의 뒤에서 전기밥솥에는 이런 무거운 장치를 그대로 적용하기 어려워 내솥과 뚜껑에 톱니바퀴 모양의 돌출부가 만들어져 있음을 언급하였으므로 ㉠에는 서로 일치하지 않거나 상반되는 사실을 나타내는 두 문장을 이어줄 때 쓰는 접속 부사 '하지만'이 들어가는 것이 적절하다.
• ㉡: ㉡의 앞에서 쌀이 잘 익도록 압력을 유지하는 가마솥의 원리를 설명하고, ㉡의 뒤에서 열이 입체적으로 전달되는 가마솥의 다른 원리를 설명하고 있으므로 ㉡에는 '그 위에 더. 또는 거기에다 더'를 뜻하는 '또한'이 들어가는 것이 적절하다.
• ㉢: ㉢의 앞에서 1990년대의 전기 압력 밥솥은 밑바닥만 가열하는 열판식이기 때문에 많은 양의 밥을 한 번에 짓기 어려운 점을 설명하고, ㉢의 뒤에서 가마솥처럼 입체적으로 열을 가하기 위해 통가열식 전기 압력 밥솥이 등장하게 되었음을 밝히고 있으므로 ㉢에는 앞의 내용이 뒤의 내용의 원인이 될 때 쓰는 접속 부사 '그래서'가 들어가는 것이 적절하다.

15 어법 + 어휘 의미 (다의어의 의미), 고유어와 한자어의 대응 난이도 상 ●●●

정답 설명

③ '새로운 회사를 운영하기 위해서 신입 사원을 모았다'에서 '모으다'는 '여러 사람을 한곳에 오게 하거나 한 단체에 들게 하다'를 뜻하므로 '사람이나 작품, 물품 등을 일정한 조건 아래 널리 알려 뽑아 모음'을 뜻하는 '募集(모집: 모을 모, 모을 집)'과 대응하는 것이 적절하다. 참고로, '拔萃(발췌: 뽑을 발, 모을 췌)'는 '책, 글 등에서 필요하거나 중요한 부분을 가려 뽑아냄. 또는 그런 내용'을 뜻한다.

오답 분석

① 나는 돈을 모으려고: 이때 '모으다'는 '돈이나 재물을 써 버리지 않고 쌓아 두다'를 뜻하므로 '절약하여 모아 둠'을 뜻하는 '貯蓄(저축: 쌓을 저, 모을 축)'과 대응한다.
② 학생들의 작품을 모아: 이때 '모으다'는 '한데 합치다'를 뜻하므로 '모아서 합침'을 뜻하는 '聚合(취합: 모을 취, 합할 합)'과 대응한다.
④ 여러 사람의 의견을 모아: 이때 '모으다'는 '정신, 의견 등을 한곳에 집중하다'를 뜻하므로 '의견이나 사상 등이 여럿으로 나뉘어 있는 것을 하나로 모아 정리함'을 뜻하는 '收斂(수렴: 거둘 수, 거둘 렴)'과 대응한다.

16 어휘 한자어 (한자어의 표기) 난이도 상 ●●●

정답 설명

③ 한자 표기가 옳은 것은 ③ ㉢ '諧謔的(해학적)'이다.
• 諧謔的(해학적: 화할 해, 희롱할 학, 과녁 적): 익살스럽고도 품위가 있는 말이나 행동이 있는 것

오답 분석

① 闊性化(넓을 활, 성품 성, 될 화)(×) → 活性化(살 활, 성품 성, 될 화)(○): 사회나 조직 등의 기능이 활발함. 또는 그러한 기능을 활발하게 함
② 小産(작을 소, 낳을 산)(×) → 所産(바 소, 낳을 산)(○): 어떤 행위나 상황 등에 의한 결과로 나타나는 현상
④ 調化(고를 조, 될 화)(×) → 調和(고를 조, 화할 화)(○): 서로 잘 어울림

17 어법 단어 (대명사의 쓰임) 난이도 중 ●●○

정답 설명

④ ㉢ '우리'는 말하는 이가 자기와 듣는 이인 가영이를 가리키는 1인칭 대명사이다. 하지만 ㉢은 친밀한 관계임을 나타낸 것은 아니므로 답은 ④이다. 참고로 대명사 '우리'는 '우리 누나'와 같이 말하는 이가 자기보다 높지 않은 사람을 상대하여 어떤 대상이 자기와 친밀한 관계임을 나타낼 때 쓰기도 한다.

오답 분석

① ㉠ '저'와 ㉡ '저희'는 모두 앞에서 이미 말하였거나 나온 바 있는 사람을 도로 가리키는 3인칭 대명사이다.

② ㉠ '저'는 '가영'만을 가리키지만, ㉢ '우리'는 말하는 이가 자기와 듣는 이, 또는 자기와 듣는 이를 포함한 여러 사람을 가리키는 1인칭 대명사이므로 '가영'과 가영 이외의 여러 사람을 가리킬 수 있다.

③ 문맥상 ㉠ '저'는 '가영'을, ㉡ '저희'는 '가영이와 혜미'를 가리키므로 ㉠과 ㉡ 모두 지칭하는 대상에 가영이가 포함된다.

18 문학 작품의 종합적 감상 (현대 소설) 난이도 하 ●○○

정답 설명

① 누군가가 내뱉은 ㉠으로 인해 대합실 안의 사람들은 열차를 기다리며 각자의 삶을 성찰하게 된다. 따라서 대합실 안의 사람들이 다른 사람의 삶을 되돌아보는 계기로 작용한다는 ①의 설명은 적절하지 않다.

오답 분석

② ㉡은 폐쇄된 감옥에서 젊음을 보낸 중년의 사내의 답답하고 막막한 삶을 '벽돌담'에 비유하였다.

③ 천천히 달리는 완행열차와 대조되는 ㉢의 '특급 열차'를 통해 막연하게 열차를 기다려야 하는 서민들의 고단한 삶의 모습을 부각시키고 있다.

④ ㉣의 '출입문을 들어서는 사람들은 모조리 그녀에겐 돈으로 뵌다'라는 표현을 통해 '서울 여자'는 자신의 음식점에 찾아오는 손님을 돈으로 생각하고 있으며, 돈을 최고의 가치로 여기는 인물임을 알 수 있다.

이것도 알면 합격!

임철우, '사평역'의 주제 및 특징

1. 주제: 막차를 기다리는 사람들의 고단한 삶과 그들의 삶에 대한 상념
2. 특징
   (1) 곽재구의 '사평역에서'라는 시에 서사적 상상력을 더하여 전개함
   (2) 중심인물 없이 여러 서민들의 내면이 서술됨

19 비문학 세부 내용 파악 난이도 중 ●●○

정답 설명

④ 4문단 1~2번째 줄과 끝에서 1~2번째 줄을 통해 사전에 없는 말의 지위가 모두 같은 것은 아니며, 얼마나 널리 얼마나 지속적으로 사용되는가에 따라 사전에 등재될 가능성이 다름을 알 수 있다. 그러나 다양한 계층의 지속적인 사용 여부는 제시문에서 확인할 수 없다.

[관련 부분]
- 사전에 없는 말이라고 해서 모두 지위가 같은 것은 아니다.
- 그 단어가 얼마나 널리, 그리고 얼마나 지속적으로 사용되는가 하는 점이다.

오답 분석

① 2문단 4~5번째 줄과 3문단 1~2번째 줄을 통해 확인할 수 있다.

[관련 부분]
- 사전에 없는 말 중에는 방언이나 비표준어가 상당수 있다.
- 사전에 없는 말 중 더 많은 단어는 두 번째 경우에 속하는 것으로, 바로 신어(신조어)이다.

② 3문단 끝에서 5~10번째 줄을 통해 확인할 수 있다.

[관련 부분] 현재 '웰빙'은 방송, 신문, 잡지, 상품명 등에서 매일같이 만날 수 있을 만큼 많이 쓰이고 있다. 그러나 국어사전을 찾아보면 이 단어는 올라 있지 않다. 앞으로도 이 단어가 국어사전에 오른다고 확신할 수 없다. 그 이유는 이 단어가 외국어를 그대로 쓴 것일 뿐 아니라 앞으로도 계속 쓰인다는 보장이 없기 때문이다.

③ 1문단을 통해 확인할 수 있다.

20 비문학 세부 내용 파악 난이도 하 ●○○

정답 설명

③ 2문단 3~6번째 줄을 통해 체화석이 만들어지려면 퇴적물이 산소를 차단하여 생물의 사체가 거의 부패되지 않은 상태에서 묻혀야 함을 확인할 수 있다. 따라서 생물의 사체가 산소에 오래 노출될수록 화석으로 보존되기가 어렵다는 것을 알 수 있으므로 답은 ③이다.

[관련 부분] 체화석이 만들어지려면 우선 죽은 생물이 ~ 퇴적물에 신속하게 묻혀야 한다. 퇴적물이 산소를 차단해야 생물의 부패가 늦어지기 때문이다.

오답 분석

① 2문단 1~2번째 줄을 통해 알 수 있다.

[관련 부분] 화석은 보존된 형태에 따라 체화석, 생흔 화석, 화학 화석 등으로 구분되는데,

② 2문단 끝에서 2~3번째 줄을 통해 알 수 있다.

[관련 부분] 생물체를 구성하는 유기물이 남은 경우에는 화학 화석이라고 한다.

④ 3문단 1~4번째 줄을 통해 알 수 있다.

[관련 부분] 화석에는 지질 시대에 어떤 생물이 살았는지, 당시 기후와 수륙 분포는 어땠는지 등에 대한 정보가 ~ 지층의 생성 시기를 가늠해 볼 수도 있다.

11회 실전동형모의고사

정답 p.94

01	④ 비문학	08	③ 비문학	15	④ 비문학
02	② 어휘	09	② 어법	16	② 비문학
03	④ 비문학	10	④ 어휘	17	③ 어휘
04	④ 비문학	11	② 비문학	18	② 어법
05	③ 문학	12	① 어휘	19	② 비문학
06	④ 비문학	13	③ 어법	20	③ 문학
07	① 어휘	14	③ 비문학		

취약영역 분석표

영역	틀린 답의 개수
어법	/ 3
비문학	/ 10
문학	/ 2
어휘	/ 5
혼합	− / 0
TOTAL	20

* 취약영역 분석표를 이용해 1개라도 틀린 문제가 있는 영역은 그 영역의 문제만 골라 해설을 다시 한번 꼼꼼히 학습하세요.

01 비문학 작문 (글쓰기 전략) 난이도 중 ●●○

정답 설명

④ 서론에서 우리나라 공연 예술의 관광 상품화 실태 및 필요성을 밝히고, 본론에서는 상품화가 이루어지지 못하는 원인들을 분석한 이후 개선 방안을 제시하고 있다. 따라서 제시된 개요에서 알 수 있는 글쓰기 전략으로 가장 적절한 것은 ④이다.

오답 분석

① 본론 1에서 분석한 문제점 중 '정부 기관의 홍보 및 마케팅 미흡'에 대한 언급은 있으나, 정부 기관의 예산 확보와 관련된 문제는 개요를 통해 드러나지 않은 내용이다.

② 제시된 개요의 내용만으로 공연 예술의 관광 상품화를 통한 부가가치 창출 효과는 알 수 없으므로 결론에서 제시할 수 없는 내용이다.

③ 공연 예술의 관광 상품화의 문제점을 분석하고 이를 해결할 방안을 제시한 것은 맞으나, 이를 통해 우리나라 관광 산업에 대한 관심을 촉구하고 있다고 볼 수는 없다.

02 어휘 고유어 난이도 상 ●●●

정답 설명

② 문맥상 '그가 이미 아는 사실이지만 모른 척하며 교묘하게 둘러댔다'를 의미하므로 '마음이 서로 맞지 않아 사이가 뜨다'를 뜻하는 '버름하다'의 쓰임이 적절하지 않다. 따라서 ②는 문맥상 '교묘하게 잘 둘러대다'를 뜻하는 '능갈치다'를 쓰는 것이 자연스럽다.

오답 분석

① 문맥상 '대문 앞에서 개가 이리저리 걸었다'를 의미하므로, '키가 큰 사람이나 짐승이 이리저리 천천히 걷다'를 뜻하는 '어정거리다'의 쓰임이 적절하다.

③ 문맥상 '아이가 웃으며 이야기하다'를 의미하므로, '샐샐 웃으면서 재미있게 자꾸 지껄이다'를 뜻하는 '새살거리다'의 쓰임이 적절하다.

④ 문맥상 '언니가 엄마의 잔소리를 듣고 갑자기 화를 냈다'를 의미하므로, '무뚝뚝한 성미로 갑자기 성을 내다'를 뜻하는 '불뚝하다'의 쓰임이 적절하다.

03 비문학 작문 (고쳐쓰기) 난이도 중 ●●○

정답 설명

④ ㉣의 앞 문장에서 여성 문제 해결의 주체는 사회 전체가 되어야 함을 주장하고 있으므로, ㉣에는 여성 문제 해결을 위한 제도적 방안이 제시되는 것이 자연스럽다. 따라서 ㉣은 글의 흐름상 적절한 내용이므로 '여성의 사회적 진출이 확대된 배경'으로 고치는 것은 적절하지 않다.

오답 분석

① ㉠의 앞은 여성의 사회적 지위가 상승하고 있다는 긍정적 내용을, ㉠의 뒤는 이것이 올바른 평가를 근거로 한 것은 아니라는 부정적 내용을 설명하고 있으므로 ㉠은 역접의 접속사인 '하지만'으로 고쳐 쓰는 것이 바람직하다.

② '미세하다'는 '분간하기 어려울 정도로 아주 작다'라는 뜻으로, 형체가 있는 대상의 크기가 작음을 나타낼 때 쓰는 말이다. 따라서 '역할과 비중'이 작음을 표현하기 위해서는 ㉡을 '미미하다'로 고쳐 쓰는 것이 바람직하다.
- 미미하다: 보잘것없이 아주 작다.

③ ㉢이 포함된 문장은 앞서 서술한 내용에 대한 결론을 담고 있으므로 '따라서 ~ 해야 한다'의 문장 구조가 더 자연스럽다. 따라서 서술어를 당위의 의미를 지닌 '해결해야 한다'로 고쳐 써야 한다.

04 비문학 세부 내용 파악 난이도 하 ●○○

정답 설명

④ 2문단 끝에서 1~4번째 줄을 통해 사람들은 메시지(음성 언어)보다 초메시지(음성 언어+동작 언어+환경 요소)에 더 민감하게 반응한다는 사실을 알 수 있으나, 음성 언어와 동작 언어가 불일치하는 경우 어느 것이 의미 전달에 있어 우선하는지는 제시문을 통해 확인할 수 없으므로 ④는 필자의 견해로 보기 어렵다.

[관련 부분]

- 음성 언어로 전달하는 정보를 '메시지'라고 한다면 동작 언어와 환경 요소까지를 포괄하여 전달하는 정보는 '초메시지meta-message'라고 할 수 있다. 사람들은 메시지보다 초메시지에 대해 더 민감하게 반응을 한다.
- 항상 음성 언어와 동작 언어의 내용이 일치하는 것은 아니다. 예를 들어서 ~ "나 화 안 났어."라는 음성 언어를 아주 화가 난 동작으로 표현할 수도 있다.

오답 분석

① 2문단 2~3번째 줄에서 확인할 수 있다.
[관련 부분] 비언어적 의사소통에 사용되는 몸짓, 얼굴 표정, 목소리 등을 포괄적으로 '동작 언어'라고 할 수 있다.

② 1문단 1~3번째 줄과 2문단 3~4번째 줄에서 확인할 수 있다.
[관련 부분]
- 아이들이 말을 배우는 과정을 살펴보면 언어적 의사소통에 앞서 비언어적인 의사소통 수단을 사용하고 있음을 발견하게 된다.
- 어린아이들이 말을 배우기 전에 사용하는 동작 언어들도 있지만

③ 1문단 끝에서 1~4번째 줄에서 확인할 수 있다.
[관련 부분] 비언어적 의사소통은 ~ 언어적 의사소통과 함께 발전되어 가는 중요한 의사소통 수단임을 알 수 있다.

05 문학 인물의 태도 난이도 중 ●●○

정답 설명

③ 마지막 문단에서 매화외사는 법에 어긋나는 행위(글이 돈으로 매매되는 행위)가 통용되는 현실에 대해 탄식하고 있음을 알 수 있다. 따라서 답은 ③이다.
[관련 부분] 아! 누가, 천하에서 가장 천박한 매매를 글 읽는 자가 하리라고 생각하겠는가?

오답 분석

① 1문단을 통해 유광억이 자신의 글재주를 이용해 돈을 벌었음을 알 수 있으나, 시장 경제를 지지하는지의 여부는 나타나 있지 않다.

② 매화외사는 '어찌 물건치고 다 팔 수 있거늘, 마음이라 하여 팔지 못하겠는가? 유광억 같은 자는 바로 그 마음을 판 자가 아니겠는가?'라고 하며 양심을 판 유광억의 행위에 대해 비판하고 있을 뿐, 그의 삶에 대해 동정하는 시선은 나타나지 않는다.

④ 3문단을 통해 매화외사는 몸, 가느다란 터럭, 형체가 없는 꿈과 심지어 마음에 이르기까지 사고 팔리는 시대 상황에 대해 비판적 견해를 드러내고 있으며 마지막 문단을 통해 그 행위의 주체가 글을 읽는 선비라는 사실에 통탄하고 있다. 그러나 신분 차별 철폐에 관한 비판은 아니므로 ④는 적절하지 않다.

06 비문학 세부 내용 파악 난이도 중 ●●○

정답 설명

④ 2문단 1~2번째 줄을 통해 공자가 제시한 군자는 정명을 실현할 주체인 것을 알 수 있으나, 4문단 1~2번째 줄을 통해 완전한 인격체를 지닌 존재는 군자가 아닌 성인에 해당한다는 것을 알 수 있다.

[관련 부분]

- 공자는 ~ 정명을 실현할 주체로서 군자를 제시하였다.
- 성인은 도덕적 수양이 더 이상 필요 없는, '인간의 도덕적 본성'을 완성한 인격자를 가리키는데

오답 분석

① 1문단 끝에서 2~3번째 줄에서 확인할 수 있다.
[관련 부분] 예는 개인의 윤리 규범이면서 사회와 국가의 질서를 바로잡는 제도였으며

② 3문단 끝에서 1~4번째 줄에서 확인할 수 있다.
[관련 부분] 원래 군자는 정치적 지배 계층을 가리키는 말로 일반 서민을 가리키는 소인과 대비되는 개념이었다. 공자는 이러한 개념을 확장하여 군자와 소인을 도덕적으로도 구별하였다.

③ 4문단 끝에서 1~4번째 줄에서 확인할 수 있다.
[관련 부분] 공자는 정치적 지도자뿐만 아니라 일반 서민의 지속적인 도덕적 수양을 통해 혼란스러운 당시의 세상을 이상적인 사회로 이끌고자 하였다.

07 어휘 표기상 틀리기 쉬운 어휘 난이도 중 ●●○

정답 설명

① ㄱ에는 '웬일', ㄴ에는 '칠흑'이 들어가므로 표기가 옳게 짝지어진 것은 ①이다.

- ㄱ: '어찌 된 일'을 뜻하는 '웬일'을 쓰는 것이 적절하다. '왠일'은 사전에 없는 단어이다.
- ㄴ: '옻칠처럼 검고 광택이 있음. 또는 그런 빛깔'을 뜻하는 '칠흑'을 쓰는 것이 적절하다. '칠흙'은 사전에 없는 단어이다.

08 비문학 주제 및 중심 내용 파악 난이도 하 ●○○

정답 설명

③ 제시문은 유교 문화에 갇혀 구조적 위선자로 변해 가고 스스로의 삶을 잃어버리는 현실을 안타까워하고 있다. 또한 유교 문화로 인한 문제점을 깨닫지 못한 채 잘못을 반복하는 모습을 지적하며, 이러한 문제에서 벗어나기 위해서는 문화와 생각이 바뀌어야 함을 강조하고 있다. 따라서 제시문의 주장으로 가장 적절한 것은 ③ '유교 문화에 갇힌 삶의 모습을 반성해야 한다'이다.

09 어법 문장 (높임 표현) 난이도 중 ●●○

정답 설명

② 김 대리님이 외근 나갔습니다(×) → 김 대리님께서 외근 나가셨습니다(○): ②는 직장 내의 상황으로, 직장 내에서 압존법을 사용할 경우 표준 언어 예절에 위배된다. 따라서 문장의 주체(대리)가 화자(사원)의 입장에서는 높여야 할 대상이지만, 청자(부장)에게는 높여야 할 사람이 아니더라도 높임 표현을 사용하는 것이 적절하다. 참고로 압존법은 문장의 주체가 화자보다는 높지만 청자보다는 낮아, 그 주체를 높이지 못하는 어법으로 사적 관계에서만 적용된다.

오답 분석

① 교장 선생님의 축하 말씀이 있으시겠습니다(○): '말씀'은 높임의 대상인 '교장 선생님'과 관련된 것으로 간접 높임의 대상이다. 따라서 직접 높임 표현인 '계시다'가 아닌 높임의 선어말 어미 '-(으)시-'를 붙인 '있으시겠습니다'를 적절하게 사용하였다.

③ 할아버지, 아버지는 먼저 출발하였습니다(○): 문장의 주체(아버지)가 화자(손녀)의 입장에서는 높여야 할 대상이지만, 청자(할아버지)의 입장을 고려하여 문장의 주체(아버지)를 높이지 않는 압존법을 적절하게 사용하였다.

④ 할머니를 모시고 나들이를 다녀왔다(○): 서술의 객체인 '할머니'를 높이기 위해 객체 높임을 나타내는 어휘 '모시다'를 적절하게 사용하였다.

10 어휘 혼동하기 쉬운 어휘 난이도 중 ●●○

정답 설명

④ ㉠~㉢에 들어갈 어휘는 순서대로 '유례 - 변질 - 구분'이므로 답은 ④이다.

- ㉠: 이전에는 찾아보기 어려웠던 짙은 안개로 인해 교통 체증을 빚었다는 내용이므로 ㉠에는 '유례(類例)'가 들어가는 것이 적절하다.
  - 유례(類例): 이전부터 있었던 사례
- ㉡: 종양의 성질이 악성으로 변하는 위험성에 대한 내용이므로 ㉡에는 '변질(變質)'이 들어가는 것이 적절하다.
  - 변질(變質): 성질이 달라지거나 물질의 질이 변함
- ㉢: '소비량'이라는 일정한 기준에 따라 빙과류 판매의 성수기와 비수기를 나누었으므로 ㉢에는 '구분(區分)'을 쓰는 것이 적절하다.
  - 구분(區分): 일정한 기준에 따라 전체를 몇 개로 갈라 나눔

오답 분석

- 유래(由來): 사물이나 일이 생겨남. 또는 그 사물이나 일이 생겨난 바
- 변형(變形): 모양이나 형태가 달라지거나 달라지게 함. 또는 그 달라진 형태
- 구별(區別): 성질이나 종류에 따라 차이가 남. 또는 성질이나 종류에 따라 갈라놓음

11 비문학 글의 구조 파악 (문단 배열) 난이도 중 ●●○

정답 설명

② (나) - (다) - (가) - (라)의 순서가 가장 자연스럽다.

순서	중심 내용	순서 판단의 단서와 근거
(나)	• 상징적 표현의 가장 중요한 형태는 '분절적인 언어'임 • 언어 없이는 규칙뿐 아니라 예의나 법, 과학 등이 존재할 수 없음	지시어나 접속어로 시작하지 않으며 중심 화제인 '문화와 언어'를 제시함
(다)	• 언어를 통해 문화가 시작되었고 문화의 전승이 이루어짐 • 인간도 동물로서 기본적인 욕구뿐 아니라 생존 및 종족 보전의 목적을 추구함	키워드 '언어': (나)에서 언급된 키워드 '언어'에 대한 설명이 이어짐
(가)	• 인간과 동물은 목적을 추구하는 수단에서 차이를 보임 • 문화는 인간만이 보유한 상징 능력에 의존하므로 언어는 중요함	지시 표현 '그 목적': (다)에 제시된 동물로서의 기본적인 욕구 충족, 개개인의 생존과 종족 보전의 목적을 가리킴
(라)	평소 언어의 중요성을 알지 못하고 지내는 우리들	(가)에 언급된 '언어의 중요성'이 반복 제시됨

12 어휘 한자 성어 난이도 중 ●●○

정답 설명

① 제시문에서는 음식의 맛보다 겉모습을 더 중요하게 여김으로써 음식점을 방문하는 목적이 거꾸로 되었음을 설명하고 있으므로, 이와 어울리는 한자 성어는 ① '本末顚倒(본말전도)'이다.

- 本末顚倒(본말전도): 일의 근본 줄기는 잊고 사소한 부분에만 사로잡힘

오답 분석

② 相扶相助(상부상조): 서로서로 도움

③ 臥薪嘗膽(와신상담): '불편한 섶에 몸을 눕히고 쓸개를 맛본다'라는 뜻으로, 원수를 갚거나 마음먹은 일을 이루기 위하여 온갖 어려움과 괴로움을 참고 견딤을 비유적으로 이르는 말

④ 閑中眞味(한중진미): 한가한 가운데 깃드는 참다운 맛

13 어법 한글 맞춤법 난이도 하 ●○○

정답 설명

③ '햇볕'은 '해 + 볕'이, '혓바늘'은 '혀 + 바늘'이 결합해 순우리말로만 구성된 합성어이다. 앞말이 각각 'ㅐ'와 'ㅕ'와 같이 모음으로 끝나고 뒷말의 첫소리 'ㅂ'이 된소리 [ㅃ]로 발음되므로 사이시옷을 받쳐 적은 예에 해당한다. 따라서 한글 맞춤법 제7항과 관련이 없으므로 답은 ③이다.

14 비문학 세부 내용 파악 난이도 중 ●●○

정답 설명

③ 2문단 끝에서 3~6번째 줄을 통해 퇴적층이 퇴적 지역을 제한하는 해안선을 만나면 측방 연속성의 원리가 적용되지 않음을 알 수 있다.

[관련 부분] 측방 연속성의 원리는 수평으로 쌓인 지층은 ~ 퇴적 지역을 제한하는 해안선 같은 장애물을 만나는 것—을 만나지 않는 한 옆으로 계속된다는 원리이다.

오답 분석

① 3문단 끝에서 3~5번째 줄에서 확인할 수 있다.

[관련 부분] 지하 깊은 곳에서는 열과 압력이 높아 암석들이 녹아 액체 상태가 된다. 암석이 녹은 액체를 마그마라고 하는데

② 3문단 끝에서 1~2번째 줄에서 확인할 수 있다.

[관련 부분] 이것(마그마가 둘레의 약한 암석을 뚫고 들어가는 현상)은 관입당한 암석과 관입한 암석 사이에 시간의 선후 관계를 밝혀 준다.

④ 암석의 상대적 나이를 파악하기 위한 법칙으로 1문단과 2문단에서는 '누중의 법칙'을, 3문단에서는 '관입의 법칙'을 설명하고 있다.

15 비문학 작문 (개요 수정) 난이도 중 ●●○

정답 설명

④ ㉣: ㉣이 속한 항목의 분류 기준이 '원인별 미세 먼지 감축 방안'임을 고려했을 때 각각의 항목들은 'Ⅲ. 미세 먼지 발생 원인'에서 파악한 세부 항목에 대응하는 것이어야 글의 흐름이 자연스럽다. 따라서 ㉣에는 '주유소의 생활 먼지 배출'에 관한 미세 먼지 감축 방안이 제시되어야 하므로 보고서의 목차의 내용 중 적절하지 않은 것은 ④이다.

16 비문학 글의 구조 파악 (접속어의 사용) 난이도 중 ●●○

정답 설명

② ㉠~㉢에 들어갈 접속어가 순서대로 묶인 것은 '하지만, 왜냐하면, 이에'이므로 답은 ②이다.

구분	문장	㉠~㉢에 들어가는 접속어의 추론 근거
문장1	샐먼은 설명이 논증은 아니라고 판단하여 인과 개념에 주목했다.	-
문장2	피설명항을 결과로 보고 이를 일으키는 원인을 밝히는 것이 설명이라는 샐먼의 인과적 설명 이론은 헴펠의 이론보다 우리의 일상적 직관에 더 부합한다는 장점이 있다.	-
문장3	(㉠) 어떤 설명 이론이라도 인과 개념을 도입하는 순간 원인과 결과 사이의 관계가 분명하지 않다는 철학적 문제를 해결해야 한다.	• 샐먼의 인과적 설명은 우리의 일상적 직관에 부합하나, 설명에 인과 개념을 도입하면 인과 관계가 분명하지 않다고 하였으므로 문장2와 문장3은 역접 관계임 • 따라서 ㉠에는 '하지만, 그러나'는 적절하지만, '그리고, 그래서'는 적절하지 않음
문장4	(㉡) 결과를 일으키는 원인은 무수히 많고 연쇄적으로 서로 얽혀 있기 때문이다.	문장3의 내용에 따른 이유를 설명하고 있으므로, ㉡에는 '왜냐하면'이 적절함
문장5	예를 들어 소크라테스가 죽게 된 원인은 독을 마신 것이지만, 독을 마시게 된 원인은 사형 선고를 받은 것이고, 사형 선고를 받게 된 원인도 여러 가지를 떠올릴 수 있다.	-
문장6	(㉢) 결과를 일으킨 원인을 골라내는 문제는 결국 원인과 결과가 시공간적으로 어떻게 연결되는가에 대한 철학적 분석을 필요로 한다.	문장5의 내용에 따른 결과를 설명하고 있으므로, ㉢에는 '이에'가 적절함
문장7	그것이 없다면, 설명을 인과로 이해하려는 시도는 설명이라는 불명료한 개념을 인과라는 또 하나의 불명료한 개념으로 대체하는 것에 불과할 수 있기 때문이다.	-

17 어휘 한자어 (한자어의 표기) 난이도 상 ●●●

정답 설명

③ ㉠~㉣ 중 한자의 표기가 옳은 것은 ㉡ '到底', ㉢ '資質'이므로 답은 ③이다.

- ㉡ 到底(도저: 이를 도, 밑 저)(○): 학식이나 생각, 기술 등이 아주 깊음
- ㉢ 資質(자질: 재물 자, 바탕 질)(○): 어떤 분야의 일에 대한 능력이나 실력의 정도

오답 분석

㉠ 移用(이용: 옮길 이, 쓸 용)(×) → 利用(이용: 이로울 이, 쓸 용)(○): 대상을 필요에 따라 이롭게 씀

㉣ 眷顧(권고: 돌볼 권, 돌아볼 고)(×) → 勸告(권고: 권할 권, 고할 고)(○): 어떤 일을 하도록 권함. 또는 그런 말

18 어법 단어 (대명사의 쓰임) 난이도 하 ●○○

정답 설명

② ㉡'자네'와 ㉣'그대'는 모두 듣는 이를 가리키는 이인칭 대명사로 쓰였다.

오답 분석

① ㉠과 ㉢은 모두 앞에서 이미 이야기한 대상을 가리키지만, ㉠'그'는 명사를 수식하는 관형사이며 ㉢'그'는 지시 대명사이다.

③ ㉥'자기'는 선행하는 명사인 '녀석'을 다시 가리키는 재귀 대명사이지만, ㉣'그대'는 선행하는 명사가 아닌 듣는 이를 가리키는 이인칭 대명사이다.

④ ㉤과 ㉦은 모두 말하는 이가 자기보다 높지 않은 사람을 상대로 쓰는 말이지만, ㉤'우리'는 말하는 이가 어떤 대상이 자기와 친밀한 관계임을 나타낼 때 쓰는 말이고, ㉦'우리'는 말하는 이가 자기와 듣는 이를 포함한 여러 사람을 가리키는 일인칭 대명사이다.

19 비문학 논리적 사고 (논증의 오류) 난이도 중 ●●○

정답 설명

② <보기>에는 '대중(여론)에의 호소' 오류가 나타난다. 대중에의 호소란 타당한 근거 없이 대중의 감정 또는 군중 심리에 호소하거나, 여러 사람이 동의한다는 점을 앞세워 자신의 주장에 동조하도록 하는 오류이다. 따라서 이와같은 유형의 논리적 오류가 나타난 것은 ②이다.

- <보기>: 타당한 근거 없이 여론의 찬사를 받았다는 점만을 앞세워 제품의 품질이 좋다고 주장함
- ②: 타당한 근거 없이 지원자 수가 많다는 점만을 앞세워 기업의 사원 복지가 좋을 것이라 추정함

오답 분석

① 정황에의 호소: 상대방이 처한 상황이나 사정을 근거로 하여, 상대의 주장과 논지를 비판하는 오류

③ 순환 논증의 오류(선결문제 요구의 오류): 결론에서 주장한 내용을 다시 근거로 제시하는 오류

④ 원천 봉쇄의 오류(우물에 독을 넣는 오류): 반론의 가능성이 있는 요소를 원천적으로 비난하거나 봉쇄하여, 반론의 제기 자체를 불가능하게 하는 오류

20 문학 수사법 난이도 중 ●●○

정답 설명

③ ㉢: 수필이 사람들의 삶의 향기와 여운을 담고 있어 안정감을 준다는 것을 '마음의 산책'에 비유하여 표현하고 있으므로 답은 ③이다.

12회 실전동형모의고사

정답

p.102

01	④ 어법	08	① 문학	15	④ 비문학
02	② 비문학	09	④ 비문학	16	③ 어휘
03	④ 비문학	10	④ 어법	17	③ 비문학
04	④ 비문학	11	③ 비문학	18	③ 비문학
05	③ 어휘	12	① 어휘	19	④ 문학
06	② 비문학	13	① 문학	20	④ 문학
07	② 비문학	14	② 비문학		

취약영역 분석표

영역	틀린 답의 개수
어법	/ 2
비문학	/ 11
문학	/ 4
어휘	/ 3
혼합	− / 0
TOTAL	20

* 취약영역 분석표를 이용해 1개라도 틀린 문제가 있는 영역은 그 영역의 문제만 골라 해설을 다시 한번 꼼꼼히 학습하세요.

01 어법 단어 (대명사의 쓰임) 난이도 중 ●●○

정답 설명

④ ㉡ '저'는 앞에서 이미 말하였거나 나온 바 있는 사람을 도로 가리키는 3인칭 대명사이므로 주어인 '친구'를 가리킨다. 반면 ㉢ '저'는 말하는 이가 윗사람이나 그다지 가깝지 않은 사람을 상대하여 자기를 낮추어 가리키는 1인칭 대명사이므로 '화자'를 가리킨다. 따라서 ㉡과 ㉢은 서로 다른 대상을 가리킨다는 ④의 설명은 적절하다.

오답 분석

① ㉡ '저'는 3인칭 대명사로 청자를 높이는 표현과 관련이 없다.

② ㉠ '자기'와 ㉡ '저'는 모두 3인칭 대명사이다.

③ ㉡의 '저'는 ㉠ '자기'보다 낮잡는 느낌을 준다. 참고로 ㉠ '자기'를 아주 높여 이르는 3인칭 대명사로 '당신'이 있다.

02 비문학 작문 (글쓰기 계획) 난이도 중 ●●○

정답 설명

② 제시문은 신종 바이러스 감염증 유행이 장기화되고 무더운 날씨가 지속됨에 따라 습기에 취약한 마스크 필터로 인해 발생하는 마스크 착용 시의 호흡 곤란 문제에 대한 개선 방안을 마련하려는 보고서의 주제와 목적을 설명하고 있다. 이때 KF94 마스크를 생산, 판매하는 회사의 경영 실태와 주가 상승률을 분석하는 것은 보고서의 주제 및 목적과 관련이 없으므로 적절하지 않다. 따라서 답은 ②이다.

오답 분석

① 습도가 높은 국가의 마스크 착용 사례를 조사하고 대안을 도출하는 것은 무더운 날씨에 마스크를 장시간 착용할 때 생기는 문제에 대한 개선 방안을 마련할 때 도움이 되므로 적절하다.

③ 장시간 마스크를 착용하며 겪은 피해 사례를 조사하고 이를 기준에 따라 분류하는 것은 문제점을 세분화하여 파악할 수 있고 대안을 구체적으로 도출하는 데 도움이 되므로 적절하다.

④ 보건복지부 및 의료계 전문가들과의 회의를 통해 의견을 나누는 것은 다양한 입장의 전문적 대안을 도출하는 데 도움이 될 수 있으므로 적절하다.

03 비문학 논지 전개 방식 난이도 중 ●●○

정답 설명

④ 밑줄 친 부분에서는 수면 시간의 부족으로 인한 피로가 원인이 되어 그 결과로 피지가 많이 분비된다는 것을 설명하고 있다. 따라서 밑줄 친 부분의 주된 설명 방식은 인과이다.

- 인과: 어떤 결과를 가져오게 한 원인을 분석하거나 어떤 원인에 의해 결과적으로 일어난 일을 분석하여 설명하는 방법

오답 분석

① 비교: 두 가지 이상의 대상에서 공통점을 찾아 설명하는 방법

② 분류: 대상이나 개념을 공통적인 특성에 근거하여 구분지어 설명하는 방법

③ 유추: 생소한 대상을 이와 유사한 특성을 가진 친숙한 대상과 비교하여 설명하는 방법

04 비문학 주제 및 중심 내용 파악 난이도 하 ●○○

정답 설명

④ 2문단 1~5번째 줄에서 새로운 인지 경험은 인간과 현실의 관계를 변화시킨다고 설명하며, 사진이 자신과 현실의 관계를 변화시킬 수 있는 경험의 기회를 제공한다고 말하고 있다. 이는 1문단의 '사진이 현실을 달리 볼 수 있게 해준다고 볼 수는 없을까?'라는 질문에 대한 대답으로 볼 수 있으므로, 글의 주장으로 가장 적절한 것은 ④이다.

[관련 부분] 우리와 현실과의 관계는 다양한 인지 경험들을 통해 ~ 설정된다. 새로운 경험이 그 관계를 변화시키는 건 당연하다. 사진 작품은 말하자면 그러한 경험들을 할 수 있는 훌륭한 기회를 제공한다.

오답 분석

① 2문단 첫 번째 문장을 통해 사진이 현실을 있는 그대로 재현하는 예술임을 알 수 있으나, 이를 제시문 전체의 주장으로 보기는 어렵다.
[관련 부분] 사진은 현실의 일부이며 진실일 수 있다.

② 2문단을 통해 사진은 인간에게 새로운 경험을 할 수 있는 기회를 제공하여 전체의 사고방식을 변화시킬 수 있으므로, 사고 변화를 두려워하는 독재 체제가 이를 막으려고 함을 알 수 있다. 그러나 사진을 독재 체제에 저항하기 위한 수단으로 이용해야 한다는 내용은 제시문을 통해 확인할 수 없다.

③ 1문단 2~4번째 줄을 통해 일반적으로 사람들은 사진을 통해 현실의 고난을 잠시 잊을 수 있다고 생각함을 알 수 있으나, 이를 제시문 전체의 주장으로 보기는 어렵다.
[관련 부분] 일상적으로 경험하는 현실을 벗어나게 함으로써 현실의 어려움을 잠시 잊게 해준다고 생각할 수도 있다.

05 어휘 한자 성어 난이도 중 ●●○

정답 설명

③ 제시문에는 '향덕'이 마을에 흉년이 들고 전염병이 돈 상황에도 자신의 살을 떼어 먹여 부모를 봉양하는 효심이 드러나 있다. 따라서 '향덕'의 행위를 나타내는 한자 성어로 가장 적절한 것은 ③ '事親以孝(사친이효)'이다.
- 事親以孝(사친이효): 어버이를 섬기기를 효도로써 함을 이르는 말

오답 분석

① 泣斬馬謖(읍참마속): 큰 목적을 위하여 자기가 아끼는 사람을 버림을 이르는 말

② 桑田碧海(상전벽해): '뽕나무밭이 변하여 푸른 바다가 된다'라는 뜻으로, 세상일의 변천이 심함을 비유적으로 이르는 말

④ 捲土重來(권토중래): '땅을 말아 일으킬 것 같은 기세로 다시 온다'라는 뜻으로, 한 번 실패하였으나 힘을 회복하여 다시 쳐들어옴을 이르는 말

06 비문학 세부 내용 파악 난이도 중 ●●○

정답 설명

② 2문단 1~2번째 줄을 통해 호떡은 조선에 들어온 중국인들이 독점으로 판매하던 음식임을 알 수 있을 뿐, 중국에서 살던 조선인도 호떡을 판매할 수 있었다는 내용은 확인할 수 없다. 따라서 답은 ②이다.
[관련 부분] 본래 호떡은 조선에 들어온 중국인이 독점으로 판매했던 음식이다.

오답 분석

① 1문단 1~4번째 줄을 통해 확인할 수 있다.
[관련 부분] 그동안 길거리에서 파는 호떡은 더럽고 비위생적이라고 해서 경찰의 단속 대상이었다. 그런데 쌀이 부족해지자 조선총독부는 ~ 호떡 장수의 길거리 영업을 허락해주었다.

③ 3문단을 통해 당시에 호떡 장수 대부분이 중국인이었으나, 중일전쟁 이후 조선에 살던 중국인들은 적국인 일본의 식민지인 조선에서 사는 것에 어려움을 느껴 자국으로 돌아가게 되었음을 알 수 있다. 이로 인해 서울 시내의 호떡집 대부분이 사라졌음을 확인할 수 있다.

④ 2문단 2~4번째 줄을 통해 확인할 수 있다.
[관련 부분] 조선총독부는 1920년대부터 중국 음식점을 규모와 판매하는 메뉴에 따라 중화요리점, 중화요리 음식점, 그리고 호떡집의 세 종류로 구분했다.

07 비문학 화법 (토의) 난이도 하 ●○○

정답 설명

② 발표자는 자신의 연구에 대한 결과를 객관적인 수치로 나타내고 있을 뿐, 이를 통해 특정한 주장을 뒷받침하고 있지는 않다.

오답 분석

① 청중 A는 '통일 한국어를 위한 노력'으로 '사전'을 만들어 사용하게 하자는 구체적인 대안을 제시하고 있다.

③ 토의 주제인 '통일 한국어를 위한 준비'에 대한 한 박사의 주요 연구 내용이 제시된 뒤, 이에 대한 청중의 관련 질문이 자유롭게 오가고 있다.

④ 사회자의 두 번째와 세 번째 발화에서 발표자의 말을 요약하거나 질문을 하며 토의를 진행하고 있다.
[관련 부분]
- 한마디로 ~ 연구라고 할 수 있겠군요? 대표적인 연구를 소개해 주시겠습니까?
- 1980년대 말부터 ~ 다양한 노력들이 있었군요.

08 문학 작품의 종합적 감상 (시) 난이도 중 ●●○

정답 설명

① (가)에서 '만중운산(萬重雲山)'은 임과의 만남을 어렵게 만드는 장애물이고 '부는 바람'은 임이 왔다는 착각을 유발하여 화자가 스스로를 '어리다(어리석다)'고 생각하게 만드는 대상이다. 따라서 '부는 바람'이 임의 빈자리를 채워주는 대상이라는 설명은 적절하지 않다.

오답 분석

② (나)의 '달'이 떠 있는 '눈물 같은 골짜기'는 절망적이고 어두운 현실을 의미하며, '해'가 떠 있는 '청산'은 평화롭고 밝은 세계를 의미한다. 화자가 '눈물 같은 골짜기'를 거부하고 '청산'을 지향하는 모습을 통해 화합과 평화의 세계가 도래하기를 기다리고 있음을 알 수 있다.

③ (가)의 화자는 '임'이 오기를 바라고 있으며, (나)의 화자는 '해'로 상징되는 화합과 평화의 세계가 도래하기를 바라고 있으므로 (가)와 (나) 모두 대상에 대한 화자의 소망이 드러난다.

④ (가)는 임과 만나지 못하는 화자의 상황을 '만중운산(첩첩이 겹쳐 구름이 덮인 산)'으로 과장하여 표현함으로써 임을 기다리는 마음을 강조하고 있다. (나)는 '훨훨훨 깃을 치는 청산'과 같이 활유법을 사용하여 생명력 넘치는 청산에 살길 바라는 화자의 소망을 효과적으로 표현하고 있다.

지문 풀이

(가) 마음이 어리석으니 하는 일이 다 어리석다.
겹겹이 구름이 쌓인 산속에 어찌 임이 찾아오겠느냐마는
떨어지는 나뭇잎 소리와 부는 바람 소리에도 행여나 임인가 하고 생각하노라. – 서경덕

이것도 알면 **합격!**

박두진, '해'의 주제와 특징

1. 주제: 화합과 공존의 세계에 대한 소망
2. 특징
   (1) '밝음'과 '어둠'의 대립적 이미지를 통해 시상을 전개함
   (2) 상징적인 시어를 통해 조국의 광복에 대한 염원을 드러냄

09 비문학 다양한 유형의 글 (기사문) 난이도 중 ●●○

정답 설명

④ ㉣은 '본문'으로 육하 원칙에 해당하는 요소인 누가(농림축산식품부), 언제(10~11일, 9시~16시), 어디서(서울시청 앞 광장), 무엇을(가래떡 선물 세트), 어떻게(선착순 100명에게 증정), 왜(쌀 소비 촉진 및 농업인의 날 홍보)에 의거하여 기사의 요지인 '가래떡 축제'에 대해 구체적으로 서술하고 있으므로 ④의 설명은 적절하다.

오답 분석

① ㉠은 기사 내용 전체를 요약 제시한 '표제'에 해당하지만, 보완적 기능을 한다는 설명은 적절하지 않다. '표제'를 보완하는 기능을 하는 것은 '부제'이다.

② ㉡은 '부제'로, 표제를 보완하는 기능을 한다는 설명은 적절하다. 그러나 '리드(lead)'는 '전문'에 해당하는 것이므로 적절하지 않은 설명이다.

③ ㉢은 '전문'으로, 기사문의 첫 문장이며 전체의 내용이 한눈에 들어오도록 작성한다는 점에서 '리드(lead)'라고 불린다. 하지만 구체적인 내용을 서술한 부분은 아니기 때문에 적절하지 않은 설명이다.

10 어법 단어 (용언의 활용) 난이도 중 ●●○

정답 설명

④ 누여(O): '누이어'의 준말로, 'ㅜ' 뒤에 '-이어'가 어울려 줄어들 때는 준대로 적는다. '-이어'가 하나의 음절로 줄어 '누여'가 되거나 어간 '누이-'와 '-이어'의 '-이'가 하나의 음절로 줄어 '뉘어'가 될 수 있으므로 밑줄 친 활용형의 표기가 옳은 것은 ④이다.

오답 분석

① 잇달은(×) → 잇단(O): '잇달다'의 어간 '잇달-'에 어미 '-ㄴ'이 결합한 것이다. 이때 어간의 끝소리 'ㄹ'은 'ㄴ'으로 시작하는 어미 앞에서 탈락하므로 '잇단'으로 활용한다.

② 불기(×) → 붇기(O): '물에 젖어서 부피가 커지다'를 뜻하는 말은 '붇다'로, 어간 '붇-'에 어미 '-기'가 결합한 활용형은 '붇기'이다. 참고로, '붇다'의 어간이 모음 어미와 결합할 때에는 '불어, 불으니'와 같이 활용한다.

③ 머물어(×) → 머물러(O): '머무르다'의 어간 '머무르-'에 어미 '-어'가 결합한 것이다. '머무르다'는 어간의 끝음절 '르'가 모음 어미 앞에서 'ㄹㄹ'로 바뀌는 '르' 불규칙 용언이므로 '머물러'로 활용한다. 참고로, '머무르다'의 준말인 '머물다'는 모음 어미와 결합하는 활용형을 인정하지 않으므로 '머물어'와 같이 활용할 수 없다.

이것도 알면 **합격!**

'붇다, 불다, 붓다'의 의미

붇다	1. 물에 젖어서 부피가 커지다. 예 북어포가 물에 붇다. 2. 분량이나 수효가 많아지다. 예 개울물이 붇다. 3. 살이 찌다. 예 최근에 과식을 했더니 몸이 많이 붇고 말았다.
불다	1. 바람이 일어나서 어느 방향으로 움직이다. 예 따뜻한 바람이 불다. 2. 유행, 풍조, 변화 따위가 일어나 휩쓸다. 예 사무실에 영어 회화 바람이 불다. 3. 입을 오므리고 날숨을 내어보내어, 입김을 내거나 바람을 일으키다. 예 유리창에 입김을 불다. 4. 숨겼던 죄나 감추었던 비밀을 사실대로 털어놓다. 예 경찰에게 지은 죄를 낱낱이 불다.
붓다	살가죽이나 어떤 기관이 부풀어 오르다. 예 다리가 붓다.

11 비문학 내용 추론 난이도 중 ●●○

정답 설명

③ ㉠~㉣에 들어갈 말은 순서대로 '거부 – 유통 – 공존 – 수준'이므로 답은 ③이다.

- ㉠: ㉠의 뒤에서 미국의 위상이 흔들리고 있음이 감지되나, 영어의 위세는 꺾일 기미가 보이지 않는다고 설명하고 있다. 이는 곧 영어를 사용하지 않을 수 없음을 의미한다고 볼 수 있으므로 ㉠에는 '요구나 제의 등을 받아들이지 않고 물리침'을 뜻하는 '거부(拒否)'가 들어가는 것이 적절하다.

- ⓒ: ⓒ의 앞에서 미국의 위상이 흔들리고 있음에도 불구하고 영어의 위세는 여전할 것이라고 설명하고 있다. 또한 ⓒ이 포함된 문장은 미국의 위상과 상관없이 영어는 모든 종류의 지식이 국제적으로 통할 수 있도록 해주는 통용어임을 드러낸다. 따라서 ⓒ에는 '화폐나 물품 등이 세상에서 널리 쓰임'을 뜻하는 '유통(流通)'이 들어가는 것이 적절하다.
- ⓔ: ⓔ이 포함된 문장은 유럽 연합이 공용어를 늘리고 있으나, 모순되게도 공용어가 늘어날수록 통용어로써의 영어가 더욱 많이 사용됨을 설명하고 있다. 이를 통해 유럽 연합은 여러 언어가 평등한 위치에서 함께 존재하는 것을 중시함을 알 수 있다. 따라서 ⓔ에는 '두 가지 이상의 사물이나 현상이 함께 존재함'을 뜻하는 '공존(共存)'이 들어가는 것이 적절하다.
- ⓔ: ⓔ이 포함된 문장은 18세기 유럽 상류층들의 모임에서 불어 사용 여부를 물음으로써 한 사람의 위치를 짐작했음을 설명하고 있다. 따라서 ⓔ에는 '사물의 가치나 질 등의 기준이 되는 일정한 표준이나 정도'를 뜻하는 '수준(水準)'이 들어가는 것이 적절하다.

12 어휘 한자어 (한자어의 표기) 난이도 중 ●●○

정답 설명

① 밑줄 친 부분의 한자 표기를 순서대로 바르게 나열하면 '變化 - 分明 - 使用 - 少數'이므로 답은 ①이다.
- 變化(변화: 변할 변, 될 화): 사물의 성질, 모양, 상태 등이 바뀌어 달라짐
- 分明(분명: 나눌 분, 밝을 명): 틀림없이 확실하게
- 使用(사용: 하여금 사, 쓸 용): 일정한 목적이나 기능에 맞게 씀
- 少數(소수: 적을 소, 셈 수): 적은 수효

오답 분석

- 辨(분별할 변), 和(화할 화)
- 奔命(분명: 달릴 분, 목숨 명): 임금의 명령을 받들어 바삐 움직임
- 私用(사용: 사사 사, 쓸 용): 공공의 물건을 사사로이 씀. 또는 그 물건
- 小數(소수: 작을 소, 셈 수): 일의 자리보다 작은 자리의 값을 가진 수

13 문학 작품의 내용 파악 난이도 중 ●●○

정답 설명

① ㉮~㉰에 대한 설명 중 옳은 것만으로 묶인 것은 ㄱ, ㄴ이므로 답은 ①이다.
- ㄱ. ㉮: 인쇄소 문선 과장인 A는 지식인인 P가 자신의 아들을 공장에 취직시켜 달라고 부탁하자 다른 집의 자제를 데리고 온 것이 아닌지 의심하며 P의 말을 믿지 않고 있다.
- ㄴ. ㉯: A는 P가 지식인이므로 아들도 교육을 받는 것이 당연하다고 생각하지만, P는 공부를 시키는 것보다 기술을 배우는 것이 낫다고 생각하고 있으므로 두 사람의 가치관 차이가 드러나는 부분이다.

오답 분석

- ㄷ. ㉰: P가 아들을 경제적으로 독립시키는 것이 목표라는 내용은 제시된 작품을 통해 알 수 없다. P는 아들을 학교에 보낼 형편이 안 될뿐더러 학교를 졸업해도 취직을 하기 어려우므로 일찌감치 공장에 취직을 시키려 하고 있다.

14 비문학 글의 구조 파악 (접속어의 사용) 난이도 중 ●●○

정답 설명

② (가)~(라)에 들어갈 말은 순서대로 '반면 - 그러나 - 그래서 - 따라서'이므로 답은 ②이다.
- (가): (가)의 앞에서는 조선의 식민화를 정당화하기 위해 식민사학이 발전되었음을, (가)의 뒤에서는 식민사학에 저항하기 위해 민족주의 사학과 사회경제사학이 발전되었음을 설명하고 있다. 따라서 (가)에는 전환의 접속어 '반면, 한편'이 들어가는 것이 적절하다.
- (나): (나)의 앞에서는 민족주의 사학과 사회경제사학이 동일한 목적 아래 발전되었음을, (나)의 뒤에서는 해방 이후 민족주의 사학과 사회경제사학이 서로 상이하게 발전했음을 설명하고 있다. 따라서 (나)에는 역접의 접속어 '그러나, 하지만'이 들어가는 것이 적절하다.
- (다): (다)의 앞에서는 사회경제사학이 쇠퇴하고 민족주의 사학이 실증주의 사학으로 재생되었음을 설명하고 있다. (다)의 뒤에서는 그러한 민족주의 사학이 한국의 실증주의적 역사 연구를 발전시켰음을 설명하고 있으므로 (다)에는 순접의 접속어 '그래서'가 들어가는 것이 적절하다.
- (라): (라)의 앞에서는 1980년대 등장한 민중사학이 민중을 역사의 주체로 인식했음을 설명하고 있으며, (라)의 뒤에서는 민중사가들이 농민 항쟁을 부각시켰다는 내용을 제시하고 있다. 따라서 (라)에는 인과의 접속어 '따라서, 그래서'가 들어가는 것이 적절하다.

15 비문학 세부 내용 파악 난이도 하 ●○○

정답 설명

④ 2문단 1~3번째 줄을 통해 통신 매체의 발달로 영향력이 커진다 하여도 개인, 직장 내 전문가, 연인과의 대화 같은 사적인 언어는 문제가 되지 않음을 알 수 있으므로 답은 ④이다.

[관련 부분] 물론 영향력이 넓어지고 커진다 하여 개인의 수다와 자기 일터 전문가끼리 나누는 대화, 연인들의 노골적인 사랑싸움이 문제가 되지는 않는다.

오답 분석

① 1문단 2~3번째 줄과 2문단 끝에서 4~5번째 줄을 통해 공공 언어는 다양한 매체를 통해 빠르게 퍼지는데, 통신 매체의 발전으로 영향을 주고받는 범위가 넓어짐을 확인할 수 있다. 이를 통해 공공 언어가 영향력을 미치는 범위가 넓어지고 있음을 알 수 있다.

[관련 부분]
- 그 대상 범위는 나날이 넓어진다. 통신망에 연결된 개인 매체가 매우 빠르게 발전하기 때문이다.
- 이런 말(공적 기관에서 정한 말)은 다양한 매체를 통해 빠르게 퍼지고

② 3문단 1~2번째 줄을 통해 공공 언어가 어려울수록 국민들의 생명과 안전을 위협함을 알 수 있다.
[관련 부분] 공공 언어 가운데 어려운 말은 무엇보다 국민의 생명과 안전을 위협한다.

③ 2문단 끝에서 1~3번째 줄을 통해 돈 버는 일, 침해 받지 않을 권리, 내 의견을 밝히는 일과 같은 국민의 권리와 관련된 용어는 대부분 공공 언어와 연결되어 있음을 알 수 있다.
[관련 부분] 돈 버는 일, 침해받으면 안 될 권리, 내 의견을 밝혀야 할 일은 대개 이런 공공 언어와 연결되어 있다.

16 어휘 혼동하기 쉬운 어휘 난이도 중 ●●○

정답 설명

③ 밑줄 친 어휘 중 잘못 쓰인 것으로만 묶은 것은 ㉡ ㉢ ㉥이다.
- ㉡ 받치셨고(×) → 바치셨고(○): 문맥상 '신이나 웃어른에게 정중하게 드리다'를 뜻하는 '바치다'를 써야 한다.
- ㉢ 바치셨는지(×) → 받치셨는지(○): 문맥상 '화 등의 심리적 작용이 강하게 일어나다'를 뜻하는 '받치다'를 써야 한다.
- ㉥ 바쳐(×) → 받쳐(○): 문맥상 '어떤 일을 잘할 수 있도록 뒷받침해 주다'를 뜻하는 '받치다'를 써야 한다.

오답 분석

㉠ 바친(○): 문맥상 '무엇을 위하여 모든 것을 아낌없이 내놓거나 쓰다'를 뜻하는 '바치다'가 올바르게 쓰였다.

㉣ 받쳐(○): 문맥상 '비나 햇빛과 같은 것이 통하지 못하도록 우산이나 양산을 펴 들다'를 뜻하는 '받치다'가 올바르게 쓰였다.

㉤ 받쳐서(○): 문맥상 '옷의 색깔이나 모양이 조화를 이루도록 함께 하다'를 뜻하는 '받치다'가 올바르게 쓰였다.

17 비문학 내용 추론 난이도 중 ●●○

정답 설명

③ 제시문은 기술의 진보로 인해 다양한 산업이 발달하고 있음을 드러내며, 4문단 1~3번째 줄에서는 이러한 현상으로 인해 산업을 정의하거나 분류할 때 실질적이고 융통성 있는 접근 방식을 사용해야 함을 설명하고 있다. 따라서 새로운 산업이 늘어남에 따라 보다 명확한 기준을 가지고 산업을 정의하게 될 것이라는 ③의 추론은 적절하지 않다.
[관련 부분] 이러한 추세를 고려할 때 앞으로 산업을 정의하거나 분류할 때에는 고정된 기준이나 체계보다 신축적이고 실질적인 접근 방식을 많이 사용할 것으로 보인다.

오답 분석

① 2문단을 통해 기술의 진보에 따라 새로운 기술 영역이 출현하여 그대로 새로운 산업으로 형성됨을 알 수 있다. 이를 통해 기술이 발달하면서 필요한 산업이 계속해서 늘어날 것이라는 추론은 적절하다.

② 1문단 끝에서 1~4번째 줄을 통해 '연구 개발 집약도'는 첨단 기술 산업을 객관적으로 규정해 주지만, 산업의 평균치로 판단하는 것이므로 그 안에 저급 기술 기업이 포함될 수도 있음을 알 수 있다. 이를 통해 저급 기술 기업을 발견하기 위해 연구 개발 집약도의 개선이 필요하다는 추론은 적절하다.
[관련 부분] 첨단 기술 산업을 객관적으로 규정해 준다는 점에서 유용하다. 그러나 산업의 평균을 토대로 하기 때문에 산업 전체로는 첨단 기술 산업이지만 그 안에 얼마든지 저급 기술 기업이 있을 수 있다.

④ 3문단을 통해 시장 수요의 측면에서 인구 구성이나 소비 가치가 변화함에 따라 새로운 산업이 나타남을 알 수 있다. 따라서 사람들이 가치를 두는 소비 영역이 달라짐에 따라 그에 상응하는 산업이 발달할 것이라는 추론은 적절하다.

18 비문학 세부 내용 파악 난이도 중 ●●○

정답 설명

③ 소크라테스의 발언의 2~3번째 줄을 통해 소크라테스는 무지를 깨닫는 것이 곧 신의 뜻에 따르는 것이라 믿고 있음을 알 수 있다. 이는 소크라테스가 자신의 무지를 자각하여 지식을 추구하는 일이 신에게 복종하는 일이라고 생각한다는 의미이므로 답은 ③이다.
[관련 부분] '무지의 자각'이 '신의 뜻에 따르는 것'임을 믿는다.

오답 분석

① 1문단 2~5번째 줄을 통해 아테네 법정은 죄의 여부만 판단할 뿐, 형량은 투표로 정한다는 것을 알 수 있다.
[관련 부분] 아테네 법정은 신에 대한 불경죄의 경우, 우선 유죄냐 무죄냐에 대해서만 판결을 내린다. 그런 다음 유죄 판결인 경우, 그 형량을 투표로 정한다.

② 1문단 5~6번째 줄을 통해 원고 쪽에서 먼저 고소 이유서를 낭독한 후, 소크라테스가 연설을 시작함을 알 수 있다.
[관련 부분]《소크라테스의 변명》은 원고 쪽의 고소 이유서가 낭독된 직후, 소크라테스의 연설로 시작된다.

④ 1문단 끝에서 2~3번째 줄과 2문단 1~2번째 줄에서 소크라테스는 자신이 청년들을 참되게 교육한 '아테네의 양심'이며, 다른 궤변론자들과 같이 많은 보수를 받고 가르친 적이 없다고 주장하고 있다. 이를 통해 양심적으로 아테네의 청년들을 가르쳤다는 점은 알 수 있으나, 일정 보수를 받고 가르쳤는지는 확인할 수 없다.
[관련 부분]
- 그는 자기 자신이야말로 참되게 청년들을 교육하는 '아테네의 양심'이라고 말하면서
- 다른 궤변론자들과 같이 많은 보수를 받고 가르친 적도 없다.

19 문학 작품의 종합적 감상 (고전 소설) 난이도 중 ●●○

정답 설명

④ 두 번째 질문에 대한 민 영감의 답변에서 밥이 곧 불사약이라는 평범한 진리를 역설하고 있음은 확인할 수 있으나, 과장된 표현을 사용하고 있지는 않다. 따라서 답은 ④이다.

오답 분석

① 손님의 질문과 민 영감의 답변으로 내용이 전개되고 있다.

② 손님은 민 영감을 시험하는 어려운 질문을 던지지만 민 영감은 어려운 질문에도 명쾌하게 대답하고 있음을 확인할 수 있다. 따라서 손님은 민 영감의 재치있는 답변을 이끌어 내기 위한 보조적 인물임을 알 수 있다.

③ '민 영감은 언제나 말을 지루하게 늘어놓았지만, 끝에 가서는 모두 이치에 맞았다'와 '속속들이 풍자를 머금었으니, 변사(辯士)라고 할 만하였다'를 통해 민 영감에 대한 서술자의 평가가 드러남을 알 수 있다.

이것도 알면 합격!

박지원, '민옹전(閔翁傳)'의 주제 및 특징
1. 주제: 시정 세태에 대한 풍자적 비판
2. 특징
   (1) 질문과 답변을 통해 이야기를 전개함
   (2) 몇 가지 일화를 통해 민옹의 일대기를 서술함
   (3) 실존 인물인 '민유신'을 모델로 조선 후기 사회를 풍자 및 비판함

20 문학 작품의 종합적 감상 (현대 시) 난이도 중 ●●○

정답 설명

④ 5행에서 '새까만 밤'은 죽음의 세계를 의미하고, '새까만 밤이 밀려 나가고 밀려와 부딪히고'라는 시구는 죽음의 세계가 화자의 힘으로 극복할 수 없는 불가항력적인 세계임을 드러내는 표현이다. 또한, '별'은 죽은 아이를 떠오르게 하는 것으로, 어둠 저 편에 존재하여 화자가 닿을 수 없는 존재를 의미한다. 따라서 '밤, 별'과 같은 표현을 통해 화자와 죽은 대상 사이의 거리감을 극복하고자 한다는 ④의 설명은 옳지 않다.

오답 분석

① 화자는 죽은 아이의 모습을 '차고 슬픈 것', '물 먹은 별', '산(山)새'와 같은 객관적 사물을 이용하여 표현함으로써 화자의 비애와 상실감을 직접 노출하지 않고 절제된 방식으로 형상화하고 있다.

② '유리'는 죽은 아이가 있는 유리창 밖의 세계와 화자가 있는 방 안의 세계를 단절시키기도 하지만 유리창에 서린 입김을 통해 죽은 자식과의 만남을 매개하는 소재이기도 하므로 이중적인 기능을 가지고 있다.

③ 8행에서 '외로운 황홀한 심사'는 '(아이를 잃어) 외롭다'와 '(유리창을 통해 서나마 아이를 만나) 황홀하다'라는 모순된 심정을 동시에 표현하는 역설법을 사용한 것으로 화자의 심정과 상황을 함축적으로 드러낸다.

이것도 알면 합격!

정지용, '유리창 1'의 주제 및 특징
1. 주제: 죽은 자식에 대한 그리움
2. 특징
   (1) 감정을 절제된 방식으로 표현함
   (2) 감각적이고 선명한 이미지를 사용함
   (3) 역설법을 사용하여 시의 함축성을 높임

13회 실전동형모의고사

정답 p.110

01	④ 비문학	08	③ 어휘	15	④ 어휘
02	④ 어법	09	④ 혼합(어법+비문학)	16	② 문학
03	② 어휘	10	④ 어휘	17	② 혼합(어법+비문학)
04	② 어법	11	② 문학	18	② 비문학
05	④ 문학	12	③ 어휘	19	④ 문학
06	④ 비문학	13	② 어법	20	③ 비문학
07	④ 비문학	14	④ 비문학		

취약영역 분석표

영역	틀린 답의 개수
어법	/ 3
비문학	/ 6
문학	/ 4
어휘	/ 5
혼합	/ 2
TOTAL	20

* 취약영역 분석표를 이용해 1개라도 틀린 문제가 있는 영역은 그 영역의 문제만 골라 해설을 다시 한번 꼼꼼히 학습하세요.

01 비문학 화법 (협력의 원리) 난이도 중 ●●○

정답 설명

④ 대화(4)에서 ㉡은 대화의 맥락과 관련된 이야기를 했으므로 관련성의 격률은 위배하지 않았으나, 받고 싶은 선물을 물어보는 질문에 '얼마 전에 이사했다'라는 필요 이상의 정보를 제공하였으므로 양의 격률을 위배하였다. 따라서 답은 ④이다.

오답 분석

① 무슨 영화를 볼지 묻는 질문에 정확히 답변하지 않고 모호한 표현을 사용하고 있으므로 태도의 격률을 위배한 대답이다.

② 생일이 얼마나 남았는지 묻는 질문에 '한 달 후에 30살이 된다'라는 필요 이상의 정보를 제공하고 있으므로 양의 격률을 위배한 대답이다.

③ '배가 터져버릴 것 같다'는 과장된 표현으로 진실하지 않은 정보를 전달하고 있으므로 질의 격률을 위배한 대답이다.

02 어법 한글 맞춤법 난이도 중 ●●○

정답 설명

④ '선짓국'은 ㉡이 아닌 ㉠의 예이므로 적절하지 않은 것은 ④이다.
- 선짓국: '선지+국'으로 결합한 순우리말로 된 합성어이다. 이때 앞말이 모음으로 끝나고 뒷말의 첫소리 'ㄱ'이 된소리로 소리 나므로, [선지꾹/선짇꾹]으로 발음된다. 따라서 표기 시에도 소리 나는 대로 사이시옷을 받쳐 적으므로 ㉠의 예에 해당한다.

오답 분석

① 암탉: '암+닭'이 결합한 말로 '암' 뒤에 'ㅎ' 음이 첨가되어 발음되는데, 이에 따라 뒤 단어의 첫소리를 거센소리로 적으므로 ㉠의 예에 해당한다.

② 낙원: 단어 첫머리에 오는 한자 '락(樂)'이 두음 법칙에 따라 [낙]으로 발음되는데, 표기 시에도 소리 나는 대로 적으므로 ㉠의 예에 해당한다.

③ 더욱이: '더욱(어근)+-이(접미사)'가 결합한 말로, [더우기]로 발음되지만 각 형태소를 밝혀 적으므로 ㉡의 예에 해당한다.

03 어휘 고유어, 한자어 난이도 중 ●●○

정답 설명

② 밑줄 친 단어와 유사한 의미가 아닌 것은 ②이다.
- ㉡ 계제(階梯): 어떤 일을 할 수 있게 된 형편이나 기회
- ② 인재(人才): 재주가 아주 뛰어난 사람

오답 분석

① ㉠ 영락(零落)없이: 조금도 틀리지 아니하고 꼭 들어맞게
- ① 틀림없이: 조금도 어긋나는 일이 없이

③ ㉢ 되우: 아주 몹시
- ③ 대단히: 매우 심한 정도로

④ ㉣ 샐쭉하다: 마음에 차지 아니하여서 약간 고까워하는 데가 드러나다.
- ④ 언짢다: 마음에 들지 않거나 좋지 않다.

04 어법 말소리 (음운의 체계) 난이도 중 ●●○

정답 설명

② 제시문은 모음 'ㅡ'가 자음 'ㅁ, ㅂ, ㅍ' 뒤에서 모음 'ㅜ'로 바뀌는 현상을 보여주고 있다. 입술소리(양순음)인 'ㅁ, ㅂ, ㅍ'가 발음 시 입술이 오므라들지 않는 평순 모음 'ㅡ'에 영향을 주어 입술이 오므라드는 원순 모음인 'ㅜ'로 바뀌어 발음되는데 이는 평순 모음 'ㅡ'가 선행하는 양순음의 순음성에 동화되어 '입술 모양의 차이'가 생기기 때문이다.

오답 분석

①③ 'ㅡ'와 'ㅜ'는 모두 혀의 최고점 위치가 가장 높고, 가장 앞쪽에 놓이므로 변화의 이유로 설명할 수 없다.

④ 소리의 높고 낮음은 'ㅡ'와 'ㅜ'의 구별과는 관련이 없다.

이것도 알면 **합격!**

국어의 단모음 체계

혀의 위치	앞(전설 모음)		뒤(후설 모음)	
입술의 모양 / 혀의 높낮이	평순 모음	원순 모음	평순 모음	원순 모음
고모음	ㅣ	ㅟ	ㅡ	ㅜ
중모음	ㅔ	ㅚ	ㅓ	ㅗ
저모음	ㅐ		ㅏ	

05 문학 소재 및 문장의 의미 난이도 중 ●●○

정답 설명

④ ㉣ '내'는 예조판서 김청음을 가리키는 말로, 청과 화친하는 것을 강력하게 반대하는 모습을 나타낸다. 반면 ㉠~㉢은 모두 '심집'을 가리킨다.

오답 분석

① ㉠ 대신: ㉠이 포함된 문장은 마부대가 왕자와 대신을 보내기를 청함에 따라 조정은 형조판서 심집을 대신이라 하여 적진에 보냈다는 내용이므로, 이때 '대신'은 '심집'을 나타낸다.

② ㉡ 내: ㉡이 포함된 문장은 심집이 '내 평생에 말이 충실하기 때문에 오랑캐도 속이지 못한다'라고 한 말이므로, 이때 '내'가는 '심집'이다.

③ ㉢ 나: ㉢이 포함된 문장은 심집이 마부대 장군에게 '나는 대신이 아니다'라고 한 말이므로 '나'가 가리키는 사람은 '심집'이다.

지문 풀이

1636년(병자년) 12월 16일
(청나라 군이) 식사 후에 남한산성에 다다르니 성을 지키는 군사가 나약하고 모든 장수들이 겁을 내어 나아가서 싸울 의사가 없었다. 마부대가 왕자와 대신을 내보내기를 청했다. 조정이 능봉수를 대군으로 삼고, 형조판서 심집을 대신이라 하여 적진에 보냈다. 심집이 스스로 "내 평생에 말이 충실하기 때문에 오랑캐도 속이지 못하리라." 하더니, 마부대 장군에게 가서 말하길, "나는 대신이 아니요, 능봉수는 왕자가 아닙니다." 하였다. 능봉수가 "진실로 심집이 대신이요, 나는 진실로 왕자로다." 하였으나, 적장이 자기가 속은 줄 알고 이들을 다시 보냈다. 능봉수가 심집이도로 성중으로 돌아왔다. 이에 마지못하여 좌상 홍서봉과 호조판서 김신국을 적진에 보내었다. 좌상이 말했다. "봉림 대군과 인평 대군이 강화도에 있기 때문에 보내지 못하노라." 마부대 장군이 답하였다. "동궁이 오지 않으면 화친을 못 하리라." 이에 좌상이 그냥 돌아왔다. 그날 밤 영상과 김신국, 이성구, 최명길 등이 동궁 보내기를 청했으나, 예조판서 김청음이 이 소식을 듣고 비변사에 들어와 큰 소리로 말하였다. "이 의논을 하는 놈을 내가 당당히 머리를 베고, 한 하늘 아래에 서지 않을 것을 맹세하노라." 하였다.

이것도 알면 **합격!**

어느 궁녀, '산성일기'의 주제 및 특징
1. 주제: 병자호란의 치욕과 남한산성에서의 항쟁
2. 특징
   (1) 병자호란의 역사적 사실을 한글로 기록한 작품
   (2) 국문학사상 '계축일기'와 함께 쌍벽을 이루는 일기체 작품
   (3) 간결하고 중후한 궁중어를 사용함
   (4) 객관적인 입장에서 사실을 서술함

06 비문학 적용하기 난이도 중 ●●○

정답 설명

④ 제시문의 2문단을 통해 밀은 벤담과 달리 쾌락의 양보다는 질을 중시했다는 것을 알 수 있는데, 이와 가장 가까운 것은 단순한 쾌락과 고급 쾌락을 비교하여 쾌락에도 질적 차이가 있다는 점을 강조한 ④이다.

오답 분석

① '절대 다수의 최대 행복'은 쾌락의 양을 우선시하는 것이므로 글의 내용과 부합하지 않는다.

07 비문학 주제 및 중심 내용 파악 난이도 하 ●○○

정답 설명

④ 1문단에서는 연극과 영화에서 사용되는 미장센의 의미를 설명하고, 2문단에서는 연극의 미장센과 영화의 미장센이 어떻게 다른지 그 차이점을 설명하고 있다. 이러한 내용을 바탕으로 연극보다 영화에서 미장센의 역할이 더 중요하다는 점을 강조하고 있으므로 답은 ④이다.

오답 분석

① 1문단 1~4번째 줄을 통해 확인할 수 있으나 이는 제시문의 일부 내용일 뿐 주장으로 보기는 어렵다.
[관련 부분] 미장센(mise-en-scène)이라는 용어는 본래 연극 무대에서 쓰이던 불어 단어로, ~ 연출 기법을 말한다.

② 제시문을 통해 알 수 없는 내용이다.

③ 2문단 6~7번째 줄을 통해 영화의 미장센이 연극의 미장센보다 정교하다는 점을 확인할 수 있으므로 적절하지 않다.
[관련 부분] 영화의 미장센은 연극의 미장센보다 훨씬 정교하고

08 어휘 관용 표현 난이도 중 ●●○

정답 설명

③ 관용구가 적절하게 쓰인 문장은 ㄴ, ㄷ이므로 답은 ③이다.
- 목이 간들거리다: 직장에서 쫓겨날 형편에 처하다.
- 목 안의 소리: 들릴 듯 말 듯 한 작은 소리

오답 분석

ㄱ. '목구멍이 크다'는 '양이 커서 많이 먹다', '욕심이 매우 많다'를 뜻하므로 겁을 먹지 않는다는 내용과 어울리지 않는다.

ㄹ. '목이 곧다'는 '남에게 호락호락 굽히지 아니하며 억지가 세다'를 뜻하므로 판매를 잘한다고 칭찬받았다는 내용과 어울리지 않는다.

09 어법+비문학 올바른 문장 표현, 작문 (고쳐쓰기) 난이도 하 ●○○

정답 설명

④ 제시문은 님비 현상의 정의와 사례를 제시하고 모두가 불편함 없는 생활을 위해 서로 양보하는 것이 중요함을 말하고 있다. 이때 ㉣은 님비 현상과 관련된 사례를 제시한 부분으로, '경기도 의정부시 시민들은'의 주어부와 '대립했다'라는 서술부의 호응이 적절하다. 따라서 '대립했다는 것이다'로 고친다는 ④의 설명은 적절하지 않다.

오답 분석

① ㉠의 앞은 대부분의 사람들이 환경 기초 시설 설치의 필요성을 인식하고 있다는 내용이며 ㉠의 뒤는 환경 기초 시설 설치의 필요성을 인식함에도 불구하고 자신의 지역에 설치되는 것을 반대한다는 내용이다. 따라서 ㉠ '또한'을 상반되는 사실을 나타내는 두 문장을 이어주는 접속 부사인 '하지만'으로 바꾸는 것이 적절하다.

② '난색을 표명하다'는 지나치게 어려운 한자어가 쓰인 표현이므로 '꺼리는'으로 바꾸는 것이 적절하다.

③ 1문단은 환경 기초 시설 설치의 필요성을 인식하고 있다는 내용과 함께 님비 현상의 정의가 제시되어 있다. 이때 ㉢은 사람들이 집값이 떨어질 것을 걱정하여 집단행동을 한다는 내용으로 1문단의 내용을 고려할 때 통일성을 해치므로 삭제하는 것이 적절하다.

10 어휘 고유어와 한자어의 대응 난이도 중 ●●○

정답 설명

④ 공금을 먹은: 이때 '먹다'는 '남의 재물을 다루거나 맡은 사람이 그 재물을 부당하게 자기의 것으로 만들다'를 뜻하므로 '공금이나 남의 재물을 불법으로 차지하여 가짐'을 뜻하는 '橫領(횡령: 가로 횡, 거느릴 령)'으로 바꿔 쓸 수 있다.

오답 분석

① 연기를 먹었더니: 이때 '먹다'는 '연기나 가스 등을 들이마시다'를 뜻하므로 '攝取(섭취)'가 아닌 '吸入(흡입)'으로 바꿔 쓰는 것이 적절하다.
- 攝取(섭취: 다스릴 섭, 가질 취): 좋은 요소를 받아들임

② 약은 꼭 식사한 후에 먹어야: 이때 '먹다'는 '음식 등을 입을 통하여 배 속에 들여보내다'를 뜻하므로 '吸入(흡입)'이 아닌 '服用(복용)'으로 바꿔 쓰는 것이 적절하다.
- 吸入(흡입: 마실 흡, 들 입): 기체나 액체 등을 빨아들임

③ 마음을 먹었다: 이때 '먹다'는 '어떤 마음이나 감정을 품다'를 뜻하므로 '服用(복용)'이 아닌 '決心(결심)'으로 바꿔 쓰는 것이 적절하다.
- 服用(복용: 옷 복, 쓸 용): 약을 먹음

11 문학 작품의 종합적 감상 (현대 소설) 난이도 중 ●●○

정답 설명

② 끝에서 1~2번째 줄을 통해 '나'의 정신이 아찔해진 것은 알싸한 동백꽃 향기 때문이기도 하지만, 사춘기를 겪고 있는 '나'가 점순에게 느낀 사랑의 감정 때문임을 알 수 있다. 따라서 '노란 동백꽃'은 '나'와 점순의 화해를 상징하는 동시에 둘 사이의 풋풋한 사랑이 시작되고 있음을 감각적으로 드러내는 소재이다. 또한 '동백꽃'은 작품 전체의 향토적이고 서정적인 느낌을 주는 소재로서의 역할을 한다.

오답 분석

① '나'가 울음을 터뜨린 이유는 점순네 닭을 죽인 이후 앞으로 벌어질 일에 대한 걱정 때문이지, 점순네 닭을 죽인 일을 덮고자 하는 의도는 아니다.

③ 제시된 작품은 1인칭 주인공 시점으로, 주인공인 '나'의 시점에서 사건이 전개되고 있다. 따라서 상황을 객관적으로 서술하는 것이 아닌 '나'의 시선에서 주관적으로 서술하고 있다.

④ 점순이 '나'를 밀고 쓰러진 이유는 점순이 '나'에 대한 애정을 적극적으로 표현하는 행위일 뿐이지, '나'에게 풀리지 않는 마음을 표현하고자 하는 의도는 아니다.

이것도 알면 합격!

김유정, '동백꽃'의 인물 분석
- '나': 소작인의 아들로 우직하고 순박함. 눈치가 없는 인물로 점순의 관심과 애정을 눈치채지 못함
- 점순: 마름의 딸로 영악하고 조숙함. 감자나 닭싸움과 같은 행위를 통해 적극적으로 '나'에 대한 자신의 사랑을 표현함

12 어휘 혼동하기 쉬운 어휘 난이도 중 ●●○

정답 설명

③ '둘 사이를 넓히거나 멀게 하다'를 뜻하는 '벌리다'와 '여러 가지 물건을 늘어놓다'를 뜻하는 '벌이다'의 쓰임이 모두 옳으므로 답은 ③이다.

오답 분석

① • 꽃마다 봉우리가 맺혔다(×) → 꽃마다 봉오리가 맺혔다(○): '망울만 맺히고 아직 피지 않은 꽃'을 뜻할 때는 '봉오리'를 써야 한다.
• 산 봉오리에 올라가니(×) → 산 봉우리에 올라가니(○): '산에서 뾰족하게 높이 솟은 부분'을 뜻할 때는 '봉우리'를 써야 한다.

② • 빛이 없어 어득한 길을(×) → 빛이 없어 어둑한 길을(○): '제법 어둡다'를 뜻할 때는 '어둑하다'를 써야 한다. '어득하다'는 '보이는 것이나 들리는 것이 매우 희미하고 멀다'를 뜻하는 말이다.
• 앞으로 해야 할 일을 생각하니 앞날이 아득하다(○): '어떻게 하면 좋을지 몰라 막막하다'를 뜻할 때는 '아득하다'를 쓴다.

④ • 코트의 깃을 너무 제치면(×) → 코트의 깃을 너무 젖히면(○): '뒤로 기울게 하다'를 뜻할 때는 '젖히다'를 써야 한다.
• 경쟁자를 젖히고 무조건 1등을 해야 한다는(×) → 경쟁자를 제치고 무조건 1등을 해야 한다는(○): '경쟁 상대보다 우위에 서다'를 뜻할 때는 '제치다'를 써야 한다.

13 어법 표준 언어 예절 난이도 중 ●●○

정답 설명

② 친구를 할머니에게 먼저 소개한다(○): 중간에서 다른 사람을 소개할 때에는 손아랫사람을 손윗사람에게 먼저 소개한다. 따라서 나이가 어린 친구를 할머니에게 먼저 소개하는 것이 적절하므로 답은 ②이다.

오답 분석

① 그는 ○○[본관] ○가(哥)입니다(×) → 그는 ○○[본관] ○씨(氏)입니다(○): '○가(哥)'는 자신의 성을 다른 사람에게 말할 때 쓰는 표현이다. 남의 성(姓)이나 본관을 말할 때에는 '○씨(氏), ○○[본관] ○씨(氏)'라고 해야 한다.

③ ○○○라고 합니다/○○○올시다(×) → ○○○입니다(○): 제시된 말들은 거만한 인상을 주거나 옛 말투이므로 겸손한 현대 말 표현인 '○○○입니다'라고 해야 한다.

④ ○[성]자 ○자 ○자이십니다(×) → ○[성] ○자 ○자이십니다(○): 손윗사람의 성함을 소개할 때에는 성을 제외한 이름에만 '자(字)'자를 붙여야 한다.

14 비문학 글의 전략 파악 난이도 중 ●●○

정답 설명

④ 1문단의 '16세기에 쓰인 한글 편지', 2문단의 '17세기 언해 자료'를 통해 구체적인 시기를 제시하고 있음은 확인할 수 있으나, 이를 통해 언간의 변천 과정을 보여주는 것은 아니다. 따라서 진술 방식에 대한 설명으로 적절하지 않은 것은 ④이다.

오답 분석

① 1문단 1~4번째 줄을 통해 16세기에 쓰인 한글 편지가 경북 안동에서 발견된 몇 년 전의 사례를 제시하여 '언간'이라는 화제를 제시하고 있음을 알 수 있다.
[관련 부분] 몇 해 전 경북 안동의 묘에서 16세기에 쓰인 한글 편지가 발견되어 세간의 관심을 끌었다. ~ 조선 시대에 쓰인 옛 한글 편지를 '언간(諺簡)'이라 한다.

② 2문단 5~6번째 줄과 끝에서 3~4번째 줄에서 17세기 언해 자료를 예시로 들고 있다. 이를 통해 언해는 한문의 간섭이나 제약을 많이 받지만, 언간은 원문의 간섭이 없어 자연스러운 우리말의 모습을 보여줌을 설명하고 있다.
[관련 부분]
• 그 어미와 밋 싀어미로 더브러(與其母及姑)
• 밋 밤 들매 ᄀ마니 나가(及夜間潛出)

③ 1문단 4~6번째 줄을 통해 언간의 정의를 제시하며, 언간에 대해 설명하고 있음을 확인할 수 있다.
[관련 부분] 조선 시대에 쓰인 옛 한글 편지를 '언간(諺簡)'이라 한다. 언간은 우리말의 옛 모습을 살펴볼 수 있고 당시 언중들의 생활상을 엿볼 수 있는 귀중한 문헌 자료이다.

15 어휘 관용 표현, 속담 난이도 중 ●●○

정답 설명

④ '코를 떼다'는 '무안을 당하거나 핀잔을 맞다'를 뜻하므로 문맥상 독립운동가 자손임을 자랑스럽게 내세우는 내용과 어울리지 않는다. 따라서 관용어의 사용이 적절하지 않은 것은 ④이다.

오답 분석

① 내 코가 석 자: 내 사정이 급하고 어려워서 남을 돌볼 여유가 없음을 비유적으로 이르는 속담이다.
② 코가 빠지다: '근심에 싸여 기가 죽고 맥이 빠지다'라는 뜻의 관용구이다.
③ 코 아래 진상: '뇌물이나 먹을 것을 바치는 일'이라는 뜻의 관용구이다.

16 문학 작품의 종합적 감상 (소설) 난이도 중 ●●○

정답 설명

② 제시된 작품에서 '나'는 상운과 순복이 아버지가 선주에게 빌린 귀한 그물을 끊는 모습을 보며 죄책감을 느끼고 아버지의 얼굴을 떠올리고 있을 뿐, 아버지에 대한 '나'의 반감은 드러나지 않는다.

오답 분석

① 우리 식구들의 생명이 그물코에 달려 있음을 절실하게 느꼈다는 '나'의 말을 통해 그물이 식구의 생계가 걸린 중요한 물건임을 알 수 있다.

③ 선창에서 그물을 꺼내며 이것만 있으면 문제는 해결될 수 있다고 말하는 모습을 통해 상운의 긍정적이고 적극적인 태도를 알 수 있다.

④ 그물이 중요한 생계 수단임을 알면서도 생존을 위해 그물을 자르는 순복의 모습을 통해 순복은 그물보다 생존을 더 중요시하고 있음을 알 수 있다.

17 어법 + 비문학 표준 언어 예절, 적용하기 난이도 중 ●●○

정답 설명

② 아버지가 돌아가신 경우 아버지를 가리키는 말은 '아버님, 아버지, 선친(先親), 선고(先考), 선군(先君)'이므로, ②에서 '아버지'라고 지칭한 것은 적절하다.

오답 분석

① 형의 아내는 일반적으로 '형수님, 아주버님, 아주머니'라고 불러야 하며, '형수님, 아주머님, 형수, 아주머니, OO 큰어머니'라고 지칭해야 한다. 따라서 형의 아내될 분에게 'OO 형수'라고 호칭한 것은 잘못된 표현이다.

③ 남편의 남동생이 미혼일 경우 일반적으로 '도련님'으로 부르거나 지칭해야 하며, 기혼일 경우에는 '서방님'으로 부르거나 지칭해야 한다. 따라서 결혼을 한 남편 남동생에게 '도련님'이라고 호칭한 것은 잘못된 표현이다.

④ 아내의 여동생은 일반적으로 '처제'라고 부르거나 지칭해야 하며, 남편의 여동생은 '아가씨'라고 부르거나 지칭해야 한다.

18 비문학 작문 (고쳐쓰기) 난이도 중 ●●○

정답 설명

② 제시문은 전문 분야인 과학과 예술이 다른 전문 영역들과 교류하고 통합될 수 있다는 내용인데, ㉡은 '과학'이 일반인들은 접근하기 힘든 학문이라는 사실을 설명하고 있으므로 글의 통일성에 위배된다. 따라서 ②는 삭제하는 것이 바람직하다.

오답 분석

①③④ ㉠㉢㉣ 과학과 예술의 각 분야는 전문 분야임에도, 과업에 열중하게 되면 모든 것이 통합되는 경험을 하게 된다고 제시문의 흐름에 맞게 서술하고 있다.

19 문학 서술상의 특징 난이도 중 ●●○

정답 설명

④ 자라의 두 번째 말을 통해 자라가 토끼의 나이와 경력에 대해 질문하고 있음을 알 수 있지만, 이는 토끼를 회유하기 위한 목적은 아니므로 말하기 방식에 대한 설명으로 옳지 않은 것은 ④이다.

[관련 부분] "그대 연세가 얼마나 되관대 그다지 경력이 많다 하느뇨?"

오답 분석

① 토끼의 첫 번째 말을 통해 자라가 자신의 외형을 장황하게 자랑한 것에 대해 비꼬는 말투로 반응했음을 확인할 수 있다.

[관련 부분] "내가 세상에 나서 만고풍상(萬古風霜)을 다 겪다시피 하였으되, 그대 같은 호걸은 이제 처음 보는보다."

② 자라의 첫 번째 말을 통해 장황한 표현을 사용하여 자신의 특이한 외형을 변명하는 동시에 자랑하고 있음을 알 수 있다.

[관련 부분] 등이 넓기는 물에 다녀도 가라앉지 아니함이요, 발이 짧은 것은 육지에 다녀도 넘어지지 아니함이요, 목이 긴 것은 먼 데를 살펴봄이요, 몸이 둥근 것은 행세를 둥글게 함이라. 그러하므로 수중에 영웅이요, 수족(水族)에 어른이라. 세상에 문무겸전(文武兼全)하기는 나뿐인가 하노라.

③ 토끼의 두 번째 말에서 자신의 나이를 과시하기 위해 '달'에 관한 전설뿐 아니라 고사 및 한자 성어를 인용하였음을 확인할 수 있다.

[관련 부분] "내 연기(年紀)를 알 양이면 육갑을 몇 번이나 지내었는지 모를 터이오. 소년 시절에 월궁에 가 계수나무 밑에서 약방아 찧다가 유궁후예(有窮後羿)의 부인이 불로초(不老草)를 얻으러 왔기로 내가 얻어 주었으니 이로 보면 삼천갑자 동방삭(東方朔)은 내게 시생(侍生)이오, 팽조(彭祖)의 많은 나이 내게 대하면 구상유취(口尙乳臭)요, 종과 상전이라. 이러한즉 내가 그대에게 몇십 갑절 할아비 치는 존장(尊長)이 아니신가."

20 비문학 세부 내용 파악 난이도 중 ●●○

정답 설명

③ 2문단 1~3번째 줄을 통해 대기권 중 일부 구간인 '대류권'에서 대류 작용이 활발하다는 것과 대류권은 기후가 아닌 '일기'에 직접적인 영향을 미친다는 점을 확인할 수 있다. 따라서 답은 ③이다.

[관련 부분] 대기권은 지상 약 80킬로미터 높이의 공간을 차지하는데 특히 지상 8~15킬로미터 높이의 대류권에서는 대류 작용이 활발하여 일기에 직접적인 영향을 미친다.

오답 분석

① 4문단 끝에서 1~4번째 줄을 통해 확인할 수 있다.

[관련 부분] 숲은 햇빛을 겨우 12~15퍼센트 정도 반사하지만 사막은 무려 40퍼센트를 반사한다. 이처럼 숲은 햇빛을 많이 흡수하여 주변의 기온을 낮춘다.

② 3문단 4~6번째 줄을 통해 확인할 수 있다.

[관련 부분] 숲의 증산은 대기 중에 수증기를 내보내서 빗물을 증가시킨다. 그래서 숲 지역은 사막 지역보다 비가 많이 온다.

④ 1문단에서 기후는 기후 시스템이 만들어 내는 특이한 자연 현상이며, 기후 시스템은 대기권, 수권, 지권, 생물권, 설빙권으로 구성되어 있음을 알 수 있다. 또한 기후 시스템 구성원 사이의 상호 작용을 통해 기후가 만들어진다는 점도 확인할 수 있다.

14회 실전동형모의고사

정답 p.118

01	② 어법	08	③ 문학	15	② 비문학
02	② 비문학	09	① 어휘	16	④ 비문학
03	④ 어법	10	② 비문학	17	② 어법
04	③ 혼합(어법+비문학)	11	③ 어휘	18	④ 비문학
05	④ 비문학	12	③ 어휘	19	② 비문학
06	④ 비문학	13	③ 문학	20	① 어휘
07	① 문학	14	② 비문학		

취약영역 분석표

영역	틀린 답의 개수
어법	/ 3
비문학	/ 9
문학	/ 3
어휘	/ 4
혼합	/ 1
TOTAL	20

* 취약영역 분석표를 이용해 1개라도 틀린 문제가 있는 영역은 그 영역의 문제만 골라 해설을 다시 한번 꼼꼼히 학습하세요.

01 어법 단어 (통사적 합성어와 비통사적 합성어) 난이도 중 ●●○

정답 설명

② '들짐승, 겁나다'는 모두 우리말의 일반적인 단어 배열법과 일치하는 것이므로, 통사적 합성어로만 묶인 것은 ②이다.
- 들(명사) + 짐승(명사): 명사와 명사가 결합한 통사적 합성어
- 겁(이)(명사) + 나다(동사): 명사와 동사가 결합한 통사적 합성어

오답 분석

① '물들다'는 통사적 합성어이나, '검버섯'은 비통사적 합성어이다.
- 물(이)(주어) + 들다(서술어): 주어와 서술어가 결합한 통사적 합성어 (주격 조사 생략 인정)
- 검-(용언의 어간) + 버섯(명사): 용언의 어간이 연결 어미 없이 명사와 결합한 비통사적 합성어

③ '기차다'는 통사적 합성어이나, '촐랑개'는 비통사적 합성어이다.
- 기(가)(주어) + 차다(서술어): 주어와 서술어가 결합한 통사적 합성어 (주격 조사 생략 인정)
- 촐랑(부사) + 개(명사): 부사와 명사가 결합한 비통사적 합성어

④ '젊은이'는 통사적 합성어이나, '민둥산'은 비통사적 합성어이다.
- 젊-(용언의 어간) + -은(어미) + 이(의존 명사): 용언의 어간이 연결 어미를 통해 명사와 결합한 통사적 합성어
- 민둥-(용언의 어간) + 산(명사): 용언의 어간이 연결 어미 없이 명사와 결합한 비통사적 합성어

02 비문학 논지 전개 방식 난이도 중 ●●○

정답 설명

② '역사 소설'과 '소설 역사'의 차이점에 대해 설명하고 있으므로 제시문에 사용된 서술 방식은 ② '대조'이다.
- 대조: 둘 이상의 사물들에 대해 서로 다른 점을 밝혀내어 설명하는 서술 방식

오답 분석

① 예시: 사례를 들어 일반적이거나 추상적인 원리, 법칙, 진술을 구체화하는 서술 방식

③ 정의: 용어의 뜻을 분명하게 규정하는 서술 방식

④ 유추: 친숙한 대상의 특징을 제시하고 이와 일부 속성이 일치하는 다른 대상도 그러한 특징을 가질 것이라고 비교하여 설명하는 서술 방식

이것도 알면 합격!

논지 전개 방식의 종류

인과	어떤 결과를 가져온 원인과 그로 인해 초래된 결과를 진술하는 방식 예 경제 성장이 둔화되었기 때문에 일자리가 늘지 않았다.
서사	일정한 시간 내에 일어나는 일련의 행동이나 시간의 흐름에 따라 전개되는 사건을 생생하게 진술하는 방식 예 나는 살금살금 발소리를 죽여 가며 창가로 다가가서, 누군지 모를 여학생의 팔을 살짝 꼬집었다. 그러고는 얼른 창문에 바짝 붙어 섰다.
묘사	대상의 그림을 그리듯이 구체적으로 진술하는 방식 예 친구의 얼굴은 달걀형이고 귀가 크며 곱슬머리이다.
비교	사물의 비슷한 점을 밝혀내어 진술하는 방식 예 야구는 축구처럼 공을 가지고 하는 경기이다.
분석	하나의 관념이나 대상을 그 구성 요소로 나누어 진술하는 방식 예 식물은 뿌리, 줄기, 잎, 꽃으로 구성되어 있다.

03 어법 한글 맞춤법 (띄어쓰기) 난이도 중 ●●○

정답 설명

④ 예쁠∨뿐더러(×) → 예쁠뿐더러(○): '-ㄹ뿐더러'는 '어떤 일이 그것만으로 그치지 않고 나아가 다른 일이 더 있음'을 나타내는 연결 어미이므로 붙여 써야 한다. 참고로 '뿐'이 어미 '-을' 뒤에 쓰여 '다만 어떠하거나 어찌할 따름'이라는 뜻을 나타내는 경우는 의존 명사이므로 띄어 써야 한다.

오답 분석

① 준비할걸(○): '-ㄹ걸'은 혼잣말에 쓰여, 그렇게 했으면 좋았을 것이나 하지 않은 어떤 일에 대해 가벼운 뉘우침이나 아쉬움을 나타낼 때 쓰는 종결 어미이므로 앞말과 붙여 쓴다. 참고로, '-ㄹ∨걸'이 '-ㄹ∨것을'의 준말일 때는 의존 명사이므로 띄어 쓴다.

② 가는∨데(○): 이때 '데'는 '곳'이나 '장소'의 뜻을 나타내는 의존 명사이므로 앞말과 띄어 쓴다. 참고로, '-ㄴ데'가 전제를 제시하는 기능으로 사용될 때는 어미이므로 붙여 쓴다.

③ 얘기한∨바와(○): 이때 '바'는 '앞에서 말한 내용 그 자체나 일' 등을 나타낼 때 쓰는 의존 명사이므로 앞말과 띄어 쓴다. 참고로, '-ㄴ바'가 전제를 제시하는 기능으로 사용될 때는 어미이므로 붙여 쓴다.

04 어법 + 비문학 올바른 문장 표현, 작문 (고쳐쓰기) 난이도 중 ●●○

정답 설명

③ ⓒ '낮아진다는 점이다'를 '낮아진다'로 고칠 경우, 주어부인 '포스버리 신기술의 장점은'과 서술부인 '낮아진다'가 호응되지 않는다. 따라서 서술부를 '낮아진다는 점이다'로 쓰는 것이 자연스럽다.

오답 분석

① 발견(×) → 발상(○): ㉠이 포함된 문장은 포스버리의 창의적인 생각을 통해 한계를 넘어섰다는 내용이므로 '발견(發見)' 대신 '발상(發想)'으로 고쳐 쓰는 것이 적절하다.
- 발견(發見): 미처 찾아내지 못하였거나 아직 알려지지 않은 사물이나 현상, 사실 등을 찾아냄
- 발상(發想): 어떤 생각을 해 냄. 또는 그 생각

② 그리고(×) → 하지만(○): ㉡의 앞에서 기존 높이뛰기 기술의 한계에 대해 설명하고, ㉡의 뒤에서 포스버리 신기술의 장점에 대해 설명하고 있다. 따라서 서로 일치하지 않거나 상반되는 사실을 나타내는 두 문장을 이어 줄 때 쓰는 접속 부사인 '하지만'으로 고쳐 쓰는 것이 적절하다.

④ 필자는 포스버리가 신기술을 발명한 사례를 통해 창의적인 발상은 기존의 한계를 뛰어넘는다는 내용을 강조하고 있으므로 필자의 주장이 드러나도록 ㉣을 '포스버리의 창의적인 생각을 통해 높이뛰기의 혁신을 이룩했다'와 같이 고쳐 쓰는 것이 적절하다.

05 비문학 세부 내용 파악 난이도 중 ●●○

정답 설명

④ 1문단 2~4번째 줄과 3문단 끝에서 1~2번째 줄을 통해 근세까지의 미술은 공간의 입체감을 고려하였으며, 근대 이후에 와서 공간의 입체감을 최소화하는 방향으로 바뀌었음을 알 수 있으므로 적절하지 않은 설명이다.

[관련 부분]
- 르네상스 시대부터 근세까지의 미술은 입체감이 느껴지는 3차원 공간 가운데에 인물이나 대상을 실재하는 것처럼 표현하려 했다.
- (근대 화가들은) 공간의 입체감까지 최소화하는 방향으로 가기 시작했다.

오답 분석

① 1문단 끝에서 1~3번째 줄을 통해 알 수 있다.
[관련 부분] 3차원 공간 가운데에 인물이나 대상을 실재하는 것처럼 표현하려 했다. 이 3차원적 실재감을 물질적 고체성이라고 한다.

② 1문단 2~4번째 줄을 통해 알 수 있다.
[관련 부분] 르네상스 시대부터 근세까지의 미술은 입체감이 느껴지는 3차원 공간 가운데에 인물이나 대상을 실재하는 것처럼 표현하려 했다.

③ 2문단 2~3번째 줄을 통해 알 수 있다.
[관련 부분] 3차원적 실재감을 만들어내기 위한 노력이 제대로 성공한 적은 없다.

06 비문학 화법 (토의) 난이도 하 ●○○

정답 설명

④ ㉡은 토의의 한 유형으로, 의견이 서로 다를 경우 한 쪽의 방안으로 결정하는 것은 토론의 특징이므로 ④는 적절하지 않다. 토의는 여러 사람들의 의견을 수렴하고 조정하여 가장 좋은 해결 방안을 마련하기 위한 의사소통 방법이다.

오답 분석

① 끝에서 5~6번째 줄에서 확인할 수 있는 내용이다.
[관련 부분] 이때 청중은 토의 문제와 직접적인 관련이 있는 사람들로 구성되는 것이 일반적이다.

② 끝에서 3~5번째 줄에서 확인할 수 있는 내용이다.
[관련 부분] 원탁 토의는 참여자들이 동등한 자격을 가지고 자유롭게 의견을 나눌 수 있다는 점에서 포럼의 청중 참여와 유사하나

③ 1~3번째 줄에서 확인할 수 있는 내용이다.
[관련 부분] 공동의 문제를 해결하기 위해 집단 구성원이 검토하고 협의하여 가장 바람직한 해결책을 찾는 의사소통 방법은 '토의'이다.

07 문학 소재의 의미 난이도 하 ●○○

정답 설명

① 제시된 작품 속 밑줄 친 부분에 해당하는 '도요새 무리'는 밤에는 등대 벽에 머리를 박고 떨어지는 수모를 겪고, 낮에는 자신보다 강한 '매'나 '사냥꾼'에게 포획을 당한다. 이를 통해 '도요새 무리'는 각종 폭력에 위협받는 대상임을 알 수 있으므로 답은 ①이다.

이것도 알면 **합격!**

김원일, '도요새에 관한 명상'의 주제 및 특징
1. 주제: 산업화의 폐해와 비극적인 역사 현실로 인해 훼손된 인간성 회복
2. 특징
   (1) 전체 4장 구성으로, 각 장마다 시점의 이동이 자유로움
   (2) 분단의 문제를 실향민 개인의 문제가 아닌 생명 회복의 차원으로 승화시킴

08 문학 서술상의 특징 난이도 하 ●○○

정답 설명

③ 제시된 작품에서 방삼복은 자신을 괄시할 사람이 없다는 말과 동양 삼국을 모두 겪어 청어(중국어), 일어뿐 아니라 영어도 할 수 있다는 말을 통해 자신의 위세를 자랑하고 있다. 또한 자신보다 열한 살이나 많은 백주사를 무례하게 대하고 있음을 알 수 있다. 따라서 두 사람의 대화에 대한 설명으로 적절한 것은 ③이다.

오답 분석

① ② 서로 적의를 품고 마음에 없는 소리를 하거나 두 사람이 각자의 이익을 얻기 위한 방법을 모의하고 있는 부분은 확인할 수 없다.

④ 동양 삼국을 모두 겪어 세 개의 언어를 할 수 있다며 자신을 소개하고 있으나, 당시 사회가 요구하는 인간상을 알려주는 부분은 확인할 수 없다.

이것도 알면 **합격!**

채만식, '미스터 방'의 주제 및 특징

1. 주제: 광복 후 외세에 의존하여 출세하고자 하는 세태와 기회주의적인 인간상에 대한 풍자와 비판
2. 특징
   (1) 인물을 희화화하여 표현함으로써 해학적인 방법으로 풍자의 효과를 거둠
   (2) 냉소적인 어조와 판소리 사설 문체를 통해 인물과 세태를 비판함

09 어휘 고유어 난이도 중 ●●○

정답 설명

① '오롯이'는 '모자람이 없이 온전하게' 또는 '고요하고 쓸쓸하게'를 뜻하므로 단어의 뜻풀이가 옳지 않은 것은 ①이다. '아주 몹시'를 뜻하는 단어는 '되우'이다.

오답 분석

② 해미: 바다 위에 낀 아주 짙은 안개

③ 바투: 1. 두 대상이나 물체의 사이가 썩 가깝게 2. 시간이나 길이가 아주 짧게

④ 곰살궂다: 1. 태도나 성질이 부드럽고 친절하다. 2. 꼼꼼하고 자세하다.

10 비문학 주제 및 중심 내용 파악 난이도 하 ●○○

정답 설명

② 2문단 끝에서 1~2번째 줄과 3문단을 통해 지능 검사 결과와 별개로 일부 학생들을 '지적 능력이나 학업 성취도의 향상 가능성이 높은 학생들'이라고 교사에게 전달하였으며, 몇 개월 뒤 실시한 지능 검사에서 해당 학생들이 다른 학생들보다 성적이 크게 향상했음을 확인할 수 있다. 따라서 학생들이 발전할 것이라는 교사의 긍정적인 믿음, 즉 교사의 기대와 격려는 학생들의 성적 향상이라는 결과를 가져왔다고 할 수 있으므로, 제시문의 제목으로 가장 적절한 것은 ② '긍정적인 믿음의 효과'이다.

11 어휘 속담 난이도 하 ●○○

정답 설명

③ 제시된 내용은 '포도청의 문고리 빼겠다'라는 속담의 뜻풀이이므로 답은 ③이다.

오답 분석

① 가랑잎에 불붙듯: 1. '바싹 마른 가랑잎에 불을 지르면 걷잡을 수 없이 잘 탄다'라는 뜻으로, 성미가 조급하고 도량이 좁아 걸핏하면 발끈하고 화를 잘 내는 것을 비유적으로 이르는 말 2. 어떤 주장에 호응하거나, 자극에 대하여 빠르게 반응함을 비유적으로 이르는 말

② 나루 건너 배 타기: 1. 무슨 일에나 순서가 있어 건너뛰어서는 할 수 없음을 비유적으로 이르는 말 2. 가까운 데 있는 것을 버리고 먼 데 있는 것을 취함을 비유적으로 이르는 말

④ 남산골샌님이 역적 바라듯: 1. 가난한 사람이 엉뚱한 일을 바람을 비유적으로 이르는 말 2. '몰락하여 가난하게 사는 남촌 지방의 양반들이 반역할 뜻을 품는다'라는 뜻으로, 불평 많고 불우한 처지에 있는 사람들이 반역의 뜻을 품기 마련임을 비유적으로 이르는 말

12 어휘 한자어 난이도 중 ●●○

정답 설명

③ 촌탁(×) → 청탁(○): 문맥상 '청하여 남에게 부탁하다'라는 의미이므로 '청탁(請託)'이 적절하다.
- 청탁(請託: 청할 청, 부탁할 탁): 청하여 남에게 부탁함
- 촌탁(忖度: 헤아릴 촌, 헤아릴 탁): 남의 마음을 미루어서 헤아림

오답 분석

① 목도(目睹: 눈 목, 볼 도): 눈으로 직접 봄

② 종용(慫慂: 권할 종, 권할 용): 잘 설득하고 달래어 권함

④ 개전(改悛: 고칠 개, 고칠 전): 행실이나 태도의 잘못을 뉘우치고 마음을 바르게 고쳐먹음

13 문학 문장의 의미 난이도 중 ●●○

정답 설명

③ ㉢은 선관으로 변신한 '우치'가 국왕에게 옥황상제의 명령을 전달하는 부분이다. 따라서 국왕을 천상계로 데려가기 위한 계략이라는 풀이는 적절하지 않으므로 답은 ③이다.

오답 분석

① ㉠ 앞의 내용을 통해 해적들의 노략을 입고 흉년까지 겹쳐 백성들의 생활상이 말로 표현할 수 없을 정도로 비참하고 끔찍했다는 것을 표현하고 있음을 알 수 있다.

[관련 부분] 여러 고을이 여러 해 해적들의 노략을 입은 나머지에 엎친 데 덮쳐 무서운 흉년을 만나니, 그곳 백성의 참혹한 형상

② ㉡ 앞의 내용을 통해 백성들의 고통이 극심함에도 불구하고 조정의 관리들은 권세를 다투는 데만 혈안이 되어 있음을 알 수 있다. 이러한 상황을 보고 ㉡ 뒤에서 '우치'가 선관(仙官)으로 나서기로 결정했음을 알 수 있다.

[관련 부분] 우치 또한 참다 못하여 그윽이 뜻을 결단하고 집을 버리며 세간을 헤치고 천하를 집을 삼고 백성으로 하여금 몸을 삼으려 하였다.

④ ㉣ 앞에서 '우치'가 국왕에게 태화궁을 창건할 것이니 황금 들보를 바치라고 지시하였으며 국왕은 이 천명을 받들기로 결정했음을 알 수 있다. 따라서 ㉣은 선관 '우치'에게 황금 들보를 바치기 위해 전국의 모든 금을 징발하는 상황이므로 적절한 풀이이다.

[관련 부분]

- 이제 옥제(玉帝) 천하에 구차한 중 죽은 영혼을 위로하실 양으로 태화궁을 창건하실새 인간 각 나라에 황금 들보 하나씩을 만들어 올리되, 길이가 오 척이요, 너비는 칠 척이니 춘삼월 망일(望日)에 올라가게 하라.
- 이제 팔도에 반포하여 금을 모아 천명(天命)을 받듦이 옳으니이다.

이것도 알면 합격!

작자 미상, '전우치전'의 주제 및 특징

1. 주제: 빈민 구제를 하는 전우치의 의로움과 당시 지배 계층에 대한 비판
2. 특징
   (1) 실존 인물의 내력을 바탕으로 쓴 소설임
   (2) 당시 모순된 시대상을 반영하고 비판함
   (3) 다른 전기 소설과 달리 주인공의 출생 과정이나 가계가 드러나지 않음

14 비문학 관점과 태도 파악 난이도 하 ●○○

정답 설명

② 김 교수는 빅데이터를 바탕으로 수립된 평가 기준을 통해, 박 교수는 경험이 많은 회사의 관리자들이 수립된 평가 기준을 통해 면접이 이루어져야 한다고 생각함을 확인할 수 있다. 따라서 김 교수와 박 교수 모두 명확한 기준을 바탕으로 면접이 이루어져야 한다고 생각함을 알 수 있으므로 답은 ②이다.

오답 분석

① 김 교수는 면접에 주관성이 개입하면 면접 결과에 일관성을 보이기 힘들다고 했으므로 기업의 블라인드 채용에 주관성이 개입되는 것을 반대함을 알 수 있다. 그러나 박 교수는 경험이 많은 회사의 관리자들이 평가 기준을 바탕으로 지원자들을 직접 판단하는 것이 더 적절하다고 생각하므로 주관성이 개입되는 것을 반대하는지는 알 수 없다.

③ ④ 제시된 대화를 통해 확인할 수 없는 내용이다.

15 비문학 주제 및 중심 내용 파악 난이도 하 ●○○

정답 설명

② 필자는 우리나라가 불운한 역사로 인해 대화가 아닌 폭력이나 투쟁으로 권리를 주장했음을 제시하며, 앞으로는 이러한 방법이 아닌 논리를 앞세운 대화를 해야 함을 주장하고 있다. 이는 문제 해결 시에 폭력보다 대화를 해야 함을 강조하는 것이므로 ②가 중심 내용으로 적절하다.

16 비문학 내용 추론 난이도 중 ●●○

정답 설명

④ 1문단 3~5번째 줄을 통해 기업이 환경 문제에 소극적으로 대응해 온 이유는 국가의 단속과 소비자들의 감시가 이루어졌음에도 불구하고 이를 피하면서 이윤을 유지할 수 있으리라는 안일한 생각 때문임을 알 수 있다. 따라서 자국 기업들이 환경 문제에 관심을 갖도록 하기 위해 국가와 소비자들의 감시가 필요하다는 추론은 적절하지 않다.

[관련 부분] 국가의 단속과 소비자들의 감시를 적당히 피하면서 이윤을 유지할 수 있으리라는 착각이 지배적이다.

오답 분석

① 1문단 끝에서 1~4번째 줄에서 국내에는 친환경적 경제 활동에 대해 자문을 얻을 수 있는 곳이 없으며, 추후에는 노하우가 많은 외국의 자문 기업이 국내로 들어와 황금알을 건질 것이라고 묘사하고 있으므로 적절한 추론이다.

[관련 부분] 이(친환경적 경제 활동)에 대해 어디에서도 믿을 만한 조언과 관련 자료를 제공하지 못하고 있다. 이대로 가다가는 외국에서 이미 그 비법과 데이터를 축적해 온 자문 회사들이 그 공백을 메우면서 황금알을 건질 것이 분명하다.

② 1문단 끝에서 6~8번째 줄에서 많은 중소기업들이 환경 관련 규제에 대한 대비가 되지 않았음을 설명하고 있으므로 적절한 추론이다.

[관련 부분] 많은 기업들 – 특히 중소기업들 – 은 이 난국을 어떻게 헤쳐가야 할지 방향을 잡지 못하고 있다.

③ 1문단 1~3번째 줄을 통해 많은 기업이 환경 문제에 소극적으로 대응하고 있음을 알 수 있으며, 2문단 1~2번째 줄을 통해 이러한 소극적 대응의 원인이 기존의 패러다임에 안주하고 있었기 때문임을 알 수 있으므로 적절한 추론이다.

[관련 부분]

- 전 세계적으로 '환경'이라는 문제는 경제 개발의 가장 핵심적인 관건 가운데 하나로 떠올랐는데 우리는 아직도 거기에 소극적으로 대응하고 있다.
- 이렇듯 기존의 패러다임에 안주하고 있다가는 무기력하게 도태될 수밖에 없는 것이 우리가 처한 혹독한 현실이다.

17 어법 말소리 (음운의 변동) 난이도 중 ●●○

정답 설명

② 추워서: '춥- + -어서'의 결합으로, 어간의 끝소리 'ㅂ'이 모음으로 시작하는 어미 '-어서' 앞에서 'ㅜ'로 교체되고 'ㅜ'와 'ㅓ'는 'ㅝ'로 축약되는 현상이 나타난다. 따라서 '추워서'는 음운의 탈락 현상이 아닌 교체 및 축약 현상의 예이므로 답은 ②이다.

오답 분석

① 나았다: '낫- + -았- + -다'의 결합으로, 어간의 끝소리 'ㅅ'이 모음으로 시작하는 어미 '-았-' 앞에서 탈락한다.

③ 커서: '크- + -어서'의 결합으로, 어간의 끝소리 'ㅡ'가 모음으로 시작하는 어미 '-어서' 앞에서 탈락한다.

④ 둥근: '둥글- + -ㄴ'의 결합으로, 어간의 끝소리 'ㄹ'이 어미 'ㄴ' 앞에서 탈락한다.

18 비문학 적용하기 난이도 하 ●○○

정답 설명

④ 끝에서 2~3번째 줄을 통해 밑줄 친 부분에서 강조하는 삶의 태도는 권력이나 명예, 인기는 얻기 위한 과정보다 내려오는 과정에서 품위를 지키는 것임을 알 수 있다. 이와 가장 유사한 것은 가장 존경받는 시점에 후배를 위해 스스로 퇴임을 결정하고 품위 있게 자리에서 물러난 ④ '이 교장'이다.

19 비문학 글의 전략 파악 난이도 하 ●○○

정답 설명

② 6~8문단에서 의존증에 대한 연구 결과는 제시되어 있으나, 전문가의 견해를 인용한 부분은 확인할 수 없다.

오답 분석

① 2문단 1~3번째 줄을 통해 정의의 방법으로 주요 용어를 소개하고 있음을 확인할 수 있다.

[관련 부분] 의존증이란 약물을 계속 사용해 생리적·정신적으로 의존 증상이 있는 경우다. 반면 중독증은 물질이 체내에 들어가 신체 조직과 기능에 그 물질 특유의 증상이 나타나는 것이다.

③ 4문단 1~2번째 줄과 마지막 문단을 통해 묻고 답하는 형식을 사용하여 독자가 궁금해 할 만한 내용을 제시하고 있음을 확인할 수 있다.

[관련 부분]

- 그럼 의존증은 신체의 어디에서 일어날까? 바로 뇌 안이다.
- 왜 담배를 쉽게 끊지 못할까? 그 이유는 뇌 안에 니코틴에 반응하는 부분이 있는데, 그 반응에 따라 뇌의 학습 메커니즘이 작용하기 때문이다.

④ 2문단 끝에서 1~3번째 줄을 통해 독이 든 복어 요리를 먹은 후의 나타내는 증상을 예로 들어 중독과 의존의 차이점을 설명하고 있다.

[관련 부분] 예를 들면, 독이 든 복어 요리를 먹은 뒤 몸이 마비되고 구토가 나며 호흡이 곤란해지는 상태가 중독이다. 그러나 흡연은 계속되는 손 떨림이나 현기증, 구토 등의 증상이 없다.

20 어휘 한자 성어 난이도 중 ●●○

정답 설명

① '犬馬之勞(견마지로)'는 '개나 말 정도의 하찮은 힘'이라는 뜻으로, 윗사람에게 충성을 다하는 자신의 노력을 낮추어 이르는 말로 쓰인다. 불가능한 일에 매달려 있는 것이 한심하다는 ①의 내용에 '犬馬之勞(견마지로)'를 쓰는 것은 적절하지 않다.

오답 분석

② 改過不吝(개과불린): 허물을 고침에 인색하지 않음을 이르는 말

③ 刮目相對(괄목상대): '눈을 비비고 상대편을 본다'라는 뜻으로, 남의 학식이나 재주가 놀랄 만큼 부쩍 늚을 이르는 말

④ 烹頭耳熟(팽두이숙): '머리를 삶으면 귀까지 익는다'라는 뜻으로, 한 가지 일이 잘되면 다른 일도 저절로 이루어짐을 비유적으로 이르는 말

15회 실전동형모의고사

정답 p.126

01	③ 비문학	08	③ 비문학	15	④ 비문학
02	① 어법	09	② 비문학	16	③ 혼합(비문학+어휘)
03	④ 어법	10	④ 문학	17	③ 어휘
04	① 문학	11	① 비문학	18	③ 비문학
05	③ 비문학	12	③ 어휘	19	④ 비문학
06	④ 비문학	13	④ 비문학	20	② 문학
07	④ 어법	14	④ 문학		

취약영역 분석표

영역	틀린 답의 개수
어법	/ 3
비문학	/ 10
문학	/ 4
어휘	/ 2
혼합	/ 1
TOTAL	20

* 취약영역 분석표를 이용해 1개라도 틀린 문제가 있는 영역은 그 영역의 문제만 골라 해설을 다시 한번 꼼꼼히 학습하세요.

01 비문학 작문 (고쳐쓰기) 난이도 중 ●●○

정답 설명

③ 제시문의 중심 화제는 '기술의 발전을 통한 욕망 구조의 변화'인데, ㉢은 '빅데이터를 통한 욕망의 분석 및 관리'에 대하여 말하고 있으므로 논리 전개상 불필요한 문장이다.

02 어법 단어 (파생어와 합성어) 난이도 하 ●○○

정답 설명

① <보기>에 제시된 단어들은 모두 실질 형태소인 어근과 형식 형태소인 접사가 결합한 파생어이다. ① '외국산'은 어근 '외국'에 '거기에서 또는 그때에 산출된 물건'이라는 뜻을 더하는 접미사 '-산'이 결합하여 만들어진 파생어이므로 <보기>의 단어들과 형성 원리가 같다.
- 군글자: '군-(접두사) + 글자(어근)'이므로 파생어이다.
- 날고기: '날-(접두사) + 고기(어근)'이므로 파생어이다.
- 대장간: '대장(어근) + -간(접미사)'이므로 파생어이다.
- 구경꾼: '구경(어근) + -꾼(접미사)'이므로 파생어이다.

오답 분석

②③④ 모두 어근과 어근이 결합한 합성어이다.

② 가공육: 가공(어근) + 육(어근)

③ 경비병: 경비(어근) + 병(어근)

④ 소방서: 소방(어근) + 서(어근)

03 어법 말소리 (음운의 변동) 난이도 하 ●○○

정답 설명

④ '호신용'에서 ㉢'첨가' 현상이 나타나지만 ①②③에서는 ㉠'교체(대치)' 현상이 나타나므로 현상의 유형이 나머지 셋과 다른 것은 ④이다.
- 호신용[호:신뇽]: '호신(명사) + -용(접사)'가 결합된 파생어로, 뒷말의 첫소리 모음 'ㅛ' 앞에서 [ㄴ] 소리가 덧나는('ㄴ' 첨가 현상) 첨가 현상이 나타난다.

오답 분석

① 집도[집또]: 안울림소리 [ㅂ]과 안울림소리 [ㄷ]이 만나 뒤의 [ㄷ]이 된소리 [ㄸ]으로 바뀌는 교체(대치) 현상이 나타난다.

② 발놀림[발롤림]: '놀'의 첫소리 'ㄴ'이 '발'의 받침 'ㄹ'의 영향으로 [ㄹ]로 바뀌어 발음되는(유음화) 교체(대치) 현상이 나타난다.

③ 밥만[밤만]: '밥'의 받침 'ㅂ'이 뒤에 연결되는 비음 'ㅁ'의 영향으로 [ㅁ]으로 바뀌어 발음되는(비음화) 교체(대치) 현상이 나타난다.

이것도 알면 합격!

'ㄴ' 첨가를 바라보는 관점

A: 이+몸 → 잇몸[인몸] / B: 헛+일 → 헛일[헌닐]

1. A와 B를 서로 다른 음운 현상으로 보는 관점

구분	A	B
음운 현상	사잇소리 현상	'ㄴ' 첨가
첨가되는 'ㄴ'의 위치	앞말의 종성	뒷말의 초성
음운론적 적용 환경	모음으로 끝나는 말과 비음으로 시작하는 말 사이	자음으로 끝나는 말과 'ㅣ', 'y'로 시작하는 말 사이
적용 영역	합성어	합성어, 파생어, 단어 경계

2. A와 B를 동일한 음운 현상으로 보는 관점
   A와 B 모두 'ㄴ' 음이 덧나기 때문에 동일한 음운 현상임

04 문학 작품의 종합적 감상 (현대 시) 난이도 중 ●●○

정답 설명

① 화자는 파란 녹이 낀 구리거울을 통해 자신의 얼굴을 보고 지나온 삶에 대해 참회하고 있다. 이를 통해 구리거울은 화자가 자신을 되돌아볼 수 있도록 해주는 매개체임을 알 수 있으므로 답은 ①이다.

오답 분석

② 제시된 작품에서 화자는 구리거울을 통해 자신의 얼굴을 보고 지나온 삶에 대해 참회하고 있을 뿐, 부정적 현실 속 화자의 자기희생 의지를 보여주는 것은 아니다. 참고로 5연의 거울에 나타난 '운석 밑으로 홀로 걸어가는 슬픈 사람의 뒷모양'을 통해 화자의 비극적인 미래와 자기희생 의지를 확인할 수 있다.

③ 제시된 작품을 통해 확인할 수 없는 내용이다.

④ 화자는 4연에서 '밤마다 거울을 손바닥과 발바닥으로 닦아보자'라고 말하고 5연에서 자신을 '운석 밑으로 홀로 걸어가는 슬픈 사람의 뒷모양'으로 표현함으로써 부정적 현실을 받아들이는 것이 아닌 극복하고자 하는 의지를 드러내고 있음을 알 수 있다.

이것도 알면 합격!

윤동주, '참회록'의 주제 및 특징

1. 주제: 성찰을 통한 순결성의 추구, 현실에 대한 극복 의지
2. 특징
   (1) 시간의 흐름에 따라 시상이 전개됨
   (2) 구리거울을 매개체로 하여 자기 성찰의 모습을 그려냄

05 비문학 글의 전략 파악 난이도 중 ●●○

정답 설명

③ ㉢에서는 화제인 '성품의 탁월함'과 비슷한 성격을 가진 '올바른 훈련'에 대비해 설명함으로써, '성품의 탁월함'에 대한 이해를 돕고 있다. 따라서 ③은 옳은 설명이다.

오답 분석

① ㉠에서 정의의 서술 방식은 나타나지 않는다. ㉠에서는 '탁월함이란 과연 가르치는 것으로 습득이 가능한가'라는 논점을 밝히고 난 후 탁월함을 지성의 탁월함과 성품의 탁월함으로 구분하고 있다.

② ㉡에서 비교와 대조의 서술 방식은 나타나지 않는다. ㉡에서는 '성품의 탁월함'을 얻는 과정을 '기술을 배워 자기 것으로 만드는 과정'에 비유하고, 예를 들어 설명하고 있다.

④ ㉣에서 유추의 서술 방식은 나타나지 않는다. ㉣에서는 성품의 탁월함을 가진 사람에 대해 예를 들어 설명하고 있다.

06 비문학 논리적 사고 (논증의 오류) 난이도 중 ●●○

정답 설명

④ <보기>는 논증의 오류 중 '무지에의 호소'에 해당한다. '무지에의 호소'란 반증된 적이 없기 때문에 어떤 주장을 받아들여야 한다고 말하거나, 증명된 적이 없기 때문에 어떤 결론이 거절되어야 한다고 주장하는 오류를 말한다. 이와 같은 논증의 오류에 해당하는 것은 ④이다.

- <보기>: 인간의 진화 과정을 관찰한 적이 없어서 즉, 증명된 적이 없으므로 진화론의 주장이 잘못되었다고 판단함
- ④: 외계인이 있다는 주장이 과학적으로 증명된 적이 없으므로 외계인이 존재한다는 주장이 잘못되었다고 판단함

오답 분석

① 흑백 논리의 오류: 어떤 주장에 대한 선택지가 두 가지밖에 없다고 생각하거나 다른 가능성이 허용됨에도 불구하고 그를 인정하지 않음으로써 발생하는 오류

② 논점 일탈의 오류: 논점과 관련이 없는 내용을 이야기하며 논점을 흐리는 오류

③ 분할의 오류: 원소가 전체 또는 집합과 같은 성질을 가지고 있다고 추론하는 오류

이것도 알면 합격!

주요 논증의 오류

유형		설명
자료적 오류	성급한 일반화의 오류	제한되거나 불충분한 자료, 또는 대표성이 결여된 사례 등을 근거로 삼아 성급하게 일반화함으로써 발생하는 오류
	순환논증의 오류	결론에서 주장한 내용을 다시 근거로 제시하여 문제가 되는 것을 증명하지 않고 사용하여 발생하는 오류
	흑백논리의 오류	어떤 주장에 대한 선택지가 두 가지밖에 없다고 생각하거나, 다른 가능성이 허용됨에도 불구하고 그를 인정하지 않음으로써 발생하는 오류
	무지에의 호소	반증된 적이 없으므로 어떤 주장을 받아 들여야 한다고 말하거나, 증명된 적이 없으므로 어떤 결론이 거절되어야 한다고 주장하는 오류
	원칙 혼동의 오류 (우연의 오류)	상황에 따라 적용해야 할 원칙이 다름을 인지하지 못하고 이를 혼동하여 생기는 오류
	논점 일탈의 오류	논점과 관련이 없는 내용을 이야기하며 논점을 흐리는 오류
언어적 오류	애매어의 오류	둘 이상의 의미로 사용될 수 있는 단어의 의미를 명백히 파악하지 않고 혼동하여 사용함으로써 생기는 오류

07 어법 의미 (다의어의 의미) 난이도 하 ●○○

정답 설명

④ '어제 친구가 선물해 준 그 옷이 내 마음에 쏙 들었다'에서 '들다'는 '어떤 물건이나 사람이 좋게 받아들여지다'를 뜻하므로, 제시된 단어의 의미에 맞게 쓴 문장으로 적절하지 않은 것은 ④이다.

08 비문학 글의 구조 파악 난이도 중 ●●○

정답 설명

③ ㉠의 앞에서 카는 서구의 여러 역사학자들과 유럽의 사회과학자와 철학자들을 소환하여 『역사란 무엇인가』를 제작했음을 설명하고 있으며, ㉠의 뒤에서 앞서 설명한 서구의 여러 역사학자들과 유럽의 사회과학자, 철학자들의 생애와 사상을 알고 읽는다면 『역사란 무엇인가』가 역사 이론서가 아닌 철학서로 보일 것임을 언급하고 있다. 이를 통해 카의 저서 『역사란 무엇인가』가 여러 인물들의 영향을 받아 제작된 책임을 짐작할 수 있으므로, ㉠에 들어갈 문장으로 적절한 것은 ③ '많든 적든 그의 역사 이론과 역사 서술 방법론에 영향을 준 인물들이다'이다.

09 비문학 세부 내용 파악 난이도 중 ●●○

정답 설명

② 제시문은 과도한 보도 경쟁으로 인해 개인이 피해를 입는 경우와 개인의 명예를 보호하기 위해 언론의 자유가 침해되는 경우를 모두 언급하고 있다. 따라서 개인의 권익과 언론의 자유는 상황에 따라 어느 한쪽의 가치에 중점을 두기도 하므로 서로 균형을 이루고 있다는 ②의 내용은 적절하지 않다.

[관련 부분] 개인의 명예보다는 언론 자유의 보장이 더 중시되어야 하는 가치인 듯싶다. 그렇지만 이것이 절대적인 원칙일 수는 없다. 각 상황마다 타당하고 객관적인 원칙과 준거가 요구될 것이다.

오답 분석

① 1문단 끝에서 1~3번째 줄에서 확인할 수 있다.

[관련 부분] '특종 의식'이라는 미명하에 검증 없이 허위, 과장 보도를 하여 개인의 명예를 손상시키는 일은 용납되어서는 안 될 것이다.

③ 2문단 끝에서 1~2번째 줄에서 확인할 수 있다.

[관련 부분] 그렇게 되면 언론의 자유가 침해되어 사회 전체적인 손실이 발생하기 때문이다.

④ 1문단 1~4번째 줄에서 확인할 수 있다.

[관련 부분] 최근 우리 사회는 언론 보도의 경쟁이 과열된 사회라고 해도 과언이 아니다. 철저한 사전 검증을 거치지 않은 채로 보도를 하기 때문에 이와 관련되어 피해를 받는 사람들이 속출하고 있다.

10 문학 서술상의 특징 난이도 중 ●●○

정답 설명

④ 제시된 작품은 작품 밖의 서술자가 등장인물의 심리와 행동을 분석하여 서술하는 전지적 작가 시점이 사용되었다.

이것도 알면 **합격!**

이태준, '복덕방'의 줄거리

안 초시는 과거에 한밑천 잡은 경력이 있지만, 지금은 복덕방을 하며 딸에게 생활을 의존하는 노인이다. 안 초시는 친하게 지내는 서 참의, 박희완 영감과 복덕방에 모여 소일하면서 뚜렷한 미래가 없는 삶을 살아간다. 그러던 중 부동산 정보를 입수한 안 초시가 딸 안경화에게 투자를 권하나, 땅이 개발된다는 정보는 거짓이었음이 드러나고 투자에 실패한다. 딸의 냉대에 절망하던 안 초시는 결국 자살하고 만다. 안 초시의 장례식 날 서 참의와 박희완 영감은 씁쓸함을 느끼며 묘지에 가지 않고 장례식장을 나온다.

11 비문학 내용 추론 난이도 하 ●○○

정답 설명

① 제시문은 퇴계의 독서법인 '숙독'에 대한 글로, 퇴계에게 책을 읽는 행위는 책 속에 담긴 성현의 말씀을 온전히 자기 것으로 받아들이고 이를 통해 본질적인 변화를 추구하는 것이다. 따라서 ㉠에 들어갈 말로 가장 적절한 것은 ① '그 사람의 본바탕이 변하지 않는다면'이다.

오답 분석

④ 숙독을 통해 성현의 뜻을 이해하고 세상을 바라보는 관점이 바뀌어야 함을 설명하고 있을 뿐, 성정이 이타적으로 바뀌어야 한다는 내용은 언급하고 있지 않으므로 적절하지 않다.

12 어휘 속담 난이도 하 ●○○

정답 설명

③ <보기>의 속담은 모두 '전체를 포괄적으로 보지 못하는 좁은 견식'을 뜻하므로 이와 관련이 가장 깊은 말은 ③ '근시안'이다.

- ㉠ 우물 안 고기: 1. 넓은 세상의 형편을 알지 못하는 사람을 비유적으로 이르는 말 2. 견식이 좁아 저만 잘난 줄로 아는 사람을 비꼬는 말
- ㉡ 바늘구멍으로 하늘 보기: '조그만 바늘구멍으로 넓디넓은 하늘을 본다'라는 뜻으로, 전체를 포괄적으로 보지 못하는 매우 좁은 소견이나 관찰을 비꼬는 말

13 비문학 세부 내용 파악 난이도 중 ●●○

정답 설명

④ 2문단 끝에서 3~5번째 줄에서 경제 모델이 과거 자료에 들어맞게 제작되었음을 설명하고 있으므로 경제 모델이 경험을 기반으로 만들어졌다는 것을 알 수 있으나, 경제 모델이 장래의 외적인 동향은 모른다는 점에서 ④는 글의 내용과 부합하지 않는다.
[관련 부분] 모델은 과거의 자료에 들어맞게 만들어지기 때문에 과거의 경험을 잘 설명할 수는 있지만, 장래의 외적인 요인의 동향은 모르고 있다.

오답 분석

① 3문단에서 확인할 수 있다.
[관련 부분] 공공 정책을 제안하는 데는 반드시 입안자의 가치 판단이 들어가게 되는 것이다. 그러한 가치 판단은 ~ 정책적 주장의 차이의 핵심을 이루고 있다.

② 1문단 끝에서 4~6번째 줄에서 확인할 수 있다.
[관련 부분] 기초적인 원리에 관한 한 경제학자는 세상 사람들이 생각하는 것보다도 훨씬 비슷한 생각을 가지고 있는 것이다.

③ 2문단 끝에서 1~3번째 줄에서 확인할 수 있다.
[관련 부분] 그것들(경제 모델의 외적인 요인)에 관하여 경제학자가 각각 다른 전망을 세우게 된다면 도출되는 결론(경제 예측에 대한 경제학자들의 견해)도 또한 다른 것이 되지 않을 수 없다.

14 문학 글의 내용 파악 난이도 하 ●○○

정답 설명

④ 주어는 동작이나 상태의 주체가 되는 말로, ㉠~㉣을 '누가' 했는지 파악하여 답을 찾을 수 있다. 이와 같은 방법으로 접근했을 때 ㉠㉡㉢의 주어는 오촌 고모부인 '아저씨'임을 알 수 있다. 하지만 ㉣의 주어는 '아저씨'의 부인인 '아주머니'이므로 답은 ④이다.
- ㉣: (아주머니는) 삯바느질이야, 남의 집 품빨래야, 화장품 장사야, 그 칙살스런 벌이를 해다가

오답 분석

① ㉠ (아저씨가) 그걸(사회주의 운동) 하다 징역 살고 나와서

② ㉡ (아저씨는) 공부한 것 풀어먹지도 못했지요.

③ ㉢ (아저씨는) 밤이나 낮이나 눈 따악 감고 드러누웠군요.

15 비문학 내용 추론 난이도 중 ●●○

정답 설명

④ 4문단 3~5번째 줄에서 베살리우스의 책이 나오기 전까지 해부학 수업의 이론 강의는 교수가, 시체 해부와 같은 실습은 전문 조수가 진행했다고 하였으므로 대부분의 해부학 수업이 이론에만 치중했다는 ④의 추론은 적절하지 않다.
[관련 부분] 당시 의과 대학에서는 학생들에게 해부학을 가르치고 있었는데 교수는 강의만 하고, 시체를 해부해서 학생들에게 보여주는 일은 전문 조수가 맡고 있었다.

오답 분석

① 1문단 1~2번째 줄에서 시체의 해부는 13세기 이후에 다시 시작되었다고 하였으므로 르네상스 시대 이전에도 시체의 해부가 이루어졌을 것임을 추론할 수 있다.
[관련 부분] 시체의 해부가 다시 시작된 것은 ~ 13세기 이후의 일이었다.

② 3문단 끝에서 2~4번째 줄을 통해 베살리우스의 해부학 책이 나온 16세기 전까지 기존의 해부학 책들은 인체 구조에 대한 잘못된 정보를 다루기도 했음을 추론할 수 있다.
[관련 부분] 그(베살리우스)가 1543년 출판한 『인체 구조에 대하여』라는 해부학 책은 그때까지 잘못 알려져 있던 인체의 구조 여러 부분을 새로 정확하게 알려주었을 뿐 아니라

③ 3문단과 5문단을 통해 베살리우스는 이탈리아의 빠도바 대학의 교수로 재직하며 해부학 책을 집필하였으므로 베살리우스가 이탈리아를 중심으로 의학을 발전시키는 데 기여했음을 추론할 수 있다.
[관련 부분]
- 베살리우스(1514~1564)는 바로 빠도바 대학에 유학하여 의학을 공부하고 그곳의 교수가 된 사람이다. 그가 1543년 출판한 『인체 구조에 대하여』라는 해부학 책은 ~ 다른 어느 해부학 책보다 정확하고 아름답게 그려 놓았다.
- 베살리우스 이후에는 이런 엉터리 해부학 교수는 없어지게 되었다.

16 비문학 + 어휘 내용 추론, 한자어 난이도 상 ●●●

정답 설명

③ 문맥상 한글이 디지털 문명을 누릴 수 있다는 내용이므로 ㉠에는 '향유(享有)'가 들어가는 것이 적절하다. 또한 ㉡의 앞뒤 내용을 통해 타자기 사용 시 다른 음절 문자보다는 한글이 편리하다는 점을 추론할 수 있으므로 '유리(有利)'가 들어가야 한다. 마지막으로 ㉢에는 디지털 문명이 등장했거나, 그 수준이 더 나아졌음을 표현할 수 있는 '발전(發展)'이 들어가야 한다.
- ㉠ 享有(향유: 누릴 향, 있을 유): 누리어 가짐
- ㉡ 有利(유리: 있을 유, 이로울 리): 이익이 있음
- ㉢ 發展(발전: 필 발, 펼 전): 더 낫고 좋은 상태나 더 높은 단계로 나아감

오답 분석

- 所有(소유: 바 소, 있을 유): 가지고 있음. 또는 그 물건
- 不利(불리: 아닐 불, 이로울 리): 이롭지 않음
- 創案(창안: 비롯할 창, 책상 안): 어떤 방안, 물건 등을 처음으로 생각하여 냄. 또는 그런 생각이나 방안

17 어휘 한자어 (한자어의 독음) 난이도 상 ●●●

정답 설명

③ 拇印(무인: 엄지손가락 무, 도장 인)(○): 도장을 대신하여 손가락에 인주 등을 묻혀 그 지문을 찍은 것

오답 분석

① 紀綱(계강)(×) → (기강: 벼리 기, 벼리 강)(○): 규율과 법도를 아울러 이르는 말

② 端緖(단저)(×) → (단서: 끝 단, 실마리 서)(○): 1. 어떤 문제를 해결하는 방향으로 이끌어 가는 일의 첫 부분 2. 어떤 일의 시초

④ 難澁(난잡)(×) → (난삽: 어려울 난, 떫을 삽)(○): 글이나 말이 매끄럽지 못하면서 어렵고 까다로움

18 비문학 관점과 태도 파악 난이도 하 ●○○

정답 설명

③ 1문단 5~6번째 줄과 2문단 끝에서 1~4번째 줄을 통해 원시인들은 자연을 극복하여 생존하는 것을 우선시하였으며, 문명이 발전함에 따라 자연을 이해하려는 노력이 시작되었음을 알 수 있다. 따라서 ③은 글쓴이의 견해에 부합하지 않는 내용이다.

[관련 부분]
- 자연을 이해하고 정복하려는 욕구가 각각 과학과 기술을 낳았다.
- 그들(원시인들)은 또한 자연에 대한 경이(驚異)와 호기심을 가졌지만, 이로부터 자연을 이해하는 노력이 시작된 것은 훨씬 뒤의 일이고 생존을 위해 자연을 극복하는 것이 급선무였다.

오답 분석

① 1문단 5~6번째 줄에서 과학과 기술은 자연을 이해하고 정복하려는 인간의 욕구에서부터 출발했음을 설명하고 있으므로 적절하다.
[관련 부분] 자연을 이해하고 정복하려는 욕구가 각각 과학과 기술을 낳았다.

② 2문단 끝에서 4~6번째 줄에서 종교와 예술은 각각 자연에 대한 외경감과 찬양에서 시작되었다고 설명하고 있으므로 적절하다.
[관련 부분] 자연에 대한 공포와 외경감에서 종교가 싹텄으며, 자연의 아름다움을 찬탄하는 데서 예술이 나왔다.

④ 3문단 2~7번째 줄을 통해 인간은 구석기 시대에 불을 발견한 이후 금속을 사용하게 되었고, 이를 통해 도구를 만들어 환경의 제약을 극복하게 되었음을 알 수 있으므로 적절하다.
[관련 부분] 구석기 시대에 불의 발견은 인간의 생활 양식에 획기적인 변화를 가져왔다. ~ 중석기 시대의 농업 혁명은 생태학의 혁명이었으며, 인간은 이미 환경의 주인이 되어 있었다.

19 비문학 글의 구조 파악 난이도 중 ●●○

정답 설명

④ ㉣의 앞부분을 통해 사상에서 인간의 주체성과 타인의 생각을 따르는 추종성은 서로 배치되는 것 같지만 상호간의 이해를 통해 보편적으로 받아들여 지는 사상의 성립을 가능하게 한다. 따라서 <보기>는 ㉣의 바로 앞 문장의 내용을 정리한 것이므로 답은 ④이다.

20 문학 내용 추리 난이도 하 ●○○

정답 설명

② 필자는 2문단에서 실수란 삶과 정신의 여백이고, 실수 덕에 각박한 세상에서 숨을 돌리며 살아갈 수 있음을 말한다. 또한 실수가 사람을 키우는 능력이라고 설명하며 실수의 긍정적 의미에 대해 이야기하고 있다. 이러한 점을 통해 <보기>의 글 다음에 나올 내용으로 가장 적절한 것은 ② '실수를 너그럽게 받아들일 줄 아는 자세를 가져야 한다'이다.

이것도 알면 합격!

나희덕, '실수'의 주제 및 특징
1. 주제: 실수가 가진 긍정적 의미와 실수를 너그럽게 용납하는 태도의 필요성
2. 특징
   (1) 일화를 제시하여 독자의 관심과 흥미를 유발시킴
   (2) 단어의 뜻를 제시하여 중심 소재에 의미를 부여함

16회 실전동형모의고사

정답 p.134

01	② 어법	08	② 비문학	15	④ 비문학
02	④ 어법	09	② 어법	16	④ 어법
03	④ 어휘	10	② 비문학	17	② 혼합(문학+어휘)
04	③ 어휘	11	④ 비문학	18	③ 문학
05	① 어휘	12	② 비문학	19	③ 문학
06	③ 비문학	13	③ 비문학	20	② 비문학
07	③ 문학	14	④ 비문학		

취약영역 분석표

영역	틀린 답의 개수
어법	/ 4
비문학	/ 9
문학	/ 3
어휘	/ 3
혼합	/ 1
TOTAL	20

* 취약영역 분석표를 이용해 1개라도 틀린 문제가 있는 영역은 그 영역의 문제만 골라 해설을 다시 한번 꼼꼼히 학습하세요.

01 어법 한글 맞춤법 (띄어쓰기) 난이도 하 ●○○

정답 설명

② 만나기∨보다는(×) → 만나기보다는(○): '보다는'은 서로 차이가 있는 것을 비교하는 경우, 비교의 대상이 되는 말에 붙어 '~에 비해서'의 뜻을 나타내는 격 조사 '보다'와 강조의 뜻을 나타내는 보조사 '는'이 결합한 것이다. 조사는 앞말에 붙여 쓰므로 ②는 띄어쓰기가 잘못된 문장이다.

오답 분석

① 맑군그래(○): '그래'는 청자에게 문장의 내용을 강조함을 나타내는 보조사이므로 종결 어미 '-군' 뒤에 붙여 쓴다.

③ 학교에서처럼(○), 학원에서도(○): '에서'와 '처럼'은 격 조사이므로 앞말에 붙여 쓰고, 격 조사 '에서'와 보조사 '도'도 앞말에 붙여 쓴다.

④ 빵이랑∨떡이랑은(○): '이랑'은 둘 이상의 사물을 같은 자격으로 이어 주는 접속 조사로 앞말 '빵'과 '떡'에 각각 붙여 쓰고, 보조사 '은'도 앞말인 조사 '이랑'과 붙여 쓴다.

02 어법 단어 (접사의 기능) 난이도 중 ●●○

정답 설명

④ '낮췄다'는 '낮-+-추-+-었-+-다'가 결합한 단어로 이때 접미사 '-추-'는 형용사 '낮다'의 어근에 붙어 '사동'의 뜻을 더하고, 품사를 동사로 만든다. 따라서 품사를 바꾸어 주는 접사가 포함된 것은 ④이다.

오답 분석

① 새빨갛다(형용사): '새-+빨갛다'가 결합한 한 단어이다. 이때 접두사 '새-'는 '매우 짙고 선명하게'의 뜻을 더할 뿐 어근의 품사를 바꾸지 않는다.

② 굳혔다(동사): '굳-+-히-+-었-+-다'가 결합한 한 단어이다. 이 때 접미사 '-히-'는 동사 '굳다'의 어근에 붙어 '사동'의 뜻을 더할 뿐 어근의 품사를 바꾸지 않는다.

③ 짓밟았다(동사): '짓-+밟-+-았-+-다'가 결합한 한 단어이다. 이때 접두사 '짓-'은 '마구', '함부로', '몹시'의 뜻을 더할 뿐 어근의 품사를 바꾸지 않는다.

03 어휘 고유어 난이도 중 ●●○

정답 설명

④ '숫접다'는 '순박하고 진실하다'를 뜻하므로 ④는 잘못된 풀이이다. '어찌할 바를 몰라 이리저리 머뭇거리다'는 고유어 '궁싯거리다'의 의미이다.

04 어휘 한자어 난이도 상 ●●●

정답 설명

③ 밑줄 친 부분에 들어갈 한자어로 가장 적절한 것은 ③ '論題(논제)'이다.
- 論題(논제: 논할 논, 제목 제): 논설이나 논문, 토론 등의 주제나 제목

오답 분석

① 論難(논란: 논할 논, 어려울 란): 여럿이 서로 다른 주장을 내며 다툼

② 論議(논의: 논할 논, 의논할 의): 어떤 문제에 대하여 서로 의견을 내어 토의함. 또는 그런 토의

④ 論駁(논박: 논할 논, 논박할 박): 어떤 주장이나 의견에 대하여 그 잘못된 점을 조리 있게 공격하여 말함

05 어휘 관용 표현 (관용어) 난이도 중 ●●○

정답 설명

① '귀가 여리다'는 '속는 줄도 모르고 남의 말을 그대로 잘 믿다'를 뜻하므로 ①의 뜻풀이는 옳지 않다. 참고로 '그럴듯해 보여 마음이 쏠리는 데가 있다'를 뜻하는 말은 '솔깃하다'이다.

06 비문학 화법 (말하기 전략) 난이도 하 ●○○

정답 설명

③ A는 질문을 통해 B의 배경 지식을 확인하고 있으나, B의 지원 동기는 제시된 발화에서 드러나지 않으므로 적절하지 않은 것은 ③이다.

오답 분석

① '자기소개서', '보직' 등의 단어를 통해 A는 면접관, B는 면접 지원자임을 추론할 수 있다.

② B의 두 번째 답변은 공무원의 4대 금지 의무에 대한 내용이며, 이는 법적 조항에 대한 것이므로 주관적 견해는 포함되어 있지 않다.

④ B는 첫 번째 답변에서 불특정한 보직을 맡게 되는 상황을 가정한 뒤, 주어지는 업무에 최선을 다하겠다는 자신의 포부를 밝히고 있다.

07 문학 문장의 의미 난이도 중 ●●○

정답 설명

③ ⓒ은 바보 온달에게 시집보내겠다고 매번 말하던 평강왕이 평강 공주를 귀족 집안에 시집을 보내려 하자 평강 공주가 이를 거부하며 말하는 부분이다. 따라서 평강 공주의 강직(剛直: 마음이 꼿꼿하고 곧음)한 성품이 드러나는 표현이라는 ③의 설명은 옳다.

오답 분석

① ㉠은 온달의 철없는 모습이 아닌, 가난하지만 밝은 성격의 온달의 모습을 드러낸 표현이다.

② ⓒ은 평강왕의 개방성(開放性: 태도나 생각 등이 거리낌 없고 열려 있는 상태나 성질)을 드러내는 것이 아닌, 평강왕이 잘 우는 평강 공주를 놀리는 표현이다.

④ ㉣은 평강 공주의 고난을 암시하는 것이 아닌, 자신의 앞날을 대비하는 것으로 평강 공주의 주체적인 면모를 드러낸다.

이것도 알면 합격!

작자 미상, '온달 설화'의 주제 및 특징

1. 주제: 평강 공주의 주체적인 면모와 온달의 출세
2. 특징
   (1) 역사적으로 실존한 인물을 다룬 전기 형식의 설화임
   (2) 여성의 주체 의식과 민중의 신분 상승 욕구가 드러남

08 비문학 주제 및 중심 내용 파악 난이도 중 ●●○

정답 설명

② 제시문은 휴대전화를 예로 들어 과학기술이 인간의 사고방식과 생활양식에 깊게 관여하고 있음을 주장하고 있다. 따라서 제시문의 주장에 어울리는 것은 ② '인간의 삶에 깊게 파고든 과학기술'이다.

09 어법 문장 (피동 표현) 난이도 중 ●●○

정답 설명

② '이야기를 듣고 매우 슬퍼졌다'에서 '슬퍼지다'는 '슬프다'의 어간 '슬프-'에 '-어지다'가 결합한 통사적 피동의 구성을 취하고 있다. 이때 '슬퍼지다'는 피동의 의미보다는 '슬픈 상태가 된다'라는 과정화의 의미가 더 강하다. 따라서 ②는 밑줄 친 '과정화'의 의미가 나타나는 사례로 적절하다.

오답 분석

① 잡혀졌다(×) → 잡혔다(○): '잡혀졌다'는 '잡다'의 어간 '잡-'에 피동 접미사 '-히-'와 '-어지다'가 결합한 형태로, 이중 피동 구성이다. 따라서 '잡혔다'로 고쳐 써야 한다.

③ 만들어졌다(○): '만들어지다'는 '만들다'의 어간 '만들-'에 '-어지다'가 결합한 통사적 피동의 구성을 취하고 있다.

④ 이루어져서(○): '이루어지다'는 '이루다'의 어간 '이루-'에 '-어지-'와 연결어미 '-어서'가 결합한 통사적 피동의 구성을 취하고 있다.

10 비문학 논지 전개 방식 난이도 하 ●○○

정답 설명

② 필자는 인터넷을 통한 사이버 테러를 사례로 들어 현대 사회 곳곳에서 소통의 불균형이 발생하고 있음을 구체화하고 있다. 따라서 ㉠ '소통의 불균형'을 설명한 방식으로 적절한 것은 ② '예시'이다.

오답 분석

① 인과: 어떤 현상에 대한 원인과 결과를 중심으로 설명하는 방식

③ 유추: 친숙한 대상의 특징을 제시하고 이와 일부 속성이 일치하는 다른 대상도 그러한 특징을 가질 것이라고 비교하여 설명하는 방식

④ 묘사: 어떤 대상을 있는 그대로 그림처럼 그려 내듯 설명하는 방식

11 비문학 적용하기 난이도 중 ●●○

정답 설명

④ 송곳니가 발달했다는 기준을 가지고 육식에 적합한 동물을 고양이, 사자, 표범, 호랑이로 나누어 설명하고 있다. 따라서 '분류'에 가장 적절한 것은 ④이다.

오답 분석

① 상위 개념(인공 위성)에서 하위 개념(군사용, 평화용)으로 나누어 설명하는 구분의 방식이 쓰였다. 참고로 '분류'는 하위 개념에서 상위 개념으로 묶어서 설명하는 방식이라면, '구분'은 상위 개념에서 하위 개념으로 나누어 설명하는 방식이다.

② 하나의 대상(석가탑)을 그것을 이루는 구성 요소(기단부, 탑신부, 상륜부)로 나누어 설명하는 분석의 방식이 쓰였다.

③ 집 안의 가구를 '탁상시계, 피아노, 의자'로 나누었으나, 명확한 기준이 없으므로 분류로 보기에 적절하지 않다.

12 비문학 세부 내용 파악 난이도 중 ●●○

정답 설명

② 끝에서 2~4번째 줄을 통해 경제적 권력이 물리적 폭력만큼 위험하므로, 국가는 이러한 경제적 권력으로부터 약자를 보호해야 함을 알 수 있다. 그러나 국가가 경제적 권력을 이용하여 약자를 보호해야 한다는 내용은 제시문을 통해 확인할 수 없으므로 글의 내용으로 적절하지 않은 것은 ②이다.

[관련 부분] 경제적 권력은 물리적 폭력만큼이나 위험하다. 국가는 어느 누구도 굶어죽거나 경제적 파멸이 두려워 불평등한 관계 속에 빠지지 않도록 보살펴야 한다.

오답 분석

① 2~3번째 줄을 통해 확인할 수 있다.

[관련 부분] 법이 만인의 자유를 보호하는 범위만큼 국가는 자유를 제한해야 한다.

③ 끝에서 1~3번째 줄을 통해 확인할 수 있다.

[관련 부분] 국가는 어느 누구도 굶어죽거나 경제적 파멸이 두려워 불평등한 관계 속에 빠지지 않도록 보살펴야 한다. 방만한 자본주의는 경제적 간섭주의에 굴복해야 한다.

④ 5~7번째 줄을 통해 확인할 수 있다.

[관련 부분] 시민이 물리적인 폭력에 시달리지 않도록 보호하더라도 경제적 권력의 오용에서 시민을 보호하지 못한다면 국가는 목적을 달성하지 못한다.

13 비문학 논리적 사고 (논증의 오류) 난이도 중 ●●○

정답 설명

③ 그 사람이 범죄자가 아닌 이유를 범죄 행위에 대한 목격자가 없다는 것에서 찾았으므로 ⓒ은 '무지에의 호소'의 예로 적절하다.

오답 분석

① 출근길에 까마귀를 본 것과 회사에 늦은 것은 단순한 선후 관계임에도 불구하고 이를 원인과 결과의 관계로 혼동했으므로 '원인 오판의 오류'의 예에 해당한다.

② 앞차가 조금만 늦게 출발해도 경적을 울리고, 음식점에서 음식이 30분만 늦어도 화를 내는 일부 한국인의 사례를 통해 한국인은 조급한 성격을 가진 민족이라고 일반화하였으므로 ㉠ '성급한 일반화의 오류'의 예에 해당한다.

④ 국에 대한 기호를 차가운 국과 매우 뜨거운 국 두 가지로 보았으므로 선택지가 두 가지밖에 없다고 생각하는 ㉡ '흑백논리의 오류'의 예에 해당한다.

14 비문학 세부 내용 파악 난이도 중 ●●○

정답 설명

④ 4문단에서 동양과 서양의 진정한 만남이 이루어지지 못했는데, 그 이유는 동·서양 간의 사고방식과 행동양식의 차이 때문이라고 설명하고 있다. 또한 5문단 1~2번째 줄을 통해 서로 문화가 다른 나라끼리 교류를 할 때는 먼저 상대를 이해하려는 노력이 필요함을 언급하고 있으므로, 동양과 서양이 진정으로 교류하기 위해서는 서로의 삶의 방식을 이해하는 것에서 출발해야 함을 알 수 있다. 따라서 답은 ④이다.

오답 분석

① 3문단 끝에서 1~3번째 줄을 통해 오늘날까지 서양의 기술이 동양에 압도적인 영향을 미쳐 동양과 서양의 외형적인 삶의 모습이 유사해지고 있음을 확인할 수 있으나, 동양인과 서양인의 외모가 점점 비슷해지고 있음은 알 수 없다.

[관련 부분] 서구적 과학기술은 오늘에 이르기까지 동양에 압도적인 영향을 미치고 있다. 그래서 이제 외형상으로 동양과 서양은 많이 닮아지게 되었다.

② 7문단을 통해 동·서양의 근본적인 차이점을 파악하기 위해서는 특정 국가를 선정하여 비교해 보는 방법이 있는데, 이는 문화의 비교연구를 담당하는 인류학자들의 몫임을 확인할 수 있을 뿐, 인류학자들이 동·서양의 근본적인 차이를 줄일 수 있음은 알 수 없다.

③ 3문단 3~5번째 줄을 통해 19세기 말 이후 동·서양의 만남을 동양의 정신과 서양의 기술로 구분하여 합리화되었음은 확인할 수 있으나, 동양과 서양이 정신과 기술의 교류를 통해 차이를 줄여 나갔음은 알 수 없다.

[관련 부분] 19세기 말 이후 동·서양의 만남은 '동도서기(東道西器)', 즉 동양의 정신과 서양의 기술이라는 구분으로 곧잘 합리화되었으나

15 비문학 주제 및 중심 내용 파악 난이도 하 ●○○

정답 설명

④ 교사 1~3이 공통적으로 학생들이 즐거운 학교생활을 할 수 있는 방안을 제시하고 있으므로, ④ '학생들의 행복한 학교생활을 위한 방안'이 토의 주제로 가장 적절하다.

- 교사 1: 교실에서 벗어나 외부에서 다양한 체험 활동을 제공하자.
- 교사 2: 소규모 학급을 구성하여 교사가 모든 학생들에게 관심과 애정을 주자.
- 교사 3: 학생들 각자의 수준에 맞는 학습을 할 수 있는 교육 프로그램을 마련하자

16 어법 문장 (문장의 짜임) 난이도 하 ●○○

정답 설명

④ ㉣ '실외 활동을 자제하고 마스크를 착용하라고'는 앞말이 간접 인용되는 말임을 나타내는 인용 조사 '-고'가 붙어 만들어진 인용절이다. 따라서 답은 ④이다.

오답 분석

① ㉠ 맑은 하늘을 보기 힘든: 관형사형 어미 '-ㄴ'이 붙어 만들어진 관형절이다.

② ㉡ 국외로부터 대기오염물질이 유입됨: 명사형 어미 '-ㅁ'이 붙어 만들어진 명사절이다.

③ ㉢ 미세먼지 주의보를 발령하도록: 연결 어미 '-도록'이 붙어 뒤의 '제도화되었는데'를 꾸미는 부사절이다.

이것도 알면 합격!

명사절, 관형절, 부사절, 인용절을 만드는 방법

명사절	'-(으)ㅁ, -기, -는 것'이 붙어 만들어짐
관형절	'-(으)ㄹ, -(으)ㄴ, -는, -던'이 붙어 만들어짐 예 이 책은 내가 읽은/읽는/읽을/읽던 책이다.
부사절	'-이, -게, -도록' 등이 붙어 만들어짐 예 • 그는 아는 것도 없이 잘난 척을 한다. • 철수는 발에 땀이 나도록 뛰었다.
인용절	인용 조사 '-고, -라고'가 붙어 만들어짐

17 문학 + 어휘 작품의 내용 파악, 한자 성어 난이도 중 ●●○

정답 설명

② 단천령의 형인 '함천'은 '수천부정'의 손자이며 조부의 행적을 본받아 거문고를 잘 탔음을 알 수 있다. 따라서 문맥상 (가)에 들어갈 한자 성어로 가장 적절한 것은 ② '청출어람(靑出於藍)'이다.

- 청출어람(靑出於藍): 쪽에서 뽑아낸 푸른 물감이 쪽보다 더 푸르다는 뜻으로, 제자나 후배가 스승이나 선배보다 나음을 비유적으로 이르는 말

오답 분석

① 방약무인(傍若無人): 곁에 사람이 없는 것처럼 아무 거리낌 없이 함부로 말하고 행동하는 태도가 있음

③ 일기당천(一騎當千): 한 사람의 기병이 천 사람을 당한다는 뜻으로, 싸우는 능력이 아주 뛰어남을 이르는 말

④ 목불식정(目不識丁): 아주 간단한 글자인 '丁' 자를 보고도 그것이 '고무래'인 줄을 알지 못한다는 뜻으로, 아주 까막눈임을 이르는 말

18 문학 작품의 종합적 감상 (시조) 난이도 중 ●●○

정답 설명

③ <제2곡>의 중장에서 물결에 꽃을 띄워 들판으로 보내고 있는데, 이는 화암(化巖)의 아름다운 경치를 세상 사람들에게 알려주고자 하는 행위이다. 따라서 꽃을 물에 띄워 자연에서의 만족스러운 삶이 임금의 은혜임을 표현한다는 설명은 적절하지 않다.

오답 분석

① ④ ㄱ, ㄹ은 <제1곡>과 <제2곡>을 읽고 쓴 감상이다. 이 시조는 자연 친화적인 태도로 자연(冠巖, 化巖)을 즐기고 있음을 알 수 있다.

② ㄴ은 <제2곡>을 읽고 쓴 감상이다. <제2곡>의 중장과 종장에서 화자는 물결에 꽃을 띄워 보내며 세상 사람들과 아름다운 자연의 경치를 함께 나누고 싶어한다. 이를 통해 다른 사람들과 즐거움을 함께 나눌 줄 아는 화자의 자세를 엿볼 수 있다.

지문 풀이

일곡은 어디인가? 관암에 해가 비친다.
잡초가 우거진 들판에 안개가 걷히니 원근의 경치가 그림같이 아름답구나.
소나무 사이에 술통을 놓고 친구가 찾아온 것처럼 바라보노라. <제1곡>

이곡은 어디인가? 화암의 늦봄 경치로다.
푸른 물결에 꽃을 띄워 멀리 들판으로 보내노라.
사람들이 경치 좋은 이곳을 모르니 알게 한들 어떠리. <제2곡>

– 이이, '고산구곡가'

19 문학 관점과 태도 파악 난이도 중 ●●○

정답 설명

③ 3문단의 내용을 통해 거위는 미물이지만 주인에게 충성하고 친구에게 의로우나, 이와 반대로 세상에는 그렇지 못한 사람들이 많음을 알 수 있다. 따라서 세상에 거위보다도 어질지 못한 사람이 많다는 것은 필자의 견해와 일치하므로 답은 ③이다.

오답 분석

① ④ 거위와 인간의 생명의 가치를 비교한 부분과 거위가 가장 군자다운 짐승이라고 언급한 부분은 제시된 작품을 통해 확인할 수 없다.

② 3~4문단에서 거위의 충성스럽고 의로운 모습과 그렇지 못한 인간의 모습을 대조하며 인간 세태를 비판하고 있으나, 이를 통해 모든 짐승에게서 삶의 지혜를 배워야 한다는 필자의 견해는 확인할 수 없다.

이것도 알면 **합격!**

주세붕, '의로운 거위 이야기'의 주제 및 특징

1. 주제: 의로운 거위에 대한 예찬과 이기적인 인간 세태에 대한 비판
2. 특징
   (1) 경험을 토대로 교훈을 이끌어 냄
   (2) 인간과 동물을 대조하여 인간들을 비판함
   (3) 인간 중심적 사고에서 벗어난 필자의 개성이 드러남

20 비문학 내용 추론 난이도 중 ●●○

정답 설명

② 3문단 3~7번째 줄에서 2008년 글로벌 금융 위기 이후 여러 국가들이 다시 보호 무역 조치들을 시행하기 시작했음을 알 수 있고, 2문단 끝에서 4~7번째 줄을 통해 경쟁법과 환경에 대한 규제가 과거와 달리 신보호 무역주의의 수단으로 적극 활용되었음을 확인할 수 있다. 따라서 2008년 글로벌 금융 위기 이후 환경 규제와 경쟁법이 보호 무역의 수단으로 적극 사용되었을 것이라는 추론이 가능하다.

[관련 부분]
- 경쟁법이나 환경에 대한 규제는 과거에도 있었지만, 주요국들이 이를 보호 무역의 수단으로 활용하기 시작하면서 그 적용 범위가 대폭 확대되고 규제 강도가 더욱 강화되고 있다.
- 2008년 글로벌 금융 위기 이후 ~ 여러 나라가 세계무역기구의 규정을 피하여 다양한 보호 무역 조치들을 시행하기 시작하였으며,

오답 분석

① 2문단 4~5번째 줄과 3문단 끝에서 3~6번째 줄을 통해 무역 의존도가 높은 나라들은 신보호 무역주의로 인해 경제적 피해를 받을 가능성이 크기 때문에 자국 산업을 효과적으로 보호할 수 있는 지식 재산권의 확보가 필요하다는 추론이 가능하다.

[관련 부분]
- 지식 재산권은 신보호 무역주의의 가장 효과적인 무기 중 하나이다.
- 오늘날 신보호 무역주의로 인해 예상되는 결과 역시 크게 다르지 않을 것이다. 일차적으로는 무역 의존도가 높은 나라들이 먼저 타격을 입겠지만,

③ 1문단 끝에서 5~6번째 줄을 통해 보호 무역주의의 수단인 비관세 장벽은 1970~80년대에 등장했다는 것을 알 수 있으며, 3문단 끝에서 6~8번째 줄을 통해 대공황 시기의 경기 침체를 과속화한 것은 관세 장벽임을 알 수 있으므로 ③은 적절하지 않은 추론이다.

[관련 부분]
- 1970~80년대 들어서는 비관세 장벽이 보호 무역주의의 주요 수단으로 새롭게 등장하였다.
- 1930년대 대공황 시기에도 미국을 필두로 여러 나라가 높은 관세 장벽을 구축하면서 ~ 세계 경기 침체를 더욱 가속화했다.

④ 3문단 1~2번째 줄을 통해 자유 무역 체제의 확립은 세계 2차 대전 이후 추진되었다는 내용만 확인할 수 있을 뿐, 보호 무역주의의 한계로 인해 자유 무역 체제가 확립되었는지는 제시문을 통해 확인할 수 없다.

[관련 부분] 제2차 세계대전 이후 세계 각국은 자유 무역 체제의 확립을 추진하였고,